U0804538

近代鲁商人物传

JINDAI LUSHANG RENWUZHUAN

庄维民 ◎ 编著

齊魯書社

图书在版编目(CIP)数据

近代鲁商人物传/庄维民编著. —济南:齐鲁书社,2016.11

ISBN 978-7-5333-3652-3

Ⅰ.①近… Ⅱ.①庄… Ⅲ.①商人—生平事迹—山东—近代 Ⅳ.①K825.38

中国版本图书馆CIP数据核字(2016)第281855号

近代鲁商人物传

庄维民 编著

主管单位 山东出版传媒股份有限公司

出版发行 齊魯書社

社 址 济南市英雄山路189号

邮 编 250002

网 址 www.qlss.com.cn

电子邮箱 qilupress@126.com

营销中心 (0531)82098521 82098519

印 刷 山东金坐标印务有限公司

开 本 700mm×1000mm 1/16

印 张 24.25

插 页 3

字 数 348千

版 次 2016年11月第1版

印 次 2016年11月第1次印刷

印 数 1—1000

标准书号 ISBN 978-7-5333-3652-3

定 价 **86.00元**

序 言

鲁商是指山东籍从事商务经营活动商人，即山东商人群体的通称。从地域上来看，它可以分成两部分：山东省辖区内的本省商人和在省外的山东籍商人。从更宽泛的角度看，鲁商也包括长期在山东从事商务经营活动的外省籍商人。从内涵上讲，“鲁商”这一名称不仅是一个地域商人群体的称谓，也是一个有别于他省商人而独具地域文化禀赋的称谓。

鲁商有着悠久的历史传统，最早可追溯至商周，在此后的不同历史阶段均有所发展。至明清时期，鲁商群体与徽商、晋商、粤商、浙商一起被公认为中国五大著名商帮。在漫长的历史发展过程中，鲁商形成了自身独特的文化，构成中国商业历史文化的重要组成部分，为中国商业历史文化的形成做出了突出贡献。近代鲁商命运多舛，作为地域商帮，这一群体形成于明清时期，民国时期历经磨难和挫折，终发展至鼎盛，但在 20 世纪 50 年代的公私合营改造后，其发展戛然而止。

近代鲁商，既身处社会政治动荡演变的巨大涡流之中，又是近代市场经济变迁环境下的产物，受到时代的形塑，命运中充满跌宕磨难。但同时他们又是勇于奋争，不屈于外界压力的一代，依靠勤劳智慧和辛勤经营，成为新式商业的开拓者，新式机器工业的先驱，新式金融业以及交通运输业的创立者。他们由传统商人转型为近代企业家，其实业活动和商贸经营对当时的海内外市场贸易、工业化进程以及社会经济发展产生了广泛而深远的影响。

近年来，关于近代鲁商的研究开始受到学术界越来越多的关注，开展了若干专题，研究范围涉及近代鲁商与市场的关系、鲁商地域分布特点、鲁商与近代工业化、鲁商在海内外的发展、鲁商文化特点等。但对于鲁商人物的研究则相对比较薄弱，缺乏系统的梳理，对人物的生平事迹也存在诸多认识上的盲区。在对鲁商人物缺少全面细致研究的情况下，人们对这一群体的认识自然少了实证的基础，而所谓鲁商文化、鲁商精神的总结便难免流于空泛，缺乏可靠性。

本书共选取了六十位近代著名的鲁商人物，人物的生年在清末至民国时期。人物中既有传统类型的商人，也有经营近代工商业、金融业的新式商人；既有亦官亦商、声名显赫一时的头面人物，也有草根出身的一代名商；既有专擅一业的商家代表，也有工商资本集团的代表人物。基本涵盖了鲁商群体在不同领域的不同类型的人物。

在中国传统社会，商人的生平事迹一向不为文人墨客所重视，而商人本身也鲜有记载自身生平和创业经历的文字留存。加之近代长期的社会动乱，原本不多的文献资料大多散佚流失，现存的原始资料对其生平经历多语焉不详，甚至若干重要商人的生卒年份都难以稽考。在这种情况下，本书传主生平经历的考察大多只能借助后人的回忆或记述，同时参考相关企业的记载和地方经济史的资料，从相关企业的兴办经营的记载中了解传主的事业轨迹。从这一意义上看，鲁商的个人生活史实际变成了一部企业发展史。

本书通过发掘各种文献和回忆资料，对鲁商人物的生平事迹、工商业经营以及人物的命运做了尽可能全面的梳理，真实记述了他们创业中的种种艰辛和成长过程，内容包括创业经历、经营决策、经营理念和方法、技术创新、人物与社会的互动等。对于亦官亦商的人物，叙写侧重点放在经营实业方面，将为官经历与实业活动视为整体，突出其实业经营过程的特点。基于鲁商地域与行业分布的特点，本书除收录山东地域内的鲁商，还收录了省外活动的鲁商，以使读者更多地了解鲁商活动的广泛性，丰富对山东近代经济变迁和鲁商历史意义的认识。希冀通过对这些人物的系统研究梳理，我们能从中窥视鲁商的成长特点、发展轨迹、经营特点及文化风貌，从而为近代鲁商研究、近代社会经济史研究提供助益，同时也为研究当代鲁商的崛起提供历史依据。

近代鲁商与古代传统商人不同，也与当代出于提升地区商业文化的竞争力和挖掘区域文化的需要所提出的“新鲁商”属于完全不同的两个范畴，他们与前贤后继者的联系并非资本、家族以至市场上的血脉传承，而是更多的地缘文化禀赋气质上的历史关系。

现代市场经济的发展，需要有一代适应现代经济要求的现代商人，这批商人需要深受历史文化的熏陶，既能秉承中国传统人文美德，又具有资本创新和现代化管理意识。鲁商历经两个多世纪的奋斗，成就了一代鲁商文化，而鲁商文化的巨大精神能量已经成为山东经济发展的重要驱动力。如何对近代鲁商可供研究的文献资料进行搜集、挖掘和整理，如何对研究角度进一步开拓，如何在当今社会更好地弘扬和发展鲁商精神，使之与现代经济接轨，在理论与学术上亟须加以深层次的探讨和提升。这便是本书撰写的缘由及意义所在。

本书的撰写修改得益于同事和朋友的诸多帮助。山东大学的徐畅教授为本书撰写了若干人物。山东社会科学院历史所的刘晓焕、李丹参与了若干人物资料的搜集和撰写；宋暖参与了本书的修改，并联系出版事宜。在本书的出版过程中，齐鲁书社的刘玉林先生不惮烦劳，仔细审阅了书稿。在此一并向他们表示由衷感谢！

庄维民

2016 年 11 月

目　录

陈守和

陈守和（约 1835—1905），绰号陈老利，济宁西乡刘庄人，清光绪年间济宁玉堂酱园总经理。

陈守和出身寒微，只读过两年私塾，16 岁便进入济宁玉堂酱园当学徒。他因聪明伶俐，勤快能干，对老板殷勤备至，与同事和睦相处，故很受当时的总经理梁圣铭赏识。陈守和一步一步从最下层的学徒提升为替班、滑短、长短、小股、大股、大伙计。1875 年，陈守和被股东选为总经理，从此一干就是三十年，成为孙（两江总督孙玉庭）、冷（大药材商冷长连）合股经营玉堂酱园时期任期最长的总经理。

济宁地处京杭大运河中段，为水陆交通枢纽，北通京津，南贯江淮，客商往来聚集，素有“小苏州”之称。康熙年间，苏州船户戴某（一说名“阿大”）常靠运河水运到济宁经商。他认为济宁具有适于做生意的优越条件，便于 1714 年在济宁南门外的商业繁华区买了一块地，盖起三间门面，开了一家酱菜铺。为开市吉利，戴某采用“天干地支”的说法，以未时（玉堂）为大吉大利，故给商铺起名为“玉堂”，门面字号则称“姑苏戴玉堂”。玉堂酱菜铺除自己加工一点黄酱、酱油、香醋外，所销售的酱菜多是从苏州进货，这些江南风味的小菜虽然色、香、味都有特色，却很难适应当地居民和北方客商的口味。为此戴某和他的伙计们曾尝试很多方法，但未见成效。延至第三代掌管时，“姑苏戴玉堂”虽然已维系了近百年，品牌也有了些名气，但经营还是不见起色，到了1807年，酱菜铺经营每况愈下，不得不变价出卖。当时，济宁的大药材商冷长连获悉此事后，马上与时任两江总督的济宁人孙玉庭商妥，合伙出资1000两白银买下酱园，将其更名为“姑苏玉堂”（又名“玉堂酱园”）。

买下酱园后，孙、冷两家置地扩建，增加作坊，将铺面由原来的三间小门面改建成六间大门面，并建起五间楼房，工人由十多人增加到一百多人，酱菜也增加了符合当地消费者口味的品种。由于孙家为官僚世家，受清政府不准官吏经商律例的约束，因此合股初期很少直接参与经营，姑苏玉堂的发展多依赖冷长连的悉心经营。1827年，孙、冷两家委任精明强干的梁圣铭出任总经理，玉堂酱园的一切事务完全交由梁圣铭负责，孙、冷两家只是以股东身份控制决策权和监督财务。梁圣铭很有才干，也有事业心，为发展玉堂酱园的生意规模，他采取了一系列的措施，如：量才用人，从伙计中选拔管理人员；实行“规矩牌”管理制度，用店规约束店员和学徒；改进操作技术，提高酱菜质量，同时开发新品种，增加产品种类；发行使用本号钱票，改善资金周转。另外，梁圣铭还注意改进酿制技术，曾派人装哑巴到江南某酱园当学徒一年，对学来的技术加以改进，终于使玉堂酱园产品有了“味压江南”的美誉。由于梁圣铭措施得当，经营有方，“玉堂”逐渐成为当时济宁独一无二的大字号，资金比原来增长近300倍，全部资金达39万吊，年营业额达10万吊，工人由100多人增至300多人，作坊规模增至数百间，产品也增加到50余种。此时是孙、冷合股经营的黄金时期。1850年，梁圣铭病故。玉堂酱园经营一向全依赖梁圣铭，管理人才后继乏人，股东虽先后委任孟某、李模贞等人任经理，但由于孟某等人不善经营，而孙、冷两家又户大人多，生活用度常到玉堂酱园长支短取，抽资耗用日益加剧，致使玉堂酱园的家底在短短 25 年里亏耗殆尽，仅剩资本 2 万吊。①

1875 年，股东推举身为大伙计的陈守和出任经理，将挽回玉堂酱园经营危局的希望寄托在他身上。于是，陈守和临危受命，担负起玉堂酱园经营管理之责。上任伊始，他便大刀阔斧地对经营加以整顿改进。首先，利用东家孙氏家族官场的势力，广交官绅。1844 年，孙氏家族的孙毓桂高中状元，孙家一时荣耀无比。1856 年，孙毓汶又高中榜眼，再次光耀门庭。孙毓汶为官之初，血气方刚，曾忤违僧格林沁亲王在济宁的捐饷饬令，被革职罢官。后孙毓汶又在朝廷大考中考得一等第一名，才得以重入官场。此后他跟随醇亲王，先后担任刑部尚书、太子少保，1885 年升任军机大臣，与荣禄、李鸿章同为“后党”权臣，是掌理军政大权的枢臣要员之一。陈守和通过结交官宦士绅，吸纳他们的游资，为玉堂酱园发展筹集所需资金，并通过发行钱票，改善资金周转，逐渐扭转了玉堂酱园的衰败之势。其次，袭用梁圣铭的办法，在扩大投资的同时，开展多种经营，改进生产技术。玉堂酱园生产的酱菜和酒类，南北风味都有，既为南方人所喜欢，又适合了北方人的口味，所以酱菜顺着运河销遍大江南北、长城内外。玉堂酱园所酿金波酒，在当时小说《镜花缘》一书中，曾被称誉为“天下美酒”。

另外，为促进销售，陈守和还借助书法艺术扩大商品宣传。陈守和以“一两白银一字”的重金聘请著名书法家项文彦为玉堂酱园写了百字广告招贴，内容为：“姑苏玉堂酱园老店，自造秋油伏酱，五香茶干，远年干酱，独流老醋，佳制金波药酒，各种名酒，各色提露真柿干酒，干榨黄酒，绍兴零沽，糟鱼醉蟹，佳制冬菜，酱糟

---

① 王伯福、傅振鸾：《记济宁市玉堂酱园的社会主义改造》，见中国人民政治协商会议山东省委员会文史资料委员会编《山东文史资料选辑》第 30 辑，山东人民出版社 1991 年版，第 154 ~ 155 页。

腐乳，八珍豆豉，关东虾酱虾油，太仓糟油，南北各种小菜，木槽香豆油坊，敬神素烛，一应俱全。”这些宣传文字被粉刷到临运河的老店墙壁上，水字相映，光彩醒目，引得南来北往的游人止步观赏，一时成为济宁一景，玉堂酱园的知名度也随之扩大。

1886年，时任军机大臣的孙毓汶被当朝御史弹劾，理由是孙家“既为官又经商，与民争利”。孙毓汶上奏为自己辩解，辩称入股玉堂酱园者均为孙氏族中无官衔之人，并称玉堂酱园是由贫穷生意人起家，凡贫寒人家花一个钱，即可买两样小菜外加几滴香油，实为便利于民的一个制钱的小买卖。后来，慈禧太后传见孙毓汶，听其面陈后，又派人赴济宁查证，得知玉堂酱园一个制钱的买卖属实，便不再追究。此后，宫廷又传旨孙毓汶及顺天府府尹孙辑叔侄二人，令将孙家经营的“小菜”呈送入宫。孙家叔侄接旨后，回到济宁，督促陈守和精心选制各式酱菜，先在店内做成半成品，然后挑选酿制高手林大松和一名厨师乘船进京。途中边行船边加工，待到北京打开罐子时，酱菜恰好光泽鲜亮，甜而不腻，咸而不浊，脆爽适口，得到了慈禧太后的称赞。据玉堂酱园所存档案记载：清光绪十二年，据清史馆慈禧西膳房《膳食清单》查录，军机大臣兼总理各国事务大臣孙毓汶将自己家乡玉堂酱园的精致酱菜带回北京朝贡给慈禧太后，品尝后谕为“味压江南”。[①] 此后，玉堂酱园把酱菜当作贡品，每年送进皇宫，玉堂酱园制作的京冬菜、酱菜也因此在京津一带颇负盛名。

孙毓汶被参劾时，虽千方百计地为孙家经营玉堂酱园开脱，但心中始终难消忌惮。为避风险，孙家还是将资金从玉堂酱园抽出。孙家退股后，玉堂酱园资金少了一半，而且没有了孙氏家族势力的依靠，经营显得势单力薄。为改变资金不足、经营惨淡的局面，应

---

① 济宁玉堂酿造总厂编撰委员会编：《玉堂厂志（1714—1985）》，1986年内部印行。

冷家的请托，陈守和遂出面从中说项，孙、冷两家又各以1万吊制钱重新合资经营。为了遮人耳目，双方约定出资人均用堂号名义，孙家用“集余堂”，冷家用“贞德堂”。孙家委托陈守和为代表，并与陈守和商定三七分红，三成给陈守和做“人股”。恢复合股经营的玉堂酱园，虽然资金仍无法与原先相比，受资金所限，难以扩大经营规模，但由此还是可以看出陈守和的斡旋手段非同一般。后来发生的一件事件，更显示出陈守和娴熟的处事手腕。

有一年，济宁新来了一位名叫凌芬的州官，刚来之时并未把陈守和这样一个商人看在眼里，便没有造访玉堂酱园。陈守和对此颇为不满。当年黄河闹水灾，凌芬需要为运河筑堤的工地购买大量的苘，陈守和知道后便把周边四邻八乡的苘全给收购了，还在每块苘地边上插上了玉堂酱园包购的标牌。凌芬见此慌了神，因为害怕耽误了河工用苘，导致工期延误，给自己招来问责，最后只好屈身造访玉堂酱园，并委以陈守和代办之职。陈守和不仅很快办妥了购苘事宜，还从中赚取了一笔利润。陈守和主持玉堂酱园三十年，与官府的这类往来交道可谓不胜枚举。他运用自己的能力，使玉堂酱园能在波诡云谲的社会政治环境中得以避险求存。

陈守和不仅是一位酿造专家，还是一位颇懂经销的行家。在陈守和主持经营的前期，玉堂酱园出现了一段繁盛的时期，陈守和也成为当地一个响当当的人物。但是，陈守和因出身寒微，一直热衷于通过各种方式抬高自己的社会地位，商业上功成名就后，他以3000两银子为自己捐了个六品顶戴，出入非轿即车，随从前呼后拥，俨然一位达官显贵。他还为自己修建了宽敞的宅院，经常摆宴请客，阔绰一时。他这样做的目的，虽然是为了便于结交官宦士绅，吸收这些人的闲余资金，以扩充酱园经营资金，但在任玉堂酱园经理的三十年间（尤其是玉堂酱菜进宫后），由于滥事交际、请客送礼、挥霍浪费，以致酱园债台高筑。到后来玉堂酱园每月要为债务付出大笔利息，结果使经营陷入借款度日、外强中干的局面。据史料记载：

陈守和曾于1889年借“民捐和谷变价款四千零五十六串，每月付息二十八千，全年付息金三百三十六千”；1895年，陈守和又借“自捐金一万一千串，每月付息一百一十千，全年付息金一千三百二十七千”。后来由于时局动荡，物价增长，储户提款，终于造成资金周转困难。特别是从1900年以后，由于清廷贪污腐败，搜刮加剧，内忧外患，民不聊生，义和团兴起于鲁西，当地农民聚众结社，市面惶惶，人心不安，玉堂酱园的存款户纷纷提款，经营资金已到了捉襟见肘的地步。加之城乡居民购买力降低，酱园的营业额也不断下降，到1904年，玉堂酱园的年营业额较1899年前降低了五六成，成为玉堂酱园自孙、冷合资经营以来最困难的时期。

1905年，陈守和病故。这时，玉堂酱园在经历了由盛转衰之后，家底和生产经营已经成为一副徒有虚名的空架子。

（刘晓焕）

张莲芬

张莲芬（1851—1915），字毓蕖，1851年生于浙江省余姚县（今余姚市）。19世纪七八十年代曾任山东兖沂曹济道、山东盐运使等职，为山东峄县中兴煤矿的重要奠基者和创始人，第一任董事长和第一任总办、总理。

张莲芬自幼父母双亡，由著名的淮军将领周盛传收为养子，改姓周，进入官场后又归宗张姓。张莲芬生活的年代，国家正处在内忧外患交迫的时期。这样的环境对少年时代的张莲芬影响很大。他关注西学知识，特别对西方国家的工矿业发展怀有极大的兴趣。经过学习研究，张莲芬认为，列强国富兵强的根本原因在于工业的发达，因而在青年时代他就树立了实业兴国的信念。在周盛传的携领下，张莲芬学成之后进入仕途。他任直隶候补道不久，就以“才识干练，娴于矿务”闻名于当时的官场。其后又任山东兖沂曹济道、山东盐运使等职。1882年，31岁的张莲芬开始涉足煤炭事业，走上了兴办民族矿业的实业兴国之路。

1880年春，张莲芬接到山东东明候补知县戴华藻的信函。信函称：山东峄县有煤田，自明初当地居民土法采煤以来，已探明此地矿藏异常丰富，但由于几百年的开采，表层煤层已开掘殆尽。因当地窑主现有开采工具和技术落后，煤井无法向深层延伸，加之捐税繁重，许多煤窑处于停闭状态。受当地窑主金铭等人请托，为了枣庄煤矿的发展，特邀请其前往合作。接到信函后，张莲芬对在当地兴办新式煤矿产生了极大兴趣，遂着手了解在峄县开采煤矿的前景。

早在1875年，北洋大臣兼直隶总督李鸿章和两江总督沈葆桢曾上书光绪帝，力陈开采煤铁的重要性。朝廷谕示："开采煤铁事宜，着照李鸿章、沈葆桢所请……即有需用外国人之处，亦当权自我操，勿任彼族搀越。"① 得到许可，李鸿章于1878年春天派山东东明知县米协麟、候补知县戴华藻到枣庄筹集股银2万两，在三合庄租地盖房，招募工人，创办了由官绅、富商和地主合资的"山东峄县中兴矿局"，这就是中兴煤矿的前身。中兴矿局成立之后，由于资金不足，开采方法仍沿用土法，无机器排水，试开了三座小矿之后，便因难以排干积水而停止生产。

为了改变局面，张莲芬立即会同直隶通永镇总兵贾起胜、直隶候补道戴宗骞等一批官员分头在上海、天津等地筹集股银5.6万两，购买新式抽水机4台和矿井提升设备，于1881年年底扩充开办。

当时，由于传统采煤土法落后，再加上苛捐杂税繁重，因此出现了国产煤炭竞争不过进口煤炭的状况。为提高国产煤炭的竞争能力，1883年年初，张莲芬联合一些股东上书北洋大臣李鸿章，请求减免税捐。李鸿章随即上奏朝廷，请求为中兴矿局减免捐税。不久，清政府批准了他的奏请。随着煤矿外部经营条件的改善，张莲芬开始扩充中兴矿局的资金和规模。

但是，在中兴矿局生产经营规模不断扩大的同时，煤矿安全事

---

① 孙毓棠编：《中国近代工业史资料》第一辑，科学出版社1957年版，第567～568页。

故却不断发生。1883 年 6 月，中兴矿局所属半截筒子小窑突然发生透水事故，100 余名矿工遇难，激起当地民愤。再加上股东之间内部矛盾引发的利益冲突，致使中兴矿局处于瘫痪状态。事情上报山东巡抚，中兴矿局负责人戴华藻被撤销总办职务，改命陈德俊接任。1896 年 1 月，山东巡抚李秉衡以“山东历办矿务无成效”为由，奏请清政府封矿，中兴矿局被迫停办。

中兴矿局停办后，富绅米汝厚和李朝相等人趁机开挖私窑，并向原矿局南股股东陈德俊租借 4 台抽水机，而北股股东贾起胜等人得知后，坚决反对。于是，双方发生争吵，致使矛盾激化，惊动官府。1897 年 3 月，峄县知县以中兴矿局机器“事关北洋”为由，上奏直隶总督王文韶，要求将矿局机器移出枣庄，停止在枣庄开办煤窑。接到上报，王文韶立即委派张莲芬前往枣庄查明情况。张莲芬受命勘察后认为，既不能移走机器，也不能因此停止对枣庄煤矿的开采。

第二年年初，峄县知县再次向清政府禀报：现中兴矿局倒闭后，南北股东因账目和资金问题不断发生纠纷，当地恶势力寻衅滋事，对封存于矿内的贵重机器及倒闭后未付的占地租金有不良企图，地方官府又无法保护，且“甫经遵饬停止，岂可再听绅民接开”，再请北洋大臣命令矿务局移去机器，拆毁局房，将地基归还原主。

而此时，德国占领胶州湾之后，又强迫清政府签订了《胶澳租界条约》《山东煤矿章程》，将山东划为他们的势力范围，取得了山东境内铁路修筑权及沿线 30 公里内的矿山开采权。张莲芬深知，中兴矿局所在的枣庄煤田位于津浦铁路沿线 30 公里以内，且枣庄的煤炭素以煤质优良著称，德国人窥视已久。张莲芬感到保护枣庄煤田的权益刻不容缓，随即向上表明自己的立场：“值此时事多艰，外人窥视，每见各省凡有可开之矿，无不奏明兴办。峄县煤多质佳，岂可因资金不足，弃之不顾。”旋即具文禀报：“咨请山东巡抚转饬峄县知县，仍将机器暂存枣庄，不必迁移。”

接着，作为中兴矿局股东的张莲芬在天津召开股东会议，形成了“既开之矿”，阻止德国人欲得枣庄煤田的决议。张连芬还提议由直隶矿务督办张翼出面，请求直隶总督兼北洋大臣的裕禄速派熟悉矿务之人前往查勘筹办。

会后，张翼向裕禄禀明张莲芬等人所议。裕禄接受张翼的建议，即派张莲芬赴山东峄县督办煤矿事宜。

接到任命后，张莲芬昼夜兼程，从天津赶赴山东枣庄。因为他心中十分清楚：德国在过去的一年已先后四次派人查看枣庄煤情，其觊觎之用心昭然若揭。

到达枣庄之后，张莲芬立即着手筹建新的煤矿公司。为筹划资金，他大力动员当地富绅出资入股。他想用这种办法一方面缓解地方士绅和中兴矿局的利益矛盾，另一方面吸收借助地方势力，团结起来共同抵御国外势力对煤矿的渗透。

张莲芬还邀请实力较为雄厚的富绅聚集开会，申明重开煤矿的意义。他说：“众位乡绅皆为我枣庄有识之士，现今国难当头，德国人对我枣庄煤田存不良之心，我等要团结起来，共同建设中兴煤矿。”在他的鼓动下，众人纷纷响应，表示“如果此矿扩充开办，保我利益，我等皆愿入股”。张莲芬又电函张翼，陈明开办枣庄煤矿的详细情况，并力邀各地官绅商入股，不久即接到复电。至此，开办煤矿公司之事指日可待。

为探明枣庄地下煤炭储量和分布情况，张莲芬邀请著名矿师邝荣光到枣庄对煤田进行了勘察。邝荣光实地调查后认为，旧矿窑下煤层西起山家林，东至齐村，东西长约 9 里，南北 3 里，按每天出煤 2000 吨计算，至少开采三四十年。另外大小甘霖一带的煤，灰轻硫少，质佳块多，煤层易采，也可供数十年挖取。张莲芬听后极为振奋。

在筹办煤矿公司的过程中，张莲芬反复斟酌，枣庄“地近胶澳，必须招洋股或借洋债”，这样既能“借以联络以杜争夺”，又能解决资金不足和缺乏技术人员的困难，但应以限制洋人对煤矿的所有权为前提。在这一方针指导下，煤矿吸收一部分德国资本入股。公司成立之日定名为“山东峄县华德中兴煤矿公司”，张莲芬任华总办，天津海关税务司德璀琳为洋总办，并拟定总股200万股，每股1万元，华股为120万股，德股80万股（但实际德国并未投资入股）。在奏请清政府批准后，公司于1899年2月正式成立。

为了在全资经营中保持中方的主导地位，张莲芬对公司内洋人的权力加以限制，他亲自制定了《山东峄县华德中兴煤矿有限公司暂行新添新股章程》，规定：“公司一切事权悉有华总办主持，洋总办只能稽核银钱出入等事，不得揽权掣肘。德股东更不可以琐屑之事，辄请其公使、领事向中国辩论。”对此，洋总办德璀琳以“定章太严”，且中兴煤矿日久没招一股为由，向张莲芬施加压力，企图逼其变更章程，但张莲芬不为所动，坚持原定章程，成功遏止了德国借参与煤矿机进而控制煤矿公司的企图。

德国人为控制华德公司的股份，仍然不肯善罢甘休。1899年3月，德国驻华公使照会清政府外务部：华德公司的中方总办私自做主，要把煤矿卖给比利时人，这违背了《辛丑条约》和《山东矿务章程》，影响了德国人在枣庄的权益。张莲芬据实向清政府禀报，中兴矿既“没请人赴峄，亦无将矿售于他人之事”。德国人遂作罢。接着，德国公使穆默又照会清政府外务部称，中方工程师数人受张翼之命，前往山东查勘枣庄煤矿，并准备购买该矿。根据所订《胶澳租界条约》，在山东各处如有开办制造矿务等事，必须先问明德国商人是否愿意承办，如果没有问明而公然派人前去开办煤矿，那就与德国在山东的利益相违背。

兼任中兴煤矿公司督办的张翼接到外务部转来的照会，一面致函张莲芬查明事实，一面声明反驳：“据查中兴煤矿公司是张莲芬与德璀琳订立合同合办，本大臣从没派人前去采买煤矿，不知照会所言从何而来？……本公司有政府立案，并有新旧股东，而且是与德璀琳合办之矿，焉能卖于他人？今德使自然属道听途说。”张莲芬同时也据实向清政府报告“此照会所言纯系捏造之词”。尔后，德国公使又照会清政府，抗议“现峄县煤矿在将近津浦铁路相距三十公里内，与‘德享有沿线三十公里内的矿山开采权’不符”。张莲芬又据理予以驳斥：《山东煤矿章程》规定铁路附近“三十公里内，除华人外只准德国人开采。凡经华人已开之矿，应准其办理”。中兴煤矿属于已开之矿，德国人无权干涉。因德国人的抗议纯属无理取闹，清政府最后也就没有接受。

中兴煤矿在张莲芬的领导下，全面开工生产运行，至 1906 年，公司拥有煤井 26 座、抽水机 8 台、矿地 2806 亩、运煤船 15 艘，日产煤炭 300 余吨，资产达 70 余万元。此外，中兴公司还沿京杭大运河（济宁至镇江段）设立分销厂 8 处。1907 年，中兴煤矿产煤 10 余万吨，赢利 14 余万元，股本金增到 100 余万元，中兴煤矿进入蓬勃发展时期。

此时，中兴煤矿除赠送给德国总办德璀琳的所谓“创办酬劳股”3 万元外，其余都是华股。张莲芬和煤矿公司的主要股东们认为“十年以来，成效已著，现在华股已足，毋需再招洋股”。

公司在蓬勃发展，德国人控股之心仍旧不死，他们借张莲芬准备修建台枣铁路之机，想通过其控制的胶济铁路公司趁机入股银 100 万两，以达到控制中兴煤矿的目的。对德国人的企图，张莲芬主持召开股东会议，倡议股东拒绝接受德国人入股，同时，在与德国礼和、瑞记洋行签订还借款合同时将入股改成贷款。这样，华德中兴煤矿公司的命运从此牢牢掌握在了中国人的手里。

1908 年，公司奏请清政府农工商部注销名称中的“华德”字样，并更名为“商办山东峄县中兴煤矿股份有限公司”。同时，张莲芬奏请清政府同意，将公司改制为总理制，张莲芬任公司总理，戴绪万任协理。从此，公司终于摘掉了九年“华德”合办的牌子，彻底排除了外资的干扰和影响，中兴煤矿公司已完全成为中国人自办的煤矿企业。

张莲芬的一系列决策和动作，使煤矿建设和生产蒸蒸日上。随着煤炭产量的不断增加，煤炭运输又成为公司发展的一大难题。

其实，早在中兴煤矿公司创办之初，张莲芬就已经意识到了煤炭的运输问题。1899 年，他在给直隶总督裕禄的禀帖中就明确提出："必须在枣庄修造铁路直达台儿庄，令所出之煤悉由运河码头运销。"但是因资金难以筹措，这个计划在得到了"奉旨准允"后被搁浅。此后，张莲芬又上书禀请拨公款或准借德款，修建台枣铁路，但商部和山东巡抚没有同意。

为筹集筑路资金，1906 年 4 月，张莲芬在写给股东的信中晓之以利害："自矿至台儿庄，运煤铁路一日无款购造，即一日不能扩充大办，且不能称之为完全之矿，与外人抗衡争利……尚希诸股东或任添新股，或转代招股，以期众擎易举，克奏全功，永享利益。"①诸股东终被说服，共集现银 40 余万两。

张莲芬一方面与德商联络投资事宜，一方面聘请技术人员进行勘探测量，同时购买土地和物料。但是，由于清政府腐败无能，两年后才批准开工修筑这条长达百余里的铁路。这条铁路从拟建到完工，张莲芬一直上下奔走呼号，但由于各级官僚的推诿扯皮，这条铁路前后竟历时达 12 年之久。1912 年，台枣铁路全线竣工。

台枣铁路开工后，张莲芬又奏请清政府同意修筑了与津浦线接轨的枣临铁路。台枣、枣临两条铁路的开通，使位于山东南部的枣庄成为四通八达的交通重镇。枣庄的煤炭北可抵济南，南可达浦口，占据了整个长江下游市场。不仅如此，张莲芬还修建了台儿庄、苏州、无锡、上海、连云港船运码头，购置轮船 16 艘。借助水陆联运，枣庄煤炭不仅销往大江南北，还远销日本、东南亚地区。

---

① 山东省地方史志编纂委员会编：《山东史志资料》第一辑，山东人民出版社 1982 年版，第 134 页。

张莲芬认为民族矿业是民族的脊梁，所以他视煤矿公司为自己的生命，凡阻碍公司发展的事情，他从不做丝毫的让步。

中兴煤矿公司投产后，峄县地方乡绅崔广澍等人无视中兴煤矿公司“十里内不许民人用土法取煤”的矿权规定，先后在十里矿界内的小屯村和卓山等地方打井开矿。对此，张莲芬先后联合地方一些开明的官员对其进行强行制止。崔广澍等人对此不满，便上告以张莲芬为首的中兴煤矿公司最初所定的十里矿界“或为四面，或为面积，故意不定”等。同时，他们还伙同一些地主拒不出售中兴煤矿公司开矿所需之地。张莲芬针对崔广澍等人制造事端、阻碍公司发展的行为，上书清政府下令保留中兴煤矿公司原矿界不动，将崔广澍“交地方官随时查看”，不许其干预“公司路矿诸事，否则要从严查办”。至此，这一风波才算平息。

多如牛毛的苛捐杂税始终是阻挠近代工商业发展的顽症。对此，在中兴煤矿公司成立之初，张莲芬就上书清政府要求批准该公司出煤一吨“始征收税银一钱”，其余税银均免。但从1901年开始，清政府又先后向中兴煤矿公司增添了多种税金，除交纳最初的每吨一钱五分税外，其运煤船在运河上的淮安关还要缴纳每吨一钱二分的钞税，而南京、苏州、上海等地厘捐局复征收每吨煤一钱的落地捐，东台厘捐局还要煤商每吨交纳三钱的“正项”“小费”。名目繁多的苛捐杂税，严重地阻碍着中兴煤矿公司的正常运转，张莲芬对此万分焦急。他上书清政府：江南数省购洋煤已有数十年，岂不知中国亦有此产，中兴煤矿公司的煤正积极运往江南渐施抵制，可是各厘捐局却多方阻挠，致使中兴煤矿公司更无法与洋煤竞争。若改变这种局面，就必须靠朝廷恤商之意。清政府遂答应张莲芬的要求，不准各地厘捐局再增收中兴煤矿公司的税捐。

铁路水路交通的便利，苛捐杂税的取缔，中兴煤矿公司经过张莲芬的苦心经营，开始进入繁荣时期，并成为近代中国的三大煤矿之一。

1915 年 2 月，由于德籍工程师高夫曼的判断失误，中兴煤矿南大井突然发生透水和瓦斯爆炸，458 名工人遇难，伤 200 余人，矿井被水淹没，损失 12 万元，总矿师高夫曼引咎辞职，朱培元代理总矿师。张莲芬受此强烈打击，忧民伤悲，加上长期的极其紧张繁重的工作，积劳成疾，于是年 12 月 1 日忧愤辞世，终年 64 岁。

张莲芬辞世后，其子张学良（字仲平）继承父业出任公司董事。此后不久，东北军“少帅”张学良也入股中兴，为避其名，张莲芬之子张学良改名为张仲平。

为表彰和纪念张莲芬创建中兴煤矿公司的杰出功勋，经中兴煤矿公司股东会决议：除对其遗属赠 1 万元之外，并铸金像一尊，立于中兴煤矿公司办公楼前。

从 1881 年初涉“中兴”，到 1915 年逝于任上，张莲芬服务“中兴”35 年，主政 17 年。在创建中兴煤矿公司的艰难历程中，张莲芬百折不挠，殚精竭虑。他招股东、建大井、划矿界、排外患、修铁路、买船舶、建港口，把一个曾倒闭 4 年之久的中兴矿局逐步建成生机盎然的中兴煤矿公司，堪称“唯一能与外人竞争之矿”，体现了其立志民族矿业的爱国创业精神。

（李　丹）

胡存约

胡存约（1859—1916），字规臣，胶澳青岛村人，祖辈经营商业，是当地颇有影响的人家。

根据海因里希·谋乐 1899 年 6 月编辑完成的《山东德邑村镇志》的记载，青岛村分上下两部分，青岛口称为“下村”或“下青岛”；被一个山谷和几块田地区分开的青岛村，则称为“上村”或“上青岛”。下青岛，是现在的人民会堂一带；上青岛，在黄县路和掖县路之间。现有的资料表明，胡氏家族是最早移居青岛的居民，约在明朝洪武年间由云南迁至青岛，在信号山下会前村居住。因住处靠近海边，初以打鱼为业。清末，青岛海路四通八达，南北舟楫往来不断，贸易随之上升。此时胡氏家族繁衍至胡增瑞一代便弃渔经商，开设了瑞茂烧锅（酿酒作坊）。

1924 年编修的《胡氏族谱》记载，胡氏原居住于上青岛村，后来整个家族分散迁至远到胶县（今胶州市）、海阳，近至王演庄、庄子、台东镇、阎家山等处。胡存约属胶县徐哥庄一支，胡存约的生长地是上青岛村。① 在这里，胡氏这个“先世经营商业”而逐渐富裕起来的家族，平静地生活在可以看见海口的山冈上，并受到了村

① 裴根：《青岛八大关历史文化街区研究》，中国海洋大学出版社 2012 年版，第 16 页。

民的尊重。

太平路天后宫一带是商业集中地区，胡存约之父胡增瑞即在天后宫东侧设立瑞茂烧锅。胡增瑞为人公正，他为渔民出海平安，祈求天后保佑，号召各店铺捐资修建了破旧不堪的天后宫。后因民间纠纷日多，众商成立了“公所”，设在天后宫内，公推胡增瑞为会首，胡增瑞常为众商排难解纷，并办理捐款修缮庙宇事宜。

胡存约十分孝顺父母，且为人正直。他青年时弃读从商，经理贸易事务，颇受众商推崇。胡增瑞死后，公推胡存约为会首。德占青岛后，德国殖民当局于1901年布告：收买会前等村土地，限期令住户迁出，瑞茂烧锅因而歇业。后胡存约在青岛口与人合伙经营瑞泰协杂货店，自任经理，经营土产杂品、日用百货，贩卖干海货及山果等杂货，还操办货物航运。青岛建置初期，他成为青岛口最大的商户之一。

胡存约曾担任青岛中华商务局董事、胶澳参议督署董事。《胶澳志》中记载：胡存约“先世经营商业，事母至孝。青岛开埠之始，市政权操诸外人，华商稍能自振代表同业以参予市政者，仅傅炳昭、丁敬臣、包幼卿、周宝山、成兰圃与存约数人而已。德人议移天后宫，存约与傅炳昭等力争之乃止。以此为众所倚重，有事悉就商焉”①。1910年成立青岛商务总会，他被选为董事。1912年1月8日，当局特邀当时的华人商界首脑瑞泰协经理胡存约、成通木行经理朱杰、周锐记经理周宝山和大成栈经理古成章，担任总督府的顾问，时称“四大信任”。这四人中，胡存约是敢于同德人争取华人利益的代表人物。

德人对胶澳租界进行规划时，把沿海一带划定为欧美人居住区，已建了几百年的天后宫成为德人的障碍，他们急欲拆除，移往他们

① 赵琪等编纂：《胶澳志》卷一〇《人物志·乡贤》，青岛华昌印刷局1928年版。

划定的中国人居住区另建。天后宫是中国沿海地区广泛建设的庙宇，是渔航人家寄托希望、祭祀神灵的圣地，自然容不得轻易乱动，外人肆意移建更是大不敬。胡存约与傅炳昭等联络众人努力抗争，迫使德国人放弃了原来的打算，保留下这处有价值的中国传统建筑。从此以后，胡存约享有很高的威望，为民众所倚重，逢有重要事宜都愿同他商议。

辛亥革命期间，胡存约曾资助辛亥革命。1912 年 9 月底，孙中山到青岛时曾到三江会馆。在鞭炮声和欢呼声中，孙中山走上了三江会馆大戏楼的主席台，副会长丁敬臣主持大会，并向孙中山介绍嘉宾：原青岛中华商务公局董事长傅炳昭、广东会馆会长古成章、三江会馆创始人郑章华、青岛商务总会董事长胡存约，以及造船厂、火柴厂、面粉厂、肥皂厂、蛋厂等各方代表。可见那时的胡存约在青岛社会上十分活跃。

胡存约注意观察社会，并将观察所得记载下来。他的笔记《海云堂随记》有幸流传下来，使人们可以真切地了解德国人侵占胶澳以前青岛村一带的历史风貌，知道那个时代的青岛已不再是荒僻的渔村，而是有街衢、庙宇、海关、邮局、众多商铺、繁华集市的市镇，其规模和重要性并不亚于一般的小县城，充分证实德国人侵占前这里荒芜不堪的说法是站不住脚的。

根据胡存约《海云堂随记》1896 年 10 月的记载，青岛口“原有商铺四十九，今为六十一家”。第二年，“商董首事集议本口禀县商铺数目。除新近由即墨、平度、金口、海阳来此赁屋暂营者六家外，计车马店九，烘炉一，成衣、估衣、剃发三，油坊、磨坊、染坊六，杂货、竹席、瓷器店铺七，药铺二，当铺一，织网、麻草、油篓、木材八，鞋帽、皮货各一，纱布绸店、洋广杂货店三，酒馆饭铺九，酱园豆腐坊各一，糕店茶食三，计六十五家”。如果将“赁屋暂营”的 6 家店铺计入，当时青岛已有 71 家店铺。从书中记录的这些店铺的经营项目看，大多是手工业、餐饮服务业和航运贸易业；

而在航运贸易方面，北与牛庄（今辽宁营口），西与安东卫、石臼所、胶州、海州（今江苏连云港），南方远至江淮、闽浙，国外同朝鲜等均有贸易往来。进出口的商品中，“出口以披猪、花生、生油、豆油、豆饼、白蜡、青梨等为最，进口以广洋杂货、细白棉布、棉纱、绸缎、糖、桐油、竹木材。本口去春瑞顺、协昌福、庆泰进细白棉纱百二十七件，今春进二百六十一件，余者为靛兰、洋红均行销畅利”，“吾邑劳山盛产水晶，有色白晶透者。有色暗而微紫者，往昔南船多来口采置”，“今本口与女姑、仓口计三百七十余船，阴岛百二十余，鱼只青鱼、乌鱼、丁鱼、白鱼、带鱼而已，余则有花鱼或蛤贝蛎蟹之属”①。此外，《海云堂随记》尚有历史、地理、民俗等记载，史料价值珍贵，可惜现在已无全本。

1916 年，胡存约病故，享年 57 岁。当他出殡时，有数千人为其送行。胡存约葬于虎山之南墓地。

胡存约生有三子，即毓岱（字镇东）、毓松（字镇中）、毓华（字镇西）。1916 年胡存约病故后，由其长子胡镇东任瑞泰协商号经理，亦继任青岛总商会董事。次子胡镇中曾任北京路小学校长多年。三子胡镇西从事科学工作。现在胡氏家族的后代，有的在美国，有的在台湾省，有的在山东省各地。其后人将家传的《胡氏族谱》捐赠给青岛市档案馆收藏。

① 胡存约：《海云堂随记（摘要）》，见青岛市博物馆等编《德国侵占胶州湾史料选编（1897—1898）》，山东人民出版社 1986 年版，第 21～25 页。

刘汝岩

刘汝岩（约1870—1922），字子玉，以字行。世居济宁，为近代济宁著名绅商。

刘家祖辈原系手工业者，在清朝中叶即以家庭手工制帽为业，全家动手，小规模生产缎帽、毡帽，销售当地。后来由于经营有方，产销两旺，生意逐渐发展起来。于是刘家便雇用工人，改进工艺，增加品种，扩展成为较大规模的制帽作坊，产品每年大量行销到苏、浙、豫、皖等省，季节性的商品整件批发，脱手后随即由南方带回棉纱、绸缎和布匹。这样往来经营，获利较厚。清光绪年间，刘家在济宁税务街路北开设双盛布店一处，从此营业更加兴旺。后陆续在税务街路南开设了南双盛杂货店一处，在烧酒胡同增设了东双盛杂货栈一处，在北关外开设了颐元油坊。为了吸收游资、周转灵活，又在南门里开设了宝源钱店。此时刘氏企业已有南、北、东三处“双盛”，连同钱店、油坊，共计五家商号。由于生意日渐发达，便抽出余资广置房产田地，在东门大街路北建造了80多间瓦房的“崇宽堂”宅第一所，在东五里营购置土地30顷，并盖有庄园，喂养牲畜，置办农具，俨然成了一处地主庄园。就这样，刘家由一个制帽的作坊主一跃而成了名盛一时的城乡巨富，位居民国济宁商界“四大金刚”之一。

这时，刘子玉已经年逾而立，开始主持家业。他早在光绪末年援例捐纳了员外郎的职衔，宣统元年又辟荐为孝廉方正，他凭此在社会上既拥有经济地位，又取得政治资本，从而跻身于地方士绅之列。1914 年，刘子玉被公推为济宁地方办公处主持人之一，相继担任了县议事会的议员、地方商会的主要成员。

刘子玉本人多谋善断，有胆有识，一直在谋划兴办实业。1916 年，刘子玉见济宁交通辐辏，贸易繁荣，商贾云集，人烟稠密，且自民国鼎新以来世风日趋文明，一时歌场舞榭、酒肆茶坊如雨后春笋拔地而立，便想在改善歌舞剧场上尝试投资经营，遂联合王兰亭、史敦甫、王星斋、胡玉甫等一部分绅商集资营建了济宁第一家大型剧院“育华舞台”。刘氏首先出资 5 万元，在城内西南隅南北更道街路西购地建筑了四合群楼，建成有标准舞台且有宽阔后场的一幢样式新颖的剧院，并在后台北部盖有平房十余间，作为外来艺人的住处。然后，他又派人专程赴江南购置戏箱、行头、服装、道具以及文武场的锣鼓管弦、舞台什物，为后来的济宁京剧戏班打下了物质基础。育华舞台落成后，由本地的玉仙班（京剧）首次开场祭台。由于当时剧场装潢富丽，演戏行头设备完善，深得一班戏迷和观众的好评。后来在相当长的一段时间内，剧院曾多次邀请南北名角到济宁献艺。如英啸伯、雷喜福、周啸天、宋德珠、毛世来、吴素秋、云燕铭、江世玉、许翰英、艾世菊等人，均曾应邀在育华舞台演出。该院建成后一改济宁大戏棚的传统简陋面貌，为当时的梨园界开创了新局面。

辛亥革命后，全国各地出现了振兴实业、挽回利权的高潮，南北省市的工商界纷纷仿效资本主义国家提倡机器生产。这时正值刘子玉踌躇满志，一心想投资兴办实业的时候。除所经营的五处商号外，他先是创办宽记蛋厂，接着又联合潘复、靳云鹏等人筹建济宁电灯公司。当时，他自己投资 8 万元，勘定小闸口河东新街为厂址，填坑建房大兴土木，平地崛起了一座发电厂，购置了日本发电机，并招募50余名工人筹备开工。刘子玉自任总经理，以马官敬（字丹铭）为副经理，聘请留日电气工程人员孔祥勉为总工程师，进行全部线路的安装。1919年春节，电厂开始发电，全城喜得普放光明。这不仅是济宁工商界异军突起的新鲜事物，也开创了鲁西南地区电力照明的先河。刘子玉还热衷于投资于外埠的企业，1919年，他曾投资潘复所办的鲁丰纱厂为股东。

在20世纪20年代，刘子玉已经掌握了巨额资产，并取得了社会地位，所以也就成了一班达官显宦门中的座上常客，成为济宁显赫一时的商界名人，“金刚”的声名更是风靡全城。

为谋求进一步吸收社会资本，扩大经营，进而将实业经营与金融业经营相结合，刘子玉还筹资开办丰大银行，从事商业储蓄借贷业务。他征得靳云鹏、潘复出资入股，于济南经三路小纬六路设行开业。但银行开业不久，在经营中就遇到了一系列问题，资金捉襟见肘。加上遇人不淑，副经理袁寅舫携带10万元现洋巨款突然潜逃，使银行日常经营陷入困境。身为民营商储银行的丰大银行，在立足未稳之时即受此重创，一时间资金难以周转，各项债务无法清偿，濒临倒闭。

经历多年运筹谋划，投入了大量资金和心血，结果受此致命打击，刘子玉如同遭受当头一棒，心力俱瘁，后来忧愤成疾，一病不起。1922年3月，刘子玉病情加重，溘然长逝。

刘恩驻

刘恩驻（1853—1923），字福航，沂水县刘家店子村人（今属沂南县大庄镇），近代山东第一家民族资本开办的电力企业——济南电灯公司的创立者，也是济南电气股份公司的第一任董事长。

刘恩驻出身官宦之家，其祖父刘恒泰、父亲刘策先皆为清朝官员。

祖父刘恒泰字象久，1806 年生于沂水县刘家店子一个书香之家。先后任南安府大庾县知县、广信府玉山县知县、赣州府赣县知县、南康府都昌知县、袁州府万载县知县。1851 年，刘恒泰担任南昌府盐粮水利通判，兼任粮督同知。1853 年，太平天国军进攻江西，省城戒严，刘恒泰举家迁回老家，于 1862 年病逝。

刘策先生于 1824 年。1853 年，刘策先岁试获一等。1856 年，刘策先通过由孝廉方正授户部主事的捷径，走上了仕途。1858 年，刘策先携家眷进京赴任，后经直隶总督奏请，调至天津海口大营当差。自此，刘策先在军事行动中崭露头角，屡建战功，遂顺利升迁。1862 年，刘策先以道员身份行事。1869 年，刘策先补授湖北等处提刑按察使司按察使。1873年，刘策先由按察使移官湖北布政使。①

1870年，刘恩驻师从莒县仁旺村进士、咸宁知县崔培元。后因军功加同知衔，赏戴花翎，保举知县。他于1872年完婚，1875年乙亥科举孝廉方正，1876年考取丙子科举人，先后授补用知府、补用道员衔。刘恩驻虽很早就走上了仕宦之途，但因其少时随父游历四方，眼界开阔，并深受洋务派影响，本心并不属意官宦仕途，反倒热衷于“声光化电”之类的西学。

其父刘策先病故后，刘恩驻随母定居济南。此时，正值晚清推行“自强新政”，清政府颁发诏书，通令各省创办机器局制造枪炮、子弹、炸药等，山东机器局应时而建。1894年中日甲午战争爆发后，因急需大量军火，山东机器局规模很快就扩大了三分之二。这时，山东机器局急需既懂科技又能管理的人才，当时懂自然科学技术的人却如凤毛麟角，于是便在国内广泛选拔新型人才，刘恩驻则脱颖而出。1899年农历七月三十日，光绪皇帝曾召见身为补用知府的刘恩驻。后来他到山东机器局任总办之职，长达九年之久。刘恩驻上任之后，经营有方，扩展了机器局的规模。1904年，经山东巡抚衙门奏请清政府批准，刘恩驻花费18.2万马克，从德国购进42部新式机器，开始制造单发步枪和“七九”式子弹，以供应军需。②

在山东机器局任职期间，刘恩驻敏锐地发现了发展电力的商机和前景，所以他非常关注电力事业的发展，认为发展工业必须要以电力发展为基础。当时，电力还是稀有的照明资源。山东的电力是从1898年开始起步的。当时德国库美尔电气有限公司首先在青岛建立了电灯厂，于1903年装设了两台170千瓦的蒸汽引擎发电机组，

---

① 隽桂德、王培良：《山东民族工业创始人刘恩驻家世考》，载《春秋》2011年第4期。

② 汪敬虞编：《中国近代工业史资料》第二辑，中华书局1962年版，第456页。

主要供给德军兵营和德国殖民机构用电，少量向市区供电。1903 年，德国人在坊子煤矿南大井装设了两台 136 千瓦的蒸汽发电机组，供矿上照明、抽水和提升用电。1902 年，天津机器局兵工厂迁到德州，工厂配有两台由锅驼机驱动的发电机，这是德州电力的开始。

1905 年，刘恩驻筹集 27.9 万银元购置德国西门子洋行两台 42 千瓦蒸汽发电机组，并聘请德国人斯密特·哈姆随机来济南装机，雇用了 40 余名工人，在济南院后街（现曲水亭街 25 号）创建济南电灯房，成为山东第一家民族资本电力企业。从此，济南巡抚衙门、达官富商宅邸有了电灯，院前、院后、西门一带商户也有了照明用电。当时，只在珍珠泉大院周围有 18 盏路灯，而且当时的技术还仿照煤油灯的做法，路灯是碳极弧光灯，靠两电极之间拉弧而发光。因此，每天傍晚需要有人爬到路边的电线杆上，调节电极之间的距离，使之打着“火”，把一盏盏路灯“点”亮，待天明时再一盏盏地去熄灭。①

1908 年，山东巡抚吴廷斌上书朝廷，褒奖刘恩驻在军需和民用实业方面做出的贡献。自此官方也重视并出资扶持电灯房，再加上市场需求巨大，刘恩驻的电灯房获得了极好的收益。

1908 年，刘恩驻辞去山东机器局总办职务，专营电灯房，并督办河工。1909 年，他购地 6 亩另设电灯房新厂，将电灯房改名“济南电灯公司”，并自任总董事长。新厂占地 4000 平方米，添置德国西门子公司产 210 千瓦蒸汽发电机 2 台，规模较前扩大了 5 倍，供电范围也日益扩大，由仅局限于老城里抚院及西门一带，而跨出城外，西到商埠、南到南关的部分区域。1911 年，电灯照明面积进一步扩大，济南城市的供电网络初步形成。电灯公司的建立发展，推动了济南近代经济的发展。民国初年，众多面粉厂、造纸厂、印染厂、

① 王志民主编：《山东重要历史人物》第 5 卷，山东人民出版社 2009 年版，第 20～21 页。

药厂等围绕电厂附近兴设，形成工商企业集聚区。

1914 年，山东举办第一届物品展览会，刘恩驻被聘为机器制作部评议员。秉承提倡实业的初衷，他以 500 大洋最高额购得第一号入场券，成为当时工商界众星捧月式的人物。①

1919 年，刘恩驻因年事已高，不能再直接从事企业经营管理，遂将电灯公司作价 60 万元分给儿子刘筱航和二女儿刘菊荫。刘筱航和二女婿庄式如为主要股东，另从社会上募集股资、招募新股东，将公司改名为“济南电气股份有限公司”，刘恩驻为董事长，庄式如为经理，德国人斯密特·哈姆为工程师。此时，其供电范围扩展到城厢四周及城郊洛口一带。

刘恩驻通晓技术与经营之道，实业经营业绩显赫，在清末民初拥有很高的社会地位，在当时是一位颇有影响的商界名人。他与当时的湖北督军王占元、山东督军张怀芝等过从甚密。后来公司遇到官司就是靠王、张二人帮忙才顺利解决。

1923 年 2 月，刘恩驻病故，其子刘筱航任董事长。

刘恩驻中年得子（1888 年），为子起名筱航。刘筱航没有父亲敏锐的眼光和脚踏实地的创业精神，1923 年他继任董事长后，济南电气股份有限公司的规模仍不断扩大，1936 年时发电设备容量达 8120 千瓦，但经营效益却因管理不善而开始走向衰落。五三惨案发生后，刘筱航躲到天津避难。在天津居住时，生活费用由庄式如提供。刘筱航在天津住了三年多，由于公司内领导空缺，职员内部钩心斗角，争权夺利，经营不善，企业亏损严重，他不得不回到济南。刘筱航爱好养狗和看戏，爱好大场面，为人洒脱，出手大方，结果闹得企业更加不景气。这时，刘筱航又与庄式如闹起了矛盾，甚至对簿公堂。尽管刘家胜诉，庄家下台，但刘筱航既无电业知识，又

① 山东省沂南县地方史志编纂委员会编：《沂南县志》，齐鲁书社 1997 年版，第 641 页。

缺乏管理经验，难以承担公司大业，于是又不得不与庄家妥协，闹得两败俱伤，公司更加不景气。后来省政府主席韩复榘出面，派出“临时整理委员会”进驻公司，进行全面整顿。韩复榘名为帮助整顿，实质上接管了公司的经营。公司被接管后，刘筱航既羞愧又恼怒，却不能言也不敢言，心情十分郁闷，不久即抑郁得病，卧床不起。1936 年 3 月，刘筱航因病去世，时年 49 岁。①

① 刘航莯：《刘航莯家世》，见《老照片》第 18 辑，山东画报出版社 2001 年版。

孙克选

孙克选（1867—1923），福山县（今烟台市莱山区）东泊子村人，字志诠，“系烟台经营电业第一人”。

孙克选出身于东泊子村的望族，父亲孙泰岳早年经商，后捐了一个诰封布政司经历职衔（五品）。身为四个兄弟中的老大，孙克选自幼聪慧好学，学问品行闻名乡里，后来承袭了父亲的职衔（未仕）。他不但早早投身商海，谋求靠实业致富，更成为东泊子村的“首事”（近似于族长），东泊子村与邻村的地界纠纷、村内的官司诉状，均由孙克选出面料理。

孙克选曾随父辈闯关东从事皮货生意，也曾远走日本经营面粉等洋货，甚至在政记轮船公司当过多年的业务员和经理。多年的经商活动使他积累了一定的资金实力和经验，为投资实业打下了基础。

20 世纪初，国内城市绅商兴起了投资举办实业之风。孙克选认为烟台地处内地与关东的行商要道，借助港口和航运，经商贸易可望发达繁荣，而此时外国资本势力则觊觎烟台，多方试探投资开办企业。在这种情势下，孙克选深感责任重大，刻不容缓，唯捷足先登，方可占得先机，确保经济利益不为外商所攫夺。

当时烟台尚无电力企业，新式机器工业和商业缺乏可靠的动力支撑，影响了城市工商业的发展。针对这种状况，孙克选断定兴办电业将会有良好的发展前景，于是便将兴办实业的目标锚定在开办发电厂一事上。1905年，他将创办电灯公司的想法付诸实施。这一年，他邀集商界志同道合者共同商议，筹创电业公司，在取得地方绅商共识后，即于次年农历六月上书省宪、商部请予批准立案，注册颁照。获得批准后，公司遵章开办，定名为“烟台金埠华商电灯有限公司”，孙克选任董事长兼总经理。

金埠华商电灯公司从创始之日便提出：凡集资者均为烟台本地人士，拒绝外资入股。在《章程》“宗旨”中的第一条，便揭橥创办电业的初衷：“烟台一隅本为南北行商之要道，际此东港又开商埠，其市面日盛一日，不待智者而能知。特繁盛之区种种商业，外人必先觊觎电灯其一也。本公司为自保利权以杜侵越起见，爰邀同志公议，专集华商股本创办电灯业，经呈请大部批准立案并恳注册颁照，俾有执守，以便遵章开办。”

该章程的主要内容为：

> 一、呈请商部批准立案，注册颁照，以便遵章开办。二、华商电灯公司不准外人（指外国人）入股，并申请刻制“烟台金埠华商电灯有限公司”印章。三、拟筹股本银十万两作为一万股。已集股五千，计银为五万两，汇存烟台商号以备先行购置机器。四、地址选定河东沿旷地五亩，商部颁给执照后用以盖建厂房。五、公举总经理三人，副总经理二人，凡持两千股者为协理，一千股者为议董。公司有重大事件，协理和议董均可参加会议。持有五百或二百五十股以上者为股董。六、股息分配事项。七、公司申请承办烟台电灯建设场站。其线路所经当先尽繁盛地方设立。街道到电杆之处应请商部通知地方将所有路灯一律改换电灯。八、股票转让事宜。

公司以营业名义集资，凡参与集资者均为烟台本地人士，孙克选自己投资白银4万两，共集得股金15万两，作15万股，每股计漕平银10两。公司地址选在河东沿空地（约5亩，今烟台邮电大楼以北、华丰街西首河东沿），从上海恒丰有限公司购置供5000盏电灯使用的发电设备。

为从上海商购发电机组以备发电之需，孙克选曾向时任国子监祭酒的福山人王懿荣求助。在寄给王懿荣的信中，孙克选一方面阐述了创办华商电灯公司的目的所在，一方面期望王懿荣出面，为华商电灯公司联系订购一台发电机组。孙克选身为原牟平一带的望族，与身为福山望族的王懿荣早年相识，两大家族更有姻亲关系，虽然一个是地方商贾，一个是京官大员，但经常保持书信往来。孙克选呈递给清政府的开办电灯公司奏章，很大程度上也是托王懿荣的关系得以呈上。毕竟在当时条件下，一个捐五品的商人实业计划若想得到清政府的允准，还得有上层人物代为疏通关系。有人分析，华商电灯公司从上海恒丰有限公司购置的供5000盏电灯照明的发电设备，可能就是由王懿荣托其妹夫、时任两江总督的张之洞代为办理的。

此后，孙克选又先后涉足商业、交通、外贸、林业等多个领域。但在外商的竞争中，华商电灯公司举步维艰。1914年5月1日，苦心经营9年之久的华商电灯公司因各种原因停业。身为创始人的孙克选，也在1923年赴东北经商时感染风寒，不幸去世，享年56岁。①

---

① 《东泊子村志》编纂委员会：《东泊子村志》第十三编，方志出版社2005年版。

李敬义

李敬义（1855—1923），益都县（今青州市）人。

李敬义年轻时家世寒微，生活贫困，只有几亩地和几间屋子，靠推小车贩运蚕丝维持生活。但他粗通文墨，聪明伶俐，喜欢与人谈论时事，不满足于旧习生财。清光绪初年，他与同县人徐芳洲、临朐县人马紫封在益都县城东关丝市租了两间门头，开设裕厚堂丝局，经营蚕丝生意。当时有人嘲笑他们说："你们做的买卖只够吃一年饼的。"但他们凭借当地蚕丝业日益发展的有利形势，齐心协力，苦心经营，资金越积越多，生意越做越大，很快便在周村丝市街设立了分号。李敬义有着灵活的生意头脑，锐意生财。光绪末年，他看到小框丝销路好，利润高，便独自出资在周村开设鸿裕丝厂，设缫车 100 台，其中有半机械化缫丝框 48 支，雇工 200 人，生产小框丝，这是周村第一个半机械化缫丝厂。①

这一时期，整个周村的缫丝生产还比较落后。李敬义又于 1909 年亲自前往无锡、上海等地参观考察机器缫丝。回周村后，李敬义与同县人徐芳洲、临朐县人马文山合资 4 万两白银，在周村中正门

① 李耕等：《裕厚堂——华成丝厂的五十年》，见山东省政协文史资料委员会、淄博市周村区政协文史资料委员会编《周村商埠》，山东人民出版社 1990 年版，第 83 页。

外路南（现淄博丝绸印染厂地址）购地建房，开设新的缫丝厂。因为新厂为裕厚堂丝局所创办，又因李敬义总理厂务，故取名为义记裕厚堂丝厂。

裕厚堂的厂房为旧式建筑，黑油大门前有一对石狮子，前院东西厢房做仓库，中间大厅各5间做柜房，后院楼房12间为缫丝房，再后边为茧库、伙房和工人宿舍，东边沿斜马路为锅炉房。整个建筑既古色古香，又不乏现代气息。丝厂初建时，采用人力机缫丝，1911年添设意大利产座缫机100台、中国制卧式三节锅炉1部、小型煤油发电机1台（供照明用），雇工200人。丝厂缫丝煮茧全用蒸汽，摆脱了手摇脚蹬的笨重体力劳动，基本上实现了生产过程的机械化，成为周村第一个近代化缫丝企业。当时丝厂年开工180天，产丝30余箱（每箱100斤），盈利远超传统手工丝坊。① 周村民间有“周村街八大祥，不如一个裕厚堂”的说法，足见裕厚堂在周村经济中的重要的地位和影响。在裕厚堂的带动下，周村的机器缫丝业迅速发展起来，到20世纪30年代已有8家缫丝工厂，成为近代山东机器缫丝工业中心，即使在全国也有一定地位。

裕厚堂建立之初，李敬义亲自主持厂务。其侄李盛基为总把头，管生产；李恩基为技师，管机器设备。全厂有工人180人，其中技工100人，徒工50人，锅炉工4人，勤杂工若干人。工人根据完成定额和产品质量情况，实行奖惩制度。奖金分一、二、三等，有时比工资还高。工人为了完成和超过定额，不得不拼命干，夏天从早忙到晚，冬天经常亮着灯干活。裕厚堂的生产工序为：收茧—烘茧—入库—煮茧—缫丝—检验—入账—打把—装箱。每年夏季“小满”过后，裕厚堂即招募工人收茧、烘茧。烘茧用五座烘炉，每炉八九层，每层烘几百斤，连烘三遍，烘毕入库。月余即开始缫丝，每台

① 洪谋、国鑫：《周村丝绸》，见淄博市政协文史资料研究委员会、经济技术委员会编《淄博经济史料》，中国文史出版社1990年版，第64～65页。

缫车有操作工人负责缫丝。每两台缫车有徒工一人，负责煮茧和送茧。工人完成定额后，即按编号将丝送理丝室，由检验员抽查质量，主要抽查条分粗细或有无沾污和断头现象。检验后划分等级过秤记账，再按每把5斤（旧制，每斤相当于1.25市斤），每箱20把，打把装箱，贴上商标，发往上海益丰长、恒升公等货栈，再经怡和、蓝天壁等洋行，销往欧洲或美国。质量差的销于国内。全厂每日产丝约60~70斤，每月20箱左右（每箱100斤）。全年生产6~9个月，产丝100~150箱，耗鲜茧20万斤左右。1927—1928年是该厂的黄金时代，每年可生产9个月以上，产丝200箱左右。每箱成本为700两白银，售价1600两，毛利900余两，全年销售毛利白银15万两左右。①

裕厚堂的收茧范围，南至王村，北至长山，西至邹平，东至孝妇河。这一地区的桑树叶质肥厚，生产的黄色茧所缫之丝，在上海市场被称为“鲁黄”，信誉颇高。民国初年，北洋政府农商部调查实业时，称该厂“关心试验，毅力经营”，并以大总统的名义奖给该厂七等嘉禾章。1922年，在上海物品展览会上，该厂产品又经过审查合格，被授予最优等奖章。② 李敬义因兴办实业而名声大噪，成为周村的商界巨子和远近驰名的工场主。

1916年，吴大洲、薄子明以护国军名义占据周村，由于军纪不整，周村的工商业遭到严重破坏，丝厂停工停产达八九个月之久。李敬义先后避居西山白云涧和上海分庄，委其异母弟李敬升主持厂务。李敬升在工厂被包围的形势下逾垣外出，宴请和贿赂了驻军首领，结果工厂未受任何损失。生产虽然停止了，可是李敬义在避居

① 李耕等：《裕厚堂——华成丝厂的五十年》，见山东省政协文史资料委员会，淄博市周村区政协文史资料委员会编《周村商埠》，山东人民出版社1990年版，第85~86页。

② 洪谋、国鑫：《周村丝绸》，见淄博市政协文史资料研究委员会、经济技术委员会编《淄博经济史料》，中国文史出版社1990年版，第65页。

上海期间，利用周村各丝厂停产之机，组织人员去新泰、泰安等地购买黄丝，运售上海，所获利润大大超过了往年。此后股东内部发生了析产纠纷，股东马紫封将大部分资金抽走，裕厚堂被迫改组。李敬义连遭变故，心力交瘁，于1921年患中风病倒。

祸不单行，这一年的8月，土匪孙百万部将李敬义之子李友三及次孙李治中从益都家中绑架走，并割掉李治中的左耳捎回，勒索巨额赎款。李敬义被迫用50000元将他们赎回。这次打击没有使裕厚堂在经济上受到致命损失，当时李友三曾说“不出一年就挣回来了”。但是李敬义却在惊吓之余，于1923年5月去世。李敬义去世后，缫丝厂由李友三继续经营。

李友三原名李益基，1914年毕业于周村於陵法政学校。他原想跻身政界，改换门庭，但偌大个产业总要有人继承，故不得不弃学从商，帮助其父经营丝局和丝厂。李友三继承父业后，正值裕厚堂的鼎盛时期。他和另外两家股东不是积极地改进技术设备，改善劳动条件，而是利用巨额收入在益都和临朐接收和新建了三家丝厂，还在家乡大量购置土地和城镇房产，其中仅李友三一家就购置了120间房屋和200多亩土地。结果是裕厚堂设备陈旧，生产条件恶劣，劳资关系越来越紧张，随时孕育着工人运动爆发的危机。1928年2月，国民党山东省党部为争取工人群众支持，派方希五、毕普南、臧化年到周村秘密组织工会。裕厚堂的工人起而响应，组成了以陈德茂为首的工人分会。此后，各种形式的工人斗争接连不断。1929年春，丝厂工人参加了缫丝业和丝织业工人的罢工斗争，要求增加工资，缩短工时，改善生活待遇。结果，徒工工资增加到每月1元，技工增加到每月10元。但是，此时裕厚堂资方并未诚心诚意地改善工人待遇，调节劳资关系，而是想方设法破坏工人运动。1930年7月，厂方借阎锡山军队进驻周村之机，联合恒兴德、同丰公司、顺兴成等厂的资方，具文呈请山东省代理主席邓宪熙禁止工人组织工会，同时在厂内强令解散工会，将陈德茂等工会领导人开除（后又在工人的压力下收回成命)。

裕厚堂的产品60%以上输出国外销售。1930年前后，欧美各国发生经济危机，蚕丝市场萧条，蚕丝销路顿减，丝价暴跌，每箱丝由1600两白银降至720两白银。在国内，由于日本人造丝通过走私途径源源不断地进入周村，大部分机坊改织人造丝产品，蚕丝销量亦骤然减少。而张店日资铃木丝厂的垄断和厂内工潮的爆发，又使产品成本不断提高，每箱丝由700余两白银增至930两白银。裕厚堂内外交困，亏损累累，诱发了早已存在于股东之间的内部纷争。在这种情况下，丝厂被迫实行改组。改组后的裕厚堂，取名“新记”，产品商标定为“厂图”。新记建立的第二年，海外蚕丝销路转旺，每箱可售洋1500元，因而丝厂尚能维持生产。这一年，该厂共有工人130人，耗茧10余万斤，产丝100箱。①

1932年，丝价再次下跌，新记被迫停工。1934年，山东省政府根据周村丝业工会主席李华峰和长山县长袁鸣谦的请求，在周村发行丝业救济券50000元，扶持各厂收茧缫丝，新记遂再开工。不料当年丝价再次狂跌，每箱丝落至550两白银，年终又落至370两白银。新记销路断绝，陈丝堆积上海，终于彻底破产。新记的全部资本只有60000元，不得不依靠上海益丰长货栈月息为8厘的押款。因为破产无力偿还押款和栈租，1935年，益丰长货栈向山东省高等法院提起诉讼。山东省高等法院将新记丝厂及其在上海的陈丝判给原告抵债。事后，李友三撤回益都，退守家园，驰名一时的裕厚堂就这样结束了。②

① 李耕等:《裕厚堂——华成丝厂的五十年》，见山东省政协文史资料委员会、淄博市周村区政协文史资料委员会编《周村商埠》，山东人民出版社1990年版，第87~88页。

② 李耕等:《裕厚堂——华成丝厂的五十年》，见山东省政协文史资料委员会、淄博市周村区政协文史资料委员会编《周村商埠》，山东人民出版社1990年版，第88~89页。

杨茂春

杨茂春（1858—1927），字曦和，出生于昌邑西乡南裴庄（今属昌邑市都昌街道办事处）。

杨氏是明朝永乐年间由潍县杨家埠迁来。其始祖初到昌邑时，仅有一担筐篓，靠当长工过日子。传到十一世祖杨万刚之后，人口渐多，分为三户。到十三世已有六户，全靠种几亩薄田为生。由于地少人多，收入不能糊口，于是不得不去寻找谋生的出路。1876 年，杨茂春父亲杨岱山、堂伯杨嵩山先去昌邑北乡柳疃打工，不久就学会了浆丝、牵机、织绸等一套工艺，很受工场主青睐。后来杨氏兄弟二人听闻丝绸在南洋很抢手，外国人已在北京寻购柳疃丝绸，所以决定带丝绸闯南洋。1878 年 2 月，杨氏兄弟二人带着从昌邑柳疃购进的丝绸赶赴青岛，由青岛搭英国客船，经上海、汕头、香港、新加坡，直达爪哇岛（今印度尼西亚）。爪哇岛的首府巴达威城（今雅加达，印度尼西亚首都），是南洋的主要海港和大商埠，也是华人聚居的地方。杨氏兄弟到达南洋后，先后在巴达威、三宝垅（位于巴达威以东 400 多公里）经销丝绸达三四年之久，随后因水土不服等原因于 1881 年、1882 年相继病逝。① 但杨氏兄弟带来的柳疃

① 张学闽：《记拓展南洋丝绸之路的杨茂春先生及其一家》，见政协山东省潍坊市委员会文史资料研究委员会编《潍坊文史资料选辑》第十辑，1995 年内部印行，第234 页。

丝绸的声誉却响遍了整个爪哇岛和南洋一带，为其后人继续经销柳疃丝绸积累经验，打下了基础。

杨茂春自幼家道贫寒，仅能勉强就读私塾，全靠母亲纺棉花挣钱交束脩。他自励刻苦，放学回家帮母亲纺花捻线。杨茂春很爱读书，学业进步很快，学习成绩在学馆中名列前茅，颇受教书先生喜爱。他又有立志成人的决心，想学好知识，长大后成家立业，振兴门户。19 岁那年，他下学务农，不久即学会扶犁耕种。后出嗣给堂伯杨嵩山为子。

此间，自杨岱山、杨嵩山两位父辈下南洋后，家庭便一直由杨茂春当家，主持门户。在他的主持下，老少两代团结和睦，从未分家，共同过着清贫的生活。及伯、父相继病逝南洋的噩耗传来，杨茂春悲恸万分，但远隔万里，无可奈何。他欲迁回先人遗骨，又苦于手头拮据，后来变卖家产并借外债，才得以两次去南洋迁回二老遗骨，安葬于故土。

在两次赴南洋处理事情的近一年时间里，杨茂春熟悉了南洋群岛的风土人情、衣着服饰等，特别是了解到南洋诸岛居民对柳疃丝绸的需求。借助其自身较强的交际能力，他结识父辈的故交，通过他们帮助筹划经营丝绸之策，很快在当地市场获得了立足点。另外，他又汲取了父辈失败的教训，认识到销售与运货不能脱节。在此基础上，他回国后广泛筹集资金，结交伙友，组织采购、销售、运输网络，拓展山东与南洋的丝绸贸易之路。

杨茂春先是在昌邑疏通好丝绸货源，然后聘请中人，与柳疃丝绸织户订立合同，言明先付半价，卖货后再付清余款，并用家中田地做押，取得织户的信任和支持。货源定妥之后，杨茂春与堂弟杨茂德、侄子杨玉成等携带丝绸渡海到达爪哇岛，在父辈经营的巴达威、三宝垅两地销售。后来，他在巴达威租赁房屋，开办了“源兴泰”丝绸庄。一年之后，货物售出，获利颇多，杨茂春即回国再次组织货源。这次回国，除与柳疃绸户算清账款外，还在柳疃成立了自己的丝绸庄“源兴恒”商号，作为聚集当地丝绸的货栈。随后，杨茂春又让杨玉成在广东汕头开设“源兴泰”分号，作为向南洋运货的中转站。他们在柳疃收购丝绸，先运到青岛，再由青岛转至汕头，然后运往南洋。不久，杨茂春又邀约前埠渊泉（今昌邑市都昌街道办事处前埠村）的隋中堂、中裴村的张鸣凤、潍县杨家埠的杨秀圣等人入伙。到南洋后，他们有的当二掌柜，有的当先生（会计）。杨茂春任大掌柜（总经理），常住巴达威。此后，杨茂春又让杨玉成随外商赴非洲开丝绸庄，在非洲开辟丝绸新市场。但两年后，因运货距离太远、成本太高而撤回。①

杨氏丝绸生意越来越兴隆，山东与南洋的丝绸之路越来越开阔。杨氏父子不但扩大了商业资本，增设了店铺，柳疃丝绸声誉也得到提高。杨氏父兄把钱捎回家乡，建房买地。此后，杨茂春的侄孙杨其泮等人又相继去南洋，继承祖业。

由于杨茂春一家的影响，昌邑、潍县、平度、安丘等县的许多老乡纷纷到南洋入伙卖绸。他们有的去经营坐店（设店铺），有的从事行庄（背包袱串门叫卖），一时间竟形成了一股潮流。据杨茂春先生之孙杨其干、杨其祯说，从1878年至1936年，昌邑一带相继下南洋卖丝绸的不下万人。他们遍布爪哇等“一溜五印度”，有的甚至远到澳洲、非洲。《杨茂春公墓碑》载：“乡人受公汲引，继起商南洋者日益多，至今英、荷属地谈及华商华产，辄称杨氏叔侄与昌邑茧绸，盖非仅一家一邑之光矣。”②

随着年事渐高，杨茂春逐渐把丝绸庄的大权交给侄子杨玉珍经管，但丝绸生意的信誉不减当年。杨茂春61岁回国，在家乡安度晚年，于1927年9月13日在家中逝世，享年70岁。

---

① 宋甲其主编：《昌邑织造》，内蒙古科学技术出版社1999年版，第70～72页。

② 政协昌邑县文史资料研究委员会编：《昌邑文史资料》第四辑《柳疃丝绸专辑》，1989年内部印行。

九一八事变后，日军侵华日亟，南洋丝绸之路因此受阻。七七事变后，南洋华商经营活动受到种种限制，杨氏父兄被迫陆续绕道回国，丝绸生意日渐衰落。尤其是太平洋战争爆发后，日本占据南洋群岛，丝绸之路断绝，华侨改从别业。滞留未回的杨茂德、张鸣凤等人定居爪哇。

杨氏祖孙四代人，自 1878 年始达南洋，至 1936 年陆续回国，前后达半个多世纪。杨岱山、杨嵩山、杨茂德等十多人先后在南洋病逝。他们开拓了柳疃丝绸在南洋的销路，加深了华侨与侨居国人民的相互了解与友谊。

附录：

杨茂春公墓碑

公杨姓，讳茂春，字曦和，世居昌邑县西乡南裴庄。曾祖讳万刚，祖讳思仁，父讳岱山，俱以耕读为业，累世积善，称长者。

公幼贫，然好学，有至性。未弱冠，嗣堂伯嵩山公后。嵩山公家境较丰，公力主同炊之议，举尽所有以与本生兄弟暨伯叔兄弟同居，毫无畛域之别，乡党称之。

清光绪初，公时年二十有一，岱山公偕嵩山公贸易南洋，水土不服，先后染病卒。公闻耗几不欲生，日夜南向啼哭，以不能即归先人骸骨为憾。而家道寒微，筹资维艰，不得已变卖田产，借供资斧。万里重洋，风涛险恶，逾三月始达爪哇岛。只身绝域，探询半载，仅于三堡垄得岱山公遗骸。公恐延滞资罄，遂先扶柩归里安葬。逾年，复南渡，始于巴达威得嵩山公遗骸，移家安葬如仪。昌邑故产茧绸，广销齐鲁燕晋，而运售海外者殊乏。自公再度航海，习外情起服，携运土产绸布，经营南洋群岛，骎骎乎开海外贸易之风，而入世界商战之局矣。获利既丰，家道渐裕。嗣以春秋高，命侄玉珍继其业。乡人受公汲引，继起商南洋者日益多。至今英、荷属地谈及华商及华产，辄称杨氏叔侄与昌邑茧绸，盖非仅一家一邑之光矣！公性仁慈，喜施与，急公好义，尤善治家。教督子侄，严而有恩。故全家男妇四十余口，咸蔼蔼一堂，恪遵义训，乡里视为模范焉。

公生于清咸丰八年正月二十一日戌时，终于民国十六年阴历八月十八日巳时，享寿七十岁。元配氏王，未婚卒；继配张宜人，光绪五年正月卒，享年二十四岁；继配徐宜人，善内助，公频年在外，家事胥赖以经纪，卒于宣统三年八月十五日，享年五十有二岁；继配孙宜人，尚存。子二人，长玉田，字蓝生；次玉树，字皎如，毕业于山东公立商业专门学校，历充山东实业厅谘议、山东河务总局秘书等职。女二人，俱适名门，皆徐宜人出。

本年十月二十八日，为公窀穸期，玉树乞铭于余，余忝与公同乡，并与玉树相处久，稔知公生平行谊，足风世俗，故不敢以不文辞，乃谨序其事而勒诸石，永垂不朽云。

二等大绶嘉禾章教育次长世愚侄林修竹拜撰

宣统己酉科拔贡山东教养局局长乡愚侄张书绅书丹①

（刘晓焕）

① 政协昌邑县文史资料研究委员会编:《昌邑文史资料》第四辑《柳疃丝绸专辑》，1989 年内部印行。

宋传典

宋传典（1875—1930），字徽五，原名宋化忠，生于益都县（今青州市）莲花盆乡宋旺庄，民国时期山东著名实业家。其父宋光旭幼时父母双亡，由大伯父抚养成人。宋光旭育有三男二女，长子宋传典，次子宋化恕，三子宋化宽。宋光旭后以93岁高龄逝于天津。

宋传典幼年时，其母上树采摘榆树叶充饥，不幸坠地身亡，一家人靠父亲宋光旭耕作卖柴为生，家境贫寒。1887年英国浸礼会传教士库寿宁到青州传教，宋光旭到城里卖山草时认识了库寿宁。在库寿宁的引导下，宋光旭于1891年加入了基督教。入教后，他先后在培真书院当伙夫做饭和看守大门。宋传典作为教徒之子，先在教会在魏南庄所建的乡塾读书，后来由库寿宁资助到中学程度的住宿学校广德书院读书，并取“传播耶稣经典”之意，将其原名“化忠”改为“传典”。

广德书院虽是英国人办的学校，却没有英语课，只是由库寿宁聘请的一名贡生张少堂讲授地理、历史、算术、几何等课。宋传典聪明好学，深得库寿宁牧师夫妇的喜欢，夫妇二人常利用课余时间在家中教宋传典学习英语，为宋传典打下了良好的英语基础。①

① 张文星：《宋传典事略》，见政协山东省青州市委员会编《文史资料选辑》第五辑，1987年内部印行，第131页。

宋传典在广德书院毕业后，考入了教会在潍县设立的广文大学。毕业后，广文大学并入了齐鲁大学，原校址改办为广文中学。经库寿宁推荐，宋传典到广文中学教书。19 世纪末，山东义和团运动兴起，学校停办，他和外国传教士一起转往烟台，在那里同另一英籍传教士卜道成翻译并编辑宗教诗歌。

1901 年《辛丑条约》签订后，宋传典随传教士回到了青州。此时中国在“以洋人之技而制夷”的思潮影响下，正处于向西方学习、兴办新式教育的浪潮之中，因此教会学校培养的教师宋传典格外吃香，身价倍增。1901 年，清政府废科举、兴学堂。1902 年，青州北城的都统严守清在驻防营办了个“海岱书院”，特请宋传典教英语和算术。① 同年，青州知府冯汝骙将松林书院旧址改建为青州府官立中学堂，聘请宋传典兼任官立青州中学堂英文教习，他由此成为学堂内第一位教授英文的教师。宋传典不但担任海岱书院的英文教习与广德书院的理化和英文教习，还先后担任益都县立高等小学校长、县教育会会长，并在此期间编著了一册讲授外国历史的教材《古国述要》。他所翻译的《化学详要》一书，也成为当时胶东各校普遍采用的教材。

宋传典 23 岁时与虔诚的基督教徒聂德馨女士成婚。

库寿宁是 19 世纪末英国基督教浸礼会派往山东省益都县的传教士。除了以教育作为传教手段外，传教士们还兴办慈善事业，以扩大传教的影响，他们兴办的花边、发网编织业即是如此。库寿宁夫妇经营花边庄始于 1894 年前后甚至更早些，最初规模很小，资本仅 50 吊钱（约合银元 20 元）。库寿宁从英国购来原材料，在教会的空闲房屋中组织教友编织，教友织成花边后再邮寄出口到英国。织花边的技术由库寿宁之妻教授，她先教给教友，作为教会福利，之后教友再传给

---

① 王钧堂、冯宝光：《我们所知道的宋传典》，见政协山东省委员会文史资料研究委员会编《文史资料选辑》第五辑，山东人民出版社 1978 年版。

教会以外的人。参加花边编织的贫穷教民熟练掌握技术后，不需投资便可获得一定的收入，一定程度上提高了家庭生活收入。

宋传典在担任益都县立高等小学校长时，就已开始协助库寿宁夫妇经营花边事业，所以具有了一定的经营管理经验。教会经营的花边业，开创了后来被称为“抽纱之王”的青州花边品牌，成为出口欧美的特色商品。当时，花边每月出口数量虽不大，却可赚二三百美元，有着良好的市场发展前景。1908 年秋季，库寿宁夫妇因不愿与美国长老会合办广文大学，辞职离开益都，应邀到上海基督教浸礼会工作。他们在离开益都前，希望自己经营多年的花边事业有可信任的人接手料理，使其不致半途而废，于是便将花边庄的房产铺面交给宋传典，由他来接办花边业务。后来宋传典辞掉教职，与贾星垣、苑松芳、孙思吉三人集资 2000 吊钱（其中宋传典 800 吊钱，其余三人各 400 吊钱），成立“德昌花边庄”，全力投入到花边庄的经营。1912 年，德昌花边庄改为“德昌洋行”，兼营进出口贸易，花边庄对国外业务时称“宋传典商行”。针对库寿宁夫妇花边庄生意主要局限于教友、半慈善救济性质的局面，宋传典对花边庄的经营方式进行了改革：改变经营机制，实行彻底的商业化运作；把花边生产扩大到以益都为中心的胶东农村，组织人力去传授编织技术，发放原料，定点检验和收购成品。改革使得花边庄迅速发展，资本由起初的 2000 吊钱增至 1918 年的银元五六千元。

1917 年以后，花边在西欧滞销，但发网在欧洲市场需求量骤增，极大地刺激了中国发网的出口。发网是当时欧洲妇女的常用物品，少女用来保护头发，孕妇要把发网垂到眉毛，而寡妇则需要用发网把整个脸遮住。为适应市场的变化，宋传典遂将经营重心转向发网生产与销售。初期，宋传典从国外进口染色头发。后来，中国农村男人剪辫子者日趋增多，而女子留短发亦成为时尚，国内原料充足，宋传典经过多次试验，掌握了头发着色技术，遂改进口发为国产发。他在许多省份设专人收购头发，并在上海、天津、济南、青岛、烟台等地设立了分行。

1919年春，宋传典开办“德昌号”，除经营花边外，兼营发网，还经营汇兑。企业的教会气息逐渐淡化，原有的宗教关系被用来为企业经营服务。宋传典办发网庄也是先以教会的教友为基础，再逐步向外扩充。他在山东、上海、河北等处设分庄，都是依靠当地教会支持。1921年，宋传典之子宋棐卿从美国留学归来，带回了新式梳发、染发工具和图样，实现了头发的自制，大大降低了成本，德昌发网庄进入黄金发展期。当时，为德昌号编织发网的农民不下15000户，此外尚有十余县的广大劳动妇女，盛时发网庄仅检验发网的工人就有300余名。①

宋传典在城里万寿宫街建立了德昌大楼。1924年最盛时，“除房产、货品之外，拥有现金四五十万元”。至1927年，苑松芳、孙思吉、贾星垣三人相继退出了“德昌花边庄”的股份，“德昌花边庄”为宋氏家族所独有。② 为了企业的更大发展，宋传典在济南、上海、天津、烟台、青岛、潍县、高密等地设立了分厂分号，他在青州相继办起了东益火柴公司、德昌肥皂公司、德茂花栈等商号。那时，他的资产已经达到了100多万元。当时的山东省长沈铭昌为了缓和内外矛盾，想拉拢工商界人士帮助其稳定政局，便提请北洋政府嘉奖山东一些知名工商界人士，宋传典得到了一枚六等嘉禾章、一块“通商惠工”的匾额，山东省也嘉奖他一块“实业勋荣”的匾额。自此，随着财富和声望的增长，宋传典成了山东工商界的知名人物，当上了益都县议员，1922年又花钱当上了山东省议员。1923年，山东省议会举行第三届议长选举，宋传典在青州同乡李慎五、李习五等人的支持下参加了议长竞选。宋传典作为英美教会支持的

---

① 王钧堂、冯宝光：《我们所知道的宋传典》，见政协山东省委员会文史资料研究委员会编《文史资料选辑》第五辑，山东人民出版社1978年版，第70页。

② 李静山等：《宋棐卿与天津东亚企业公司》，载政协天津市委员会文史资料研究委员会编《天津文史资料选辑》第29辑，天津人民出版社1984年版。

势力，是中间力量，最后他击败了另一个商人候选人陈鸾书，当选为山东省议会议长。

出任议长后，宋传典举家迁至济南，将德昌洋行设在商埠经六路纬七路一带，开始了亦官亦商的生涯。济南德昌洋行占地面积3万多平方米，建有厂房、办公室、女工宿舍等。到济南不久，宋传典又在洋行内创办了德昌地毯厂，以机器和手工操作相结合织造地毯，成为济南开埠后最大的地毯厂。1925年，军阀张宗昌主政山东，宋传典带头拥护，张宗昌也投桃报李，委以宋传典山东赎路督办的要职，并且不准议会改选，宋传典的议长位子得以保留。

宋传典当上议长以后，便自己出资5万元，又从议员中募集了10万元，共计15万元，开办了由东昌府（今聊城市）到武定府（今惠民县）的汽车公司。汽车总公司设在禹城，每天有车去聊城，中经高唐、博平；由高唐还有一条支路去临清，从聊城有一条支路去阳谷，也有车由禹城往东经临邑、商河到惠民。由禹城到聊城100公里，每人票价4元，由禹城到惠民120公里，票价4.8元，平均每5公里车费2角。当时宋传典由美国购进“道奇”牌中型轿车6辆，“飞得禄”牌大型公共汽车9辆。“道奇”牌轿车是软席座位，车内两排可以乘坐8人，如果与司机同排坐，可以坐9人，专供包车用，只要有人出36元，即可以由禹城开到聊城一次。当时商旅很多，这几部小轿车时常供不应求。“飞得禄”牌公共汽车可以坐21人，每日按时对开。公司在沿途设有招待所，供旅客休息、吃饭。所以汽车公司效益很好，每星期都有专人把款解到济南总管账，一般可达五六千元，有时甚至上万元。后来，张宗昌因打仗需要，将公司的汽车和司机强行调用，最后只剩下了7辆破车可以行驶，由山东省政府改组为鲁北汽车公司。地方军阀的横征暴敛，使宋传典看到山东的经营不好运作，便逐渐把资金转到了天津，在天津成立了“德昌贸易公司”，经营汽车贸易。

宋传典在做官和经商的同时，还涉足教育界，先后担任过益都守善中学董事长和齐鲁大学董事。1924 年，胶澳商埠督办高恩洪创办了私立青岛大学，宋传典曾一度担任过校长。

1928 年，国民革命军进入济南，张宗昌闻风而逃。国民政府视宋传典为张宗昌同党，将他在济南的全部资产予以查封并下了通缉令。

宋传典先逃往天津，后又跑到上海，在基督教青年会内藏匿。1930 年年初，经蒋介石老乡、外交部部长王正廷出面说项，国民政府取消了通缉令。宋传典得到消息后，因欣喜过度而突发脑出血，不治身亡。

王协三

王协三（生卒年未详），原名王允之（音），祖籍东昌府堂邑县崔郝流庄（今属聊城市东昌府区），生于清光绪中叶，民国时期济南知名棉业商人。王协三家境并不富裕，在兄弟三人中排行老三，在家族里是六个兄弟中的老六，这也是后来人们称他为“王六爷”的由来。

堂邑是山东重要的棉花产地，秋季棉花采摘后，经过集市交易，由棉花贩子集中，运往济南等集散市场销售。王协三就是当地棉花商贩。最初他与叔伯兄弟三人推着“小红车”——由枣木制作的小独轮车——到济南贩卖棉花。当兄弟三人走到茌平时，有一个上坡很难通过，另外两个兄弟就中途放弃，在当地把棉花贱卖了后回家。但王协三没有放弃，他咬着牙推车过了这道坡。

来到济南中大槐树后，王协三发现在济南卖棉花挣钱不少。于是，他就做起了在堂邑和中大槐树之间贩运棉花的生意。从事棉花运销持续了近两年，王协三就在商埠经二纬八路买了带四合院的宅子，也置办了贩运棉花的马车和车队。当时，中大槐树距离西市场很近，别的棉花商贩有了空闲就去逛商场，但是有心的王协三从来没有去过，晚上就跟着马车店账房先生学习打算盘。这样，仅上过几个月私塾的王协三，渐渐能自己看信、读报和算账了。随着资金实力和经验的逐步积累，王协三开始考虑创办自己的商号。

1909年，王协三在济南商埠开设起阜成信棉花行。“阜成信”是济南的第一家棉花行，也是棉花交易市场的中心。① 此后，王协三在经二路置办房产，用于棉花经营，这些房产也就是之后的“阜成信西记”和“阜成信东记”。1912年，王协三出任第二届济南商埠商会副会长。1914年，任第三届济南商埠商会会长。

作为华北重要棉花集散市场的济南商埠，棉产区的棉花需要经由济南市场棉花行之手，才能转销到外埠客商或机器棉纺厂手中。当时，外地客商送棉花到阜成信棉花行，只要是质量好，棉花行通常会给出高价，棉花客商也乐意送棉花到阜成信，尤其是鲁西南棉花产区的棉花大都送到阜成信。鼎盛时期，阜成信的生意做到了青岛、西安、天津及上海，每年有近40万担棉花通过阜成信运出，占到了山东全省运出量的四成。

阜成信的发展得益于三方面的条件：一是阜成信占据了济南自开商埠的“天时”，济南成为山东省乃至华北地区重要的棉花集散市场。二是适逢第一次世界大战，国外的洋纱洋布逐渐减少，成通纱厂等民族工业迅速崛起，需要大量的棉花原材料。三是阜成信经营有严格的店规，维护着商号良好的信誉，如果棉花质量不行，托人找关系也不行。当时，阜成信在济南有两个打包厂，专门负责将收买的棉花打包外运。四是对客户诚信以待，来送棉花的客户，吃饭一般都是“四碟两碗”的标准，想喝酒时都能到二楼仓库中取。大客商来棉花行做生意，一般都是去百花村饭庄、泰丰楼、燕喜堂等济南著名的老字号吃饭。

随着事业的发展，阜成信开始向其他行业投资，济南成记面粉厂、文德铁工厂、成通纱厂、仁丰纱厂以及南京面粉厂都曾有其投

---

① 另有一种说法，认为济南第一家棉花行是西关花店街的广济棉花行，光绪三十二年（1906）开业，创始人为郭棉如和王协三（初为贩运棉花的花客）。开业时没有多少资金，只是租赁了几间铺房。购置了一些床铺家具，雇了五六名店员，专事招揽客商，从中收取二分佣金（参见中国民主建国会济南市委员会、济南市工商业联合会编《济南工商史料》第二辑，1988年内部印行，第161页）。

资入股，另外阜成信还在商埠广置房产，从经二纬七路到纬八路、经三纬七路南到大生里，都有王家的房产。阜成信与济南商界的关系也很密切，王协三与成通纱厂的苗海南、仁丰纱厂的马伯声、东元盛染坊的张东木、裕兴染料公司的邹升三等商界名人都有着良好的私人关系及密切的业务往来。

20世纪20年代末，王协三去世。此后，阜成信的事务就交由其两个儿子分别掌管，大掌柜王玉岩分管经营，二掌柜王玉珊负责外联等事务。但是，阜成信在王协三过世后有一段时间开始走下坡路。1930年，接掌棉花行的大掌柜王玉岩把“阜成信”改组为“复成信”，其愿望就是想要恢复阜成信昔日的兴盛。当时复成信为合伙制，资本3万元，股东中有历城人和夏津人。花行有店员21人、学徒5人，以代客买卖棉花为主要业务，年销售额130万元。①

1938年日本军占领济南后，对棉花等物资实行“经济控制”，华商企业的生意越来越难做。当时日本人强行占用复成信的南楼开了家洋行，实际上在控制和监视复成信，还要求商号报告经营情况。后来，日本东洋棉业株式会社计划参股控制复成信的经营，要求复成信在十天内答复，王玉岩就借故在家养病推辞，但是10天后，他还是被日本宪兵以“囤积和通敌”的名义从家中抓走。在被日本人逮捕后，王玉岩先是在济南，后在天津被关押了近两年的时间。最后，通过从东京大学毕业回国的舅爷王子敬打通关系，王家变卖复成信西记以及其他财产，凑足50万大洋，在几乎倾家荡产的情况下，才把王玉岩赎了回来。

这件事后，复成信的生意一落千丈，当年合资的小股东也开始撤资，复成信被迫歇业关张。王家后人则依靠变卖产业艰难度日。之后，王玉岩和王玉珊曾经开过一家东义货栈，但是面对日本人的打压，终于在1945年倒闭。

---

① 山东省政府实业厅编印：《山东工商报告》，1931年，第234页。

米汝厚

米汝厚（？—1918），回族，字献臣，济宁城里人，出身于官僚地主家庭。据载，米汝厚“家里田连千亩，房屋成片，是济宁有名的官僚地主”。其父米协麟，清末曾任直隶东明（今属山东）知县。光绪年间，在直隶总督兼北洋大臣李鸿章支持下，米协麟曾参与过枣庄中兴矿局的创办，是山东早期民族资本家之一。米汝厚早年随同父亲游宦在外，增长了阅历，也接触到一些先进文化知识，尤其是随同父亲在枣庄接办中兴煤矿，积累了丰富的办矿经验。据地方史志记载，“济宁回民米汝厚联合李恩瑕等富商集股 3 万元，在宁阳县创办了华丰煤矿公司。其父米协麟曾创办枣庄中兴煤矿，父子均属山东煤矿的（早期）奠基人之一”①。

据现存资料记载，光绪初年，米汝厚曾以候选县丞在直隶候补。1877 年和 1878 年，直隶境内（东明、长垣）黄河南堤连续两年防汛安澜，身为候选县丞的米汝厚等人，奉命随同开州知州陈兆麟、长垣知县费瀛、代理东明县事候补知县唐榕森“督率绅民抢险”，甚为出力。事后，直隶总督李鸿章于 1878 年 11 月 12 日上奏清廷，在“酌保尤为出力人员”名单中就有米汝厚等 11 人，请求清廷优先叙

---

① 朱承山主编：《济宁历史纪年》，中国社会出版社 2012 年版，第 177 页。

用，其中“米汝厚请俟选缺后以知县用”。[1] 不久，米汝厚以候补知县被派发江苏候补。嗣后，米汝厚鉴于官场腐败，升迁无望，无法实现自己的抱负，转而走上了矿业经营之路。

就在米汝厚获得候补知县的当年，正在直隶东明知县任上的父亲米协麟奉命开办枣庄煤矿。早在1875年，北洋大臣兼直隶总督李鸿章和两江总督沈葆桢即曾上书光绪皇帝，力陈开采煤铁矿之重要性。清廷上谕批复：“开采煤铁事宜，着照李鸿章、沈葆桢所请。”[2] 在此情况下，米协麟跃跃欲试，经禀请李鸿章许可，遂在1878年春与候补知县戴华藻到达枣庄，筹集股银2.5万两，在三合庄一带租地盖房，招募工人，创办了由官僚、富商和地主合资的“山东峄县中兴矿局”。矿局开办后，由于资金短缺，无力购置机械设备，仍沿用传统的土法开采。在试开了三座小井之后，终因矿井积水严重而停止。但这毕竟是集资合办企业开采煤田的初步尝试，为此后米汝厚、张莲芬等人接续兴办枣庄煤矿提供了经验。

1880年春，东明候补知县戴华藻致函邀请直隶候补道张莲芬前往山东峄县，共同开办枣庄煤矿。嗣后，张莲芬会同通用镇总兵贾起胜、直隶候补道戴宗骞等一批清政府官员分头在上海、天津等地筹集股银5.6万两，购买新式抽水机4台和提升设备，于1881年年底扩充采办。但是，随着枣庄煤矿经营规模的不断扩大，煤矿生产安全事故不断出现。1893年6月14日，枣庄煤矿所属半截筒子小窑突然发生透水事故，大水很快淹没了井下，百余名矿工无一人生还。消息传开，枣庄煤矿内外人士非常愤怒，纷纷声讨煤矿经营者腐败无能。而当时的经营者又因为内部矛盾发生冲突，致使枣庄煤矿处于瘫痪状态。事情上报山东巡抚，煤矿负责人戴华藻被撤销总办职

① 顾廷龙、戴逸主编：《李鸿章全集》第8册《奏议八》，安徽教育出版社2008年版，第215~216页。

② 顾廷龙、戴逸主编：《李鸿章全集》第6册《奏议六》，安徽教育出版社2008年版，第296页。

务，陈德俊接任。1896年1月，山东巡抚李秉衡以“山东历办矿务无成效”为由，奏请清政府封矿。于是，枣庄煤矿被迫停办。①

枣庄煤矿被迫停办后，米汝厚认为放着丰厚的资源不去开发利用，甚为可惜，便与李朝相等人商议开办民窑。1896年7月，他们向中兴矿局股东陈德俊（又称“南股股东”）租借4台抽水机，在枣庄附近开挖民窑。而此事被股东贾起胜等人（又称“北股股东”）得知后，坚决反对。于是，双方争执，各不相让，致使矛盾激化，惊动了地方政府。1897年3月，峄县知县以枣庄煤矿机器“事关北洋”为由，上奏直隶总督王文韶，要求将矿局机器移出枣庄，停止在枣庄开办煤窑。当年7月26日，王文韶即委派张莲芬前来枣庄查明情况。张莲芬受命勘察后认为既不能移走机器，也不能因此停止对枣庄煤矿的开采。1898年年初，峄县知县再次向清政府禀报：山东峄县煤矿倒闭后，南北股东因账目和资金问题不断发生纠纷，当地恶势力寻衅滋事，觊觎封存于矿内的贵重机器及倒闭后没付的占地租金，地方官府又无法保护，且“甫经遵饬停止，岂可再听绅民接开”，再次请北洋大臣命令矿务局移去机器、拆毁局房，将地基归还原主，致使米汝厚等人开发枣庄煤矿的努力落空。②

1908年，米汝厚前往宁阳东乡华丰煤田开办煤窑，至1909年，终于创办了著名的华丰煤矿。

华丰煤矿从明代末叶就已经开始开采。到19世纪中叶，当地县衙曾从维护本地士绅地主的利益出发，规定民间开办煤窑，一定要以所在地地主为窑主，否则就不准开办。这一时期，在华丰开办过煤窑的地主很多，其中有本地的孔家、宁家和王家，济宁的米家、唐家、乔家，河南的上官家等。济宁米家即是指米汝厚家而言。米

① 苑继平主编：《枣庄煤史》，青岛出版社2006年版，第26～29页。

② 苏任山：《中兴煤矿创办的过程和斗争》，见枣庄市政协文史资料委员会编《枣庄文史资料》第一辑，1985年内部印行。

家当时与当地地主魏以坤合伙开窑。据载，米汝厚因大腹便便，在当地有“米大肚子”的绰号。几年后，米汝厚凭着较为显赫的家世和雄厚的资本，设法挤走了魏家，独占了煤窑。

1908 年 4 月，身为江苏候补知县的米汝厚，正式向官府禀请在山东宁阳县东南乡磁窑探矿，经山东劝业公所核准后给予探矿执照。① 自此，米汝厚获取了开采矿区 32 年的权利，遂公开征购矿区土地。当时适逢城市居民和机器工业对煤炭燃料的需求逐年增加，米汝厚便积极筹集资金，与富商李恩瑕（李幼恒）等十余人共凑得 41958 元（一说白银 3 万两），于 1909 年正式挂出“华丰煤矿公司”的招牌，米汝厚被董事们推举为煤矿第一任经理。

当时的华丰煤矿有近十个矿井，雇用矿工在 2000 人至 3000 人之间。农闲时或灾荒年，劳动力便宜，矿上工人数目会相应增加。办矿之初，依然使用人力绞车等提升工具，但是伴随着企业盈利的增多，煤矿逐步引进西方先进技术，购置锅炉、汽水泵、汽绞车，建起机械修理厂，实现了设备更新，机械化程度逐渐提高，开始大规模开采，这是当地土法小窑所无法相比的。华丰煤矿主要矿井使用了德国制造的 12 寸或 14 寸的汽缸轮齿绞车，并安装了 1 部发电机、15 座锅炉。井下的大巷都铺设了铁轨，开始用木矿车运输，一车能装煤炭三四百公斤至六七百公斤。生产技术的改进，使矿井延深度大大增加，过去的小煤窑最深只有 37 米，而华丰煤矿公司的煤井深度达到了 480 米，煤炭的产量也因此大幅度提高。

到 1916 年，华丰煤矿已开凿煤井 30 余口，年产量达 4 万吨。由于产量高，加之“当时以得风气之先，他处采煤者尚少，故该矿之销路、售价，均占优势”。九年内，煤矿获利 24 万元，除去红利及

① 《中国煤炭志》编纂委员会编：《中国煤炭志·山东卷》，煤炭工业出版社 1997 年版，第 87 页。

退股者外，积成 17 万元资本。①

在管理方面，米汝厚一改以往地主办窑时的分散式小规模经营，采用了公司制度，转变为新式企业经营，因此在组织形式方面也较以往地主所办煤窑复杂。投资入股华丰煤矿的绅商组成董事会，负责处理有关华丰煤矿的重大事宜。实际负责日常经营管理业务的是经理、副经理。

米汝厚在磁窑办矿时期（1909—1918），经理并不直接管理每口矿井的生产，而是把矿井包给包柜头。这种制度带有明显的落后性，它表明新式煤矿企业在其产生之时，尚带有浓厚的传统旧式煤井色彩。当时煤矿公司与包柜头之间采取“分成制”，一般是三七开，即生产的煤炭，公司要七成，包柜头要三成。更多的时候是采取“包价洋”的形式，即公司按采煤多少付给包柜头一定的包价洋，所产煤炭全部归公司所有。一般情形下，公司平均每吨煤炭付出包价洋 1 元多，加上股本还息以及职员、矿警队和公安局的薪金，平均每吨煤炭的成本约为 4 元。公司在当地出售煤每吨卖到近 6 元，获利近 2 元。米汝厚担任经理经营华丰煤矿近十年，每年可获利三四万至八九万元，除去股本分红，共积累了 17 万元的资金，比建矿时增加了 3 倍多。②

1917—1918 年，华丰煤矿遭遇两次匪劫，经理米汝厚也遭到了绑架。为应付劫匪和赎回人质，华丰煤矿经营遭到严重打击，两次财务损失及赎人用款高达 12 万元。③ 1918 年，在经历劫难之后，米汝厚因病去世。华丰煤矿经理职务由鲁桐山接任。

（刘晓焕）

---

① 苏润汉、任官相：《解放前的华丰煤矿》，见宁阳县政协文史资料研究委员会编《宁阳文史资料》第四辑，1990 年内部印行，第 67 页。

② 《华丰煤矿史话》编写组：《华丰煤矿史话》，山东人民出版社 1983 年版，第 17～18 页。

③ 山东省济宁市市中区政协编：《济宁市市中区政协文史资料》第十一辑《济宁回族》，1998 年内部印行，第 158 页。

张肇铨

张肇铨（1875—1928），字子衡，生于章丘相公镇寨子村，民国时期山东著名实业家。张肇铨幼年时家境贫寒，在父亲张锡纯的严教下，他学习勤奋，致力于科举之业。20 岁时，张肇铨考中秀才，1902 年又考中举人，1904 年参加了清廷最后一次科举考试，会试中进士，排名三甲第八十二名，为章丘最后一名进士。

1908 年，张肇铨简放到云南麻哈州任州牧。据《麻哈册报》记载，其任职期内，颇有政声：

> 以地瘠民贫，而年征丁粮系由坐扣廉俸，特于额征之数减收其库平色，以示体恤，而小户率以七八成色毛钱上纳，咸收受而不加水。至听讼尤恐贫民受屈，即富者理直，亦婉婉相劝，人咸呼为青天。①

1909 年，张肇铨调任贵州遵义县知县。为官期间，他恪守律例，对那些横行乡里欺压民众的地方劣绅恶霸，先斩后奏，为民除害，颇有清官之风。他曾从章丘打制农具，运往任职的州县，向农户传

① 贵州省文史研究馆点校：《贵州通志·宦迹志》，贵州人民出版社 2004 年版，第 629 页。

授耕作技艺，倡导农桑。1910 年，张肇铨升任遵义府知府。

1911 年辛亥革命爆发，张肇铨携家眷弃官逃回家乡。不久，他在济南开办通义、通久等银号，并加入银钱同业组织“福德会馆”。1912 年，原山东官银号改为山东银行，代理省库业务。次年秋，山东银行并入中国银行。合并后，中国银行拟撤销此行。张肇铨抓住这一时机，呈请山东省公署批准，将“山东银行”转给济南总商会招股承办，总资本 100 万元，他自任总理，牛嗣照任协理，曹广元任经理，经营存放款、汇兑及一般银行业务。该行于 1913 年 11 月 29 日成立，1914 年正式营业，是为山东商办银行之始。1925 年，山东督军张宗昌设立山东省银行，饬令山东银行改名为“山东商业银行”。至 20 世纪 20 年代初，该行资本增至 140 万元，在济南、青岛及全省各县均设有分支机构。

1914 年，张肇铨与海阳人王星斋等集资 4 万元，在济南购地 13 亩，建立“山东面粉厂”。1915 年，该厂建成投产。因政府规定民营企业不得使用地方名称，故改名“丰年面粉厂”。该厂因初期投资仅 4 万元，厂房简陋，钢磨只有 4 部，日产面粉 200 袋，销路也不广。由于恰值第一次世界大战时期，“洋面”进口锐减，国内面粉出现供不应求的局面，工厂经营逐渐好转，获利逐年增加。于是企业又增加投资至 70 万元，扩大厂房，增加设备，钢磨增至 24 部，日产量达 6000 袋，产品行销本市及黄河下游地区，并有部分运销北京、天津、烟台、青岛、龙口等地。1918 年，穆伯仁等人在济南创办惠丰面粉股份有限公司，张肇铨亦参与投资，为股东之一。

与此同时，张肇铨还积极在政界活动，通过关系结交官场人物，谋取商界领袖地位和政府官位。五四运动前后，济南设有城内商会和商埠商会，城内商会原有石绍先任会长，张肇铨为坐办，两人关系一直不和。1919 年，济南银钱同业组织“福德会馆”因争夺济南总商会会长职务发生分裂，张肇铨带领一批银钱业户脱离“福德会馆”，另立同业组织。为谋取商会会长之职，张肇铨上结交官府，下笼络会员，与石绍先展开了夺权的斗争。在张肇铨预谋的一次商会会员大会上，他当众质问石绍先："本会现有多少会员？"石绍先被这突如其来的诘问弄得晕头转向，一时难以回答。张肇铨乘机攻击道："你身为会长，竟不知本会有多少会员，真是古今奇闻。"一时会场喧哗，会员们纷纷要求投票改选。就这样，张肇铨取代石绍先，将济南总商会会长之职抓到手。直到 1925 年，他才退出会长一职。①

张肇铨弃政从商后，聚财有方，行商有道，很快成为民国初期山东商界的代表人物之一。在五四运动中，他一方面对外国侵略势力和卖国军阀表示抗争，另一方面，当爱国学生和商人奋起同当局开展斗争时，又表现出动摇妥协。1919 年 4 月 20 日，山东各界在济南召开国民请愿大会，张肇铨作为济南总商会会长，与各界代表一起请求省长致电中央"惩办祸首，废除密约，以保国权"。5 月 4 日，北京学生游行示威、发表宣言后，张肇铨主持的济南总商会也发表通电，表示"抵制日货，为政府后盾"。但是，当 6 月 9 日济南爱国商人秘密集会，推选代表与他见面，要求罢市时，张肇铨不但没有答应，反而加以劝阻，并密告政府当局。各业爱国商人未听其劝阻，于次日罢市，张肇铨因不赞成学生和商人的举动而被爱国群众驱逐。

1919 年，山东省长张树元被革职，次年由国务总理靳云鹏保荐田中玉为山东督军。张肇铨在这政权交替的过渡期，于 12 月 14 日获得山东财政厅厅长的职务。1921 年 5 月，他为弥补财政空虚，敷衍拖欠的教育、河工经费，向银行借贷 30 万元。田中玉从中强拨 22 万元用于军装费和子弹费，余款仅够一年教育经费，河工费仍然无着。张肇铨无法应付局面，于 7 月 4 日被迫辞职。

复杂的政界争斗，使张肇铨认识到宦海沉浮无常，不如经商利

---

① 张司安、张司舜口述：《我们所知道的张子衡》，见政协章丘文史资料委员会编《章丘文史资料》第二辑，1984 年内部印行，第 74 页。

市可靠，于是便退出政界，专心于经商之途。1921 年，济南钱业公会成立，张肇铨被推选为会长。1922 年，青岛和胶济铁路归还中国，山东籍官绅靳云鹏、张怀芝等发起成立中日合办鲁大矿业股份有限公司，经营淄川、坊子煤矿和金岭镇铁矿。由于山东银行承担了矿业公司一半的股份，自此张肇铨一直以济南总商会会长和山东银行总经理的身份担任鲁大公司的专务董事。后因与公司总经理靳云鹏发生矛盾，遂将股份出让，退出鲁大矿业股份有限公司。

1925 年春，张宗昌任山东军务督办。张肇铨对其积极拥戴和投靠。1926 年年初，张宗昌为了恢复直隶地盘，成立直鲁联军，自任总司令，北上攻打南口。3 月，张宗昌为推行和维持军用票和公债券，设立“山东军用票管理局”和“山东国库善后公债局”，以解决财政困境。他深知张肇铨乃山东财政元老，对济南的金融业有影响力，于是任命张肇铨为这两个局的总办，但实际权力则由其亲信操纵。4 月，张宗昌攻下南口班师归济，此时军费开支浩大，单靠苛捐杂税和横征暴敛远不能满足需要，于是改由财政金融途径，加大军用票和公债票的发行规模。军用票和公债券因无现金和物资做准备，一再贬值，很快成为废纸，商民反对，不断发生挤兑现象。1927 年 6 月，济南因挤兑发生死亡六人的事件，引起社会震动。张宗昌为缓和民众情绪，成立“金融维持会”，任命张肇铨为会长，由其按照张宗昌的意旨，向济南商会和各商号强行摊派军用票和借款。张肇铨的所作所为激起了商界极大的不满和社会民众的抗议，当时社会舆论指斥其是助纣为虐“十恶”之一，汉口《民国日报》称“此‘十恶’乃山东人民公意的选举”①。而他经营山东商业银行和丰年面粉公司，也因大量接收军用票和公债券损失严重，于 1928 年 2 月被迫停业。

张肇铨从事工商及任职财政厅、军票局、公债局之后，为自己

① 载汉口《民国日报》1927 年 4 月 2 日。

聚积了大量资财。他一生投资经营的商号很多，除山东商业银行、丰年面粉公司之外，还有济南金库兑换所、电灯公司、镇兴东煤店、恒利煤店、玉莱煤店、广茂炭店、章丘金丰当铺、鸿祥杂货铺等。此外，他还经营着章丘盐业，在章丘城设盐业总店，在相公庄、刁镇、普集、埠村等地各设分店。张肇铨还在济南、青岛广购房产，有公馆5处，除自用外，大部出赁收租。济南天桥附近的济东仓库出租给济南铁路局，每年收费120万元；济南萃卖场有房500间，设仁寿堂药铺一处，内有楼房、会客厅；高都司巷有一宅三院，前厅后楼，十分壮观。青岛汇泉路建有四层大楼，专供美领事馆使用。

张肇铨除在济南等地开办银行、工厂、商铺，在家乡章丘经营盐业、当铺、商铺外，还用经商获取的利润，在家乡购置土地，营建庄园。1923年，他在家乡设立“自修堂”，在本村和附近村庄大量购买土地，当时本村有许多户连坟茔地都卖给了自修堂，成了张家的佃户。同年，张肇铨一次性从贾庄村买地780亩，据说这些土地原是西关高家的庄子地，还买下一处近四十亩的大院，四周筑有3米高的围墙，内有草房百余间，无家可归的外来佃户可无偿居住。几年之后，张肇铨又从明水、浅井赵家庄、七郎院等村买稻田360亩。十余年间，他先后共购置土地1500多亩。这些土地绝大部分租给佃户使用，少量由自家雇工耕种。在家乡广置田亩的同时，他还陆续扩充房产，在故里寨子村建造楼舍庭院，楼厅、房屋达300余间。此外，他也热心于在家乡兴办小学堂、修桥铺路等公益事业。

1928年4月，北伐军兵抵济南，奉系军阀张宗昌弃城而逃，张肇铨担心自己长期效力于北洋军阀，不能为国民党所容，只身躲往大连。同年6月，病逝于大连。

李序园

李序园（1868—1932），名恒春，字序园，以字行。山东黄县（今龙口市）城关遇家村人，出身商业世家，是鲁商在东北地区的代表人物之一。

李家先祖李可明，清代乾隆年间离开黄县遇家村，乘船渡海前往辽东做小本生意，最初在盖平县落脚。盖平在奉天省东南部，与山东沿海直线距离很近，因此很早就是山东商人经商必到之地。乾隆三十五年（1770），为了加强联络，互相扶持，山东商人还在盖平建立了山东会馆。大约在同年，李家创办“义顺合”粮栈（榨油行），几年后又创办了“义顺元”分号。乾隆末年因田庄台交通便利，李家遂于此陆续开设“义顺华”“义顺增”“义顺魁”等商号。田庄台位于今辽宁省大洼县南端大辽河右岸，是早于营口的辽河航运的最大码头、关东地区重要的物资集散地，曾被誉为“商贾辐辏之地”。当时八里河岸，泊船上千，市井繁华，铺户栉比，有各种行业的工商店铺300多家，其中有营业多年的老字号200多家，而李家经营的“义顺华”就是号称田庄台八大商号之一。①

道光二年（1822），李氏家族在营口成立“西义顺”商号，为田庄台“义顺华”的分号。甲午战争以后，“义顺华”毁于战火，李氏家族遭到沉重打击，“西义顺”遂成为“义”字号的总号。

李序园出生于同治七年（1868）冬月中浣，自小就接受以“仁、义、礼、智、信”为代表的孔孟思想的熏陶。光绪十二年（1886），李家第六房“进修堂”的代表李序园来到营口，任商号股东兼总经理，开始接手经营西义顺油坊，着手恢复李家“义”字号产业。李序园重振家业的资本主要来自“进修堂”自有资金和营口街老爷阁一带八百间房产祖业的租金。在重振家业过程中，他也得到了众多富商亲戚的帮助。当时黄县城后镇单家村的单氏、诸由观镇北王绪村的王氏、乡城镇狗皮集桥头的唐氏等，都是拥有大量资本的商人家族，与李家世代修好。

李序园接手西义顺油坊之初，营口大部分华商油坊仍在使用土法制造油饼。为了能与洋商相抗衡，李序园组织工人进行了多次试验改良，终于在宣统元年（1909）研制出榨油机，油坊开始全部改用机器制油，出油量大增。1914 年春，西义顺油坊的榨油机器模型曾参加巴拿马赛会展览，李序园也因此获得农商部颁发的四等奖章。通过革新和扩建，西义顺油坊在营口站稳了脚跟。②

此后“义”字号生意不断扩大，相继在营口、大连、滨江（今哈尔滨）等处开设“义顺魁”“义顺华”“西义顺”“恒义利”“长记”等粮栈、大屋子、杂货铺、油坊、银炉 20 余家。到清末民初时，“义”字号商号已占营口商业之大部分，居全市商号首位。加之李序园在周边城市也拥有大量产业，还拥有 5 家银炉供资金周转运

① 余同元、王来刚：《关东鲁商》，齐鲁书社 2009 版，第 76 ~ 78 页。

② 辽宁省档案馆藏奉天省公署档，3638 号，《李恒春等经营营口实业节略》，1916 年 4 月 8 日。

用，所以当时大有左右营口市场的局面，可谓势倾一时。

日俄战争后，大连油坊业快速发展。李序园抓住机遇，于光绪三十三年（1907）参与由三井洋行营口支店发起的工业投资活动，与大商业资本东永茂、三井共同集资 50 万元（三井 30 万元，东永茂 12.5 万元，西义顺 7.5 万元），在大连设立三泰油坊。企业资本雄厚，当地油坊无法与之抗衡。1923 年，油坊豆饼产量已达到 100 多万片，为大连产量最多的油坊。同年。李序园又在大连创办义顺生（义发生）油房，资本金为 20 万金元券。

光绪三十三年（1907），他被举为营口商务总会协理，开始从事城市商务管理工作。1912 年，他当选为营口商务总会总理。1912—1919 年担任商务总会总理期间，他为营口地区的商业发展做出了重要贡献。

李序园在营口 30 余年的商业生涯中，兴办了多种民生事业。他在营口兴办的第一项民生事业，就是参与组建“营口水道电气公司”，从事自来水及电灯电话事业。据《李恒春等经营营口实业节略》（1916 年 4 月 8 日）载：营口濒临渤海，土咸水涩，河水秽浊，不符合饮用水卫生要求，尤其在夏秋之间，市民饮用之后，常有疫病发生。为解决饮水问题，1906 年，李序园联合东永茂商号财东潘玉田集资创办自来水公司。自来水公司建立之后，营埠商民皆饮用自来水，自此饮水清洁，全埠免受疾疫之灾。

营口为辽东门户，第二次鸦片战争以后被辟为通商口岸，咸丰十一年（1861）开港后，成为关东地区重要的人员及货物集散地。当时山东、直隶两省渡海来关东经商者不下数百万人，而海上交通只有英商太古公司专轮行驶龙口至营口间运送货物，顺带运送客商。因独家营业之故，且都是不定期运送，太古公司居奇盘剥，商民苦不堪言。为了解决同乡的往来问题，光绪三十一年（1905），李序园联合旅居营口的山东同乡会同仁集资购买载重 400 余吨的木造轮船一艘，取名“全胜”，使众多的鲁籍商民能方便地来往于营口与龙口、登州之间，改善了客货混装的不便状况，开创了清末营口华商经营航运业的先河，而李序园则从此涉足航运业。

面对不断壮大的“闯关东”大潮，仅靠“全胜”已不能解决问题。宣统二年七月二十日（1910 年 8 月 24 日），李序园与王源瀚（营口大清银行总办）、康焘（营口交通银行经理）等发起成立肇兴轮船股份公司。公司设立董事会，董事 20 人，监察 4 人，推举王源瀚为总董，李序园、康焘为副总董，陈达章为总经理，沈秉哲为副经理。公司资本总额银元 15 万元，分作 3 万股，每股 5 元。李序园认购 2000 股，其四弟李子初认购 300 股。总公司设于营口东大街，靠海岸设办事处：一曰“西栈”，是从“悦来盛”代理店兑换来的；二曰“东栈”，是用洼地“稻田”兑换来的。同时，公司还在黄县宝善街西海沿路北原太古洋行旧址开设分公司，公司职员皆为黄县人，经理为毡王家村人赵文臣，副经理为张朱沟村人张民和。

肇兴公司成立前，已于宣统二年六月二十四日（1910 年 7 月 30 日）在上海耗资 12 万元购买了一艘由香港英籍船厂建造的 1237 吨轮船，命名为“肇兴”号，船长为挪威人韦德门，在上海注册船舶牌照，并申请了航线。8 月 21 日，“肇兴”轮投入到营口至龙口、登州的航运经营中。投入运营后，从前在此航线上占垄断地位的太古洋行受到很大影响。因此，双方展开了激烈竞争。双方票价由平到减，后来竟相免费乘船。肇兴除免费乘船外，还赠送旅客毛巾、肥皂、面饼等物品和食品。当时山东人均知“肇兴”轮为“山东帮所组织”，“无不搭附该轮以行”。① 太古见势不妙，主动提出与肇兴和解，甘愿放弃营口至龙口航线，并将在龙口的产业如办事处、仓库等转让给肇兴公司。抗争的胜利，不仅使肇兴公司驰名中外，也使国人为之扬眉吐气。此后，肇兴公司在营口和龙口两地贸易和人员往来中发挥了重要的作用。

---

① 见《盛京时报》宣统三年（1911 年）六月三十日。

1914年，李序园出任公司总董，其弟李子初出任公司总经理。1920年公司股东总会上，李序园又连任公司总董。经过十年发展，到1920年时，肇兴轮船公司已有了雄厚的资金基础。据当时的《盛京时报》载：肇兴轮船有限公司“营业发达，大有一日千里之势，共得赢余红利不下百余万元。每至年终即行结账，按股分劈红利”①。在此基础上，公司决定进一步扩大经营。经李序园提议，董事会修改章程，将公司改为股份有限公司，增资奉票小洋150万元，分作3万股，每股50元，并报农商部备案。扩充资本后的肇兴公司实力大增，连续购入数艘大船。

大量购船的同时，肇兴公司相继开辟了营口至天津、上海、福建等东南沿海及长江内河的航线，航线日益增多。肇兴公司除运输客人外，主要航线皆为货运路线，从南方运来土特产品，再将辽河上游的大豆、高粱、山货等运往关内或南方。

随着国内航运业的发展，船舶保险业也在中国兴起。肇兴等华商轮船公司每年都要花费巨额保费向英国保险公司投保，导致大量收入外流。1928年3月，经熟知保险业务的陈千青提议，李序园、李子初联合唐筱泉等人发起组建肇泰水火保险公司，注册资本100万元，实为50万元，李子初任董事长兼总经理。公司成立后信誉卓著，业务兴盛，改变了中国船东只能投保外国保险公司的状况。总公司初设营口，次年迁往上海。肇泰保险公司还在沈阳、哈尔滨、济南等大商埠设有肇泰保险分公司。

---

① 《肇兴公司之发达》，见《盛京时报》1920年3月21日。

张采丞

张采丞（1868—1934，一说 1866—1936），原名张克亮。1868年出生于寿光县（今寿光市）鱼台乡柴庄村的一个地主家庭。年少时随兄在家种地，后到其父在羊角沟镇开设的粮行学做生意。1884年，他继承父业，将父亲开设的兴顺盛栈行改为兴顺福粮栈。1891年，张采丞出资数百元，在羊角沟开设源顺福酱园，经营虾皮、虾酱等海产品，通过小清河运海货到济南销售，逐渐积累起一些资产。1900 年，他携银 3000 两，举家迁至济南。①

1904 年济南开埠之后，他敏锐地预感到商机的来临，先后在商埠经二纬三路和经三路南租用了两块地皮（共约 15 亩），一面创办木材厂，从东北购进木材，由海路运至羊角沟，再经小清河运至济南；一面建楼做店面，仍以“兴顺福”为字号，并在泺口、羊角沟设立分号，专营粮业货栈，同时涉足粮食、海产品、酱菜等多个领域。当时，正值济南开埠不久，建筑市场火爆，粮食、副食品需求量也很大，通过这两类生意，张采丞赚得了可观的利润。

后来，张采丞发现，随着济南城市的发展，济南的人口越来越多，粮油的需要量越来越大。于是，他经过斟酌筹划，于 1909

① 崔绍丰：《张克亮和他经营的兴顺福》，见中国民主建国会济南市委员会、济南市工商业联合会编《济南工商史料》第三辑，1988 年内部印行，第 182 页。

年在经二纬三路创办了兴顺福机器榨油厂。这家榨油厂是济南第一家以机器取代传统手工榨油的工厂。由于市场切入点准确，榨油厂的生意越做越大，最多时日榨大豆15吨。1913年，在经营机器榨油厂的基础上，张采丞与冷镇邦合资，购进4部石磨、2部蒸汽发动机，开办“兴顺福机器磨面公司”（名为“兴顺福西记”），日产面粉600袋，是当时机器加工业中人员较多、规模较大的厂家之一。[①] 粮食加工业的成功，为企业后来的扩张积累了大量资金。

同年，张采丞在经二纬三路创办了兴顺福铁工厂，雇用德国人白少夫做绘图员。尽管铁工厂没有技术员和工程师，但几个能工巧匠按照白少夫的图纸制造出了锅炉、引擎等设备。此时，张采丞看到有发展前景，便集中力量，扩大原有铁工厂的生产规模，雇用工人达400多人。工厂除制造锅炉、水泵、吊车和矿山用的机件外，还曾研究试制小型轮船，在小清河试航。此外，工厂还仿制汽车，在市内试用，并试制过蒸汽引擎等。

1918年，张采丞与官、商合股集资30.87万元，筹建华庆面粉厂，并担任总经理。山东督军田中玉、财政厅厅长周嘉琛、实业厅厅长田桂芳、济南交涉署署长施长卿、济南道尹唐柯三、北京交通次长劳至常、济宁玉堂酱园孙笠樵、烟台盐商郑雪舫等人，都对工厂投资。投资者共170户，投资最多的为张采丞，其次为冷镇邦。华庆面粉厂在官扎营西购买土地，建起了厂房和仓库，从上海购入美商鲁宾逊厂制的钢磨6部，购进兴顺福铁工厂制的锅炉1部、引擎1部，招用工人80人、办事员30人。面粉厂于1921年8月开机生产，日产面粉1500袋（每袋44斤）。后来，因为动力设备效能低，煤耗量大，不能继续使用，又于1924年从上海购入英国马旭尔厂360马力蒸汽引擎1部，增购钢磨6部，钢磨数达到12部。生产

① 庄维民：《近代山东市场经济的变迁》，中华书局2000年版，第421页。

设备更新，生产能力提高，日产面粉增至3200袋。[1] 为了运输方便，张采丞与津浦铁路局协商，修了一条铁道岔路直通华庆面粉厂的仓库，成袋的面粉可以直接从华庆面粉厂的仓库装上火车，销往省内外市场。1937年春，面粉厂又增资9万元，资本额达40万元。

1926年，张采丞在粮栈临街处加盖了一座铺面房，创办了“兴顺福酱园”。也正是因为这个酱园，使“兴顺福”成为济南妇孺皆知的老字号。后来，张采丞又在济南开设兴顺福北记分号，经营窖冰、烧石灰、仓库出租等业务，并独家代销英国太古公司白糖，生意兴隆。随着经营业务的拓展，“兴顺福”一户兼营数业，成为济南开埠后发展起来的一家跨行业经营的工商企业，涉及粮食交易、机器榨油、面粉生产、木材销售、机器制造以及酱菜腌制等业务。因其善于经营，注重商号信誉，经过二三十年的发展，张采丞成为济南颇具影响力的工商界人士。1925年，他当选为商埠商会会长，后任首届济南商业研究会会长兼红十字会会长。

张采丞的经营成功之道有很多，最主要的是两点：其一，善于把握商机。张采丞目光敏锐，善于发现市场的空白点，与时俱进，哪个领域赚钱就把资金投入到哪个领域。其二，张采丞在企业管理方面也有自己的独到之处。他善于团结员工，实行人性化管理。他不仅不克扣员工，而且有效地把企业的发展和员工个人的收益紧密地结合起来，一直将企业利润的40%用作员工分红，这极大地调动了员工的积极性和创造性。此外，员工探亲时他给报销路费，生病时他发给医疗费，这在当时都是极先进的管理理念。

华庆面粉厂在建厂后，经营大权一直由董事长张采丞所掌握，但董事、股东间存在张采丞一派和董事冷镇邦、袁瑞卿一派的矛盾。

---

① 杨竹庵：《济南市面粉业历史概况与华庆面粉厂》，见政协山东省委员会文史资料研究委员会编《文史资料选辑》第八辑，山东人民出版社1985年版，第151～152页。

1929年，冷镇邦、袁瑞卿纠结部分股东，借查账之机搞了一些无中生有的问题，并召开股东大会向张采丞攻击，多数股东倒向冷、袁一派，所以在改选董事会时，张采丞落选。①

1934年，张采丞病逝于济南。

张采丞去世后，他所创办的许多企业大都在1938年前先后停业，延续时间最长的则是面粉厂与酱园。兴顺福酱园位于经二路纬三路路西，前面是门头，后面为作坊。开业之初，张采丞用重金聘请了两位腌制酱菜的名师。这两位师傅在各种酱菜的腌制过程中严格遵循古法，一丝不苟，颇得顾客好评，所制各种虾油小菜尤其为人所称道。兴顺福酱园北临火车站，客流量大，为了便于外地旅客携带，“兴顺福”每天都要将上千斤的虾油小菜装进小竹篓内，分为1斤装和2斤装，往往不到天黑便销售一空。兴顺福酱园共经营了60余年，不仅在济南独树一帜，而且享誉省内外，成为济南家喻户晓的老字号。

① 市工商联供稿，市志办公室编：《济南解放前的面粉工业》，见济南市志编纂委员会编《济南市志资料》第二辑，1981年内部印行，第15页。

穆伯仁

穆伯仁（1867—1935），名德荣，字伯仁，以字行。桓台县雅和庄人。穆伯仁幼年家贫，祖父曾在财主家做佣工，祖母以讨饭度日。其父仅有薄地八分、草房一间，以务农兼推小车换棉油为生，收入微薄，家道贫寒。他9岁入私塾读书，12岁时因家境困窘，辍学在家，帮助父亲种田或拉车卖油。18岁开始自己推车贩煤或打短工挣钱。父子俩无论卖油或贩煤，都坚持薄利多销，常以“一分利钱吃饱饭，十分利钱饿死人”为律。由于他们父子能克勤克俭，故家境逐渐转好。

25岁时，穆伯仁经人介绍，到本县索镇恒和油坊当伙计，被派到小清河码头羊角沟坐庄购销。因经营得法，得到经理赞许，在本地商界博得“精明能干”的名声。1894年，穆伯仁又被索镇资金雄厚的同兴号聘为大伙计，在济南泺口镇坐庄收购粮食。泺口是山东最大的粮食集散地，当地船舶林立，粮积如山，东北地区的粮食可由海运转黄河河运，直抵泺口。同兴号资金雄厚，除设三处油坊外，尚有数处粮栈。穆伯仁依靠经营所长，大力组织购运，市场上的粮食源源不绝地从泺口沿小清河运至索镇，使同兴号大获其利，以致老板视穆为“摇钱树”，不久便被老板吸收为股东。

穆伯仁虽然在恒和、同兴得到信任，待遇优厚，但是自觉寄人篱下，受人驱使，终不如自己创业，于是便于1901年在济南泺口创办同聚和粮栈，走上了独立经商的道路。创办伊始，粮栈集资2500两白银（其中挪用同兴1200两，恒和耿家300两，自家1000两），又向银号、钱庄借贷部分资金，维持日常营业。由于经营有方，同聚和开业不到3年即获利2万两白银，至1904年前后已在济南设立3处分号。穆伯仁本人也成为泺口商界的头面人物。1905年泺口商会成立，他当选为会长。同时，他还在桓台索镇设立了德兴福、德兴隆商号，在义和庄设立了德兴恒油坊。①

1905年后，穆伯仁认为济南商埠发展前途远大，非泺口可比，因而在商埠购置地皮，谋求新的发展。1911年津浦铁路建成后，济南商业日益发达。穆伯仁遂在商埠创办德兴和粮栈，并修建了专门用于储粮的大仓库，委其二弟德盛任经理。1914年，他当选为济南商埠商会副会长。1916年，当选为会长。1917年，为摆脱钱庄银号的制约，解决企业资金周转问题，他联络各方集资60万元，在济南创办通惠银行，自任董事长。

第一次世界大战期间，中国的面粉业和纺织业乘时发展，经营者获利丰厚。受此刺激，1918年，穆伯仁与王兴斋发起集资30万元，在济南商埠创办惠丰面粉股份有限公司，自任公司董事长兼总经理。1919年8月，工厂建成投产。1924年，惠丰面粉厂因粉尘爆炸，制粉楼被焚，机器设备被毁。当时该厂已在济南英商保险公司投保，保险公司为开展业务，赢得信誉，经公司营业主任马伯声从中斡旋，进行了赔偿。惠丰获得赔款，除重建制粉楼、安装设备外，尚有富余，可补充流动资金。为此事穆伯仁酬谢马伯声现金1万元，

---

① 伊允宪口述，潘精良、邢玉亭整理：《穆伯仁工商生涯五十年》，见桓台县政协文史资料委员会编《桓台工商经济专辑》，1990年内部印行，第63～73页。

并聘其为惠丰面粉厂协理。1927 年，工厂重新建成制粉车间，资金增至 50 万元，安装复式钢辊磨 12 部，生产规模比火灾前有所扩大。

穆伯仁以艰苦创业、勤俭办厂、严守规章、热诚待客、信誉质量第一为号召，并以身示范，奖惩严明。由于他善于用人，精于处事，长于理财，惠丰面粉厂营业日渐兴旺起来。工厂所产面粉的商标是双狮牌，一等面粉袋印有绿色狮子头像，二等为红色，三等为蓝色，信誉颇好。建厂初期，厂内拥有钢磨 12 部，动力设备 360 马力，日产量为 4000 袋（每袋 44 市斤）。[①] 至 1929 年，年产量为 48 万袋；及至 1931 年，年产量增至 104 万袋。由于产品质优量足、价钱公道，因而销路畅达，深受市场欢迎。当时，惠丰面粉厂产销数额在同行业中名列前茅，销售方式除自销外，尚有很多店号为之代销。

开办惠丰之后，穆伯仁了解到山西太原已逐渐成为人口聚集的繁华城市，而机制面粉业尚属空白，于是便和山西籍的前山东督军田中玉商议，计划在太原创办机器面粉厂，由其本人投资 20 万银元，田中玉等人投资 20 万银元，共集资 40 万银元，在太原东岗村建厂。1921 年 8 月，穆伯仁与王星斋、山西富商杨济川等人集资 40 万元，在太原开设晋丰面粉公司，自任公司董事长兼总经理，其弟穆德新任经理。当时，苗杏村也曾为该厂投资 4000 元。工厂购进先进美式制粉机 7 部，有员工、技术人员等共七八十人，起初日产面粉 1500 袋，后日产增至 3000 袋，产值、产量均位居山西第一。晋丰面粉公司投产后，穆伯仁灵活调动资金，每到夏收时节派人到晋南、晋中等产麦地区大批选购优良小麦。他借助所掌握的济南等地市场信息，利用小麦行情涨落，或将存麦运往外省出售，或由外省调进

---

① 王庆通、徐盛玺、岳本忠口述，王新庆整理：《惠丰面粉厂简史》，见政协山东省济南市委员会文史资料研究委员会编《济南文史资料选辑》第五辑，1984 年内部印行，第 89 ~ 91 页。

小麦自磨。企业生产经营所奉行的宗旨是：以质量求生存，以信誉招四方。从投产开始，不到两年公司就获利150万银元，全厂固定资产和流动资金总额达到200万银元。正当经营兴旺发达之际，1926年4月，由于电源漏电，面粉厂不幸毁于火灾，全部机械设备损失殆尽。可是穆伯仁并未灰心，继续投资复建，不仅机械设备规模未减，而且增添了一批新设备。但新的天灾人祸接踵而至，1927年，华北地区遭受严重旱涝灾害，山西小麦因大旱而歉收，山东等地小麦亦因旱涝灾而减产，原料收购困难，以致生产难以正常进行。穆伯仁在济南是有很高声望的商界名人，可在太原却无得力后台，遇事常常受到排挤刁难。1928年，在困难重重的情况下，穆伯仁和田中玉等股东商妥，决定将全厂转让出去。当时与山西省银行洽谈，双方同意将晋丰面粉公司全部转让给山西省银行经营，并易名为晋丰面粉公司昌记。① 1929年9月，昌记复改为晋丰面粉公司公记，公司性质为有限公司，资本扩至100万元。企业有钢磨12部，职工59人，日产面粉3000袋。到1937年，日产面粉3360袋。

1933年，穆伯仁与崔景三、辛铸九等在济南筹资创办仁丰纱厂，并被选为董事长。该厂原定资本150万元，但在1934年3月建立主厂房时实收资本才55万元，到6月工厂建成投产时便已将资金用完，经营陷入被动。在此情况下，股东与董事间产生矛盾。穆伯仁自觉年事已高，力不从心，遂辞去董事长职务，并离开工厂。

自1901年白手起家，穆伯仁先后在济南、桓台、太原、博山等地创办工商企业10余家，总资本达200余万元，成为当时济南和山东省的巨商之一。其成功的主要经验有两点：一为注重信息。穆伯仁一贯注意行情，重视商机，因而做出的判断极少失误。1915年，济南花生米奇缺，他听闻鲁南、徐州、南京等地花生米既多且廉，

---

① 任贯五：《太原面粉一厂史略》，见政协山西省太原市委员会文史资料委员会编《太原文史资料》第17辑，1992年内部印行，第77～78页。

当即火速派人前往尽力收购，且随购随运，待其他粮商赶到时，廉价花生米已被他购买一空，仅此一项，即获得巨额利润。二为任人唯贤。穆伯仁有三个女婿，均以才学不够，未予起用。博兴人吕万仓与穆家毫无关系，因才识卓著，精于粮业，穆伯仁以重金聘为惠丰经理，且授以实权。吕万仓感激穆伯仁知遇之恩，经营惠丰数十年，殚精竭虑，为穆氏事业成功立下汗马功劳。

为了提高社会地位和名望，维护和促进企业发展，穆伯仁注意结交权贵，先后与北洋要人田中玉、王占元、商震及山东盐运使孔云生等来往密切。他还做过一些慈善公益之事。1918 年，利津黄河决口，他组织赈灾会，发动同业捐款赈灾，自己首捐 3000 元。1921 年，他曾捐国币 6000 元，在家乡雅和庄设立德兴小学一所。同年，山东督军田中玉因慕其为人，遂聘为山东咨议，各行政官署遇事咨询，也多以顾问相延聘，于是穆伯仁誉满省城，名著山东。

穆伯仁晚年因其独生子及二弟早逝，又受新旧军阀敲诈勒索等打击，伤感忧郁，心竭力衰。1935 年春，穆伯仁旧病复发，及至 12 月，病势垂危，急招其三弟德润、四弟德新及长孙克鸿至前嘱以后事："我等出身贫寒，幸至现在，不患冻饿，但致富要莫忘济贫，我久想捐田三十亩，一半给族人，一半给乡里，以作救贫扶困之需，汝等切记，莫负我嘱。"① 语毕而逝，终年 68 岁。

① 伊允宪：《桓台穆氏企业》，见淄博市政协文史资料研究委员会、经济技术委员会编《淄博经济史料》，中国文史出版社 1990 年版，第 217 页。

于耀西

于耀西（1888—1935），海阳县（今海阳市）人。济南开埠以后，他涉足化工、金融、卷烟等行业，是当时济南工商界的知名人物。

1918 年 2 月，掖县（今莱州市）人刘子山在青岛独资创办了东莱银行，并在济南设立分行。于耀西与刘子山素有交往，被聘为济南分行经理，统掌诸项事务。虽然于耀西在东莱银行并非股东，但分行经理的身份却十分显赫，为他涉足工商业带来诸多便利。他出任经理不久，便出资参与了裕兴化学颜料厂的创办。

1921 年冬，原山东兵工厂厂长李正卿以小清河由黄台板桥至五柳闸的航道系山东兵工厂专用线，不许开工不久的裕兴颜料厂使用。当时裕兴董事长邹升三及经理张忠卿四处奔走，请济南商埠商会会长于耀西代为斡旋。后经各方磋商，达成协议，由于耀西、车百闻（济南官磺局局长）、李正卿、王雨宸、刘文山、苗星垣等重新集资召股，名义集资 10 万元（实收 8 万余元，不足之数由原裕兴公积金内补足），连同裕兴原有财产，共注册资本为 20 万元，组建山东裕兴颜料厂股份有限公司。1922 年春，以原股东邹升三为首的青岛派，与于耀西等新股东达成默契，组成新的董事会，推选于耀西为董事长兼总经理，原经理张忠卿与原厂长王敬亭继续留任，正式改组成立山东裕兴颜料厂股份有限公司。①

清末民初，济南各银行、银号的业务大都以存款、放款、汇兑、贴现以及兑换为主。存放款利率、汇兑行情以及兑换价格均由“关上”，悬牌公示。所谓“关上”，即钱业公所，老城与商埠各设一处。每日的存放款利率及兑换价格以老城的悬牌为准，而汇兑行情则以商埠的悬牌为准。除了中国银行、交通银行两大国家银行外，其他商办银行、银号均到“关上”交易，称为“上关”。

于耀西出任东莱银行济南分行经理后，即加入了商埠钱业公所。钱业公所设立于开埠之初，隶属于商埠商业公会，1921 年，呈报山东省实业厅备案后改为钱业公会。1922 年，于耀西竞选商埠商业公会会长落败，当选为副会长。因竞选会长与刘兰阁发生矛盾，于耀西遂退出钱业公会，另成立商业研究所，从事金融活动。1924 年 5 月，于耀西当选为济南商埠商会会长，不久又当选为山东省商会联合会会长，成为济南商埠的头面人物。

1924 年，苗氏家族创办的济南成丰面粉厂因扩张过快和产品销路不畅，一度出现资金周转不灵而陷入危机。董事车百闻向于耀西求助，于耀西个人投资 2 万元，并疏通东莱银行给予信用透支 200 万元，使成丰面粉厂渡过了难关。为此于耀西获得成丰厂董事长的职位，车百闻任副董事长。但于耀西进厂后很快便与原任董事长苗星垣、股东王冠东产生矛盾，董事会上经常争吵。迨至 1929 年，于耀西因 1928 年济南“五三惨案”后任维持会副会长而坐狱。出狱后，他的东莱银行经理职位已被解除，权势两失。这时候成丰已取得成逸庵的泰丰银行的支持，资金上不再依赖东莱银行，遂在董事会改选中免去了于耀西的董事长职务。于耀西在盛怒之下，当场宣

① 艾鲁川：《济南裕兴化工厂从建厂到公私合营简史（1919—1954）》，见政协山东省济南市委员会文史资料研究委员会编《济南文史资料选辑》第三辑，1983 年内部印行，第50 页。

布撤出成丰股金，断绝关系。于是，苗星垣一派又重新获得成丰面粉厂的支配地位。①

1927 年，位于经二纬六路的东裕隆机器榨油厂歇业，于耀西购买了榨油厂的房产（四层砖木结构的楼房，占地面积 1940 平方米）和全部设备，打算恢复生产。次年，因农业歉收，大豆和花生价格突然上涨，榨油已无利可图，于耀西只得将榨油设备拆除封存。此时适逢卷烟市场消费扩大，卷烟业兴旺，于耀西遂改变投资经营方向，出资购置大型卷烟机 3 部，雇用工人 180 名，创办了东裕隆烟草公司，开始在济南生产机制卷烟。1929 年，烟草公司正式生产“嘉禾”牌卷烟，结束了济南只有手工卷烟的历史。

自 1926 年至 1929 年间，于耀西个人命运时沉时浮，磨难不断，张宗昌、日本人以及国民政府都曾下令逮捕他。

1926 年 5 月，于耀西再次当选济南商埠商会会长。不久，张宗昌向济南银行、商会强行借款 200 万元，他对此持抵制态度。张宗昌恼羞成怒，下令逮捕他。他因事前得到消息，暂避青岛，得免于难。

1928 年济南“五三惨案”发生后，于耀西与何宗莲等组织“济南临时维持会”，任副会长。在此期间，他以商会名义告知日本驻济南领事西田，新城兵工厂存有价值百余万元的军火，请其注意维护，勿加损伤。没过几天，新城兵工厂所存军火即被日军销毁。于耀西向西田提出质问，遂遭日方下令逮捕，他闻讯被迫逃亡上海等地。

1929 年 3 月，于耀西返回济南。4 月，国民党山东省政府由泰安迁到济南。国民党统治济南后，发生派系争斗。7 月 17 日，市公安局据国民党市党部报告，以勾结军阀、侵吞公款罪将济南商埠商会会长、原“维持会”副会长于耀西逮捕，并将商会查封，没收所

① 中国民主建国会济南市委员会、济南市工商业联合会编：《济南工商史料》第三辑，1988 年内部印行，第 26 页。

有账簿。原“维持会”会长刘向忱及苗星垣潜逃。是日，商埠商会李梦符、耿仁甫等人组织部分商民游行，并至国民党省、市党部请愿，要求“释放于耀西，收回商会”。省、市党部拒绝接见。7 月 18 日，在受国民党改组派影响的市党部指使下，济南商民协会、各工会、学联会、妇女协会等团体组织 3 万余人，赴国民党省、市党部及省、市政府请愿，要求严惩于耀西。省政府主席陈调元派代表接见请愿者，称已将其逮捕，听候法办。7 月 19 日，济南商民协会等团体又赴省政府请愿，并举行游行，要求“打倒于耀西，烧毁商会账簿”，将有偏袒包庇于耀西行为的市公安局长徐朝桐撤职惩办等，并以“打倒资本家”为口号，号召组织“工会”和改组商会。① 省政府当即邀请国民党山东省党务整理委员会举行联席会议，议决于耀西一案由党政两方组织特别审查会，取得证据后移送法庭，依法审理，并被迫将徐朝桐停职查办。

7 月 20 日，山东国民党当权派与改组派之间的矛盾因于耀西一案激化。是日，国民党山东省党务整理委员会会同济南市公安局，将国民党济南市党部、济南商埠商会及市党部所办《市民日报》查封，并令各民众团体暂时停止活动，市党部现任执监委员一律撤职，听候改组。事情发生后，东莱银行免除了于耀西济南分行经理的职务。成丰面粉厂也趁机将东莱银行贷款转到济南泰丰银行，通过选举取消了于耀西的该厂董事长职务，迫使于耀西退出了在该厂的全部投资。同年 12 月，国民党济南法院对“于耀西汉奸案”进行审判。于耀西不承认在财政上积极支持张宗昌，并说“五三惨案”期间曾掩护过两名国民党员。不久，他被无罪释放。

于耀西出狱后，再无任何社会杂务，遂潜心经营东裕隆烟草公司。

---

① 济南市志编纂委员会编：《济南市志资料》第三辑，济南出版社 1982 年版，第 48 页。

在历史上，东裕隆分为“北洋东裕隆烟草公司”和“华北东裕隆烟草公司”两个时期。“北洋”时期的东裕隆，共有“斗鸡”“嘉禾”“进德会”“大明湖”“华北”5个品牌的卷烟，分为10支小盒装和50支大盒装两种规格。虽然品牌较多，产量却不高，据资料记载，1930年，“东裕隆烟草公司投资总额2万元，月出70箱，生产‘嘉禾’牌等5种卷烟，月需烟叶1300磅。工人男35人、女45人，每月平均工资24元，每日工作8小时”①。这是东裕隆烟草公司生产情况的最早记载。1931年，制烟3600箱，价值52.2万元。②

1933年，东裕隆更名为“华北东裕隆烟草公司”，生产规模比“北洋”时期扩大了许多。烟厂一楼装有切烟机和烘烟机，并设手工抽梗工序；二楼与三楼分别是卷烟和包装工序。每日两班生产，白班从7时至15时，中班从15时至23时。抽梗和包装工序最多时有计件临时工240余人，全部为女工。这一时期的东裕隆，主要生产“大明湖”和“斗鸡”两种品牌的卷烟，其中“大明湖”牌又分为加烟精和不加烟精两种，在市场上颇有信誉，产量比“北洋”时期增加了5倍多，月产卷烟近四百箱。东裕隆所产卷烟全部交给烟行代销，其中大部分由烟行转销省内各地。其时，东裕隆的资金总额、工人数量和卷烟产量，均位居济南各民营烟厂之首，经营状况为东裕隆的鼎盛时期。

华北东裕隆烟草公司主要生产“大明湖”牌香烟。“大明湖”牌香烟一箱（5万支）售价100多块银元，需按60%交税。当时，山东省的卷烟税收由山东省政府主席韩复榘手下的师长们派员分别坐厂收税，华北东裕隆烟草公司由师长孙桐萱派人驻厂。当时各个烟厂表面盈利不大，有的甚至亏损，但实际上所得甚丰，生产、经

① 《济南市工厂调查》，见《济南市政月刊》第2卷第1期。

② 山东大学化学社：《科学的山东》，1935年，第89页。

营卷烟的赚钱诀窍在于偷税。东裕隆烟草公司私刻纳税印鉴，趁夜间将偷税卷烟偷运出厂，天亮前送往城顶（现共青团路）的烟店销售。由于驻厂税收员收受资方贿赂，对此装聋作哑，不予过问，因此华北东裕隆烟草公司实际产量比报税产量大得多。这在当时是很多企业不得已而为之的“生存之道”。

华北东裕隆烟草公司自行在青州一带采购所需烟叶，所用商标纸和包装条由青岛祥瑞行印刷厂印制，所产卷烟全部由济南当地烟行代销，其中多数转销外地。据《中国实业志》记载，东裕隆烟草公司生产的卷烟销往省内济宁、滕县、兖州、泰安、潍县、青州等地。①

当时的东裕隆烟草公司已经有比较成熟的薪酬制度。职工月薪从一元到八十元不等，经理为七八十元；职员十四五元，最高三四十元；卷烟技工满徒二十元，最高三十到五十元；学员的工资每月只有一元；手工计件的临时工人，日平均工资一元。正式职工主要是资方亲朋或技术工人，他们待遇相对较好，过年发双薪，年终有分红，生产淡季还可带薪探亲，除领用工装、手套、口罩等劳保用品外，还可在厂里搭伙就餐，并可使用厂内澡堂。

1933 年以后，在华英美烟草公司对国内华商经营的烟草企业形成全面挤压局面，一方面采取产品降价、赊销、倾销等手段，争夺中国市场；一方面通过施压国民党当局，大幅度增加民营烟厂赋税，使其在重税之下难以维持经营。1934 年，在华英美烟草公司改为“颐中烟草运销有限公司”后，通过国民政府颁布法令，强令全国中小城市的民营烟厂迁往青岛、汉口和天津三地，否则不准生产。济南的东裕隆和其他几个民营烟厂都接到了迁往天津的命令。于耀西与其他民营烟厂联名起诉到地方法院，反对迁往天津。官司旷日持久，东裕隆烟草公司由于受到种种挟制，生产时断时续，既无力迁

① 实业部国际调查局：《中国实业志·山东省》（辛），1934 年，第 453 页。

厂，又无法在当地生产，入不敷出，最终于1937年被迫停工。同年年底，日本军队占领济南，迁厂之事作罢。1938年，烟厂停工。1939年，烟厂被日商强行收购。

自接到迁厂命令以后，东裕隆的生产时断时续，收益大减。于耀西因此忧郁成疾，于1935年病故于济南，时年47岁。

济南解放后，济南市政府接收了东裕隆，更名为“济南烟厂”，现为将军集团成员企业。

刘肇亿

刘肇亿（1851—1936），字子衡，又名恒源、兆伊，登州（今蓬莱市）人。父亲刘和轩，在烟台经商，中年病故。刘肇亿家境贫寒，自幼习商，多年兢兢业业经营一家东兴杂货号。由于经商有方，业务蒸蒸日上，不几年便在烟台商界崭露头角。1878 年，他当选为芝罘（烟台）商会议董，由于信誉佳、财力殷实，并能为地方公益事业做出贡献，在烟台工商界声望日隆。

19 世纪末，旅顺口工商户日渐增多，形成新的城市。1898 年，沙俄侵占旅顺、大连后，刘肇亿来到旅顺，结识了当时工商界的头面人物——大商人纪凤台，并与其合资开设瑞祥木厂。纪凤台长期在海参崴和北满经营商业，又是沙俄驻军的首席通译官，深得俄军当局信任。他利用职权，把兴安岭的廉价木材运到旅顺，由刘肇亿的木行销售，价格自定，销路远达胶东与河北省邻近地区，形成市场垄断。刘肇亿在纪凤台的庇护下，经营非常顺利，获得盈利后与纪凤台共分，发了一笔大财。不久，刘肇亿又在纪凤台的引荐下，结交了沙俄殖民当局的人物，到大连开设了顺发栈。

1900 年，大连正在建港筑路，城市建设规模急剧扩大，需要大批劳动力。刘肇亿这时已积累了相当多的资本，他借这一机会到山东、河北、河南各地招募劳工，控制了大批外地来的劳工。他在大连开设的顺发栈，雇用百余名职员及数千名工人，承包各种工程。东省铁路南满支线各站、大连海港、市区路街和俄国殖民当局衙署及一般俄侨住宅，绝大部分是由这些劳工修建的。刘肇亿还和另一个包工头张德禄合作搞海上运输。张德禄是沙俄殖民当局的通译官，他和纪凤台一样，兼营企业，并被委任为大连市公益局局长，代俄方管理大连市区的社会工作。在沙俄殖民统治时期，大连华商有八大富豪，张德禄是八大富豪中之首富，刘肇亿财富仅次于张德禄，名列第二。①

1900 年前后，北方义和团运动兴起，沙俄在大连的驻军大批开赴京津，参与八国联军侵华行动，旅大地区防务空虚。为确保地方治安，沙俄殖民当局责令大连华商巨富筹建商民自治自卫组织，定名为“洼口公议会”（当时大连称“青泥洼”，“洼口”即大连港），这是大连最早的民间商会性质的组织。公议会以张德禄、刘肇亿为首，联合福顺栈法人代表郭精义等六家富豪担任会董，张德禄为总理（会长），刘肇亿为协理（副会长），日常事务由刘肇亿主持。为使广大劳工不受义和团影响，刘肇亿以重金聘请青红帮帮会人物张田池来控制工人，并由公议会成立公议处，招募年轻力壮的青年为巡丁，组成千人左右的治安巡逻队，协助俄军维持地方治安，队伍所需武器全由俄军提供。为处理治安及民事纠纷，公议会还设师爷（秘书）一名，协助统领办理事务。至 1902 年，洼口公议会已不是单纯的工商团体组织，而是代行地方行政管理，成为沙俄殖民统治机构的组成部分，任协理职务的刘肇亿也成为华商中的风云人物。

随着大连逐渐成为现代化的口岸城市，公议会管理的事务也日渐扩大，如代理殖民当局征收捐税，发行地方钱票等。当时华人缺乏医疗机构治病，俄国殖民当局漠然视之，又不准华人到俄国医院治病。于是，刘肇亿向广大华商劝募，集资建立简易医院，为华人

---

① 王胜利等主编：《大连近百年史人物》，辽宁人民出版社 1999 年版，第 83～84 页。

诊治，向贫苦市民免费送诊施药。此外，公议会为解决华人子弟就学问题，还专门设立普通小学。外来流动市民生活困难者，公议会为其介绍工作，将老弱病残者妥善遣送回乡。因举办各种慈善事业及公益性事宜，定期救济贫苦市民，公议会受到广大市民的欢迎。刘肇亿主持或参与这些活动，在华人社会中赢得了一定的威望。

1904 年日俄战争中，由于刘肇亿在错综复杂的局面中，亲率近千名巡丁维护社会治安，商民没有蒙受损失。战后，日本强占了大连。1905 年 10 月，洼口公议会改组更名为“大连公议会”，主管区域为东大连（今中山区），刘肇亿被选为首任总理（会长）。日本殖民当局此时却以通俄罪将刘肇亿逮捕。此事震动全市工商界，后经全市商民一致向日方请求，刘肇亿才获保释出狱，继续执行公议会总理职务。

1907 年，公议会成为统一的民间商会组织，为筹集商民的医疗和福利费用，刘肇亿仿照上海娱乐场“世界大舞台”出售彩票的方法，创办宏济彩票局，发行彩票，每期 10 张，不定期发行，头奖 1 万日元，以此吸引了广大市民，每期彩票都被抢购一空。彩票每年发行近十次，资金积累甚多。1908 年，刘肇亿用发行彩票的盈余资金创办慈善机构“大连宏济善堂”，堂址在今西岗区宏济街附近。宏济善堂的主要业务是举办恤寡抚孤、育婴养老、购地义葬、扶贫济困和劝戒鸦片烟等一系列活动，并附设具有一定规模的宏济医院，为贫民患者免费施诊给药。此外，该堂还购置一批房产，开设永善茶园等产业，作为该慈善机构开展业务的永久基金。① 为给商民排难解纷，刘肇亿还曾请求殖民当局改订税率，减轻商民负担。他主动承办大连红十字会，推进社会慈善事业，修缮天后宫和松山寺。因自幼失学，他深知贫民子弟就学之难，为此曾在商界大力募捐创办华人公学堂一所，在福山家乡捐资创办彭城国民小学一所，受到当

① 王伯润：《西岗宏济善堂真相》，见政协大连市西岗区委员会文史资料委员会编《西岗区文史资料》第四辑，1997 年内部印行，第 53～55 页。

时政府的表彰。

在日本统治大连时期，刘肇亿看到没有一份华人创办的报纸，便倡议由大连公议会集资创办中文版《泰东日报》，聘请日本著名汉学家、原《辽东新报》副刊总编金子平吉（雪斋）为社长兼主编。金子平吉持论公正，该报销路远及辽沈和胶东地区，受到中国同胞的普遍欢迎。

1914 年大连公议会改选时，刘肇亿因年高多病，辞去总理职务，接任者为其一手培养的原协理郭精义。刘肇亿的亲侄刘仙洲被选为公议会协理。郭精义与刘仙洲担负公议会重任后，继承刘肇亿为商民服务的精神，热心于商会工作，刘肇亿非常欣慰，认为后继有人，决定退出大连商界，返回山东烟台老家安度晚年。临行前夕，他将大连所有产业交其侄刘仙洲接管经营。刘仙洲不负其叔之重托，开设“大连储蓄公司”，并使原有各企业重振雄风，不数年连获重利，其财产总额已逾百万，成为当时大连新八大家之首富。

1914 年，刘肇亿回归故乡后，仍以举办慈善事业、修桥铺路、访贫问苦为常事。得知刘仙洲事业有成，并被选为宏济善堂协理，继承其志大力扶贫济困，承办各种善举，他不胜感慨地说：“刘氏后继有人，吾可瞑目矣。”①

1928 年 10 月，为表彰刘肇亿对大连商界和市民社会的贡献，大连华商公议会、西岗华商公议会、大连山东同乡会、大连华商代理店联合会、大连钱钞取引组合、中华青年会、大连宏济善堂、泰东日报社联合为他立了纪念碑，碑文颂扬了碑主设立宏济彩票局、开创宏济善堂、创办《泰东日报》、建筑西岗天后宫及推行其他社会慈善事业的功德。

1936 年，刘肇亿病逝于故里。

---

① 王胜利等主编：《大连近百年史人物》，辽宁人民出版社 1999 年版，第 85 页。

马官和

马官和（1875—1936），字惠阶，号仲年，日照岚山夏陆沟村人，近代著名企业家。

马官和早年留学日本，回国后兴办企业。清宣统年间，先在家乡与栈子村彭合伙开办织布厂，在县内首次使用锅驼机带动新式铁机织布，曾有“机器不转，马官和急得淌汗”之说。不久，织布厂因故关闭。

民国初年，马官和到济南任山东省参议会议员，后又任山东省电话局局长。1915 年 3 月，山东巡抚部院将设于济南西关西凤街的官办电话局改为商办的股份企业，易名为“济南电话股份有限公司”，马官和任董事兼总理。翌年 3 月，公司招股 10 万元。5 月，公司经由交通部核准立案。7 月，公司自农商部应准注册。1919 年 7 月，公司开始发行股票，添招资本 30 万元。1921 年 4 月，再次发行股票，添资 60 万元，总资本前后实招 765450 元。1918 年至 1920 年三年间，济南电话股份有限公司开办了泺口、济宁、周村、博山 4 个电话分公司，各投资 5 万元。其中，泺口装设 200 门单式磁石交换机 1 台，济宁、周村、博山各装设 300 门单式磁石交换机 1 台。1919 年，全国共有民营电话公司 20 余家，济南电话股份有限公司市话容量达 1200 门，仅次于杭州（1500 门）。

1921年，改装德国西门子共电式交换机，容量增至3000门，并铺设部分铅管电缆于各主要杆路。此时，公司有职员30余人、工人100余人。1925年，济南电话公司用户达2350户，但因人工、材料价格日昂，承担各种义务太多，所收话费多系军用票币，支出概用现金，电话用户虽然增多，经营仍入不敷出，年亏损达52000元。[①] 总经理马官和因事业受挫，无心再事经营，于1925年秋辞去总经理之职，董事会推举韩纯一继任。

1917年，由在济绅商萧应椿（原道台，云南人）发起，马官和与安鹏东、王鹿泉（时任盐运使）、安善圃（前山东省财政厅厅长）参与募集股金，开办了山东工商银行，旨在扶助实业。银行原定注册资本100万元，后扩大为200万元，实收65万元。1918年5月8日，银行正式开业，萧应椿任总董，马官和任总理，颜锡纯（颜粹甫）任总行经理，刘鼎泉（刘清新）任副经理。总行设在济南院西大街，并在商埠纬三路设办事处，在青岛、天津设分行，在上海设支行。总行设营业、出纳、计算、文书四课，专办汇兑、抵押放款、收受各种存款，兼办信托业务，附设储蓄柜。1922年前，银行开始对外发行兑换券。1925年9月6日，银行因呆坏账积压，资金周转不灵，宣告停业清理，客户存款本息未能如数发还。

马官和投资经营银行后，还曾利用银行筹集资金，在多地投资开设电厂，在博山八陡开设煤矿。

1918年，马官和与人合资创办坊子电灯公司。1919年，他又在滕县（今滕州市）西关发起创办滕县电灯股份有限公司（后于1938年倒闭）。1921年，又在潍县南关后伙巷开设潍坊电灯公司。

为开采和运输博山八陡附近的煤炭，1920年7月至1921年冬，他出资40万元，从胶济铁路张（店）博（山）支线再向东南修筑

---

① 济南市电信局史志办公室编：《济南电信志》，1991年内部印行，第178～179页。

博山至八陡的铁路支线。铁路竣工后，成为全省首条由私人出资修筑的铁路。铁路为轨距两英尺的轻便铁路，设红门、山头、两亩圹、马家堰、八陡5个车站，全长12公里。铁路最初为人推矿车运煤，因效率低，1923年曾投资改造。1925年后，因连年战乱和经营亏损，不得不于1936年10月以78万元的价格卖给胶济铁路管理局。同年冬至1937年6月，胶济铁路管理局投资215万元，对博山至八陡的铁路进行改建，全长缩为9.7公里。①

1923年5月7日，日本几家企业财团在东京成立山东矿业株式会社。不久，会社派遣田边胜协（久原组财团）、田中末雄（田中汽车会社）、实相寺员产（大仓组财团）三人来华与靳云鹏商谈成立鲁大公司事宜，双方达成协议后，于8月12日在天津英租界靳云鹏的私邸召开成立大会。在日本工商资本的控制下，中日合办的鲁大公司经过一年之久的筹划终于宣告成立，靳云鹏任总理，田边胜协、张子衡任专务董事，马官和、井上源太、杨润、丰田盛次郎任董事，门野重九郎、于耀西任监察人。马官和虽为鲁大公司董事，但公司经营几乎完全为日人所控制，华人董事实际上并无管理实权。

1926年，马官和再次步入政界，他应直隶省长褚玉璞之邀，出任直隶省财政厅厅长，并创办直隶省工商银行。马官和、马丹铭与安鹏东、安善圃这两对兄弟，民国初期在其家乡日照是屈指可数的风云人物，故当时日照流传着“城里二虎，鹏东、善圃；城南二龙，惠阶、丹铭”的说法。②

马官和除经营实业外，还爱好收藏文物和古籍，是家藏颇丰的著名藏书家。1928年3月，马官和因亏欠工商银行12万元公款无力

① 淄博市志编纂委员会编：《淄博市志》，中华书局1995年版，第336页。

② 日照市地方史志编纂委员会编：《日照市志》，齐鲁书社1994年版，第773页。

偿还，只得以家藏古籍抵偿归公，政府随后将这部分古籍悉数运至山东省图书馆保存。全部古籍共计286种、6875册，“其中明刻精本比较丰富，且皆整饬阔大；清刻各书，亦都精刻初印；至宋元旧椠，及抄校善本，亦有近四十种。山东省图书馆收藏这批书，是该馆收藏善本之先河”①。

① 李玉安、黄正雨编：《中国藏书家通典》，中国国际文化出版社2005年版，第800～801页。

隋石卿

隋石卿（1879—1938），字熙麟，文登县（今文登市）上徐村人，山东著名工商实业家。隋家虽开办私塾，但家境并不富裕。隋石卿十几岁的时候就逃荒去了烟台，最初是在码头上工作，从而接触到了一些外国人，然后慢慢开始学外语。

在烟台谋生的那段时间，隋石卿结识了正在烟台传教的美国籍牧师郭显德，受洗加入了基督教长老会。后来，隋石卿到青岛经商，依然参加当地的基督教会活动，跟随一位德国牧师学习德语。他的勤奋好学得到了牧师的赞赏，而这也成为他人生的转折点。在德国牧师的推荐下，他进入了德商顺和洋行当翻译，因为诚实可靠，又会一些德语，很受老板器重，不久便升任为买办。

在洋行工作的同时，隋石卿积极参与青岛基督教长老会创建的自立会和青年会的活动，并成为青年会的领袖之一。1905 年，孙中山在日本东京创办同盟会，为响应孙中山“敲响警钟，让钟声唤起民众”的号召，山东同盟会创办了《晨钟》杂志，作为同盟会的喉舌，积极宣传孙中山反清革命、救国救民的主张，揭露清政府的腐败。《晨钟》杂志社在日本没有经费，社长丁惟汾便派栾星壑到国内四处筹款。在与青岛基督教自立会联系时，栾星壑得到了倾向革命的基督教会人士刘寿山、隋石卿和郝连升的大力支持，他们不仅为《晨钟》筹集资金，还在青岛设立了分社机构。[①]《晨钟》杂志成功发行，成为当时山东革命党人创办的第一份影响很大的革命刊物。

1912年9月底，孙中山来到青岛，先后在青岛特别高等学校、三江会馆和青岛基督教青年会发表演讲，其民主革命思想激励着青年会的成员，也激发了隋石卿内心实业救国的思想。

1914年，日本趁第一次世界大战之机，出兵侵占青岛，取代了德国的殖民统治。德国战败，德籍侨民都被驱逐回国，德国洋行大都被迫停业，顺和洋行老板在撤走时，索性将带不走的财产全部赠送给隋石卿。这笔意外之财成为隋石卿事业发展的“第一桶金”。他看准日本人在青岛大兴土木，城市建筑迅速扩展的商机，出资开办了华信木厂，此后果然生意兴隆，买卖越做越大，不久他又在济南设立了分号。

1920年，隋石卿当选为青岛总商会副会长。也就是在这一年，他发现天津路上有一家德占时开办的铁工厂，尽管规模小，设备简陋，却比较齐全，尤其是这里的工人技术十分精湛，多数经过船坞工厂和四方机厂的德国技师严格培训，技术水平很高，只是德国人回国后缺乏资金，工厂已经难以维系。他出资3000元买下了这家铁工厂，并投资添置了不少先进设备，将其改名为“华昌铁工厂”（青岛纺织机械厂前身）。华昌铁工厂从为发电厂、自来水厂及各大纱厂配制零件、修理机器开始，到后来发展为可独立生产机器设备。1926年，华昌铁工厂试制出4英尺、6英尺、8英尺、10英尺等型

① 丁惟汾：《山东革命党史稿》，见山东省政协文史资料委员会编《山东文史资料选辑》第三十一辑《辛亥革命在山东》，山东人民出版社1991年版，第388页。

号皮带车床，从此开创了青岛民营铁工厂机床制造的历史。因注重技术改进革新，经过几年的发展，华昌铁工厂声名远扬，甚至连山东军务督办张宗昌都将重机枪的生产订单交给了华昌铁工厂。隋石卿由商业资本转向工业领域发展的做法，开创了青岛商界的先河。之后，又有东益、金城等数家铁工厂相继试制出车床、刨床、钻床等皮带机床。1929 年，为扩大生产，华昌铁工厂从狭小的原厂址迁至现内蒙古路新建厂房，改名为“利生铁工厂”。1935 年，利生铁工厂生产的狮轮牌车床、刨床、铣齿机、钻床，曾获“全国铁路沿线出产货品展览会”的“超等奖状”。1936 年，该厂共有 18 种规格的产品，销往天津、汉口等城市，销量达 80 台。1937 年，该厂已发展成为青岛华商机器制造业第一大厂，有资本 3 万元，雇用工人最多时达 300 余人，设翻砂、车工、钳工 3 个车间，产品除机床外，还有锅炉、压瓦机等 30 多个品种。①

1922 年，西方列强召开华盛顿会议，重新划分各国在远东的势力范围，在中方与会代表王正廷等人据理力争下，日本迫于当时国际形势，终于同意归还青岛。3 月 3 日，北洋政府任命王正廷为鲁案善后督办，到青岛开展接收工作。因连年军阀割据混战，北洋政府根本就无钱为接管警察置办服装和发放粮饷。无奈之下，王正廷只得向青岛总商会提出借款的请求，但商户们根本不相信政府会及时还款，多数不同意借钱。这时，刚刚上任的总商会会长隋石卿站了出来，他以会长名义和个人信用担保，甚至将自己的全部财产做抵押，两次向银行借款，共筹得借款 25 万元，从而确保了青岛接收工作的顺利进行。两年后，这笔款项方由北洋政府免息还清。②

---

① 青岛市史志办公室编：《青岛市志 · 机械冶金工业志》，新华出版社 1998 年版，第 125 页。

② 张凌云：《收回青岛主权过程中的总商会》，见政协青岛市文史资料委员会编《青岛市文史资料》第十辑《青岛涉外足迹》，中国文史出版社 1996 年版，第 22 页。

在青岛回归前，日本殖民当局又制造事端，收买孙百万等崂山巨匪四处袭扰，日方借口保护侨民安全，将驻军赖在青岛不走。收了日方好处的孙百万不时派人在中山路等繁华地段抢劫商铺、焚烧民房，青岛市面一下子变得混乱不堪。而此时的隋石卿不仅是青岛总商会的会长，还兼青岛自治筹备会理事长，自然处于风口浪尖。

11 月 30 日晚，青岛总商会在天津路东华旅社宴请接收大员时，匪首孙百万派匪徒将会长隋石卿及监收专员茅少甫绑架到崂山登瀛村，向隋石卿提出两个条件：一是给 3 万银元开发兵饷，二是要保证胶澳督办熊炳琦将其招安。隋石卿则向其晓以利害得失，进行说服工作。第二天，鲁案善后督办王正廷以青岛行政尚未移交，治安仍由日方负责为由，向日方代表小幡提出质问和抗议。此后孙百万将隋石卿等人送回青岛，日方利用孙百万扰乱接收的阴谋未能得逞，遂迁怒于隋石卿，暗地进行搜捕。隋石卿在当局的保护下躲入北洋海军的巡洋舰内，在 12 月 10 日举行的接收青岛仪式上亦未露面。可以说，在接收青岛一事上，隋石卿“不顾生命安危，俾青岛得以安全接收”①，做出了一定贡献。

1922 年，在青岛总商会的第四届改选中，33 岁的隋石卿当选会长，此后连任至 1927 年，成为这一时期青岛商界的领袖。除了经营木厂和铁工厂外，隋石卿还投资电业和金融业。1923 年 5 月 27 日，青岛发电所改名为“胶澳电气股份有限公司”，名义上为中、日合办，公司资本 200 万元，其中华股占 54%，日股占 46%，华商由隋石卿任董事长，日商由桥光隆任经理。电厂装机总容量 5000 千瓦，后来博山、张店、周村等地电业也归该公司管辖。1924 年 5 月 2 日，胶澳商埠督办高恩洪筹办的青岛银行开业，资本额 75 万元，股份比例官二商一。高恩洪自任总理，隋石卿为经理。

---

① 青岛市崂山区政协文史资料研究委员会编：《崂山文史资料》第四辑，1991 年内部印行，第 20 页。

青岛回归后，隋石卿虽然身为商会会长，并身兼数个企业的要职，但其事业经营却遇到了挫折。他先是支持盐民反对扬州帮巨商丁敬臣垄断青岛盐业，结果在运动中折了银子；又因为与胡信之的死撇不开关系而丢了名声；后来在银行金融业投资上的挫败，也使其蒙受极大损失。

青岛的盐业历史悠久，日占时期因日商侵夺，华商盐业发展受到影响。后来盐业生产虽然有所恢复，但众多盐场设施陈旧落后，市场也被日商控制，中国收回青岛后，青岛盐务部门将日资盐场标售给扬州帮商人丁敬臣。此后，丁敬臣成立永裕盐业公司，垄断了青岛的盐业。这一做法引起了青岛广大盐民的不满，他们多次自发去向政府请愿，并捣毁了永裕盐业公司盐场设施，还打伤了丁敬臣，酿成了盐业诉讼案。而盐民们因罢工请愿失了业，根本无力与财大气粗的盐商长期对抗。此时，身为青岛总商会会长的隋石卿便与盐民们站在了一起，不仅出钱供应盐民的生活费用及诉讼费用，还以青岛总商会的名义代盐民呈文，转呈政府当局。虽然这场诉讼官司最终打破了扬州帮垄断青岛盐业的企图，但隋石卿在经济上也蒙受了很大损失。

《青岛市志·大事记》记载："1924 年 7 月青岛盐潮爆发，盐民冲入永裕盐业公司，打伤董事数人，并上书山东省署及吴佩孚，要求解除永裕盐业公司垄断盐业输出合同。胶澳商埠督办高恩洪许以临时输出及承办工业用输出盐，始解永裕公司之困。"① 隋石卿卷入盐潮的原因有不同说法，有学者就认为，隋石卿与丁敬臣原就是商界劲敌，丁敬臣中标永裕盐场，隋石卿未能均沾利益，自然心有不甘，所以才以总商会名义鼓动盐民请愿游行，殴伤丁敬臣，闹上法庭，并为此赔了银子。

---

① 青岛市史志办公室编：《青岛市志·大事记》，五洲传播出版社 2000 年版，第 63 页。

1922年12月，中国收回青岛主权，结束了日本殖民当局对新闻报刊的控制。隋石卿于1923年创办了《青岛晨报》，作为青岛商会的喉舌，并自任社长，聘请北京人胡信之为总编辑。《青岛晨报》发行时间很短，仅仅一年就关门了。有后人推断正是因为主编胡信之的思想进步，在报道中抨击军阀政治，所以才导致了报纸的短命，而由此也埋下了隋石卿与胡信之两人之间理不清的恩怨。1925年，胡信之被军阀张宗昌逮捕杀害，隋石卿因此被扣上了“仇视民党，残害同志”的罪名，难以撇清关系。

在银行金融业的投资挫折，也是对隋石卿实业经营的一个极大打击。

城市建设、经济发展需要融资，胶澳商埠督办高恩洪任职青岛以后，于1924年5月2日开办了青岛地方银行，行址在当时钱庄集中的保定路上。当时银行、钱庄（银号）大多在大沽路、河南路、天津路这一区域。青岛地方银行资本金规定为100万元，官方占51%，商方占49%，商人中投资的有隋石卿、郭大中、李连溪、刘子山、成兰圃及军阀褚玉璞、毕庶澄等。银行成立后，因为资本少、信用薄弱，商号存款极为寥寥。该行在青岛市仅是一个小型银行，青岛市政府赋予它两项权利：第一，该行除办理地方机关存款外，由市政府商请中央准许它发行百万元钞票，钞票面值1元、5元、10元，流通市面；第二，高恩洪以接收青岛亏空甚大，商请中央准许他以青岛胶海关关税收入20%协助款项作抵，发行青岛地方善后公债100万元。每月由胶海关把这笔款存储到地方银行作为公债，偿还基金。这项公债青岛市民并没有认购，因此长时间存在地方银行，使地方银行有了生机，因为存款利息3厘，放给各商号月利1分2厘，所以有一定收入。

1924年11月，高恩洪下台，青岛地方银行因内部空虚，信用不稳，发生挤兑风潮。1925年7月，张宗昌任山东督办后，下令将青岛地方银行交由山东省银行接收，改组为山东省银行青岛分行，继承青岛地方银行的债权债务，照旧营业。1925 年末，叶春墀卸任行长之职，隋石卿继任。青岛分行改组得到各方同意，改组内容为：其一，撤销官股，将原有 100 万元资本增资为 300 万元，先交四分之一；其二，经张宗昌、毕庶澄等准许，地方银行仍保留原有特权，如纸币发行权、代办国债及存储公款等。根据定章，除原有股份外，另招商股，但一般商人有鉴于以往政府不讲信用，参加的甚少。到 1925 年 11 月召集临时股东会时，仍然缺股甚多。隋石卿接办该银行时，青岛市面因为政府不许再开新银行，而旧银行可以改组，许可设立一个银行价值约需百两黄金。隋石卿认为改组商办银行是好机会，不料求福得祸，青岛分行改组后，张宗昌派了一个李姓顾问到银行查账，认为隋石卿借给盐户款本利未还，作弊多端，就把隋石卿押在防守司令部一个多月。在查封前军阀银行股款时，查账官员竟以十分荒唐的理由将褚玉璞等军阀的股款加倍提走，此后青岛分行变得一蹶不振，营业难以为继。1928 年张宗昌下台，青岛分行也于 6 月 16 日倒闭。

1938 年日本第二次侵占青岛后，强行收买了隋石卿的利生铁工厂，并改名为“丰田式铁工厂”，停产机床，改制军火。不仅如此，日本人还多次要求隋石卿担任市“维持会”会长。隋石卿不愿意为日本人驱使，但又无力与其正面抗争，只好躲到威海避难。此后日本人又多次派人到威海找他，但他誓死不做汉奸，虚与委蛇应付日方，日本人见状只好作罢。

隋石卿誓死不当汉奸的行为，赢得了世人的敬佩。但此时的隋石卿资产朝不保夕，生意无法正常经营，整日担忧而心力交瘁，1938 年回到青岛后没多久就去世了，终年 49 岁。

孟洛川

孟洛川（1851—1939），名继笙，字鸿升，号洛川，山东章丘旧军镇人。章丘孟氏家族经营的祥字商号名闻天下，孟洛川的瑞蚨祥被称为孟氏“双雄”之一（另一个是孟养轩的谦祥益）。经过数十年的苦心经营，孟洛川旗下形成了40余家连锁企业，分布于周村、济南、天津、北京、汉口、青岛、烟台等城市，成就了一代传奇。

一

位于章丘县城北部的旧军，曾是历史重镇。1369年，“亚圣”孟子第五十五代孙孟子位、孟子伦兄弟二人自河北枣强迁居旧军镇，是为章丘旧军南支孟氏。从明代到清初，南支孟氏尚未发迹。到康熙年间孟子伦的第八代孙孟闻助，孟氏开始崛起，财富和功名双获丰收，由耕织之家变为耕读之门。①

明清以来，山东各地植棉之风盛行，济南以东为重要产棉区。章丘及其邻县盛产土布，紧邻旧军北部的辛家寨不仅盛产此物，而且是周围土布的重要集散地，当地人将土布通称为“寨子布”。孟闻

① 李永清：《旧军孟氏家族的沿袭与发展》，见政协章丘县文史资料研究委员会编《文史资料》第四辑《章丘旧军孟》，1987年内部印行，第2页。

助看到“寨子布”销路甚广，有利可图，便在旧军开设鸿记布庄，收购寨子布到周村、济南等地贩卖，获利颇丰，是为孟氏经商之始。孟闻助第五代孙孟兴智和孟兴泰先后在济南创建庆祥布店和隆祥布店，在北京设立瑞生祥绸布店，在周村建起恒祥染店。从此，孟氏由行商变成了坐贾，孟兴智和孟兴泰成为旧军孟氏祥字号的开山祖。①

孟兴智和孟兴泰分家时，孟兴智分得济南庆祥和北京瑞生祥，孟兴泰分得济南隆祥和周村恒祥，此后两家独立经营。孟兴智生有二子孟毓瀚和孟毓翀，将祖业发扬光大；孟兴泰的儿子孟毓溪和孟毓湄，经商理业则远不如孟毓瀚兄弟。孟毓瀚生子四人，即孟传璐、孟传瑗、孟传珽、孟传珊。兄弟四人分家后，各立堂号，分别为三恕堂、其恕堂、容恕堂和矜恕堂，是为“西四堂”。孟传璐兄弟四人分家与上辈不同，祖传庆祥、瑞生祥以及三家当铺未分，为四房共有，各房每年分取若干红利。总体说来，“西四堂”财产日渐分化，三恕堂、其恕堂、容恕堂的家产和商业逐渐集中到矜恕堂。19 世纪 30 年代初期，矜恕堂的孟传珊在夫人的资助下，在商业重镇周村鱼店街开设了万蚨祥锅店。1835 年又买下周村大街北首一家布店，并斥巨资扩建店铺，经营丝绸和茶叶②，后来改名泉祥。为了扩大生意，咸丰末年，孟传珊出资 2000 吊钱，在济南芙蓉巷开设瑞蚨号布店，专门批发章丘寨子布。1862 年，孟传珊在济南院西大街（今泉城路）路南购买地皮，建起五间门面的楼房，开设绸缎店。在为这间新开张的大店取名时，孟传珊

① 牛汝章、明兆乙：《章丘旧军孟家及其祥字号》，见山东省政协文史资料委员会编《山东文史集萃（工商经济卷）》，山东人民出版社 1993 年版，第 221 ~ 223 页。

② 穆子瀛、宗玉斋：《泉祥茶庄的经营与管理》，见山东省政协文史资料委员会、淄博市周村区政协文史资料委员会编《周村商埠》，山东人民出版社 1990 年版，第174 页。

听取朋友的建议，名之曰“瑞蚨祥”。[1] 正像论者所说，这象征“‘金钱’的‘瑞蚨’刚一诞生，它就像长了翅膀的招财使者，立即飞往中国北方的各大商埠，如济南、北京、天津、青岛、烟台等地，在这些城市建起了一个个的瑞蚨祥”。

孟毓溪生子传珠，四代单传，女东掌家。孟毓湄生子四人，分立堂号为承恩堂、承训堂、乐余堂、世泽堂，是为“东四堂”。“东四堂”发展不平衡，但均先后衰落。孟传珠虽为单传之家，但女东精明强干，到孟继颣夫人耿彩芳时，家道大兴，成为财压“东四堂”的巨富，立堂号为进修堂，大力发展济南隆祥店号，在北京、天津、汉口创建谦祥益店号。谦祥益在孟养轩时期发展到巅峰，财富与瑞蚨祥难分轩轾。

二

瑞蚨祥虽为孟传珊创办，但真正将其发扬光大、名扬天下，则是其儿子孟洛川。

孟洛川是孟传珊的第四个儿子，年龄最小，人称“孟四”，因其精明伶俐，故绰号叫“孟四猴子”。孟洛川少年丧父，其母高氏立志教子成人，家教甚严。高氏的父亲高汝梅曾任内阁中书，后辞官在家，其兄高赤诚系章丘巨绅。因出生在官宦富绅人家，受过良好的教育，高氏深谙闺训，知书达理，精明善良，文雅端庄，对孟洛川影响甚大。为教育孟洛川，高氏聘请章丘名儒李青函为师，但孟洛川生性顽皮，不喜读书，常以数砖计瓦为游戏。孟洛川虽无心诗书，却表现出经商的天赋，这引起三伯父孟传珽的重视，在少年时期就

---

① 东晋干宝《搜神记》卷一三说：“南方有虫，名青蚨……生子必依草叶，大如蚕子。取其子，母即飞来，不以远近。虽潜取其子，母必知处。以母血涂钱八十一文，以子血涂钱八十一文，每市物，或先用母钱，或先用子钱，皆复飞归，轮转无已。”孟传珊将店名定为“瑞蚨祥”，自然意在象征生意兴隆、财源滚滚。孟传珊经营的店铺何时、何地改称“瑞蚨祥”，有不同说法。

让其参与房院营建、盘点结账等管理活动。①

1869 年，18 岁的孟洛川以资东身份进商号，经理庆祥、瑞生祥、瑞蚨祥等店铺的业务，掌管三恕堂、其恕堂、容恕堂和矜恕堂所有商业的大权，开始了其经商的传奇生涯。因为瑞蚨祥是其父创办，所以他不仅格外精心打理，而且经常从瑞生祥、庆祥抽调资金助其发展。在瑞生祥和庆祥逐渐衰弱的同时，瑞蚨祥日益发展壮大，财富迅速膨胀，所以孟家有“瘦了绵羊肥了羔”之说。经过孟洛川几十年的精心谋划、辛勤经营，瑞蚨祥由济南发展到北京、天津、青岛、烟台、周村、上海等大中城市，分号遍布，联号成网，形成了庞大的连锁商业帝国。

从 1862 年到 1949 年，瑞蚨祥大致经历了四个阶段：1862—1893 年是缓步稳妥发展时期，1893—1927 年为爆炸式大发展时期，1927—1937 年为逐渐衰败时期，1937—1949 年为急剧跌落时期。从 1869 年掌管瑞蚨祥到 1939 年去世，孟洛川 70 年的经商生涯，又大致可以分为三个时期：1869—1893 年为第一阶段，孟洛川经手开办 4 家企业，以经营土布和绸缎为主，附带经营英美布匹、钟表眼镜等洋货。1893—1927 年为第二阶段，孟洛川经手开办企业 20 余家，以经营洋布、绸缎为主，兼营土布。1927—1939 年为第三阶段，这个时期只有 1934 年济南瑞蚨祥昌记开业，但有 20 多家店号先后破产关闭。② 此外，分布在周村、济南、天津、北京、青岛、烟台等地的泉祥经营茶叶。总体看来，20 世纪 20 年代中前期是孟洛川创业的高峰，也是瑞蚨祥和泉祥的鼎盛时期。

孟洛川一生先后创办企业 20 余家，主要有北京瑞蚨祥鸿记布庄、北京瑞蚨祥绸缎店、北京瑞蚨祥鸿记西号绸缎店、北京瑞蚨祥

① 高启奎等：《大商（企）业家孟洛川》，见政协章丘县文史资料研究委员会编《文史资料》第四辑《章丘旧军孟》，1987 年内部印行，第 134 页。

② 孔令仁主编：《中国近代企业的开拓者》（下），山东人民出版社 1991 年版，第 3 页。

鸿记新衣庄、北京瑞蚨祥东鸿记茶店、天津瑞蚨祥土布批发庄、天津瑞蚨祥鸿记缎店、天津瑞蚨祥西号、天津瑞蚨祥庆记、青岛瑞蚨祥缎店、烟台瑞蚨祥绸缎店、瑞蚨祥苏庄、瑞蚨祥申庄、济南泉祥老号、济南泉祥东号、济南泉祥西号、济南泉祥鸿记茶栈、烟台鸿记茶栈庄、青岛泉祥、天津泉祥总号、旧军鸿记织布工厂、济南鸿记瑞蚨祥染房等。如此庞大的商业帝国到底积累了多少财富，具体数字无法说清，下面我们仅以部分地区瑞蚨祥的房产、流动资金、个别地区店号固定资产、利润以及土地等几个方面作片断叙述，以窥其一斑。

首先，房产。据统计，到新中国成立前夕，瑞蚨祥全国房产有五六十处，其中济南房产 20 处，房屋 1275 间，占地 49 亩；北京 8 处，409 间，占地 12 亩；天津 17 处，772 间，占地 12 亩；青岛五六百间；烟台 1 处，98 间，占地 2.5 亩；苏州 1 处，28 间，占地 1 亩；上海 1 处，123 间，占地 2.5 亩。总计各地房产至少 3214 间。如此众多房产，价值如何？若以上海瑞蚨祥 3 处房产的原购价作为一般价格计算各处房产的价值，那么仅房产一项即有 836 万银元。

其次，流动资金。1933 年国民政府实行法币本位时，仅上海瑞蚨祥兑换存储的流动资金就达 1000 余万元。

第三，固定资产。据对瑞蚨祥济南三家店资本估计，以一匹双龙白细布为计算单位，七七事变前其固定资产为 32023 匹，存货为 188990 匹，合订为 221013 匹，价值 1215571 银元，加上存银行、钱庄存款 60 万银元，总计超过 180 万银元。[1] 另外，据 1956 年全行业公私合营时清产定股数字，仅泉祥和瑞蚨祥两个系统的资本即达人民币 220 万元。

---

① 刘焕庭等口述：《百年老号瑞蚨祥》，见中国民主建国会济南市委员会、济南市工商业联合会编《济南工商史料》第四辑，1992 年内部印行，第 104 ~ 105 页。

第四，利润。瑞蚨祥通过商业经营获得了丰厚的利润。例如，据北京瑞蚨祥鸿记西号绸缎店残存账册记载，账面纯利1911年为白银几千两，1913年为1.3万两，1916年为2.5万两，1926年达到3.2万两。尽管瑞蚨祥利润历年起伏不定，并且千方百计隐藏利润，但是账面盈余数字仍然十分惊人。如果把1926年、1931年、1935年、1939年、1940年、1941年、1942年瑞蚨祥走下坡路的七年利润额平均计算，则每年利润额为37万元，为资本额的21%。也就是说，不到五年就能还本。可以想见，1926年以前瑞蚨祥走上坡路时，利润更大，还本也更快。①

第五，土地。矜恕堂在1854年分家时，仅有土地240亩，到辛亥革命前夕，就有土地2140亩，1936年又买进163亩，共计2300余亩。此外，在沾化、利津、商河、乐陵也有一定数量的庄田，具体数字不详。孟洛川声称“从岱岳山麓到渤海之滨要处处有孟氏庄田”，生前果真做到了。

此外，加上泉祥茶号、当铺、药铺等其他企业的资产，孟洛川的财富应当更为庞大，所以人们说：“山西康百万，山东袁子兰，两个财神爷，抵不上旧军孟洛川。”②

三

孟洛川一生经营40余家企业，仅矜恕堂就有20余家店号，雇员多达1000余人。③ 面对分布如此广泛的企业和众多的雇员，孟洛川是采取什么方法来管理的呢？我们从人员管理、财务管理、东西

① 中国科学院经济研究所资本主义经济改造研究室、中央工商行政管理局资本主义经济改造研究室编写：《北京瑞蚨祥》，生活·读书·新知三联书店1959年版，第2、11、132页。

② 孟昭俊等口述：《章丘旧军孟史料》，见中国人民政治协商会议山东省章丘县委员会文史资料组编《章丘文史资料》第一辑，1989年内部印行，第1页。

③ 市两会文史组：《简话瑞蚨祥》，见中国民主建国会济南市委员会、济南市工商业联合会编《济南工商史料》第四辑，1992年内部印行，第175页。

家关系和店号铺规四个方面略作说明。

1. 人员管理

在孟洛川看来，企业的管理实际上是人员管理。瑞蚨祥在组织机构上最大的特点，就是以人为中心，没有具体的机构，职权划分也没有明文规定，主要是通过资方代理人对企业实行分层管理。资方代理人大体可以分为全局总理、地区总理、各店经理以及一般雇员等几个层次，在这几个层次之上的是事实上的总经理孟洛川。

按照传统商业习惯，东家一般不能担任企业职务。但是，孟洛川却以东家身份独揽企业大权长达 70 年之久。他既是资方的总代表，又是事实上的不挂名的总经理，集所有权与经营权于一身，有关人员录用、升迁、调动、年终结算、利润分配或转化为资本、店员工资的增减以及其他重大事项，无不最终决定于孟洛川，所以孟洛川是企业的最高负责人。

除了孟洛川担任事实上的总经理外，还有资方代理人担任的总理，即全局总理，实际上是孟洛川的助手，其职权因人而异，或大或小。第一任全局总理是沙文峰，他不仅管理瑞蚨祥，而且还兼管泉祥，代孟洛川经营土地、到外地巡视各店业务，权力很大。第二任全局总理是孟觐侯，并正式称为总理，但他不管泉祥系统。孟觐侯死后，孟秀涵、高俊廷、李峨山、焦寰五等人相继担任全局总理，但是各自任职时间较短，且权力有限。

地区总理是一个城市内各分店的最高经理人，由当地总店经理兼任。地区总理主要通过三种方式管理各分店：一是每天早上让各分号经理到其住所汇报前一天的工作，包括营业、人事、备货等内容，通称为“上朝”；二是亲自到各号巡视，检查各店营业情况；三是负责当地所有分店的进货调拨、人员增添和年终结算。

瑞蚨祥和泉祥每个店都有经理，掌管分店业务和人事，经理下面又分若干层次，但各分店略有差异。例如，济南瑞蚨祥的结构为：前柜（专售各种色布，设柜头 2 人、学徒 6 人）；二柜（专售各种花布、广货、呢绒，设柜头 1 人，伙计、学徒 4 ~ 5 人）；绸货（专售绸缎、绣货，设柜头 1 人，伙计、学徒 10 人）；皮柜（专售皮货，设柜头 1 人、伙计 2 人）；金柜（专售金银首饰，设经理 1 人、伙计 2 人、学徒 10 人）；账房（设头目 1 人，伙计、学徒 12 人）；售货员（专司售货，20 余人）；号房（负责管理货房和布匹的加工、染色，设头目 1 人，伙计、学徒 3 人）；瞭高（监督售货员售货，监视偷窃并兼管一些杂务，如传达和送往迎来等，设前柜 4 人、二柜 2 人、楼上 3 人）；后司人员（12 ~ 14 人，包括炊事员、杂役人员，设一个头目）。总之，济南瑞蚨祥一个分店大致可以分为经理、柜头、售货员、杂役等几个层次。①

2. 财务管理

祥字号最高财务管理机构，实际上就是东家，或者说就是孟洛川本人，他通过一年一度的“写账”来完成对企业的掌控。在每一个地区，最高财务管理机构是总店的账房或信楼，基层财务机构则是各号的账房。各地区总店账房头目或信楼管理一般由副总理兼任，权力很大，往往能代行总理职权，听取各分号汇报，总管与各联号的通信联系和人事考勤工作。②

祥字号的记账方式是“四柱账”，即按照“旧管（原存）、新收、开除（支付）、实在（净存）”四个方面记账。账户余额的计算方法为“旧管 + 新收 - 开除 = 实在”，即“期初余额 + 本期增加发生额 - 本期减少发生额 = 期末余额”。

“四柱账”不能全面反映企业经营状况。例如，它没有进货总账，因此除了逐户加算之外，不知道它进多少货。又如，它没有货物账和销号制度，因此也就没有“永续盘存制度”，算不出销货成

---

① 刘焕庭：《瑞蚨祥绸布老店》，见山东省政协文史资料委员会编《山东文史集萃（工商经济卷）》，山东人民出版社 1993 年版，第 237 页。

② 刘殿庆：《中式商业会计的典型——瑞蚨祥》，载《会计之友》1998 年第 2 期。

本，而且除了实际盘存外，无法知道到底存货多少。为了弥补“四柱账”的缺陷，孟洛川每年年底将地区总理召集到家中，进行“写账”，研究各地的“结账清谱”，审核存货数量和作价情况，结算全年总的盈亏数字，确定分配办法。孟洛川十分重视财务工作，书房里全是账册，一直到晚年，还经常翻阅账册。通过一年一度的“写账”活动，他将企业的财务大权牢牢抓在手中。

总之，虽然“四柱账”有一定的缺陷，但是有“写账”弥补，加之从上到下相互牵制，祥字号财务管理制度尚称健全。

3．东西家关系

祥字号内部存在六种身份不同的人：（1）东家，即出资人；（2）经理和掌柜，是资方代理人，直接管理企业；（3）内伙计，又称“本屋徒”，即在本企业学徒满师者；（4）外伙计，系企业雇用的售货员，尊称为“大掌柜”；（5）学徒；（6）后司，即勤杂、炊事人员。这6种人实际上可分为两种人，即“东家”和“西家”。

所谓“东家”，系指出资的孟家，负责提供房屋、店铺、设备、资金，按道理不经营企业；所谓“西家”，即祥字号店铺中所有的经营、管理和服务人员（包括经理、掌柜、店员、杂役等）。总之，东家出钱，西家出人，双方按“钱七人三”分红，即东家分取总利润的70%，剩余的30%为西家所有。

“西家”的上层是各级经理、掌柜，他们是吃股人员，最高者为10厘股（即1个股），低者不少于1厘，一般在二三厘。祥字号史上吃1个股的只有沙文峰、孟觐侯等几个人。顶层经理的收入极为丰厚，例如北京瑞蚨祥一个拿8厘股的总理，在营业最盛的年代一年可以分到3200匹白布，比一家中型布店的全部资本还多。掌柜的收入也很丰厚，即使是只管一个店的经理，份子一般在3.5~4厘。在一个店里还有好几个头目，如洋货头、绸头、二柜掌柜等，也可以拿到2~3厘份子。一个绸头的收入比绸楼全体20多个的店员的年收入还多。此外，也有开了1~2厘份子而没有名义的管理人员，在开份子的掌柜中，这类人最多。

内伙计、外伙计、学徒、后司等人员是具体的劳动者，但也有区别，一是虽然都实行固定工资制，但内伙计实行年薪制，而外伙计则是月薪制且高于内伙计；二是外伙计只占从业人员极小部分，例如1916年北京瑞蚨祥东号总人数120多人，外伙计仅44人，约占1/3。

内伙计是指在祥字号学徒期满出师者，又称“本屋徒”，他们是企业的主要劳动力，但与资方关系密切。一则因为学徒差不多都是章丘人，特别是能够顺利学满出师留在企业的，和东家、掌柜之间大都非亲即故。同时，由于祥字号掌柜基本上是由本屋徒提升的，内伙计熬够年头，就可能变成吃份子的掌柜，所以他们和资方代理人之间有着师兄弟的历史渊源。

祥字号所招外伙计一般均是有几年卖货经验、具备一定商业知识、能力较强的成熟劳动力，他们主要的工作就是售货。外伙计是“外人”，在企业里获得提升的机会极少，可以随时解雇，与资方关系疏远，所以有“内伙计是亲闺女，外伙计是小媳妇”的说法。①

4. 店号铺规

为了规范雇员行为，祥字号制定了详细的铺规，在打了朱红格的宣纸上，用毛笔正楷书写，镶入镜框，挂在饭厅正面墙上，使店员在端起饭碗时就能看见，时时提醒自己不要违反。据现有资料，各店铺规虽有差异，但是大体相同，北京瑞蚨祥铺规如下：

（1）柜上同仁不得携带眷属；

（2）不得长支短欠，不得顶名跨借；

（3）不得挪用柜上银钱货物；

（4）不得以柜章为他人作保；

① 吴承明：《从一家商店看商业资本的一种特殊形态》，载《经济研究》1958年第5期。

(5) 柜上同仁不得兼营其他业务，并不得在有瑞蚨祥字号的地区开设同类企业；

(6) 不得代存衣物；

(7) 不得沾染嗜好，不得有赌博、宿娼等行为，也不得借故在外过宿；

(8) 伙友之间不得吵嘴打架，如有违反，双方同时出号；

(9) 亲友来访只能在前柜或柜房接待，接谈时间最长不得超过一小时，并不得招待亲友在柜上食宿；

(10) 营业时间不得擅离职守、串柜谈笑；

(11) 早上六时（冬季七时）下门，晚上十一时上门上锁，柜上同仁在上门上锁后一律不得出入；

(12) 柜上同仁一律轮流值夜，值夜人负责巡视、防火烛盗贼，不得睡眠，夜宵不得动用油勺，以防不测；

(13) 春节例假各柜必须留人值班，顾客上门应予接待；

(14) 非有要事不得请假外出，请假须经柜头同意，并须到柜房登记。销假手续相同；

(15) 摇铃开饭，不得赶前落后，饭菜由柜房规定，不得任意更换；

(16) 每20天洗澡一次，下门去，早饭前回，不得借机游逛或吃馆子；

(17) 住家由账房排列名单，轮班即走，到期返柜，不得逾期，如有特殊事故，过三不过五；

(18) 如遇业务繁忙，不能按时住家时，可以压班补假，每压班一月补假二天；

(19) 同仁用货必须经二柜掌柜许可，并计入用货账，只能自用，不得代买；

(20) 对待顾客必须谦和忍耐，不得和顾客发生争吵事故；

(21) 柜上同仁必须注意仪表，要穿长服，不得吃葱蒜，不得在顾客面前扇扇子，不得把回找零钱直接交到买主手里（应放在柜台上），并应尽量避免粗词俗语；

（22）挑拨是非、猜忌倾轧致伙友不和者，应立时出号；

（23）由经理或铺东辞退时，不得凭借他种势力逗留不去；

（24）结伙营私借故要挟号中者，应立时出号；

（25）调拨他处不立即前往者，应立时出号。①

从上述条文中可以看出，铺规所涉及的主要有三个方面：一是生活制度，如请假、值夜、住家等；二是业务经营，如对待顾客的态度、不得兼营等；三是政治性的，突出表现在第（22）~（25）条。处罚形式大致有出号、调动、申斥、降薪等四种方式，从执行情况看，存在前紧后松的态势，分水岭大致在1926年。

四

孟洛川虽然成功经营了一个庞大的商业帝国，却是一个思想保守之人。他虽然阅历丰富，见多识广，却脑筋僵化，并不开明。他终生头挽小辫，身着清服，以皇清遗民自居，显示自己至死忠于大清王朝。孟洛川在族中实行封建家长制，提倡三纲五常、三从四德，主张长幼有序、兄友弟恭、男女有别。他要求晚辈在长辈面前要垂首站立，做到非礼勿言、非礼勿动、非礼勿视、非礼勿听。他对下人要求更严，家中佣人和商号的店员天天处在动辄得咎的惶恐之中。孟洛川还反对新式学堂，1924年之前，他的子侄都在自己所办私塾里读四书五经，拒绝接受新式教育。

孟洛川是一个勤俭的人。其年幼时母亲高氏便告诫他，家中的

① 济南市两会文史组：《简话瑞蚨祥》，见中国民主建国会济南市委员会、济南市工商业联合会编《济南工商史料》第四辑，1992年内部印行，第127~129页。

财产、外面的商号是祖辈留下的，不能坐享其成，要发展壮大家业，勤俭上进，不积到万两黄金不准穿绸缎，所以，一直到30多岁，孟洛川夏天仍穿灰布长衫。孟洛川晚年拥有千万家资的时候，在济南东流水街买了一处花园，自题为“质园”，园内却要满植茉莉，以供配茶之用，佣人亦从泉祥茶庄抽调。这样，既能赏目娱心，又收经济实惠。迁往天津后，虽住在租界洋房，仍用中式家具，一切从简，冬季不生暖气，另备火炉取暖。孟洛川还对各房间如客厅、伙房、卧室等，规定烧用不同质量的煤，以节省开支，有时还去各屋检查炭灰，以视有无浪费。孟洛川不甚讲究吃喝，每早冲服几个鸡蛋，常询问侍女鸡蛋价格，如果回说涨价了，就立即减免。其生活之节俭由此可见一斑。①

孟洛川又是一个严于自律的人。他对企业的经营、人事、财务等，不仅事必躬亲，而且以身示范，严守规则。例如在济南时，每天到店听取各号经理汇报。客室里设有软炕，专为来客准备，他从不倚坐，以示刻苦谨慎的表率。对于各营业场的商品布置、店员精神面貌等，他常作检查，名为“检阅商容”，不允许有松懈疏漏之处。

孟洛川虽然不喜烟酒茶，却是一个爱好女色的人。孟洛川少年时就逛妓院，嫖暗娼。一次，他和友人游千佛山，见一漂亮姑娘，便尾随其后，直至其家门口，记下牌号，托媒买下，为其二哥做妾。说成之后，为了与女家一刀两断，不作亲戚来往，在婚契上写“粥（暗示‘鬻’，即卖）费银××两”，表示是花钱买的，女方父母不能反悔。以后孟洛川又以同样手段将此女的妹妹买来做自己的姨太太。不久，孟洛川去周村，又买了第二房姨太太。他的原配王氏，由于失宠气急而疯，孟洛川不予医治，旋即死去，她的两个儿子也

---

① 济南市两会文史组：《简话瑞蚨祥》，见中国民主建国会济南市委员会、济南市工商业联合会编《济南工商史料》第四辑，1992年内部印行，第178页。

因思母暴病身亡。上行下效，自孟洛川始，矜恕堂凡男子成丁后，都是一妻、二妾、三姨太。

孟洛川还做了一些慈善事业，但相比较经商而言，孟洛川在慈善事业方面，一则力度不大，回报社会不够；二则集中在家乡。

首先，捐款治河。从1883年至1899年，黄河三次决口，泛滥成灾。其时清廷财政空虚，而治河又急需款项，于是责令地方富绅出资。在这种情况下，孟洛川与其兄孟铭鑫曾“捐金累万”“捐钱万缗”。此外，旧军镇西濒绣江河，一年因夏秋水涨决口，孟洛川出巨款堵口修堰，转年河水虽涨而无漫溃之患，庄稼全收，受到乡亲的铭谢。①

其次，赈济。因为天灾人祸，章丘每多饥民，遇到这种情况，孟洛川和其二哥孟铭鑫举办平粜和赈济。自光绪以来，黄河在章丘等处屡次决口，居民深受其害，孟铭鑫同孟洛川在章丘城立社仓，囤谷备荒，对灾民进行救济。例如1889年春，山东大饥，巡抚张曜请山东各县乡绅举办平粜。孟铭鑫与诸兄弟捐巨款，从江苏、湖北运粮到山东赈济。1899年，山东又遭荒歉，巡抚毓贤委孟洛川任平粜局总办之职。他与孟铭鑫兄弟二人独认赈款14000余两白银，从东北买来高粱，半价售给灾民。此外，每到冬腊做200套棉衣，用大锅熬稀粥施赈；盛夏做200套单衣，烧好茶汤，放在大街上，让那些讨吃要喝、少衣无裳的穷人前来领取。

第三，兴学。孟洛川和孟铭鑫曾经在章丘城主持维修文庙、尊经阁、文昌阁，在旧军设立先祠学堂，重修旧军镇圩墙。孟洛川支持孟铭鑫集资存商生息，解决贫寒子弟入学困难，奖励学习优异者。

（徐　畅）

---

① 高旭东、高启奎等：《大商（企）业家孟洛川》，见政协章丘县文史资料研究委员会编《文史资料》第四辑《章丘旧军孟》，1987年内部印行，第136页。

张颜山

张颜山（1862—1941），山东牟平县（今烟台市牟平区）人，字忠桂，原名张宗桂，后因经营染料发迹，改号颜山，并以号行。其事业鼎盛时期，生意遍及上海、天津、济南、青岛、哈尔滨等大中城市，在商界号称“染料大王”。张颜山祖籍牟平养马岛张家庄，父亲张继广，因家计贫寒，举家迁至宁海镇（牟平城）邵家埝村定居。

1876 年，15 岁的张颜山只身到烟台谋生，在泰生东杂货商号当学徒。由于他勤奋好学，甚得东家赏识，东家便逐步让他接触生意上的事情。五年后，张颜山由打杂、下街的小伙计逐步擢升为掌柜，管理起泰生东商号。

泰生东商号当时为德国人在烟台开办的德孚洋行销售一些染料，这家洋行有个管理人员叫克劳克，和张颜山年龄相仿，因有业务关系，两人交往频繁，由此结下了深厚的情谊。当时中国的染料工业非常落后，不论是纺织行业还是民间，都以天然染料为主。槐树豆、谷草灰、蓝草等都是百姓常用来染布的颜料，染色效果差。而德孚洋行的洋染料染布速度快且不易褪色。克劳克建议张颜山自办一个商号，专营德孚洋行的染料，并可代销，售后再付款，这在当时是很少有的优惠条件。于是张颜山便向少东家赖芳圃建议，调整泰生东经营种类，扩大染料经营。但赖芳圃没有采纳他的建议。1907 年，赖芳圃见市场不景气，怕担风险，便在处理掉存货后，将泰生东变价转让给张颜山经营。

张颜山盘下泰生东后，筹资将杂货号改为泰生东染料庄，专门经营代销德国产“狮马”牌染料。他对这一行业信心十足，每天与店员一起，推着小车从城市到农村，沿街叫卖。农民没见过这种染料，不会使用，他就到用户家里，烧一锅开水，亲手示范，把布染好后再收钱。由于他经营的染料工序简单，上色均匀，坚牢度又好，很快在市场上打开了销路，销售额直线上升。经过数年的拓展经营，张颜山赢得了市场信誉，创出了“泰生东”的牌子。牌子创出来后，泰生东取得了德孚洋行进口染料在山东的专卖权，成为这家德商在山东的总代理。1907 年，张颜山在泰生东原址上建起了两幢楼房，设立泰生东总号。①

1914 年第一次世界大战爆发，欧洲商品进口受阻，国内的进口化学染料奇缺，价格暴涨，泰生东因得到德孚洋行的全部染料存货而获得巨利，盈利达 200 万银元。此时泰生东销售网点已扩展到大半个中国，相继在上海、青岛、济南、哈尔滨等地建立了分号，在徐州、济宁、博山、德州、莱阳等地设立了代销处，生意十分红火。

经营染料发迹后，张颜山不断扩大经营范围，先后独资或合资在家乡牟平开设巨生东颜料庄、巨丰号，在烟台开办玉生东棉布庄、夏生东绸缎庄、巨丰银号，并在丹东开设纩丝坊。1915 年，泰生东在上海开设义生钱庄，并通过义生钱庄为德商汇款。同时，他还投资入股齐鲁大药房、瑞丰面粉等多家公司，一跃成为胶东地区的巨商。

张颜山由一个商铺学徒到执全国染料销售之牛耳的大亨，其一

① 张绪谱:《张颜山和“泰生东”染料》，见政协烟台市委员会文史资料研究委员会编《烟台文史资料》第九辑，1988 年内部印行，第 79 ~ 80 页。

生的奋斗颇具传奇色彩。然而，他毕竟是农民出身，对土地有着深深的眷恋。发迹后，他先后在家乡购置土地823亩、山岚107.5亩，在本村（邵家塂村）盖房200多间，又在牟平城东门里路南盖房100多间，总共有房屋397间。在其所拥有的土地中，150亩由雇用的长工耕种，剩下的660亩出租，杏林堡、老人仓、高金埠、留德庄等远近村庄都有他的佃户。① 在为人处世方面，他也一直保持着农民朴实勤劳的本质，生活上非常俭朴，常年粗衣布履，一件棉布大褂能穿好几年，鞋也是由家人自做。但是，俭朴的衣着行事有时也会带来误解和麻烦。1932年冬，济南商会请客，张颜山与交通银行行长同席，在座的大都西装革履，手持雪茄，唯独张颜山身穿粗布大褂，抽着旱烟袋。这个行长认为张是“乡巴佬”，席间常常露出鄙夷不屑。张颜山不露声色，事后却从各个银行把存款提出来，陆续存到交通银行里。不久，张颜山亲自到银行要求立即全部提出存款。银行一时无力兑付这么多存款，束手无策。行长见状急忙托人找张颜山说情，并设专宴向张颜山赔礼，请求分期支付。张颜山以这种独特的方式，狠狠教训了这位以貌取人的行长。

张颜山身为巨商，不仅在生意上讲信誉，而且重德行。在旧中国，富商赌博、宿娼、抽大烟是很普遍的现象，张颜山痛恨这些社会恶习，他规定“泰生东”所有人员不准抽大烟、不准娶小老婆、不准逛妓院。有两个分号的老板抽大烟被张颜山发现，自知违反了规定必受惩罚，再三向其恳求，表示痛改前非。张颜山则表示“规定在前，为时已晚”，毫不犹豫将二人赶出了店号。

对于家乡民众，张颜山乐善好施，热心公益。1917年春，张颜山在家乡邵家塂村西建客店4栋16间，为过往行人提供食宿，遇有贫苦者则分文不取。1919年大旱，张颜山令人开仓赈济，全村600余人，每人发粮30斤，同时又在村西客店每天早晚各赈粥一次。抗

① 曲培琳：《牟平的减租减息运动》，载《烟台党史通讯》1988年第2期。

战初期，兵荒马乱，民不聊生，张颜山告诫家人，除最大限度地减免应收地租外，每年春天都要发放一定的度荒粮赈济饥民，许多人因此得以果腹，保全了性命。

1930 年，军阀刘珍年盘踞烟台，发动商家兴修烟台城内外道路，张颜山为此捐款 1.5 万元，历时三个多月，将烟台东口子（现金沟寨上埝）一段道路修筑成石条大道，改变了过去道路泥泞、人车行走困难的状况。张颜山少时家境贫寒，未能接受良好的教育，在以后的商业活动中多次吃亏，所以他对教育特别重视。1928 年，他在本村办义学一所，建校舍 20 余间，广收本村儿童入学，延师施教。1931 年，刘珍年勒令胶东各县兴办中学，牟平因官贪民贫，无法筹集建校资金，学子们只能望校兴叹。张颜山得知情况后毅然捐款 1.4 万元，在城东关弥勒寺附近原牟平师范旧址上，扩建校舍 64 间，扩建后达到 154 间，占地 22 亩，教室、图书室、理化仪器室、游艺室、礼堂、饭厅、体育场等一应俱全，成为当时胶东一流的县立中学。1933 年，张颜山在牟平捐建恤养院，此外还多次向牟平、烟台、青岛、济南、上海等地的红十字会等慈善机构捐款，累积达十多万元。①

20 世纪 30 年代，张颜山开始在外埠投资金融业。1931 年，他投 28 万元巨资在上海开办“义生钱庄”，由于所用非人，被经办者卷款逃匿。后钱庄又焚于战火，事业遭到重创。② 1932 年，日军进攻上海，上海等地港口被日军封锁后，染料货源几近断绝，泰生东生意每况愈下。1937 年七七事变爆发后，泰生东的染料货源断绝，仅能以库存来勉强维护门面。同时，由于时局动荡，经济萧条，张颜山所办的实业屡遭劫难，大部分亏损或被迫歇业。这时的张颜山

① 张绪谱：《张颜山和“泰生东”染料》，载中国人民政治协商会议烟台市委员会文史资料研究委员会编《烟台文史资料》第九辑，1988 年内部印行。

② 山东省牟平县县志编纂委员会：《牟平县志》，科学普及出版社 1991 年版，第 638 页。

已经是年过七旬的老翁。其间，张颜山又做了几笔买卖，由于物价飞涨，货币贬值，一进一出间，只赔不赚，因此元气大伤。辛辛苦苦经营了几十年的“泰生东”由败落到倒闭，使他精神上备受打击，身体日渐虚弱，无奈中他将家搬到了天津。1939 年，天津发大水，房屋被淹，他又搬到上海，借寓于虞洽卿路（现西藏路）一品香旅馆内，用积蓄来开销日常生活费用。在此期间他虽几次想回烟台重振家业，但终未如愿。

1941 年 3 月，张颜山在上海去世，终年 79 岁。

苗世厚　苗世远(杏村)

苗世厚（1855—1919），字德卿；苗世远（1875—1940），字杏村，以字行。桓台县索镇人。

苗世厚与苗世远是亲兄弟，其曾祖叫苗启英，祖辈兄弟2人，父辈叔伯兄弟6人，苗世厚与苗世远共兄弟5人，另三人是苗世忠、苗世传、苗世登，因出自长支，往往叫作“大苗家”。苗氏家族之崛起，首先归功于苗世厚和苗世远。

苗世厚在兄弟五人中排行老二。9岁入私塾，13岁五经成诵，连续两次应县童子试，名皆列优，后因家道贫寒辍学。当时全家10口人吃饭，父亲已经年过半百，身体有病，全靠大哥苗世忠支撑，苗世厚下学后，就协助哥哥执掌家务，以农为本，兼做小贩，沿街串巷叫卖面食。后来两兄弟请人做了两辆二把手车子，往来于淄川、索镇之间，做起了贩煤、贩草的生意。在贩煤、卖草的过程中，索镇大街油坊主荣仲森见他们兄弟为人实在，就请其代销食油，于是二人推着车子下乡串村卖油，既省力又得利较厚。1883年，苗氏兄弟用积累了20年的3500吊钱在索镇街建了一处油店，由苗世忠掌管，这是苗家投入商业的第一笔资金。[①] 不久又买了一头牛，安装一

① 傅德馨口述，王维科整理：《苗氏兄弟发家之路》，见桓台县政协文史资料委员会编《桓台工商经济专辑》，1990年内部印行，第2~3页。

辆大车，苗世厚做代客运输的生意。1891 年，苗世忠病故，苗世厚接手油店。苗世忠掌管油店时，因不善经营，坐等客户，虽然开了 8 年油店，但是收入甚微，除日常开支外，所余无几。苗世厚接手后，大改店风，主动出击，广拉客源，生意兴隆，独占索镇大街十几家油店鳌头，一个旺季的营业额往往比从前一年的数量还多。苗世厚接手油店 4 年，红利超过大哥 8 年的 10 倍。

苗世远是兄弟 5 人中的老小，年幼时家庭多遭变故，大哥、三哥相继去世，四哥专心业儒，父亲久病不愈，姐姐出嫁，家庭杂活过多过早地压在这个少年的肩上，因此无缘读书。苗世远 12 岁时就在索镇街头卖面食，15 岁时二哥苗世厚给他买了头毛驴，外出赶脚送客。苗世远虽然小小的年纪，但是广交友朋，善察商机，吃苦耐劳，既跑群帮，也跑单帮，不仅赚了一些钱财，还得到了历练，开始明白如何做人、如何经商。苗世远除了赶脚，还和苗世厚贩卖粮食，例如 1888 年桓台灾荒加地震，粮食缺乏，鲁南新泰、莱芜等地灾情不重，粮价便宜，于是兄弟二人在两地之间做起了粮食生意，获利颇丰。

经过几年的苦心经营，大苗家经济实力和社会地位大大提高，索镇大油商荣仲森主动提出与苗家兄弟合开油坊。1894 年，荣家和苗家各出制钱 150 千（吊）做本钱，开起了油坊，店名曰“恒聚”。荣衍焕任经理，苗世厚任副理，经理负责作坊设备和购料，副理提供门头，管理生产和销售。虽然开业时只有 3 部榨油机及磨碾，6 名工人，但由于善于经营，恒聚油好价低，获利颇丰，4 年间两家各得红利多达 1000 两银子。①

索镇不仅商业、手工作坊、过载栈（代客运输的栈房）十分兴隆，而且与济南经济联系极为紧密，尤其是清末民初以来，桓台人

---

① 苗星垣：《我们苗氏兄弟的身世和发迹概况》，见山东省政协文史资料委员会等编《苗氏民族资本的兴起》，山东人民出版社 1988 年版，第 3～6 页。

前往济南经商者越来越多。据民国初期统计，共有 46 家，从事 13 种行当，因此有“桓台帮”之谓。苗世厚之所以能在泺口开粮栈，得益于郑金声。郑金声原系山东督军署官员，曾任新城（桓台 1914 年之前称新城县）兵工厂厂长，后弃官就商，在索镇设立过载栈，自任经理，聘杨育轩主持栈务。苗世厚与之交往甚笃，成为挚友。在郑金声的建议下，郑、杨、苗三家各出白银 1000 两作为资本，在济南泺口开设恭聚和粮栈，苗世厚任经理，郑金声任副理，苗世远在店里当伙计。开业后，郑金声利用自己的关系，不仅宴请乡绅，为苗世厚架桥铺路，而且让他“纳粟入监”，捐钱买了官衔，列为贡生，授六品衔，候补直隶州州同，以便在社会上立足。

恭聚和粮栈主要由苗世厚、苗世远兄弟二人打理，他们苦心经营 6 年，到 1900 年共盈利 7000 两白银。1906 年春，索镇恒聚油坊合伙人荣仲森来济南，看到恭聚和粮栈买卖兴旺景象，向苗世厚提出愿将两家 6 年的红利 4000 两作为资本，在泺口建一新粮栈。这时苗世厚正有扩大生意的意向，于是在泺口东侧设立了恒聚和粮栈，苗世厚任经理，荣仲森、苗世远任副理，苗世远主持栈务。当时新栈（恒聚和）以收粮为主，老栈（恭聚和）重点销售，兼做代客运输。从此，苗家粮栈生意越做越活，利润直线上升。到 1909 年年底结算，老栈三股分红各得银 3000 两，新栈两股分红各得银 2000 两，苗家共分红利 5000 两。1910 年，苗世厚以分得的红利为资本，在泺口开设了公聚和粮栈，这是苗氏兄弟独资开办的第一家企业，苗世远任经理。

此时苗氏兄弟三家粮栈虽在泺口形成了龙形结构：恒聚和居东为龙头，恭聚和居中为龙腹，公聚和居西为龙尾，收购和销售均可抢得先机，但是因为 1904 年济南开埠，以及后来胶济、津浦铁路相继通车，商埠发展迅速，泺口渐趋衰落。为了抢占商机，苗世厚在济南西站（今火车站西侧）购置地皮，开设了恒聚成炭栈，为日后进军济南打下了基础。

1911年辛亥革命前夕，政局不稳，人心惶惶，恒聚和粮栈与恭聚和粮栈合伙人担心资金安全，提出退股，苗氏兄弟同意了他们的要求。商讨的结果是索镇恒聚油坊划归荣家所有，泺口恒聚和粮栈归苗家，算清本利，结束了苗、荣合营，随后恭聚和粮栈又退清了郑、杨两家股本。3家粮栈均为自己所有之后，苗氏兄弟采取收缩战略，重点向商埠发展。于是在1911年撤销了恭聚和、恒聚和两处粮栈，只保留了公聚和粮栈，由苗世厚的长子苗永蔚主持栈务。1912年，恒聚成炭栈改为恒聚成粮栈，并在济南经一路纬四路建营业楼一幢，苗世远任经理，苗世厚次子苗永芝（苗兰亭）任副理。此后，苗世远以字苗杏村知名于当世。

苗杏村头脑清晰，有胆有识，对商业行情有独到之远见。1911年10月武昌起义的消息传到济南，谣言四起，人心大乱，市场物价下跌，许多粮栈急于拍卖。苗杏村认为战争不能马上打到济南，恰是存粮的好机会。苗杏村审时度势，果断地做出了“你抛我收”的决策。很多粮栈以让利三成把粮食转让给恒聚成粮栈，到1912年1月恒聚成粮栈库存粮食达200万市斤。中华民国成立后，市面依然如故，津浦铁路很快通车，南方粮商云集济南购粮，恒聚成的粮食很快售出，盈利8000银元。此后，恒聚成粮栈生意越做越大，在济南商埠经一路纬四路北首盖起了富丽堂皇的营业楼，楼外高悬恒聚成粮栈大字牌匾，在济南市粮食行业中名列榜首。恒聚成在津浦、胶济两条铁路沿线设立分庄30余处，以济南为中心，为全国各地客商代购代销各种粮食。当时，恒聚成经常汇聚各地客商200余家。由于在经营中坚持信誉，保证质量，服务周到，到1913年年底，恒聚成粮栈获纯利4万余银元。企业职工由23人增加到46人，既代客买卖，又自运自销。恒聚成已掌控了济南生米（即花生米）市场，生米成交不在粮关（粮食交易场所）进行，而是在恒聚成开行，生米贩运客商无不仰恒聚成之鼻息，恒聚成不开价，别家就不能成交，甚至博山、泰安、大汶口、滕县、徐州等地的生米行市，也唯恒聚成坐庄人员马首是瞻。①

第一次世界大战爆发后，中国粮油出口量大增，刺激了面粉工业发展，也促进了粮食商业的活跃，因此从事粮食生意大获其利。1915年10月，广州部分出口客商和丹麦宝隆洋行买办罗叔羲等人来济南大宗采购生米、生油，运销南洋、欧洲。苗杏村不惜重金殷勤款待，并以“回扣”相笼络，同时又严密封锁消息，使同业无可乘之隙。与此同时，他采取坚守信用、质量第一的方针，以取得广东客商的信赖。此后他垄断了“广帮”生意，每年获纯利4万元上下，直至七七事变后海运中止，前后长达22年之久。

1915年，无锡茂新面粉厂资东荣宗敬派人到济南采购原料，苗杏村办得既快且好，引起荣宗敬的重视。当年，荣宗敬到济南调查小麦产销情况，苗杏村全力与之结交，后又赴沪拜访荣宗敬，过从甚密。嗣后，荣宗敬在济南筹建茂新四厂，苗杏村倾力协助选址、购地、建房、装机，使该厂得以于1920年3月顺利开办。荣宗敬力邀苗杏村出任经理，以示酬谢，苗杏村不愿为他人作嫁衣，婉辞不就。但是恒聚成、公聚和却从此取得为茂新四厂代购小麦的专权，每年获佣金2万元，直至七七事变爆发，茂新四厂停机。

总之，苗氏兄弟经营粮栈获得了大量资金，黄金时期年盈利在10万元左右，为其日后从事工业打下了坚实的基础。

1919年，苗世厚去世，由苗杏村独掌家业。随着经济实力不断增强，社会形势发生变化，苗杏村逐渐改变经营方针，与苗世德一起在继续从事粮食买卖的同时，由商而工，投身面粉加工和棉纱纺织。

1918年，苗杏村向其儿女亲家穆伯仁创办的惠丰面粉厂一次投资1.5万元，并任该厂董事。1919年，又投资穆伯仁所办的晋丰面

① 苗兰亭：《苗氏工商业兴衰五十年》，见山东省政协文史资料委员会编《山东文史集萃（工商经济卷）》，山东人民出版社1993年版，第24~25页。

粉厂、通惠银行和晋泰公司。后来，苗、穆之间因惠丰厂协理职位问题发生争执，苗杏村一怒之下撤出在穆伯仁所有企业中的全部投资，以股权和房产一举偿清通惠银行的巨额贷款。

1921年，苗杏村与苗星垣、王冠东、韩秀泉、车百闻等人发起，集资7万余元，在济南天桥北官扎营街创办成丰面粉厂，其中苗杏村的恒聚成粮栈出资4.6万元。成丰面粉厂是股份有限公司性质，故名“济南成丰面粉股份有限公司”，苗杏村任董事长兼总经理，苗星垣任董事兼经理，王冠东为监察人。因资金不敷，苗杏村赴上海转托荣宗敬向国外赊购了一批机器。该厂1922年8月投产，日产面粉5200包。1924年，再度增资，6月，在北洋政府农商部核准注册。同时新设永丰祥麻袋庄，并建筑恒聚成粮栈仓库，一面办理银行外仓抵押，一面代客商办理押款，收取栈租。同年，京、津面粉市场为进口面粉所夺，成丰面粉厂滞销，周转陷入困境。由于董事车百闻邀得东莱银行经理于耀西投资和贷款支持，始渡过难关。

七七事变爆发前，成丰面粉厂有一个发展过程。

就资本而言，1922年8月投产时，实收股金20万元，因为开业当年获得纯利7.5万元，大部分转作投资，所以1922年年底资本达30万元。1923年增为60万元。1924年实收股金71.45万元，号称资本100万元，实则1927年才凑齐此数。到1936年，资本规定为200万元，实收136.44万元。①

就设备而言，投产时，计有钢磨7部、锅炉1部、引擎1部。1923年，添购复式钢辊磨12部，1924年，钢磨达19部。1929年，增添850匹马力蒸汽机引擎1部。1932年6月，增添铁工部自制钢磨6部，钢磨总计25部。随着基本设备的增加，打麦机、淘麦机、筛麦机、麸皮机、缝袋机、打包机等附属设备也不断增添。为了安

---

① 苗顺德：《济南成丰面粉公司的创建、发展与经营管理》，见山东省政协文史资料委员会等编《苗氏民族资本的兴起》，山东人民出版社1988年版，第72页。

全生产，还装有防火设备（每层楼有莲蓬头灭火器和药沫灭火器）。设有轻便铁道，备有翻斗车送小麦入机、送煤炭入锅炉房。设有化验设备，用来检验小麦、面粉质量。另外有汽车11部，负责运输。

就职工人数和面粉产量而言，投产时职工223人，日产各等级粉2000包（每包44市斤）。1923年，职工240人，日产等级粉5200余袋。1924年，注册“梅蝠双鹿”牌商标，直到1945年日本投降后，才改为“双蝠双鹿”牌。1932年，职工251人，日产各等级面粉8000余袋。

就占地面积而言，初建时地皮仅7亩，后逐渐扩大到厂内66.82亩，厂外47.36亩，共计114.81亩。主要房舍有：二层办公大楼；制粉楼原为五层，1935年又连接两间六层楼房；麦仓32间，每间可容小麦3000余袋；粉仓两所，可容20万袋；各股室办公室23间；职工宿舍共有4个区，楼房、平房总计211间；此外还有职工子弟小学、餐厅、浴池、武术训练场、娱乐室、阅报室等。

成丰面粉自1921年创办，到1937年七七事变爆发，前后仅仅历时16年，以其发展之迅速，规模之庞大，实为少见。在此期间，每年纯利少时10万元左右，多时30万元以上。1934年为鼎盛时期，是年盈利50余万元，由于害怕招来麻烦，不愿暴露风声，苗氏兄弟故意将麦、粉按低价盘存，对外宣称盈利29.19万元。

总之，七七事变爆发前成丰是济南设备最齐全、产量最高的面粉厂，它生产的“梅蝠双鹿”牌面粉，在省内外享有很高的声誉。

成丰面粉厂生产经营发达后，工厂的人事和经营权为苗星垣等人所左右，苗杏村虽任董事长，但徒具虚名，遂决意另起炉灶。

1929年，济南民安面粉厂因经营不善，宣布倒闭、清理。苗杏村乘机邀集解心斋、张敏斋、孙墨村、朱子芹、王星斋等人联合出资16.7万元，租赁民安全部设备，组建成记面粉公司。双方议定机器修理费由租金中抵拨，民安厂在一年半内无法得到租金。这时，民安厂因无力偿还债权人上海商业储蓄银行的6万元欠款本息，经法院判决，其抵押的部分固定资产要被拍卖。苗杏村以 8 万元购得其仓库和地皮后，转而以部分产权变更为由，要求重议租价，逼得原资东张怀芝等人走投无路，将全部股权 100 余万元折价 37 万元让渡给成记，苗杏村终于获得了民安厂的全部财产。1934 年，成记面粉股份有限公司成立，苗杏村任董事长，其侄苗兰亭（苗世厚之子）任常务董事兼经理。为控制企业，厂内各要职均由恒聚成旧人充任。此时市场粮价因受国民党政府“麦棉借款”影响而暴跌，成记厂原粮耗尽，资金枯竭，无法开机。苗杏村奔走求援，得到山东省政府财政厅长兼民生银行董事长王向荣支持，取得该行 80 万元信用贷款及抵押透支，低价购进大批小麦备用。次年，国民党政府实行法币改革，刺激了物价回升，当年成记获纯利 35 万元。

成记面粉厂虽然建厂较晚，但发展很快，到七七事变爆发前全厂共有职工 247 名，其中职员 55 名，技术员 32 名，工人 160 名。1937 年，成记有钢磨 24 部，日产各等级粉 7500 袋，钢磨和日产粉数量均仅次于成丰面粉厂，居全市第二位。① 其产品行销于济南、胶济铁路沿线城乡、津浦铁路北段城乡以及龙口、烟台、青岛等地。既然产销两旺，苗家自然从中获取了厚利，所以有评论说苗杏村经营成记，历经五年即大发其财，获利在 100 万元左右。

成丰、成记两家面粉厂的设立，使得面袋的市场需求更加迫切，于是苗杏村 1936 年以 5 万元资金设立了恒聚成北记面袋厂。该厂有缝纫机 3 部、印袋机 1 部、职工 50 余人，制袋专供成记、成丰面粉厂的需要。恒聚成北记面袋厂设立后，与济南面袋厂的大佬同顺泰展开了激烈的竞争，竞争的结果是同顺泰向恒聚成北记低头。于是，苗杏村将同顺泰合并过来，组成恒顺泰面袋厂，不仅垄断了济南面袋市场，还向张家口、邯郸、郑州、蚌埠、南京等地扩展业务。

① 张予萱：《1937 年以后的济南成丰面粉厂》，见山东省政协文史资料委员会等编《苗氏民族资本的兴起》，山东人民出版社 1988 年版，第 89 页。

1932 年 6 月，苗杏村鉴于济南已成为当时国内主要棉花市场之一，发展纺纱业有利可图，遂与苗星垣等人再度合作，发起组织成通纺纱有限公司。7 月，议决推苗杏村任董事长兼总经理，苗海南任经理兼总工程师。苗杏村广为募股，募集资金 75 万元，并亲赴上海托荣宗敬担保，向英商怡和洋行赊购 1 万枚纱锭的全套设备，向安利洋行赊购 1500 千瓦的发电机 1 部，其余设备机器由成丰厂铁工部自行配置。1933 年 5 月，全部设备安装完后，纱厂正式开机投产。到 1937 年时，该厂扩充到 19600 枚纱锭，年产量达到 14000 余件。但是苗星垣从建厂伊始就凭借其雄厚的技术实力控制了企业，“二苗”之间的矛盾随之加深。

1935 年年底，济南规模最大的鲁丰纱厂因经营不善、无力抵制日本纺织品的竞争而停业倒闭。1936 年 2 月，韩复榘迫于该厂失业工人请愿的压力，授意苗杏村接办整理并派军队“保护”。苗杏村遂代表成通纱厂，以月租 3000 元与民生银行签订承租合同，改名为“成通纱厂分厂”。1936 年 9 月，因经营失利，亏赔 9 万余元而再度停业。此时苗星垣等人坚决主张退租，但苗杏村却仰恃韩复榘的支持，为摆脱苗星垣等人的羁绊，决计倾家以赴，独自承租，遂签订租赁合同，改名为成大纱厂。苗杏村集资 30 万元，又取得民生银行信贷透支 80 万元，于 1936 年 11 月 7 日开机投产。他采取提高工资、扩大福利设施等缓和劳资矛盾的措施，提高了产量和质量，由鲁丰时期日产十六支纱 60 件提高到 73 件，所出“凤山”牌、“工农”牌棉纱畅销各地。

1937 年 7 月，民生银行以原鲁丰纱厂积欠旧款无力偿还提出起诉，经法院判决，拍卖鲁丰纱厂全部固定资产。苗杏村遂认价承领，以 85 万元的代价取得了鲁丰纱厂价值 200 余万元的全部产权。

苗杏村擅长社会活动，善于交际，在济南是桓台商帮中名气最大的人物。为了开拓其经营门径，他曾不断结交北洋军阀和国民党政府当局，参与社会政治活动。民国初年，他首倡成立济南商埠粮业同业公会，任会长。1916 年 7 月，任商埠商会会董，旋任常务董事，长达 20 年。1924 年，任山东省督办公署咨议。1925 年，苗杏村以重金与张宗昌部第九军军长兼运输司令朱子芹相结纳，常假借“军运”之名运送粮货，俾能吞吐及时，在同业竞争中独占鳌头，大获盈利。1930 年韩复榘主鲁后，他与实业厅厅长王芳亭时相过从，并得韩复榘赏识。后经韩复榘提名为国民会议代表，出席 1931 年 5 月 5 日国民政府在南京召开的国民会议。1934 年 7 月，任中华工业总联合会济南分会会长。1935 年，任山东省政府参议。因此，他的实业活动曾长期得到统治当局政治上和财政上的支持。

一个实业家应当担负相应的社会责任。苗世厚早年没有财力，也没有参与社会公益和慈善事业的意识。但是，民国初年苗世厚看到报界宣扬“以民为本”的信条，联想起“人过留名，雁过留声”的古语，开始从事一些慈善事业。他在家乡索镇首倡兴办商会，设立学校，铺设索镇路面，疏浚乌河；在济南，购买义地，开办粥厂，向省教育局捐资兴学。1919 年，苗世厚卧病在床，还出禁鸦片费一宗。1920 年，直隶、山东两省大旱，苗世厚捐巨资赈灾。正是因为苗世厚晚年热衷慈善事业，所以深得社会各界的尊重和好评，赞扬他“乐善好施”“好行其德”“慈善为怀”。1923 年，在苗世厚故去的第四个年头，曹锟当选上总统后，还给他颁发了《苗德卿先生褒奖荣誉文》。①

同时，苗杏村也热心于公益慈善事业。他在索镇设立德育小学、惠元小学、英华女学；出资修玉带桥，疏浚乌河。后来，他还担任过华洋义赈会董事、山东赈务会委员、历城红卍字会名誉会长、红十字会名誉会长等职务。1937 年秋，他担任历城红卍字会名誉会长，曾设立收容所 4 处，捐资设立小学 3 所。这些活动，使其成为一位

---

① 傅德馨：《苗氏兄弟发家之路》，见桓台县政协文史资料委员会编《桓台工商经济专辑》，1990 年内部印行，第 6 页。

既是实业家，又是慈善家的社会名流。

20 世纪 30 年代中期，苗家经营的工商企业进入发展兴盛时期。但是，日本侵华战争中断了苗家资本的正常发展，苗家企业也从繁荣走向了衰落。

1937 年 12 月，日军占领济南。次年 2 月即宣布对成丰实行“军管”。“军管”后，成丰股东靠边站，日方留用原有职工 7 人、工人 71 人，铁工部留部分人员，其余均予遣散。“军管”于 1942 年 3 月底结束，四年的“军管”，日方捞了多少利润，无从知道。据成丰估算，盈余至少 179.52 万元，而日方仅给成丰 5.67 万元即作了结。“军管”结束后，成丰又被迫“合办”。中方以机器厂房估价 54 万元，日方投资 81 万元，占资本总额的 60%。后按照伪华北政务委员会指令，改为中、日双方投资各半，资本总额 135 万元。所谓“中日合办”，与“军管”差不多，所不同的只是没有军队站岗，换了个比较好听的名称，股东们稍有一点红利而已。① 从“军管”到“合办”，成丰总损失至少 190 余万元。

1938 年 2 月间，成记面粉厂也被日军占有，旋由日军特务机关派日商日东制粉株式会社代表伊藤静夫进驻该厂，并将厂内原料与成品劫运一空。1938 年 3 月，日商日清制粉株式会社代表富本保携北平日军特务部命令，协同特务机关监交人市川博至厂，声称“接替经营”。成记全部房产、机器及所余之家具、物料等，由日清强行接受使用，继续经营，改为军管办事处，由富本保任处长，代日本军部管理达四年之久，历年损益，均由军部自行处理，华人不许过问。1941 年“军管”结束后，日军给了 40 万元的“红利”，苗兰亭拿着证明到北京日军总部领取红利，经过多方奔走，花了 8 万元的运动费，终将“红利”领了出来，但回到济南后，却被日伪政权清

① 张予萱：《1937 年以后的济南成丰面粉厂》，见山东省政协文史资料委员会等编《苗家民族资本的兴起》，山东人民出版社 1988 年版，第 90 ~ 91 页。

理民生银行的债权机关“兴农委员会”攫去，抵补成记对民生银行的欠款，股东分文未得，还赔上了旅费。1942 年，成记被迫与日清制粉株式会社“合办”，资本定为 150 万元，投资额中方占 40%，日方占 60%，后按照伪华北政务委员会指令，中、日双方各半，日方将厂名改为“泰丰面粉厂股份有限公司”。“中、日合办”时期，日商改变经营方针，采取存储物资为主、开机生产为辅的方式，生产规模不大，一直到 1945 年日本投降，厂内尚存大量小麦等物资。①

七七事变后，苗杏村一度拟迁成大、成通二厂至内地，但又认为“日本人也得做买卖”，迁厂遂告中止。1937 年 12 月济南沦陷后，半年内，成通、成丰、成记也相继被军管。此时苗杏村尚保有恒聚成粮栈、恒聚成北记面袋厂，但其业务已捉襟见肘。1938 年年初，马良等人组织济南治安维持会，暂代伪政府职权，苗杏村被推为评议员。3 月，筹建商会，初拟推苗杏村为商会会长，因其抱病体衰，会长职遂由其侄苗兰亭出任。

1940 年 12 月 14 日，苗杏村在济南病故。

1945 年抗战胜利后，山东田赋粮食管理处接管了成丰、成记，1947 年，发还给原业主。1948 年 9 月在解放济南战役中，成丰、成记被国民党军队纵火焚烧，烧毁了全部办公室、制粉楼及成品仓库被烧毁，所有账册、文件、全套制粉设备及面粉若干吨，皆化为灰烬。1949 年年初，成丰、成记才重新恢复投产。1954—1956 年，两厂相继实行公私合营。

（徐　畅）

① 苗永荃：《成记面粉厂始末》，见山东省政协文史资料委员会等编《苗氏民族资本的兴起》，山东人民出版社 1988 年版，第 107 页。

王宣忱

王宣忱（1879—1942），名元德，字宣忱，以字行，山东昌乐县邓家庄人，《圣经》和合本的翻译家，实业家。

王氏家族是驻守邓家庄的军垦移民，家境并不富裕，因土地少、人口多，王宣忱的父亲在农闲时帮人做木匠活以贴补家用。王宣忱在家排行老三，全靠两个姐姐跟父母一起劳作养家糊口，12 岁时他才有机会走进私塾读书。

他读书用心且聪明过人，虽然私塾只读了 3 年，却打下了坚实的中文基础。他读书很用功，邓家庄的人都称他为“书呆子”，深得教书先生喜爱，力荐他到教会学校继续深造。1895 年，16 岁的王宣忱进入教会学校潍县文华馆中学就读，这一读就是六年。

1902 年，王宣忱 23 岁时，北美基督教长老会所办登州文会馆与英国基督教浸礼会所办青州广德书院决定联合办基督教共和大学，校名各取两校第一个字叫“广文大学”，英文校名为“基督教共和大学”，因清政府忌讳“共和”字眼，故中文校名不用“共和”二字。王宣忱随即继续上“广文大学”。1904 年，他以品学兼优的成绩毕业，并被留校任教。因为是被教会学校培养成才的，所以他发誓要用毕生精力回报教会。

王宣忱当教师时，常读书批卷至深夜不休。由于他中文基础好，英文造诣深湛，又熟谙经文，是中国信徒的典范。王宣忱被学校创始人狄考文（Calvin W. Mateer）看中，狄考文选他作为自己的汉学助手，并竭力推荐他参加各国教会联合翻译《圣经》的工作。从那时起，他参与国语和合译本的工作有五年之久，对这一译本的贡献相当大。狄考文非常信任他，所以国语和合译本里很多北方官话都受到他的影响。1913 年，他还与同学刘玉峰一起编著了《文会馆志》，记录了山东高等教育创始与发展的历史。

王宣忱用了整整 15 年光阴，执笔翻译出《圣经》国语和合译本。当这项翻译工作结束时，王宣忱已经 40 岁了。1919 年，该版本《圣经》出版，王宣忱完成了翻译《圣经》的使命，同时也离开了广文大学。受孙中山“实业救国”号召的影响，他开始了自己的创业之路。

王宣忱选择来到青岛，但那时候的他并没有实力开办实业。有一天，王宣忱在栈桥散步，在一个长条石凳边捡到两个黑提包，他静候到天黑也没等到失主回来，无奈之下，打开提包，发现里面全是德国马克。为了等失主拿回这笔巨款，王宣忱一直在原地等候了两天。最后，终于等来了提包的主人——一位德国商人。这是一位“淘金者”，从德国来到青岛创业，不料创业尚未开始就先把全部创业资金丢失了。幸亏遇到王宣忱，他竟然失而复得。

这位德国商人对王宣忱万分感激，在交谈过程中他发现王宣忱不仅人品好，还受过高等教育，最重要的是具有很强的外语能力，不仅能讲流利的英语，还会讲德语。这正是德国商人梦寐以求要找的在华经营合作伙伴。商议之后，双方很快达成了合作意愿。按照德国商人提出的投资不受原材料与市场影响，项目上马要快，投入资金见效快、收益高且无风险的要求，经过深思熟虑，王宣忱最后选定创办“山东长途客运公司”。

当时，山东境内虽有胶济铁路、津浦铁路和几条公路，但许多地区的交通只能靠骡马车。例如，青岛距离黄县（今龙口市）不到200公里，从青岛坐敞篷马车要走五六天，一路上风吹日晒雨淋，异常辛苦。乘马车旅行不仅耗费时间长，而且车钱、饭钱、住宿费用加在一起花费也不小。于是，王宣忱看准这一投资方向和时机，通过洋行进口了若干辆长途客车，在青岛招募司机，确定路线后立即开始运营。客运公司除了客车本身，无须任何固定的大型建筑，仅在客运“起始点”与“终止点”张贴布告，顾客无须预订购票，来车就上，行程中随时可以叫停下车，途中也是招手就可以上车，十分方便。这样一来，从青岛去黄县，早上出发，中午前就可抵达，下午再载客返回。对乘客而言，乘坐汽车不仅舒适而且快捷。

客运公司开办之后，深受客车行驶沿线民众欢迎，不用广告仅靠口碑，生意也十分兴隆。王宣忱又根据客流量及时调整车次，与此同时又陆续增加新的营运路线，并添置了许多新客车，逐渐成为具有相当规模的汽车客运公司，形成了以青岛为起点，几乎辐射全山东的客运网络，大大方便了城乡居民的出行。

山东长途客运公司在王宣忱的筹划、经营下办得有声有色，公司顺利经营了近十年。1928年，德国商人要回国，遵照起初的约定，王宣忱将汽车公司出售，返还投资。因为经营得好，公司卖了一笔好价钱，德国商人付给王宣忱一大笔酬金，这笔钱成为其以后再创业的资金。

王宣忱拿着这笔资金开始了第二次创业，这一次他选择了与先前完全不同的领域—— 开办了一家冷藏厂。王宣忱生于农村，深知农村家家户户都养鸡，鸡下了蛋农民自己不舍得吃，大多用来换取生活必需品。每当春季鸡蛋高产期，山东地区市场上的鸡蛋供大于求，蛋价往往下跌。而另一方面，欧美、日本市场对鸡蛋有着大量需求，鸡蛋价格高且供不应求。但鸡蛋易碎、易变质，不适合长途海上运输，只适合冷藏后运输，所以若想向欧美等国出口鸡蛋，就必须建立冷藏厂。王宣忱看到了这一商机，便与在济南结识的美籍犹太企业家滋美合作，共同出资成立华北商行，开设了中美冷藏厂，并在青岛普集路上合建了设备先进的大型冷库，合资经营冷冻鸡蛋出口。这家冷库由滋美投资三分之二，任董事长；王宣忱投资三分之一，任副董事长。冷藏库的选址十分高明，左靠大港火车站，商人们从各地收购的新鲜鸡蛋源源不断地通过铁路运进来；右临大港码头，新鲜鸡蛋在经过挑选后，打碎去掉蛋壳冰冻成方盘装入纸箱送往码头，由带有冷藏功能的远洋货轮运至欧美各国。

王宣忱的冷藏厂建成后，极大地造福了山东地区的农户，他们再也不用担心季节性的供求变化，王宣忱为山东的鸡蛋找到一个稳定可靠的国际市场，而另一方面，因西方国家鸡蛋售价较高，冷冻鸡蛋出口也为王宣忱带来了巨大的利润。此后，随着冷藏厂的发展，业务也拓展到冷冻鸡、鸭、鱼肉等产品的出口，公司规模日益扩大。因为是与美国商人合作，工厂当时都是从美国购置的最先进的冷藏设备。

20 世纪 20 年代，国内各地尽管都有酒坊、酒厂，但生产工业酒精的工厂很少，酒精产量不多，工业酒精、医药用酒精及饮用酒精几乎都是舶来品。王宣忱看到青岛附近地区盛产地瓜干，在青岛设厂可以就近采购原料，且市场销售前景广阔，若开设酒精厂将会大有前途。于是在 1928 年，他募集资金 5 万元，在青岛大港普集路 13 号创办华北酒精厂股份联合公司，这是山东第一家酒精厂。酒精厂以青岛附近盛产的地瓜干为原料，通过糖化、发酵、蒸馏等几道工序生产酒精，日产酒精 1 吨左右。华北酒精厂建成后，王宣忱自任总经理，长子王凤振为经理，雇俄国技师柯西达（又译为“可世达”）负责工艺，大量生产了 95 度“双凤”牌工业酒精及医药用酒精。其中，“五谷”牌酒精因质量上乘，受到市场消费者喜爱。华北酒精厂的这些新品上市后，也推动了本土酒精业的发展，烟台张裕葡萄酒公司等国产酒厂部分原料就是取自华北酒精厂。

中国北方人喜欢喝白酒，白酒度数高，多以高粱酿造，但高粱价格高，造酒的成本也就随之增高，普通百姓消费不起，而即墨地区盛产地瓜，地瓜可以酿酒价格又低，于是华北酒精厂就开始研制地瓜酒。地瓜造出来的酒虽然价格便宜，但会有一股地瓜味，经过王宣忱与技工的反复研究试验，终于掌握了去除这种味道的技术，而且生产出的白酒味道醇香，价格低廉，在市场上十分受欢迎。在青岛，家家户户都会喝这种酒，这就是青岛著名的老品牌“栈桥白干”。

华北酒精厂开工生产之后，因受洋货排斥，销路不畅，资金不敷周转，后来又招募一部分新股，改为两合公司。这种性质的公司组织当时在青岛是不多的，即新投资的股东只对投资后的企业负责，不承担投资前企业亏损的偿还责任，旧股东则负无限责任。这说明当时华北酒精厂的困难局面，已经使人不敢投资了。招募了一部分新股之后，仍不能从根本上解决资金周转问题，不得不以产品抵押的方式，向银行求援，当时的东莱银行和王宣忱关系很好，给予贷款。后因洋货倾销，国产酒精无人问津，酒精长期积压，无力归还贷款，东莱银行几乎被其拖垮，后来双方还打过一场债务官司。

1941 年，王宣忱在济宁创建华北蛋粉厂，但因太平洋战争爆发，未能开工生产。

王宣忱是一位虔诚的基督教徒。晚年的他除关心教育，担任尚德小学（上海路小学的前身）的校长外，还倾力翻译《圣经》。

狄考文去世后，王宣忱要自行重译《圣经》。他先到神学院深造，并搜罗不同译本作为参考。自 1930 年起，他用了三年时间自行翻译《新约》。他以伦敦的拉丁文译本为蓝本，参照 1901 年在纽约印行的英译本和参考五六种中译本《圣经》，译成《新约全书》，于 1933 年 11 月由青岛中华基督教会出版，这是第一本由华人翻译并出版的中文《圣经》。

1911 年，华北长老大会在济南开会，推选王宣忱等 7 人担任

"编辑圣诗"委员，曾经出版过一本赞美诗，向全国颁发。事隔20年，王宣忱认为赞美诗有必要加以增广，就对全国的教会的赞美诗进行采集筛选，并编好了新目录。1936年，全国六大公会组成的圣歌委员会编写的"普天颂赞"赞美诗问世，王宣忱看后觉得有不少瑕疵，所以决定重新整理旧稿，在《圣经》赞美诗的基础上，也吸收"普天颂赞"，加以增订。经过三年的艰苦努力，汇集公共礼拜用赞美诗633首、歌咏团用赞美诗35首，编成赞美诗集——《颂赞诗歌》。1940年9月15日，山东中华基督教会董事会在青岛开会，王宣忱将自己编的赞美诗作为草案提请会议审议，受到一致"嘉许"。1941年9月9日，《颂赞诗歌》在青岛出版。

1942年，王宣忱因过于辛劳，患脑出血去世，享年63岁。

张启垣

张启垣（1877—1942），字星三，山东桓台人，东元盛染厂创办人。东元盛染厂是近代山东一家由手工作坊发展起来的机器漂染企业，也是七七事变爆发前山东规模最大的机器染厂。

一

张启垣出生于桓台高楼区城关镇乔家庄，幼年读过几年私塾，后辍学，13 岁到周村一家银钱铺学做生意，不久转到一家手工染坊当工人。张启垣身材高大，体魄强健，能干重活，又肯出力，受到染坊掌柜的器重。不久之后，张启垣就代表东家出任一家多方出资的名为“东源盛染坊”的经理人。

东源盛染坊有多个股东，股东之间矛盾很深，经营不善。由于在染坊干活掌握了染色技术，同时也是看到该行业利润丰厚，张启垣在 1898 年 2 月接管了东源盛染坊，并将其改名为“东元盛染坊”。东元盛创办时资本共制钱 500 吊，张启垣本人并无投资，其内弟史懋冉与史懋曾各投资 250 吊。染坊开业后，张启垣担任掌柜，负责一切经营事宜。① 开张初期，使用风箱、铁锅、杉杆等简陋工具，专

① 王安惠主编：《济南第二印染厂志（1898—1985）》，1989 年内部印行，第 180 页。

染丝线，原料由丝线商提供。在周村众多的染坊中，东元盛规模小，势力弱，雇工仅 7 人，张启垣虽名为经理，但是同样劳动。

清末，由于进口产品的冲击，绸绫日渐滞销，丝线需求数量减少，生意冷清，盈利微薄。东元盛开业后，每年所得加工费，除开支外，盈余很少，有一年甚至略有亏损。于是在 1903 年，东元盛增添了“本染坊”业务，开始染布，白布由色洋布行和大洋布庄供给，品种有玉白、单光、双光、油绿、京兰等。从此，东元盛既染丝线又染洋布，成为混合染坊。

东元盛染布业务，原料由色洋布行供给，染好后由色洋布行交给踹坊加工平整。色洋布行掌握着染坊和踹坊的工钱，染坊和踹坊俨然是色洋布行的附属作坊。在这种情况下，色洋布行对待染坊、踹坊是一种以上使下的态度。为了获得更多的利润，色洋布行采取种种办法减少染坊和踹坊的加工费。年终结算时，色洋布行用核对账目、议价和打折扣、抹掉零数和以钱换银等方法，千方百计减少加工费用，染坊所得甚少。所以当时染业界流传着“冰一把水一把，辛辛苦苦闹一年，到头来还不赚钱，真冤”的民谚。①

为了摆脱色洋布行的剥削和控制，东元盛决定自染自销：自己买布，自己染色，自己销售。自染自销固然可以获得厚利，但是所需资本也很大。第一次世界大战爆发后，进口颜料迅速减少，价格猛烈上涨，洋靛上涨十倍，每百斤由 35 两增加到 350 两，东元盛染坊存储颜料虽然不多，但在颜料价格急剧上涨，其他货物价格基本不动的情况下，也获得了很大利润。有了积蓄之后，1916 年，东元盛开始自己买布，自染自销，只是规模很小，每次买布不过一二十匹而已。

清末民初，济南染坊有四五十家，均是资金少、设备简单的小

---

① 张东木：《济南东元盛印染厂》，载山东省政协文史资料委员会、济南市政协文史资料委员会编《济南老字号》，济南出版社 1990 年版，第 216 页。

型作坊，坊址集中在西关、南关一带。1916 年，张启垣带着两架风箱、两口铁锅和数条杉杆，将东元盛搬迁到济南麟趾巷（后来搬至锦缠街），租赁房屋，添购零星设备，雇用十多名工人，仍旧为色洋布行加工染布。

由于为色洋布行加工利润不大，所以东元盛初来济南时，经营十分困难。为了打开局面，张启垣除经营一般品种的染色外，还想方设法探索新的出路。他先是增添染油绿和京蓝两个品种，但因复水率高、利润少、销路不好，加工了一段时间就停止了，后来又增添“莱芜染”蓝布。因为适销对路，颇受市场欢迎。

由于“莱芜染”给东元盛带来了丰厚的利润，企业盈余较多，加之在周村也曾有过自买自染自销的经验，于是张启垣寻思彻底摆脱色洋布行，不再给其染色，而是自己买布，自行销售。于是在 1918 年春，东元盛又开始了自染自销业务。这时染坊既有加工，也有自染，加工和自染用的白布，都是各布店常用的“菊花”粗标和粗布。染好之后，既可当加工货交给色洋布行，又可自销于市场，获利明显多于仅做色洋布行的下线。虽然染坊经营不错，但因为抢占了色洋布行的业务，所以引起布行的嫉妒，东元盛采用削本贱卖、自找顾客的销售手段，最终化解了这场危机。

尽管自买自染自销使得东元盛生意蒸蒸日上，但是张启垣发现白布不仅价格高，而且在旺季购买困难。当时染坊购进的白布主要是河北高阳出产的市布、小标布和进口的漂布。高阳布是由青岛买棉纱运到高阳，织成布后再运回济南销售，几经周转后，白布的价格很高。于是张启垣决定延伸企业生产链，自己买纱织布。这样，自己一则赚取几道商业利润；二则降低了白布成本，增加了色布的竞争力；三则可以淡季低价存储，旺季高价售出，获取额外利润，在同业之间有更大的生存空间。自己织布需要更多的资金，染坊没有足够的积累，自己开办织布厂不现实，于是张启垣采取到桓台“撒机”的方式，顺利解决了这个问题。“撒机”始于 1924 年春，即由东元盛交给织户棉纱有偿代织棉布。同年东元盛还自办了踹坊，专做企业产品的平整工序，为色洋布行的加工业务逐渐停止。

1924年到1929年是东元盛快速发展时期，产品一路畅销，“白猿”“群英会”“登坛拜将”等各种色布的销路都很好，利润丰厚。“白猿”“登坛拜将”牌色布利润较高，每匹在1元以上，“群英会”牌色布为6～7角，均比自买自染利润高出很多。1924年，企业职工增加到40多人，生产量由每月100余匹增加到460余匹。企业也有了较多盈余，到1929年共积累7万多元资金。①

二

东元盛从1898年到1929年已经有30余年的历史，其间虽然企业规模不断扩大，利润不断增加，但是生产力没有发生变化，还是手工作坊。有了一定的积累后，张启垣准备购买机器，实行机器化生产。1929年和1930年，张启垣分别从天津久兴铁工厂和上海源兴机器厂购置机器。其时尽管东元盛购买了机器，色布整理开始使用机器生产，但是主要工序仍以手工为主。随着染布行业的发展，济南、青岛、潍县新建和筹建的机器染厂相继投产和动工，手工染坊面临倒闭的危险。在这种形势下，东元盛决定扩大机器生产规模。

1933年12月，东元盛移址建厂，一方面在北园边家庄购买了16亩土地，盖房建厂；一方面委派人赴日本和歌山铁工所购买设备。1935年7月，张启恒又以每亩银元530元的价格购买了边家庄15亩土地，至此，东元盛总共占地31.15亩。此外，还建成木结构锯齿形机房2662平方米，所有设备一并安装在新厂房内，构成日产千匹20000米色布的机器染厂。② 1936年，东元盛染厂又设置了织布车

① 张东木：《济南东元盛印染厂》，载山东省政协文史资料委员会、济南市政协文史资料委员会编《济南老字号》，济南出版社1990年版，第223页。

② 王安惠主编：《济南第二印染厂志（1898—1985）》，1989年内部印行，第33页。

间，有织布机 30 台，专织线哔叽和提花呢一类产品，为染厂提供坯布。

这里，值得一提的是东元盛铁工厂。1929 年，东元盛购买了机器，为了保养和维修，特设铁工部，负责维修染坊设备和制造简易机器，聘请刘玉亭主持铁工部业务。1930 年，染厂扩建，铁工机械大量增加，设备简陋的铁工部难以适应要求。于是染厂投资 2000 元，在铁工部原有人员和设备的基础上，招聘技术工人和学徒工，增添旋床、刨床、钻床和其他工具，由染厂派副经理张让青担任经理，聘请刘玉亭担任业务经理，成立东元盛铁工厂。染厂与铁工厂建立了银钱来往制度，铁工厂需用款项，可随时开内部支票到染厂暂借，这样一方面减少了铁工厂大量筹措资金和银钱来往的繁杂工作，另一方面染厂可以统筹运用资金，避免资金的闲置和呆滞。① 铁工厂的主要业务是为染厂制造染色机器，同时还承担了染厂的全部机修工作，并承担制造一部分机器的任务。铁工厂在染坊扩建过程中起到了重要作用，而铁工厂随着染坊的扩建也得到相应发展。

1934 年以前，铁工厂的业务主要是为染厂扩建而生产染色机器和一些零星部件。1934—1935 年，生产了 15 马力、35 马力两种型号的柴油机，行销河北高阳一带，以后又生产了榨油机、轧花机，行销于山东北部的产棉区，深受用户好评。

西迁济南之前和迁济初期，东元盛所染白布，由色洋布行提供和市场购买两部分组成。1918 年后，从棉布商贩手中购买粗标和粗布，并购进河北高阳生产的标布和进口漂布。1924 年后，从青岛买回纱线，到桓台加工成布，此时从市面直接购买的布只限于进口漂白布，这种状况一直持续到 1935 年。1936 年，东元盛设立织布车

① 张东木：《济南东元盛铁工厂史料简述》，见政协山东省济南市委员会文史资料研究委员会编《济南文史资料选辑》第五辑，济南出版社 1984 年版，第 52 页。

间，有2台打穗机、1台打轴机、2台整经机、4台日本上野式织布机、26台仿造的上野式织布机，工人60名左右，专门生产线哔叽和提花呢一类。① 织布车间主要是为了创织新花样而设立的，染厂所用白斜纹布，日需千匹，仍靠“撒机”和从市场购进。

1917—1928年，东元盛染布采用土法蒸汽，将布卷成捆，排在锅内密闭好，利用沸水蒸气固色，所需燃煤从私人炭栈购进。购买锅炉后，燃煤需求量增加，染坊从桓台同乡罗义亭在北关火车站附近开设的炭栈购买煤炭。1933年扩建后，电力由济南电灯公司供给，由于该公司发电量不多，供电不足，电价又贵，只能满足东元盛一部分用电，有些设备的动力仍需用柴油机带动，于是染厂1935年从日本购进250KVA煤气发电机。此后，电灯公司从英国购得3000KVA发电机，电价大幅度降低，企业遂全部由电灯公司供给电力。

七七事变爆发前，东元盛未设专门劳动管理机构，有关招工、人员安排、工资分配等事宜，均由张启垣任命有关人员处理。1936年以前，东元盛财务管理简单，企业资产由资方日点月结，年终盘算，立账保管。1935年，东元盛设置了账房，从此企业的资产增减、购进销出数目统由账房掌管。

东元盛创办之初，系为商业加工代染丝线色布，不管销售。1916年自染自销后，由二掌柜陈瑞亭和两名伙计负责销售产品，每天推着布车上街卖货。1930年，东元盛在锦缠街设立营业部，办公场所为二层楼建筑，占地916平方米，楼内18间房，面积约442平方米，另有数十间平房，有会计、营业员、仓库管理员9人，另有伙计40余人。企业经理在这里接待主顾，洽谈生意。营业部还是染厂产品的集散地，储存全部产品。

① 王安惠主编：《济南第二印染厂志（1898—1985）》，1989年内部印行，第387页。

东元盛创办时日产量 100 余匹。1935 年，建成机器染厂之后，生产能力虽达到日产 1000 匹，但实际产量却在 700 匹左右。东元盛早期获利有限，迁到济南后开始好转。1917 年获利 10000 吊，是开业以来盈利最多的一年。1924 年、1925 年、1926 年，分别盈余 6000、9000、10000 余元，1930—1931 年，20 多万元。1935 年，新染厂开业后获利更多。

东元盛工人每天劳动 12 个小时，生产旺季时多达 18 个小时。1917 年，“莱芜染”极为畅销，工人每天劳动 20 个小时。1933 年，新厂投产后，实行 12 个小时两班倒，但是工人下班后，还要做抬碱水、运煤渣等杂活，往往也是两三个小时。工人平时没有休息日，每年只歇春节、端午节、清明节、中秋节四个节日，其余时间都要干活。下班以后，不准工人离厂外出，违者轻则训斥，重者开除。工人大都居住在厂内单身宿舍，房屋狭窄，睡通铺，没有防寒降温设施，卫生条件差，冬寒夏热，蚊叮虫咬。厂里没有医疗卫生机构，甚至连必需药品也很匮乏。由于工人长期接触染化料，手被腐蚀得粗糙皲裂，冬天只好用鸡蛋清和石灰糊在裂口上，用灯头焙干治愈。

工人工资始终采用年工资加年终“送钱”（馈送）制度，不按月发薪。所谓“年工资”，就是到年终一次发给年定工资。年工资数额，一般工龄长多，工龄短少。新工人没有年工资，习惯是学徒三年谢师，一年后定年工资。在支付年工资时，资方参照本行业工资发放情况来定数目。染坊初期，染色师傅年薪约 20 吊制钱，学徒工年终仅得 1 吊制钱作为鞋袜钱。年终“馈送”，名曰给工人“送钱”，实际上是变相的年工资。每临农历年末，资方要给工人“馈送”。“馈送”数目是在上年“馈送”额上，依据企业盈余情况而定。一般来说，盈余多就多“馈送”一点，盈余少就少“馈送”一些。有时企业盈余较多，但资方用来购置设备后，给工人的“馈送”也不会增加。在资金周转困难时，资方先找老工人商量方案，借他们的威信，说服全体工人接受“馈送”方案。年工资加年终“馈送”，是每个工人一年的总收入。通常情况下，年工资约占全部工资的1/3，年终“馈送”约占2/3。① 据1936年调查，东元盛男工每月标准工资为10元，利民染厂和鸿生东分别为28元和1～10元，加上年终“送钱”，东元盛工人工资大体处在济南染坊的平均水平。②

三

1937年8月，玉符河决口，大水淹没济南北郊，胶济铁路以北一片汪洋，洛口至济南车站水深数尺。东元盛职工在张东木带领下，紧急将北园边家庄工厂存储的棉布、化工染料全部运进城内，同时把各车间的电机拆卸下来置于高处。所以虽然厂内水深二尺，到处行舟，但由于全体职工彻夜搬运抢救，企业未受太大损失。③

大水消退之后，日军已到黄河北岸，不时炮击黄台至北关一线胶济铁路，东元盛附近落弹多枚。此时已是人心惶惶，无心经营生产。济南沦陷之后，企业生产基本停顿。

济南沦陷前夕，张启垣一家避乱潍县。走之前将易于损坏或丢失的机器如拉宽机、丝光机等拆卸，部件埋于地下，车间只剩下不能搬动的骨架。潍县沦陷后，张启垣等人又返回济南。日军占领济南后，局势逐渐稳定下来。1938年春天，农村商贩不断进城买货，于是东元盛把埋在地下的机器挖出安装，开工生产。此时其他染厂尚未开工，东元盛生意火爆，所产各种色布如蓝细布、红布、线哔叽等非常畅销，到年底仅几个月就获利10万多元。④

---

① 王安惠主编：《济南第二印染厂志（1898—1985）》，1989年内部印行，第149～156页。

② 《济南市工厂一览表》，见《济南市市政月刊》第10卷第5期，1936年5月。

③ 张东木：《七十年的回忆》，见中国民主建国会济南市委员会、济南市工商业联合会编《济南工商史料》第四辑，1992年内部印行，第10页。

④ 张东木：《济南东元盛印染厂》，见山东省政协文史资料委员会、济南市政协文史资料委员会编《济南老字号》，济南出版社1990年版，第231页。

日军侵占济南后，颜色鲜艳的染布减少，各种深色细布逐渐增多，而东元盛各色细布没有畅销品种，如不迅速提高细布质量，将会导致产品滞销、营业萎缩。是年秋季，东元盛集中力量，经过4个月的研究和试染，细布终于超过利民染厂的丝光布，赶上“人寿年丰”牌的190号阴丹士林布。1939年春，东元盛青布异常畅销，当时社会舆论普遍认为“名驹”牌青布颜色深浓晶亮，质量远远超过其他青布。“名驹”牌青布畅销后，也带动了“双鱼”牌深蓝布的畅销，从此形成了染厂的两大名牌产品。

1939—1942年，东元盛的经营情况很好，每年均有较多盈余。据粗略统计，1942年存储的棉布、棉纱和存款，约值白细布4万匹，存储的染化料按年产量56万匹计算，超过一年以上的用量。

然而短暂的复兴背后却隐藏着巨大的危机，东元盛时刻面临被日军掠夺的危险。日军占领济南后，对纱厂、面粉厂等各大企业，先是实行“军管”，继而实行所谓“合办”，极尽掠夺之能事。东元盛是济南最大的机器染厂，也是济南较大企业之一，设备齐全，产品畅销，更为日军所觊觎。从1938年到1942年，先后有东棉洋行、三井洋行、三菱公司和其他株式会社向东元盛提出“合作”。日商向东元盛提出的合作条件是日股占51%，华股占49%，还许诺“合作”之后，每年的红利一定比不合作时多，并给以华股董事长的名义，每月让其领取干薪，不必到工厂上班；还说合作了便是亲善，可保平安，又允诺在合作成功之后，从总资金中提取5%左右的现款，给予主持合作的华股代表，以示酬劳。

面对日军的威胁利诱，东元盛始终坚持不合作原则。张启垣多次召集各部门经理人开会，商讨如何对待日商要求“合作”的问题。他们认为，如与日军合作，一则属于不爱国举动，有“汉奸”嫌疑；二则即使“合作”，到时分劈红利不仅靠不住，而且企业还有可能被日商抢夺。所以东元盛的对策是：让开工就开工，不让开工就不开工，坚决不与日商“合办”染厂。

东元盛决意不与日商合作，自然招来了麻烦。例如1942年的一个秋夜，日军宪兵和数十个汉奸特务乘汽车来到营业部和张启垣的长子张伯萱家中，搜查了两个小时，不分老幼，殴打张家数十人，然后又遍翻抽屉、衣橱、梳妆台，将金戒指、金耳环、手表、眼镜等贵重物品抢走。虽然没有搜出任何“罪证”，但他们还是拿出了预先伪造的国民政府的委任状，诬以通匪之罪名逮走张伯萱。1942年，日军实行经济统制，凡不与日本人合作的工厂都被列入批发商，不承认是生产单位，只能搞批发出售业务，不能购料生产。因为东元盛染厂未与日商合作，必须将存货全部售罄，否则便犯了“囤积居奇”和“惜售”之罪。为此东元盛忍痛将所存棉布、棉纱4万余匹，按“官价”出售一空，企业遭受重大损失。尽管如此，日军宪兵队仍然以行贿的罪名，逮捕了副经理张让青。同时伪市警察局以暴利为名，逮捕销售负责人蔡润卿，后交纳罚款1万余元，始被释放。染厂存有汽油数十桶，是用以烧毛用的，日军却以私存军用物资为由，进厂逮捕厂长张东木，恰值张东木外出，日军逮走了职员张振东和张树棠，并将汽油拉走。后经商会会长苗兰亭到宪兵队解释说情，始被释放。①

在日军威逼压迫下，东元盛生存困难。65岁的张启垣本来就身体不好，加之愤于日军压榨，1942年冬一病不起。弥留之际，张启垣喃喃自语：“日人必败，中国必胜。决不同日人合作，诸子好自为之。”② 张启垣去世后，长子张伯萱继任总经理，次子张让青担任厂长。1943—1945年，日本侵略者又进行“强化治安”，东元盛被迫停工，直至抗战胜利。

抗战胜利后，国民党军政有关部门以“抗战功臣”姿态进入

---

① 张东木：《济南东元盛印染厂》，见山东省政协文史资料委员会、济南市政协文史资料委员会编《济南老字号》，济南出版社1990年版，第235～237页。

② 张东木：《七十年的回忆》，见中国民主建国会济南市委员会、济南市工商业联合会编《济南工商史料》第四辑，1992年内部印行，第35页。

济南。刚开始，他们信誓旦旦地表示绝不会向工商业者摊派。山东省主席何思源给商会的手谕说“军政机关不得向商会摊派任何款项，违者可由商会扭送省府究办”，市长王崇五说“要根除过去商会为政府附属金库的弊病”“政府决不妄用商会一文钱”。但是事实证明，何、王的许诺全是空头支票。随后各种摊派名目繁多，诸如戡乱建国费、义务警察费、劳军费、棺木补助费、飞机跑道费等，多达数十种，仅1945年各种摊派就达3亿元，可买20万袋面粉。从国民党接收济南到1946年6月，全市工商界和居民共垫支军事费22亿余元。

在这种形势下，每日应酬国民党军政人员，筹措捐款，成为东元盛的主要活动。例如1947年3月2日，省建设厅向济南工商界发出通知，募集慰劳捐款，22家企业共捐3.84亿元，东元盛捐了2000余万元。又如同年8月12日，商会理事长马伯声率领理监事10余人到省党部请愿，要求减免1946年的所得税，适逢省慰劳总会召开“戡乱劳军会议”，要求工商业者“慨解义囊，自动捐献”。凡参加请愿的人为了换取批准提出的要求，都忍痛认捐，总计捐款1.16亿元，东元盛捐款2000万元，张伯萱个人捐款500万元。①

在国民党的掠夺下，环境虽然十分恶劣，但是东元盛还是勉强复业了。1948年后，企业尤其困难，是年夏天，国民党军队以修筑军事要塞为名要拆除工厂，张东木只好行贿才得免除。解放前夕，济南已经成为孤城，陆运中断，东元盛所需白布需从青岛空运济南。由于燃料缺乏，张东木雇车到章丘买煤换电，后来买煤也困难，只能烧木柴。再因青岛、上海采购的染料无法运回济南，生产经常停顿，最后完全停产。

---

① 张东木：《抗战胜利后国民党军政当局对济南工商界的摊派》，见政协山东省济南市委员会文史资料研究委员会编《济南文史资料选辑》第十辑，1992年内部印行，第42页。

四

1948年9月，济南解放，10月29日，东元盛复工。此后，东元盛的生产一直呈上升势头。由于复工较早，名牌产品“名驹”青布、“双鱼”蓝布和盐基性蓝布均为市场所急需，颇为畅销，所以1948年的后三个月企业就有盈余。1949年，全国各大城市和广大农村相继解放，来济南购货者日渐增多，业务繁忙，盈余也随之增多。1950年6月，东元盛在上海购进一台八色印花机，这是济南市第一台印花机，染厂生产水平自此大大向前迈进了一步。

1954年4月20日，经济南市人民政府财政经济委员会审查，正式批准东元盛公私合营，委派三名国家干部进厂，同时投资28万元。东元盛染厂是济南市第一家实行公私合营的大企业。1966年12月1日，东元盛印染厂改为国营济南第二印染厂。

（徐　畅）

王益斋

王益斋（1890—1944），本字德增，“益斋”是他的号，荣成县（今荣成市）人。1920年，王益斋筹建烟台醴泉啤酒公司，成为烟台啤酒工业的创始人。

20岁那年，王益斋“闯崴子”到了俄罗斯远东沿海城市海参崴（符拉迪沃斯托克），在伯父的客栈里做学徒，开始了做生意的生涯。学徒生活结束后，王益斋看到烟台可以出口到海参崴的土特产很多，如豆饼、豆油、草辫、粉丝、甜瓜子、绣花、花边等，便想经营土特产贸易。第一次回家探亲时，他专程到烟台经营土特产杂货的日商裕和盛洋行实地考察，回到海参崴后便开始经营土特产，没几年就成了海参崴的土产杂品经营大户。民国初年，王益斋又与人在海参崴合开钱庄，并被推举为海参崴的“中国商会”副会长和“文登同乡会”会长。

随着资本积累的逐年增厚，王益斋就想自己创一番更大的事业。当时在海参崴的外国人很多，并且平时喝得最多的就是啤酒。在回家乡考察的过程中，王益斋发现烟台开埠后发展迅速，当时已有13万人口，从事商贸服务业的大小商户3500多家，仅大小饭馆和旅馆就有 200 多家。加上外国领事馆、洋行不断增多，外国船队来往频繁，到烟台的外国人也越来越多，常年在烟台的外国人将近一万人，啤酒在烟台有良好的市场前景。这些客观条件吸引了他的目光，王益斋萌发了回家乡烟台创办啤酒厂的念头。

通过辗转考察，有外国啤酒技师告诉他们，要生产好的啤酒，除了好的酿酒技术和设备外，很重要的还要有好的水源。于是，1919 年，王益斋带人专门回到烟台，寻水源，找厂址，四处打听。当时有人告诉他，烟台南山北麓有一处名胜叫“老虎岩”。岩下有一眼泉水，水质甘甜，号称“老虎眼”，为烟台第一泉。旧时抽大烟的“瘾君子”们都到这里取水熬烟。水源地的发现，坚定了他们要在烟台创建啤酒厂的信心。

1920 年，王益斋与李介臣一起筹集资金 5 万银元，买下“老虎岩”周边的 11.7 亩河崖地，也就是烟台“西南河”上游河边地，开始建设厂房。紧接着又购置蒸汽发动机、制冷机、灌装机和生产啤酒的一系列设备，招收职工，开业生产，并正式呈报国家农商部和商标局立案，将企业定名为“醴泉啤酒公司”。

建厂初期，酒师是先后从海参崴聘来的人称“罗子”的俄国人和一位叫涅次的奥国人，还聘有中国的汽水技师和机器师。据 1923 年出版的《烟台要览》记载，醴泉啤酒公司除生产啤酒外，还兼营汽水和制冰，烟台啤酒产品商标最早为“三光”牌。1921 年，年产啤酒 46 千升，产品与北京双合盛啤酒厂的“五星”牌啤酒齐名。

初始阶段，因酿造啤酒在中国是一项新兴产业，没有自己的技术和经验，酿酒技术被外国酒师所掌控，并且机器设备简陋，经常发生坏酒事故，企业发生亏损的局面时有发生。由于资金不足、技术不精和销路不畅三大困难，到 1926 年冬，啤酒厂第一次走到濒临倒闭的边缘。后经王益斋四处筹款，工厂增资至 10 万银元，才幸免于倒闭之灾。

到 1930 年，受外国货倾销的影响，烟台啤酒销路遇到困难，经营亏损7万元。加上王益斋与李介臣在经营上有分歧，后来李介臣带着一个外国酒师去哈尔滨建啤酒厂，致使企业再一次面临危机。王益斋又四处奔走募集资金，公司资本增至20万元，并改组成股份制的“烟台醴泉啤酒股份有限公司”，股东有300余人。工厂在上海、青岛等地设立销售处，啤酒年产量也提高到150多千升，汽水产量为15万多箱。①

1932年，王益斋又向中国银行烟台支行贷款15万元，添置了1台新的制冷用压缩机、1台60马力电动机和1台75马力柴油机，扩建了厂房，啤酒年产量一举提高到270千升。但在1934年啤酒厂给上海义成公司发酒2万多箱，因该公司经理故去，贷款不能回收，致使啤酒厂亏损达10万余元，资不抵债，无力按期偿付中国银行的贷款，生产经营也无法维持。1935年2月，啤酒厂效法张裕公司，将资产和机器设备交给中国银行烟台支行代管。银行接管后，行长徐望之延聘中国酒师朱梅来厂主持生产。

20世纪30年代初，朱梅曾抱着“工业救国”的信念，留学法国、比利时，专门学习酿造专业，对啤酒酿造颇有造诣。他来到烟台，先用一周时间对企业做了细致的调查研究，把他看到的问题都提出来，一一加以分析。朱梅的分析报告获得了董事会的好评，其学识令大家折服，一致决定聘任他。为振兴啤酒大业，充分发挥朱梅的能力，啤酒厂不惜花大本钱，先后派他赴意大利、法国、瑞士、比利时等九国进行考察，学习外国先进经验。回厂后，朱梅与厂方一起对生产管理进行整顿，生产上打破手摸鼻嗅的土法操作，建立了合理的生产工艺。据史料记载，朱梅任职期间，“举凡厂设施、生产工艺皆着手改进，所出产品极佳，远胜外人所制”②。后来烟台啤

① 林辉茂：《醴泉啤酒厂创历见闻》，见烟台市政协文史资料研究委员会编《烟台市文史资料》第一辑，1982年内部印行。

② 杨永：《烟台啤酒厂在腾飞》，载《中外消费》1988年第5期。

酒之所以能获得市场声誉，名载史册，可以说与啤酒厂启用主张“生产自主”的啤酒酿造专家朱梅有着密切关系。

酒厂由中国银行代管后，除了起用技术专家外，在王益斋的督责领导下，还特别加强了企业的财务管理和产品的市场推销。

王益斋对企业财务管理很重视，会计要按时向他报账，即使在他有病住院时也不间断。他每天乘专车提前上班到厂，第一件事就是亲自审核前一天的账目结算和询问生产情况，从不依靠别人代办，连原始单据他都亲躬其事，一一审查，会计账目必须日清日结。董事会每月召开一次例会，由会计主任整理报表做汇报。报表格式是在中国银行接管期间制定的，有资产负债表、损益计算书、车间记录、生产报表、电力耗用表等。在经营管理上，生产部门对原材料和动力消耗均有记录，王益斋每天都要查看。管生产的厂长也要每天向他汇报，如发现生产有问题，必定追问到底。因此，凡向他汇报的人，一定要提前做好准备，不敢马虎敷衍。①

醴泉公司开办之初，为打开销路、创立品牌，曾花费过一番苦心，走过一段艰难的路程。起初，烟台啤酒销售的市场消费群只有几家大饭店的顾客和外国舰队的海军官兵，秋风一凉就得停产备料。为了促进啤酒销售，他们就采取赠饮与有奖销售的方式，加强在烟台市的销售。如组织人员敲锣打鼓到市内繁华地段，把啤酒赠送给过往行人和游客品尝；用硬纸板或马口铁制作大批彩色年历牌，上面印着醴泉的啤酒广告，送给酒店、商店和洋行张贴悬挂，以扩大传播。

啤酒厂还在上海玻璃厂订制烟台啤酒专用杯，送给舞厅、酒店和经销者使用，以扩大影响。为便于销售生啤酒，酒厂专门制作木制酒柜，并配备冰块，送给经销者无偿使用，给各大商家的食品橱

---

① 山东省政协文史资料委员会编：《山东文史集粹》下集，中国文史出版社1998年版，第42～43页。

窗免费安装宣传烟台啤酒的霓虹灯。每到夜晚，众多商家的食品橱窗上都闪耀着烟台啤酒的霓虹灯，成为一道城市新景观。同时，酒厂还以“振兴国货”为主题，利用电影幻灯片和报纸广告大作宣传。

这些做法在烟台市民社会中产生了显著影响，喝啤酒一时间成为消费时尚，但当时的烟台市场终归还是太小，于是，酒厂又把目光投向了大上海。

20 世纪 30 年代的上海啤酒市场，原来被英商沙逊洋行开办的友牌啤酒厂、怡和洋行开办的怡和啤酒厂和法商开办的国民啤酒厂这三家外资企业所垄断。这些啤酒厂建厂早，影响大，并采用给商家经理和服务员发津贴、佣金等方式，吸引商场、酒店、餐厅、酒吧和小零售店经销这些啤酒。

当时醴泉公司为了在上海打开销路，以“倡导国货”和“长国人志气”为主导，在上海开展了声势浩大的促销活动。他们在《申报》和英文报纸上刊登大幅广告，宣传啤酒促销活动，并在《申报》上以“上海水臭，请饮烟台啤酒”的广告语进行宣传。

他们在上海新世界游乐场租下客房，精心装饰，然后宣传凡在规定日期内到新世界游乐场的游客，即获赠一条印有“烟台啤酒”字样的毛巾，还可以免费品尝烟台啤酒，喝得最多的还会被选为冠军，奖大银鼎一只，第二、三名各奖一只小银鼎。消息传开，是日前往新世界喝酒的市民摩肩接踵，交通为之阻塞。随后各报又把现场盛况作了报道，一时成为上海滩的热门话题。紧接着，醴泉公司又在上海半淞园举办了一次寻找烟台啤酒的竞赛活动。事前在上海报纸上发出了一则消息，告知市民烟台啤酒于某日在半淞园内藏有多瓶烟台啤酒，凡当日找到一瓶者，即奖给烟台啤酒 20 箱。消息传开，更引起人们的极大兴致。当日，半淞园内人如潮涌，场面壮观，都争先恐后地寻找烟台啤酒。

针对外商啤酒厂给酒店、零售店发佣金的促销手段，醴泉公司也采取了相应的方式。当时，烟台啤酒每箱的成本为 8 元，批发价

12 元，零售商每卖一箱赚利 3.6 元。烟台啤酒就从 4 元的毛利中再拿出 1 元，反馈给各卖场的服务员。即在每 1 万箱啤酒中，抽出 1 万元作为奖金。方法是在一些啤酒瓶盖里印上不同的字样，每个字代表一定的钱数。如“烟台啤酒”4 个字，其中“烟”字是 1 元，“台”字是 2.5 元，“啤”字是 5 元，“酒”字是 10 元，然后将带有这些字样瓶盖的啤酒分别放到一定批量的啤酒箱中，若是开啤酒发现瓶盖上有奖，便可以直接到烟台啤酒驻上海办事处兑取奖金。同时，酒店、餐厅的服务员也可以因卖得多而多得奖励。①

通过这几次组合促销及推销行动，烟台啤酒在上海的名声为之大振，也引起了海外华侨的极大关注。如泰国曼谷的陈华兴公司，便购买了大批的烟台啤酒在泰国市场上出售；新加坡和马来西亚的华侨商人也纷纷购货，不但使烟台啤酒的销售走向兴旺，也使烟台啤酒在海外有了一定的声誉。

1940 年出版的《烟台大观》一书较为详细地记述了醴泉啤酒的状况。该书称醴泉公司不仅生产啤酒，还生产汽水兼制冰。当时中国国内啤酒公司共有六家，其中上海两家，青岛一家，天津一家，北京一家，烟台一家。而上海等四家皆系外国人经营。由中国人自己经营的仅北京五星啤酒与烟台醴泉啤酒。当时醴泉啤酒厂有楼房 400 多间，啤酒、汽水制造机各 2 部，制冰机 2 部，锅炉 3 台，全厂兴盛时，有职工百余人。所用之水，皆出自当地“老虎眼”，特别甘甜适口，故酿成啤酒、汽水，亦极精美。

1940 年，王益斋分别在天津、青岛等地拉来新股 50 万元，从中国银行手中赎回啤酒厂设备，仍归公司自己经营。但因原料大麦及啤酒花缺乏等因素，到第二年初工厂才正式开工。1942 年，啤酒厂又买地 10 多亩以扩大厂区，职工也增加了一倍多。到 1943 年，年

① 朱梅：《关于酒的几项史料》，见政协全国委员会文史资料研究委员会编《文史资料选辑》第六十八辑，中华书局 1980 年版。

产量已扩大到600多千升，啤酒销路通畅，价格陡涨，当时两箱啤酒能顶一两金子。这时，工厂设施已臻完善，全厂糖化室、发酵室、煮酒室、机器室、制冰室、制汽水室、酒窖等八大生产系统一应俱全。当时啤酒厂还接连增置了多处房产，许诺用于职工养老。

1944年，由于日本在对外侵略战争中连连挫败，对各项物资控制愈来愈严，加之交通不畅，工厂生产缺乏原料、销售市场受阻，生产经营再次陷于停顿。

就在这一年，王益斋因心力交瘁，染病去世，享年54岁。

丛良弼

丛良弼（1869—1945），字庭（廷）梦，道号良悟，山东蓬莱县（今蓬莱市）安香丛家村人，因创办振业火柴公司，改变了进口火柴独占山东市场的局面而名留青史。

一

丛良弼家世代务农，家境贫寒。兄弟四人，大哥、二哥在家种地，三哥丛舜五在外经商。丛良弼因为排行最小，年幼不能干农活，家里让其读了几年私塾。① 十几岁时，丛良弼辍学回家，在亲友引荐下，肩背褡裢，怀揣一吊铜钱，独自离开丛家村，来到烟台东顺泰商号当学徒，学做生意。东顺泰是牟平人金某开设的商号，主要从事中日贸易。因为聪明能干、吃苦耐劳，丛良弼深为店主赏识，1895 年被派往日本大阪川口九十六番东顺泰外庄，打理生意。后来金家买卖不干了，金老板看丛良弼很有才干，便将他介绍给一些股东，并将东顺泰商号转让给丛良弼。丛良弼成为东顺泰的总掌柜后，继续从事中日贸易，

---

① 吕乐天：《丛良弼兴办实业》，蓬莱县政协文史委员会编《蓬莱文史资料》第二辑，1986 年内部印行，第 179 页。

向日本输出柞蚕丝、丝织品、花生油等农副产品和手工业品，自日本输入棉纱、火柴、杂货等工业品。

日本火柴向山东销售，初期由日商开设的洋庄直接经营，后来逐渐由中国商号代销。华商在日本开设的商号，从 19 世纪 80 年代开始经营日本火柴的生产与出口，后来逐渐形成了垄断。例如，以神户或大阪为基地的怡和号、怡生号、同孚泰号、利兴成号、东顺泰号、丰泰仁号等，都与多家日本火柴制造商签订协议，在生产和销售的诸环节给日本生产厂家资金支持，产品在中国市场自行销售，旅日华商对所有出口中国的火柴商标实行全面控制，在火柴盒上贴上各自的标记，而不注明日本生产厂家的名字。例如，东顺泰代销的日本火柴，必须注明“东顺泰监制”字样，商标有“津昌”“三光”“山狮”“松茸”“东旭”等牌号，行销于山东、天津、河南一带。

火柴在清朝同治年间由欧洲输入山东，光绪初年，欧货之外又有日本火柴输入。1912 年，仅从青岛港进口的火柴就高达 770 万罗（1 罗为 144 盒）。① 随着外国火柴倾销加剧和国内市场火柴销量扩大，促使民族资本家从抵制外货、挽回利权的立场出发，开始投资兴办火柴工厂。在被派驻日本且长期从事土产出口和日货进口经营期间，丛良弼学到了一套关于火柴生产工艺和经营管理的经验，同时也积累了相当的资本。在清末民初“实业救国”思潮影响下，丛良弼感到火柴工业不仅利润丰厚，而且技术较为简单，多为手工操作，易于在国内设厂仿制，加之国内人工又极为便宜，开设工厂有利可图，且从经营前景上看，与其从日本贩运，不如在国内自设工厂制造，于国于民于己都有利。

值得一提的是，丛良弼之所以能够将创办火柴厂的设想变成现实，得益于 1912 年的回国之行。1903 年，清政府设立商部，鼓

① 庄维民：《近代山东市场经济的变迁》，中华书局 2000 年版，第 444 页。

励劝导全国各地成立商会，此后不仅国内大兴组织商会之风，而且海外华商也纷纷响应。1909 年 5 月 2 日，在中国驻日大使胡惟德、驻神户领事张鸿的劝导和督促下，神户华侨在中华会馆成立了神户中华商务总会。5 月 9 日，大阪华侨也成立了大阪中华商务总会。① 华侨推举 12 名议董，由其相互推选总理，最后选举“经商年久，众情悦服”“众望交孚”的丛良弼担任大阪中华商务总会总理，张益三担任协理。② 大阪中华商务总会成立后，附设在丛良弼此前发起组织的北帮商会公所内，并在上奏清廷后，获得关防（即正式印章）。③ 1912 年，新成立的民国政府以“振兴中华，实业救国”为名，召集海外侨胞共商国是，丛良弼以大阪中华商务总会总理的身份出席会议，深受启迪，从而确立了回国创办火柴公司的设想。

二

从良弼自 1913 年在济南创办振业火柴公司后，先后于 1921 年、1928 年在济宁、青岛开设了分公司，并于 1923 年在潍县与张荆芳合资开办了裕鲁颜料公司。三家火柴厂在当地都有相当的影响。

1. 济南振业火柴公司

1913 年，丛良弼在日本大阪招商集股，准备创办火柴厂。除丛

---

① 陈来幸：《通过中华总商会网络论日本大正时期的阪神华侨与中日关系》，载《华人华侨历史研究》2000 年第 4 期。

② 丁进军选编：《清末海外华商设立商会史料》，载《历史档案》1995 年第 1 期。

③ 所谓南帮商会公所，系指在日本的南方华侨所建商会性质的组织；北帮商会公所，系在日本的北方华侨所建商会性质的组织。1917 年，丛良弼发起将“大清北帮商业会议所”改组为“大阪中华北帮公所”。此外，有人说丛良弼所在商会组织曾经支持孙中山的同盟会，应该属实。不过，从民国初年情况看，丛良弼思想似乎较为保守。例如，在民初党派林立，各党派向两大党演化过程中，丛良弼于 1913 年 6 月 29 日在大阪成立了进步党支部（参见张玉法《民国初年的政党》，岳麓书社 2004 年版）。

良弼本人外，主要股东还有牟平丰太（泰）仁商号在大阪的分号德顺和掌柜贺俊生、贺介忱，福山金迪生（东顺泰金老板的儿子），东顺泰二掌柜蓬莱山北头村郝获堂，以及天津的李肃然等，资本额定20万元，实际只收齐10万元。① 在振业火柴公司集股过程中，牟平人起了重要作用。据统计，10万资本中，牟平籍股额约占半数，仅贺家就占1/4强。依照清末《公司律》，董事名额取决于股权多寡，在投资数额方面，贺家居于优势地位，但因从良弼是公司发起人，所以董事长一职仍由从良弼担任。②

1913年7月28日，从良弼用所募集的资金，在济南石棚街设立振业火柴股份有限公司，是为济南第一家火柴厂。公司成立后，呈报山东督军和北洋政府工商部备案，并且获准在济南周围300华里以内制造火柴15年的专利权。

公司成立后，资金周转十分困难，仅厂房一项，即占用资金将近10万元，将所集股金消耗殆尽，机器设备又花费5000多元，而原料、工资尚无着落。于是从良弼就让东顺泰全力支援，宁肯东顺泰的生意不做，也要支援振业开工。但是二掌柜郝获堂不同意，两人意见有分歧，从良弼不得不辞退郝获堂，以便东顺泰全力支援振业。后来东顺泰停止营业，全部人员转入振业火柴公司。

近代火柴工业的生产工艺相对简单，工厂的机械化程度比较低，明显带有工厂制度与手工生产相混合的特征，振业火柴公司也是如此。当时火柴制造的工序基本分为四个步骤：第一，制梗制盒，包括锯木、扦皮、旋梗、切梗、晒干、切盒、捆把；第二，糊盒、刷砂，糊盒完全靠社会劳动力，计件工资；第三，制造火柴，包括整

① 张如兴、乔洪印：《公私合营为振业腾飞开辟道路》，见刘永顺、董本来主编《中国资本主义工商业的社会主义改造·山东卷》，中共党史出版社1993年版，第578页。

② 王超凡：《缅怀贺善果先生》，见牟平县政协文史资料委员会编《牟平文史资料》第四辑，1992年内部印行，第32页。

梗、排梗、蘸油、蘸头、烘干、卸梗；最后，包装，包括装盒、包封、装箱（或打蒲包）。四个环节中，制造火柴最为关键，其中排梗工序，劳动强度最大。尽管各工序采用了流水式分工作业，但是除制梗、制盒是电力加手工操作外，从整梗到蘸油、蘸头、卸梗、装盒、包封、装箱和打包，都是手工操作，工人工作时间一般长达十几个小时，劳动保护很差，生产效率低，浪费大，成本也很高。① 振业初创时主要设备有排梗机26台、卸梗机21台、理杆机2台、整梗机2台、油盘1个、药盘1个。随着企业的发展，振业设备也在逐渐更新，1917年扩建了厂房，1919年增添了电锯设备。

振业开业时工人即达800余人，日产火柴40大箱，每大箱为6小箱，每小箱为240包。到1930年年初，日产火柴60余箱，每箱14400小盒。② 振业火柴有“三光”“山狮”“推磨”等品牌，其中以“三光”火柴质量最佳，产品畅销山东济南、泰安、滕县以及江苏、安徽、河南、河北等省。

20世纪二三十年代是济南振业的黄金时期，公司获得了巨大的发展，生产一直呈上升趋势。1913年，火柴年产量为25万件，1924年升至34.06万件，1933年达50.88万件，1924年、1925年两年产量分别相当于1913年的136%和204%。但是此后因南京政府增加税负和日本火柴挤压，公司经营困难重重，亏赔不堪，被迫于1936年10月停产。③

七七事变爆发后，火柴成为紧俏商品。1940年日本侵略者实行火柴专卖，限令停产的火柴厂复工，否则将被“借用”，振业因而于

① 蔡吉庭：《解放前济南火柴工业》，见中国民主建国会济南市委员会、济南市工商业联合会编《济南工商史料》第二辑，1987年内部印行，第107页。

② 《济南市有关民生工商业概况》，载《济南市市政月刊》第3卷第1期，1930年9月。

③ 蔡吉庭、张锐：《济南振业火柴股份有限公司》，见山东省政协文史资料委员会、济南市政协文史资料委员会编《济南老字号》，济南出版社1990年版，第247页。

是年4月恢复生产，并且被迫加入日本人控制的中华全国火柴产销联营社。由于联营社规定原料由其配给，价格由其决定，产品由其运销，因此公司亏赔不已，难以维持。①

日本投降后，国民党敌伪产业处理局派员到振业火柴公司接收。经过营业部主任蔡吉庭多方力辩抗诉，提供证据，再三申明振业系股份公司所有股东都是中国人，后经南京国民政府实业部调查核实，确认振业火柴公司实无日伪敌产，才幸免充公之灾。此后公司进行了改组，贺俊生任董事长，从贯一任总经理。因为原料缺乏，尚未开工，闲置未用的仓库、车间被进入济南的国民党军队占用。1946年11月，因驻军用火不慎，引起火灾，整个包装车间毁于一旦，损失惨重。但是经过全厂人员的积极努力，很快恢复了生产。1947年，产量又达到2165大箱。1948年9月济南解放，振业逐渐走上了恢复发展的道路，1955年参加公私合营，并以之为基础组建了济南火柴厂。

2. 振业济宁分公司

第一次世界大战前后，中国火柴工业获得了快速发展，振业济宁分公司就是在这种背景下兴建的。济南振业自开办以来，获利丰厚，于是丛良弼从盈利中拿出10万元，于1918年开始筹建济宁分公司。是年，丛良弼委派协理丛竹轩和高级职员刘濯之前往济宁，在南关八铺棚购买53亩土地，开始基建，前后大约经历3年时间，1920年，土建工程基本竣工，先后建厂房2座、仓库3座、营业室1栋及宿舍等，房屋共700余间，8406平方米。1921年3月，工厂开始投产。

济宁分公司初创时经理为丛竹轩，1924年，由丛良弼妻弟迟启东继任，后继者有陈养恬、刘濯之。济宁分公司初建时，职工410

① 济南市工商联：《解放前济南市资本主义工商业概况》，见济南市志编纂委员会编《济南市志资料》第三辑，1982年内部印行，第109页。

余人，设备有排梗机15台，卸梗机12台，药盘、油盘各1个，锅炉1台，主要设备投资约22900多元。工厂1925年之前主要生产黄磷火柴。注册商标初为“国旗”，1928年改为“童旗”，此外，还制作济南厂的“推磨”“三光”“山狮”等牌子的火柴。1921年，日产火柴20箱，全年生产5552大箱，价值22.88万元，售出4809大箱，销售额达19.8万元，净利润1.64万元。① 此后平均每年生产火柴15万件左右。1922年，火柴产量比第一年增长近一倍，再加上降低了成本，售价下落，产品十分畅销，获利高达6.3万元，是1921年的3.8倍。此后该公司稳步发展，效益年年看好，到1924年，产量已是1921年的2.5倍，利润是1921年的5.6倍。从建厂至20世纪20年代末，为济宁分公司的鼎盛时期，尽管这一时期国内战乱不已，同业竞争日益激烈，公司却在竞争中站稳了脚跟。1925年盈利12.1万元，1926年盈利14.2万元，分别是1921年的7.4倍和8.7倍。以后数年，公司的产值、利润逐年增长，到1934年，生产火柴16833大箱，比经济效益最好的1926年增产近一倍。② 总之，济宁分公司20世纪20年代可谓产销两旺，产品不仅占领了鲁西南，而且初步打开了苏北、皖北、豫东市场。

尽管济宁分公司有过一段时间的辉煌，但是20世纪20年代末开始走下坡路，30年代逐渐衰落，1934年虽达到了新中国成立前火柴产量的顶峰，却亏损4.87万元，每箱火柴亏赔2.73元。七七事变爆发后，济宁分公司同样被迫加入火柴产销联营社，在日军的严密控制下，企业勉强维持运转。日本投降后，金乡、鱼台、巨野伪军以及保安队相继撤退到济宁，约3000名士兵进驻分厂，士兵拆卸盗卖机件，分公司职工只得将全部机器拆卸，收藏入库。1946年，

① 吴崇汉：《回顾济宁振业火柴厂》，见山东省政协文史资料委员会编《山东工商经济史料集萃》第二辑，山东人民出版社1989年版，第254～257页。

② 孔令仁、李德征主编：《中国老字号》第四卷《工业卷》（下），高等教育出版社1998年版，第283页。

济宁第一次解放，工厂短暂开工，产品供应解放区军民所需。1947年，济宁分公司被国民党71师佘锦源部某团占驻，而被迫停工。直至1948年7月济宁再次解放，分公司才逐步恢复生产。

3. 振业青岛分公司

一战前后，占据山东市场的火柴基本上是日本货，其来源一是自日本进口，二是在青岛制造。青岛回归中国后，为进一步开拓市场，1925年，从良弼从振业盈利中拿出20万元，筹建青岛分公司，在曹县路购置大片土地，筹建青岛振业分公司。新厂占地49亩，曹县路29号为生产厂区，包括管理机构、仓库和职员宿舍；31号是工人宿舍，附设有医务室、职工澡堂等。振业青岛分公司经过三年筹建，于1928年5月正式开工。①

青岛分公司第一任经理是吴心斋，技术负责人还是张厚庵，起初约定他在济南、济宁、青岛三个厂之间轮流巡回，后来则专驻青岛。青岛分公司在鼎盛时期，有工人1000余人，最高日产量为480桶，6桶为一大箱，即日产量80大箱，折合1150件，每大箱售价42元。商标是“津昌蜘蛛”牌和“三光”牌。青岛分公司初建时即生产硫化磷火柴，不仅比华北、东北各地国产黄磷火柴进步，而且从外包装到火柴质量均好于日商产品，所以很快打开了市场销路，赢得了信誉。

在振业青岛分公司的带动下，从1928年起，华北火柴公司和信昌、明华、振东、鲁东、华鲁、兴业、华荣等火柴厂相继投产，到1934年，青岛已有大小火柴生产厂13家，火柴产量则占全省的2/3以上，占全国产量的1/4左右，成为国内重要的火柴生产基地，产品销往陇海、津浦、胶济铁路沿线的广大城乡市场。

七七事变爆发后的头两年，青岛火柴业尚称平静，既未再设新

① 王超凡：《青岛火柴工业发展史略》，见山东省政协文史资料委员会编《山东文史集萃（工商经济卷）》，山东人民出版社1993年版，第71页。

厂，也无旧厂被淘汰。1941 年，“中华全国火柴联营社”在上海开张，由日本人植田贤次郎主持，山东分社设在青岛，青岛分公司被迫加入，振业董事长丛贯一出任理事长。随着日本在战场上连连失利，军需品越来越短缺，工业原料更加缺乏。火柴引梗用的石蜡来源断绝，一度用棉籽油代替。后来连这类植物油也无法保证，只好以硫黄代替。用这些材料生产出来的火柴是黑头的，发火之后很长时间才能引梗，在燃烧过程中有一股难闻的气味，所以又被老百姓称为“阴火”。抗战后期，振业分公司亏损越来越严重，1944 年损失 9 万余元，1945 年上半年又亏损 14. 8 万余元，最后资金耗尽，被迫全部停产。

抗战胜利后，青岛地区火柴工业恢复较快，到解放前夕，青岛的全部火柴厂大大小小共计 21 家。尽管火柴厂数量增加，但是振业、青岛等几家大厂只是局部开工，产量有限。1949 年 6 月 2 日青岛解放后，青岛分公司为政府接管。

从 1913 年到 1949 年，丛良弼创办的振业火柴公司走过了 36 个春秋。总体来看，大致可以分为三个时期：1913—1918 年是草创阶段，1920—1936 年为鼎盛时期，七七事变爆发后的抗日战争时期和解放战争时期为停滞和衰落阶段。在高峰时期，振业火柴公司三厂股金总额达 100 万元，工人近 3000 人，1933 年产量占当时华东、华中、华北三地区 64 家火柴厂年产量的 15. 3% 。据 1934 年出版的《济南大观》记载，济南、青岛、济宁三厂年产总量 9. 7 万余大箱，全系硫化磷火柴，销售区域为河南、山东、江苏、安徽、陕西、山西、河北等省①，在当时全国同行业中名列前茅。

三

从良弼不仅是卓有成就的实业家，而且还是当时著名的慈善家、

① 蔡吉庭、张锐：《济南火柴厂与济南火柴工业》，见山东省政协文史资料委员会编《山东工商经济史料集萃》第二辑，山东人民出版社 1989 年版，第 244 页。

社会活动家和爱国者。

从良弼的社会慈善活动与其在道院活动相辅而行。

济南道院成立后不久，从良弼就加入该组织。红卍字会济南分会成立后，从良弼也随即加入。据说因为受到济南当地人的排挤，从良弼等人决定集资在青岛筹设道院和红卍字分会。1922 年 7 月青岛道院在新泰路成立，红卍字分会也随之设立。因新泰路房舍狭小，1932 年，从良弼、贺善果等人带头捐资，并向商界富绅劝募，共集资 50 余万元，在大学路、鱼山路交叉地带购得一块地皮，开始兴建道院房舍。新道院建设分为两期，1933—1937 年修建了大殿和藏经楼，1937—1941 年在道院南侧修建红卍字会办公楼。大殿专供道院使用，不挂牌，不对外，只供奉“五祖”和道友打坐、诵经、祈祷、扶乩、修身养性之用。

青岛道院成立后，从良弼担任道院“统掌”，即“掌籍”，同时担任青岛红卍字会首任会长。1936 年年初，从良弼在获得酬金 5 万元后，不再过问振业火柴公司的生产和经营。晚年的从良弼白须冉冉，一幅道人风貌，醉心于道院的修行活动以及红卍字会的各项慈善事业。青岛红卍字会设立慈济院、慈济医院、慈济商校、女子小学、救济队等组织，从良弼与副会长贺善果各为这些组织捐资 5 万元。这些组织在青岛以及周边地区开展各项慈善活动，每年冬季为穷人施粥、施棉衣，平时为人诊病施医，救济社会贫困民众。①

从良弼还热心于家乡的教育事业。

现坐落于蓬莱钟楼南路东南侧的第三实验小学，其前身是从良弼创办的“私立良弼小学”。1923 年秋，从良弼的长子从超杰从北平平民大学毕业回家，力倡要救国非从普及教育做起不可，得到父亲的同意和支持。1924 年年初，从良弼和蓬莱士绅陈立东各出一半

① 义昌、失羊：《工商人物轶事》，见政协青岛市市北区委员会文史资料研究委员会编《市北文史资料》第二辑，1993 年内部印行，第 201 页。

经费，创办荫德小学。学校聘请从超杰任校长，徐观民任教务主任，招收38名学生，编为三级，合在一个教室上课。同年秋天，又招生37名，编作四级，分两个教室上课。由于从良弼主张再行购买校舍，扩大招生，而陈立东主张缓慢推进，两人意见分歧，陈立东退出学校，1924年，学校费用880元归从良弼一人负担。①

在从良弼的指导和关心下，从超杰特别注重教师的选聘和设备、图书建设。从超杰聘请山东第四师范毕业的徐观民任教务主任，留徐观民在家居住，将其待为上宾。徐观民调任教育局后，继任者是山东第八中学毕业的司麟卿，司麟卿后任校长。20世纪30年代有教员近20人，其中大学毕业者五六人，另有师范毕业生数名，教员多品学兼优之人。例如，语文教师周如泉熟谙古典文学，《战国策》《古文观止》《说文解字》《唐诗》样样精通。周如泉后来从政，山东八中毕业的王杏东继任，王杏东古文功底也很好，教学方法新颖，颇受学生欢迎。英语老师周兰亭，黄县崇实中学毕业，英语基础扎实，能和外国人流利对话。②

从良弼重视教育，舍得投资，他不仅花巨资增加校舍，而且逐渐提高常年经费，刚开办时年经费800元，1935年提高到3850元。正是因为有充足的经费做支撑，所以良弼小学不仅教师薪金优于一般学校，而且图书设备更是其他小学不能相提并论。③

正是因为从良弼办学卓有成效，所以赢得社会各界好评。1935年，学校举行成立十周年庆祝大会，蓬莱县县长、教育局局长及各界代表前往祝贺，中央研究院院长蔡元培、山东省党部书记张叶树、

① 于衍田：《私立良弼小学建校史》，见蓬莱县政协文史委员会编《蓬莱文史资料》第二辑，1986年内部印行，第114页。

② 吕乐天：《注重教师学识的良弼小学》，见蓬莱县政协文史委员会编《蓬莱文史资料》第二辑，1986年内部印行，第119～121页。

③ 杨绍华、杨一三：《蓬莱私立良弼小学概况》，见蓬莱县政协文史委员会编《蓬莱文史资料》第一辑，1985年内部印行，第154页。

山东省主席韩复榘、教育厅长何思源、青岛市长沈鸿烈以及齐鲁大学等近百个单位和吴佩孚等名人寄来题词贺信，褒扬校董丛良弼戮力办学，校长选贤任能，教员启愤悱发。

如同近代中国许多实业家一样，丛良弼不仅身怀“实业救国”的理想，而且以具体行动将其付诸实践，处处表现出可贵的民族气节。

1938 年 1 月 10 日青岛沦陷后，日军急于寻找头面人物为其服务，于是将目光投向在曾在日本居住 10 余年、会说一口流利日语、在工商业和社会上有广泛影响的丛良弼，希望他出山，就任青岛市市长。据丛良弼长孙丛肇栋回忆，1938 年初春的一天，日军来到齐东路二号“蓬莱丛寓”，千方百计劝说丛良弼出任伪青岛市市长一职。对此丛良弼表示自己虽在日本居住过，日语却早已忘光，自己一生与军、政、警无缘，而且现已年过七旬，朝不保夕，不能出任市长。尽管丛良弼已经婉拒日军请求，但是他们并不死心，在一个多月的时间里，先后四次到丛良弼家中劝说，人数一次比一次多，态度一次比一次蛮横，条件也一次比一次降低。但是，丛良弼一概拒绝了日军的要求。最后一次，日军威胁说如果再不合作，可能对其不利，丛良弼则回敬道：“还能怎么不利？顶到头也就是个死。我已七十多岁了，死了也不算少亡。”说毕甩袖而去。

眼看得不到丛良弼的合作，于是日军就派特务日夜监视丛家，丛良弼坐车一出大门，特务们就紧随其后。当别人问他怕不怕时，丛良弼总是平静地回答说：“我是个办工厂的人，对政治不感兴趣，日本人还能把我怎么样？”① 后来，日军又多次派汉奸来丛家做说客，劝说丛良弼到电台发表讲话。丛良弼推辞不去，日本人就从电话杆上扯出两条电线，直接送到他的公馆里，让丛良弼在公馆里对着麦克风讲话，从电台上播送出去。丛良弼无奈，只好敷衍一下，

---

① 黄晓晨：《青岛人家》，青岛出版社 1998 年版，第 126 页。

讲些毫无实际内容的搪塞之辞，敷衍过去。①

抗战时期，丛良弼还参与了营救被日军囚禁的中国军民活动。1942年冬天，日军对胶东抗日根据地进行大“扫荡”，马石山一役，日军掳掠2600余名军民，将他们囚禁在青岛体育场看台下的小房子里。时值数九寒冬，难胞既无棉衣御寒，又缺食物果腹。日军每天只给600斤地瓜干，用一个水龙头供水。饥寒交迫之下，难胞因伤重而死、饥寒而毙者，与日俱增。在青岛商会、红卍字会的贺善果、曹承虔、乔智金、丛良弼等人共同努力下，经过与驻青岛日军进行艰难交涉，先是获准让红卍字会等团体给难胞送饭，既而获准送医疗为伤病人员医治，最后获准保释大部分难胞。红卍字会被保释的难胞安置在鱼山路红卍字会楼下大厅内，发给每人棉衣、棉被。安排专人每天用大锅为病者熬药治病。等难胞恢复健康以后，红卍字会又代他们领取“通行证”，并发给路费，任其各自回家。在营救期间，青岛各界发起捐助活动，全市捐款总计20余万伪联银币，贺善果、丛良弼等人各捐款5000元。②

（徐　畅）

① 吕乐天：《丛良弼兴办实业》，见蓬莱县政协文史委员会编《蓬莱文史资料》第2辑，1986年内部印行，第185页。

② 关于此次营救活动，说法不一致，应该说营救成功是各方多人努力的结果比较符合事实，其中贺善果、乔智金所起作用尤大。参见戚志诚《救生记》，见政协青岛市委员会文史资料研究委员会编《青岛文史资料》第四辑，1983年内部印行；崔岱东：《〈救生记〉的补正》，见政协青岛市委员会文史资料研究委员会编《青岛文史资料》第四辑，1983年内部印行；丛莉：《我的曾祖父丛良弼》，载《青岛早报》2007年1月18日。

傅炳昭

傅炳昭（1865—1946），黄县（今龙口市）人，清末民初青岛著名商人。

清军将领章高元驻防胶澳时期，傅炳昭就已在总兵衙门附近经营他的源泰号商铺。德国占据胶澳后，他开始学习德语，在经销德国洋酒罐头的源泰号充当伙计，后因精明能干当上了经理。他将源泰号改为祥泰号，专为德国洋行采购土产，推销五金洋货。

祥泰号主营业务为洋广杂货，这也是当时华商惯常的商业经营范围。当时经营洋杂货业的批发商号多派员在日本大阪设庄采购，主要经营纸张、钟表、颜料、化妆品、乐器、食品及其他杂货。傅炳昭在青岛并非是完全白手起家，他的创业活动应该始于在日本经商之时。青岛华新纱厂厂主周志俊曾在关于华新纱厂的历程回忆中，提及傅炳昭的日本经商经历。

1899年10月，德国人为修建胶济铁路收买民地，迁坟移屋，引起居民不满。高密芝兰庄村民要求铁路公司多开涵洞，以免水患，公司置之不理，村民积愤，以武力阻止。德国驻胶澳总督派兵前往弹压，戕杀百余人。山东巡抚毓贤对此束手无策，嗣由傅炳昭等与德国传教士卫礼贤出面调停，冲突事件始获解决。①

傅炳昭在商业经营上眼光独到，善于并敢于投资。短短几年，他的经营触角从进出口贸易延伸到炼瓦厂和房地产业，生意越做越大，并且一有盈余资金就买地盖房，很快就成为青岛房地产大亨，与刘子山、陈次治、李莲溪并称青岛“四大财主”。②

1902 年，由傅炳昭与成通号经理朱子兴发起设立齐燕会馆。同年，又任中华商务公局董事。齐燕会馆是由山东商人与河北商人组成的同乡会。傅炳昭是山东黄县（今龙口市）人，朱子兴是天津人，他们的组合恰好可以实现同乡会的地域要求。这个具有明显社会功能的商人同乡组织，后来成为傅炳昭等商界人物联系本地社会同时扩大个人影响力的重要途径。通过出任中华商务公局董事和创办青岛第一家同乡组织齐燕会馆，傅炳昭在商界影响力日渐增大，德国人有事往往也得先同他打招呼。

1910 年，中华商务公局被撤销，依照清政府公布的《商会简明章程》，青岛华商以商务公局为基础，组织设立青岛商务总会，傅炳昭当选为青岛商务总会首任会长，成为公认的华商领袖。自 1916 年至 1924 年，他曾五任商务总会董事。

傅炳昭深谙商帮之道，懂得乡缘地缘关系在经商中的重要性。面对实力强的外商洋行，华商经营工商业还得靠群体的力量，离不开同乡同业互助共济，因此凡有故旧乡亲来投奔，他都会尽力提携扶持。

他曾资助青岛祥泰号的同乡张立堂开设合兴利商号，经营大米、花生油、木材等土特产贸易。由于经营有方，张立堂得到英国麦加利银行的赏识，被聘为该行的买办。张立堂实力渐增，又

---

① 赵琪等编纂：《胶澳志》，1928 年青岛华昌印刷局版。

② 民主建国会青岛市委员会、青岛市工商业联合会编：《青岛工商史料》第三辑，1988 年内部印行，第 137 页。

相继开办了合兴利油坊和合兴利制杆厂，生产出口油料、火柴杆等，以雄厚实力和良好资信成为青岛排名靠前的进出口商。1922年，黄县商人刘鸣卿、刘书衡兄弟携款来到青岛，想在工商领域一展宏图。而傅炳昭认为当时青岛工商业竞争激烈，但金融借贷机构比较缺乏，所以开银行经营金融业有机会获厚利，更何况华商银行方兴未艾，此举正可借中资发展之力打破外资银行一手遮天的局面。刘氏兄弟经傅炳昭指点迷津，并赖其帮助筹划运作，合资成立了山左银行。山左银行资本 100 万元，实收资本 40 万元，张立堂任董事长，傅炳昭任总经理，刘鸣卿任协理。① 山左银行相继在济南及大连设立分行，后因内外政局之变，次第将两分行撤销，改在上海设办事处。后来刘氏兄弟又开设利丰银号，由刘书衡任经理。借助傅氏的影响力和根深蒂固的同乡关系，两家银行主要吸收黄县帮商号的存款，存款余额常年在 100 万元左右。银行对于同乡创业抵押贷款给予诸多优惠，既集聚了资本，又联络了乡情，从而推动了黄县商人资本在青岛的发展，成为商帮意义上的“黄县银行”。

从齐燕会馆到黄县同乡会，黄县帮作为有牢固乡缘业缘关系的商人群体，发育为滋养城市商业繁荣的重要根系。民国初期，以傅炳昭为首的黄县帮雄踞青岛商界，纱布业“泰昌”“振昌”“裕大”等大商号都是黄县人的买卖，以至于当时商界有“搞纱布的离不开黄县人”的说法。20 世纪 30 年代，作为商界领袖的傅炳昭，其影响力也一直持续到了这一时期。1915—1922 年的日本占领时期，因年事已高，加之时局动荡，傅炳昭不愿再任商务总会会长，从此隐于幕后。此时他个人的影响力尽管遭到了明显削弱，但依然可以在诸如华新纱厂开办的一些重要经济活动中，保持调解的能力。1924 年

① 中国银行总管理处经济研究室编：《全国银行年鉴（1935 年）》第二章《全国银行总览》，第 1 页。

5 月，胶澳督办高恩洪发起筹办私立青岛大学，傅炳昭和刘子山、宋雨亭等著名商人成为校董。日占时期，黄县帮依然雄踞青岛工商界。1918 年，青岛商务总会改选，连任两届会长的成兰圃依然是黄县人。黄县帮执青岛工商界之牛耳近二十年，其卓绝地位实际只有后来宋雨亭领军的掖县帮可与争锋，这大概与傅炳昭的经济实力、商界影响力及协调能力有着密不可分的关系。

1946 年，傅炳昭在上海病逝，享年 82 岁。

李东山

李东山（1873—1946），本名秀桐（一说树桐），字东山，以字行，威海城里西南村人，山东现代钟表工业的创始人。

李东山自幼家贫，仅读过两年私塾，后在威海干过肩挑小贩和北洋舰队鱼雷营工兵。15岁时，他只身到烟台，经在烟台恒兴德商行当店员的堂兄引荐，到该行当了一名学徒。他非常机警，善于交结，进店不久，就拜商行东家孙文山为干爹，作为自己攀升的阶梯。但是恒兴德商行的行规严格，对店员特别是刚入柜的学徒管束极严，李东山忍受不了这种严格的管束，便“跳槽”从事小贩生意。他向其干爹孙文山借钱，在烟台北大街东首开办了一个水炉小铺，以烧卖开水为业，并经常到烟台东海关去“叫行”（竞拍走私货物）。当时东海关有一奥地利籍的拍卖师，李东山与其交往颇深，因而当他去竞拍物品时，这位拍卖师起价极低，李东山举牌即停，因而获利颇丰。在参与竞拍东海关缉私货物时，李东山靠这种特殊关系发了一笔财，但他对这件事从来闭口不谈，讳莫如深。而旁观者看到李东山“暴富”，非常惊讶，却不知其中原委。①

---

① 姜国璋口述，张河清整理：《烟台德顺兴造钟厂始末》，见烟台市政协文史资料研究委员会编《烟台市文史资料》第一辑，1982年内部印行，第132页。

1892 年，李东山以墨西哥鹰洋 300 元将原来的水炉小铺改为“德顺兴五金行”，主要经营小五金与百货商品。由于他善于经营，“专事缺门，独得其利”，至 1904 年，资本已积累至鹰洋 3 万元。因李东山为人处世极其机智，烟台人送其绰号“李小鬼”。辛亥革命后，革命党人强制成年男子剪掉发辫，李东山认准这是一商机，便囤积了一批帽子，后高价出售，获利颇丰，其精明善谋于此可见一斑。1911 年后，李东山相继在烟台开办了同志玻璃厂、瑞兴制伞公司，在威海创办了威新花炮厂、同庆顺镶锡店等，这些企业在胶东地区均为首创，而企业盈利的积累则为其后来创办造钟厂打下基础。他有句创业的名言：凡人有之我不为，人无有之我要为。①

1912 年，他开始经销德国、日本产的机械摆钟。他认为钟表市场前景广阔，制钟在中国是一项空缺，自己办厂制钟可独擅其利。有了这一判断后，他便开始着手准备。1913 年，他通过长年打交道的驻烟德国盎司洋行的关系，获得去印度签证，然后辗转到了德国。在德国 UHGHANS 钟厂，他做了两年勤杂工，其间留心记下制钟所需设备和原材料的型号，但未能掌握制造技术。两年后，李东山购买了一批材料和设备回国。②

1915 年，德顺兴五金行经销日本生产的“马球”牌座钟和零件，非常畅销。李东山见经营钟表利润可观，加之当时烟台没有造钟工厂，于是再次进行谋划，筹资办厂。当时德顺兴五金行有个叫唐志成的顾客，有修理钟表的技术，开了一家钟表修理店，经常到五金行购买钟表零件。李东山便与唐志成谈妥合作兴办造钟厂，商定由李东山任经理，唐志成任厂长兼技师。是年 7 月，李东山投资

① 姜国璋口述，张河清整理：《烟台德顺兴造钟厂始末》，见烟台市政协文史资料研究委员会编《烟台市文史资料》第一辑，1982 年内部印行，第 132 ~ 133 页。

② 山东商报社：《鲁商——山东商帮财富之道》，山西人民出版社 2011 年版，第 38 页。

25000 元在烟台朝阳街南端路东创办宝时造钟厂。这是烟台第一家造钟企业，李东山也由此成为山东钟表业的开创者。

宝时造钟厂开办之初，创业维艰。因为技术不过关，李东山又东渡日本，在大阪马球钟厂打工，暗中学习制钟技术，并通过宴请、送礼等手段从钟厂技术人员那里套出关键技术。半年后李东山回国，将学到的技术转述给技师唐志成，由其将日本生产的“马球”牌座钟机件拆卸进行试制，按日本摆钟外壳和机心做出样机。经过两年日夜刻苦钻研，1918 年制造出第一批座钟。这些座钟除木壳外，主要机芯零件全为日货，而这些零件还是从德商盎司洋行购置的。这时该厂仅有工人 20 人、大小压力机 15 台、2 马力电机 1 台、车床 1 部。由于当时入不敷出，工厂就兼制汽炉、汽灯出售。1920 年后，工厂已能实现钟表机芯自制，工厂生产也随之兴旺起来，并开始与日本“马球”牌座钟争夺市场。

钟表批量投产后，李东山立即想以自己的产品替代进口货，占领市场，独享其利。于是，他首先在治厂上下功夫。具体做法有以下几方面：厂内按工序设班组，直属厂长，以加强基础生产中的技术指导和质量监督；实行徒工学徒十年制（后逐步改为八年、六年、五年），以提高工人的技术素质；提高工人的工资和徒工的津贴，以稳定职工；根据职工的职务及技术高低、日常表现、劳动效率等情况，分别奖赏，有的还给“份子”（即员工持股），以此来激励职工。①

为了使产品占领国内市场，李东山采取多种营销方法来扩大市场，甚至将每架座钟的卖价由 5 元降至 1 元，还外赠毛巾一条。1928 年，日本在济南制造了“五三惨案”，全国各地掀起抵制日货运动，李东山抓住这个有利时机，努力改进技术，提高钟表工艺水

① 孙勤同：《中国钟表工业创始人李东山》，见威海市政协文史资料委员会编《威海文史资料》第七辑《威海人物》，1992 年内部印行，第 150 页。

平，所制座钟的质量不仅赶上日本，而且价格低廉，保修到底。“请用国货”的广告宣传，“永远保修”的承诺，低于洋钟的销价，使宝时钟很快在山东立住脚，进而在华北、东北打开销路，并将盘踞多年的日本“马球”牌钟挤出东北市场。这时，企业及所产钟表的声誉渐高，1928—1931 年达到鼎盛期，工人由 100 余人发展到 500 余人，年产座钟、挂钟 55000 余只，李东山也从中获利 10 余万元。①

1930 年，宝时造钟厂改称德顺兴造钟厂。工厂在上海、天津等地设立了货庄，产品畅销上海、南京、广州、重庆以至香港及东南亚等地。1934—1936 年，李东山利用积累的资本，投资兴建了新厂房，并先后在朝阳街南首兴建了新办公楼和电影院，此外还参股投资于东亚毛纺厂、威海火柴厂、烟台啤酒厂、烟台发电厂、巨兴银号、德顺兴渔行、锦章照相馆等十几家工商企业，成为烟台名声显赫的实业家。

在德顺兴造钟厂的带动影响下，造钟工业在中国快速拓展，烟台乃至全国造钟企业就像雨后春笋般地发展起来。1927 年从德顺兴分离出永康无限公司，后设新德造钟厂，1929 年又从德顺兴分离出盛利造钟厂，1931 年又分离出永业造钟厂、岐鸣造钟厂、慈业造钟厂。当时仅烟台一地就有 7 家造钟工厂，拥有职工 1200 余人，烟台造钟业在国内外名声大噪。以后，又从德顺兴分离出天津北洋造钟厂、华威造钟厂，在沈阳开办新明造钟厂，在丹东开办大陆造钟厂，在青岛开办福祥造钟厂，在上海开办忠众造钟厂、时民造钟厂等。烟台钟表业技术骨干先后在沈阳、丹东、天津、上海、北京、青岛等地传授造钟技术，促进了国内钟表工业的发展，因此烟台被誉为“钟表城”“东方瑞士”，这时是李东山事业发展的鼎盛时期。

1936 年，李东山的德顺兴造钟厂率先制造出单铃、双铃闹钟，

---

① 姜国璋：《我谈烟台德顺兴造钟厂》，见政协山东省委员会文史资料研究委员会《文史资料选辑》第十七辑，山东人民出版社 1984 年版，第 80 页。

开创了中国闹钟生产的先河。1937 年，又分离出仁昌造钟厂，钟表业在烟台更趋兴盛。同年，永业造钟厂试制成功柔丝挂钟，开创了中国生产柔丝钟的先河。

李东山勤于管理，精于经营，在经营管理上煞费苦心。在用人上，他“疑人不用，用人不疑”。如员工恪尽职守，则重用不疑，在工资以外再加“份子钱”（参与分红）。企业的管理人员通常非亲即友，而生产组织不设车间，只按工序分成作业班组，每组设一不脱产的组长。这些组长均是从工人中物色技术较高、顺从勤勉者担任，负责组内日常生产、技术管理和产品质量检查等事宜，如有问题可直接请示经理或厂长解决。在每组的生产作业中特别强调节约原料，不出残次品，从基础环节杜绝浪费漏洞。生产中的节约与管理上的效率为造钟厂赢得了可观的利润。根据当时核算，每生产一只钟的成本 4 元，卖出 5 元，能有 25% 的毛利润。李东山每年提取利润的 30% 为管理人员分红。①

企业对于生产工人和学徒有严格要求。新徒工入厂要有商号作保立下契约，学徒期间只管伙食，没有工资，规定徒期长达 5 ~ 10 年，徒期之长，立约之严，实属苛刻。工厂廉价使用大量徒工来增加利润，但是每到端午节、中秋节、春节，外发大洋 3 ~ 4 元，以资奖励。李东山对工人有个特殊优待，如家里有红白喜丧事，急需用钱，一般准予借支。工厂的伙食较好，逢年过节，经理宴请会餐，实行星期日公休制，这在当时烟台厂商中是唯一的一家。

李东山虽文化水平不高，但是非常重视宣传自己的企业。1935 年，他投资兴建厂房，对德顺兴造钟厂的门面大加装潢，并以 500 元大洋邀请书法家华世奎题写“德顺兴”，镌刻在大门门楣的石匾

① 姜国璋口述，张河清整理：《烟台德顺兴造钟厂始末》，见烟台市政协文史资料研究委员会编《烟台市文史资料》第一辑，1982 年内部印行，第 134 ~ 136 页。

上。他因出身低微，不愿与政界打交道，不愿参加社会活动，烟台市商会曾拟给其安排一个席位，被其婉言谢绝。

1938 年 2 月，日军侵占烟台，对烟台制钟业觊觎已久的日本商行首先拿“德顺兴”开刀。先是要与“德顺兴”合股经营，后来又要给李东山一个伪商会职位，但均被李东山拒绝，结果李东山的儿子被罗织罪名抓进日本宪兵队羁押数月。在日方的胁迫下，李东山被迫与日本人共同开设华兴商行，但日方并不投资，只是吃空股坐收渔利。在日伪当局的倾轧盘剥下，李东山心灰意冷，无心再经营企业，加上钟表厂因屡遭日伪政权巧取豪夺而大伤元气，迫使他逐渐退出对工厂的经营管理。此时，烟台造钟工业受到严重摧残，德顺兴造钟厂更是每况愈下。

李东山一生俭朴，晚年更加淡泊。1946 年 7 月 24 日，李东山在烟台病逝，享年 73 岁。

孟显初

孟显初（1887—1946），字兆乾，威海城里人，中威橡胶厂创办人。

山东是一个不生产天然橡胶的省份，但橡胶加工业的强盛却令全国乃至世界瞩目，而最早的橡胶加工厂正是孟显初在威海创办的中威橡胶厂。

孟显初早年以经商为业，主要往来于哈尔滨、长春和朝鲜的仁川等地。1927 年 4 月，他同商人刘金堂、戚培典等协商筹办胶鞋工厂。他去东北和朝鲜雇来橡胶配方、刻楦、缝帮、碾胶等 7 名技工，购买了机器设备和原材料，于 1929 年 6 月在威海办起中威橡胶厂，自任经理。该厂系山东省最早的橡胶厂之一。

建厂初期，胶皮厂资本为 4 万元，建筑面积为 1681 平方米，雇工 140 人，主要生产设备有兰开夏锅炉、炼胶机、蒸汽机、小型压延机和硫化罐、缝纫机等，年产胶鞋 4 万双，商标为双狮球。橡胶厂开工当年，因缺乏生产经营经验，“技术不精，出品难销”，亏损 1 万元。但是作为创业者的孟显初，因善于学习，勤于钻研技术，逐步摸索出企业生产经营之道，加之“用人得当，管理合法，全场事务措置裕如，一切职工工人皆乐为之用，上下一心，努力工作”，企业生产很快出现转机。翌年，企业生产各类胶鞋 20 万双，产值 24

万元，因“技术进步，出品精良，货物畅销”，盈利1.5万元，产品销往东北和山东省各县。① 20世纪30年代初期，工厂共有男女职工300余人，各种设备25台，产品有圆口雨鞋和运动鞋。九一八事变后，由于生产所需原料运不进来，企业失去东北市场，产品销路受阻，胶鞋积压，产量大幅度下降。在企业经营困难之时，股东之间也出现了矛盾。因受股东排挤，1934年前后，孟显初辞去工厂职务，离开威海，去安东（今辽宁丹东）筹办新厂。一年后，因新厂经营亏损，回家闲居。后来，刘金堂等人数次请他再回橡皮工厂，他均予以拒绝。②

中威橡胶厂开办后，民族资本工商业者又在青岛开办了福字、隆裕、山东等生产胶鞋的胶皮工厂。当时，这些厂的生产能力、技术水平都很低，装备也差，多聘用日本人当技师，胶鞋生产全部沿袭外国设计，部分模具也靠外国供应。有的工厂甚至依靠进口半成品，只搞简单再加工，产品多为布面胶鞋。由于这些厂家势单力薄，无力与洋货竞争，多数生产萧条。

1938年日军侵占威海后，中威橡胶厂遭到破坏，1942年被迫停产。

1946年，孟显初病故于鞍山。

---

① 山东实业厅：《山东工商报告》，1931年，第131～132页。

② 威海市地方史志编纂委员会编：《威海市志》，山东人民出版社1986年版；山东省地方史志编纂委员会编：《山东省志·化学工业志》，山东人民出版社1993年版。

朱敬舆

朱敬舆（1874—1947），原名东洲，字效坤，寿光大家洼镇石桥人，著名实业家，济南致敬洋灰有限股份公司创办人。

19世纪后半叶，中国建筑业才开始使用水泥，当时所用水泥系从国外进口。进入20世纪后，广东士敏土厂继澳门青洲英坭厂和唐山细绵土厂之后，于1907年采用立窑建厂。1917年，德国人在青岛沧口创办立窑水泥厂，是为山东生产水泥之端始。

朱敬舆幼年读过几年私塾。父亲曾任寿光盐务官吏，颇富资财，曾为他捐领盐运使职衔，作为日后经营商业的护身符。清末民初，朱敬舆已拥有众多商业资产，他在羊角沟开盐滩、绳席行、粮行，在侯镇设土布庄，在济南开粮行，并于在泺口设分号，另外在济南经二路纬六路还有大片房产。朱家商业事务多归孙柜、单柜、李柜三家代理人分管经营。

民国成立后的十年间，是国内立窑水泥厂的始创期，也是中国水泥工业的第一个发展高潮。当时山东除青岛外，其他城市尚无水泥厂。有了一定的资本积累后，朱敬舆决定弃商就工，计划在济南兴办水泥厂，而他的家人和亲友都极力反对，认为他搞工业是外行，风险太大，但他坚持自己兴办实业的初衷，矢志不渝。为了选择适当的厂址，他用了一两年的时间，在胶济铁路沿线和济南近郊进行勘查，最后确定在济南五里牌坊南小梁庄设厂。这里远离市区，交通不便，遍地坟墓，一片荒野，但朱敬舆认为，这里石材原料丰富，可以就地取材，有发展前途。

厂址确定后，遂即招募股东组织建厂，1920 年，正式成立济南致敬洋灰有限股份公司（即今济南水泥厂的前身）。原计划募集资金 60 万元，但一时难以募足资金，朱敬舆遂将在羊角沟的盐滩产业卖掉，用作创业资金，结果只凑得 18.1 万元，其中他自己占 10 万元以上。另外，出资人中还有“益增福”粮行孙润生，出资 1.5 万银元。翌年，公司申办了开采济南刘长山的执照，并不惜重金聘请德人石法为技师，购进德国设备筹备生产。但石法并不是真正的技师，只不过混充内行，结果搞了 6 年没生产出产品。后来公司又聘用德人希伯莱给石法当助手，以求加快试生产，这时公司资金已将耗尽，处境十分困难。但朱敬舆并未为此灰心，1929 年又与唐少侯（河南人，曾任少将军需处长，有资本）签订合资经营合同，由唐少侯投资 6.5 万元，继续试产水泥。1931 年，工厂又从唐山启新水泥厂请来刘天生、朱舜琴主持生产，经多次探索，终于试烧出合格的水泥熟料。但当时因资金困难，未能投入生产。1932 年，工厂始能正式批量生产出水泥。经过 12 年的艰辛和奋斗，朱敬舆终于取得了成功。

1935 年 1 月，朱敬舆与刘伯衡签订合营合同，确定发行股票 40 万元（每股 1000 元），接通水电，增加生产设备，还请来天津人华墨林和田恩荣，一个负责工厂机器运转，一个负责搞产品化验。① 重新招募新股后，工厂投入连续生产，生产出第一批“车头”牌硅酸盐水泥，产品在当时国内市场上享有盛誉，曾获山东省建设厅水泥质量奖状。

---

① 济南市史志编纂委员会编：《济南市志》第 3 册，中华书局 1997 年版，第 112 页。

水泥厂投产后，使用本地石灰石，从河南调入石膏，进行规模化生产，以供地方之需求。但因设备技术老化，原料质量差，导致生产成本偏高，每桶生产成本8.4元，虽然价格上比启新厂生产的水泥（1桶8.6元）便宜，但品质却远远不如。因此，工厂产品市场不断受到启新的压力，经营效益欠佳，1934年产量15300吨，1935年减少到5000吨。①

清末民初，国内30多年时间里成立的几家立窑水泥厂，大都采用购自国外的技术（尚处于初级阶段的立窑设备），其装卸料都是人工作业，往往只是在操作技术很高的条件下，才能生产出符合质量要求的产品。1936年年初，公司通过天津礼和洋行从德国克虏伯公司引进一套机械立窑设备。同年8月，完成了引进立窑设备的安装，建成Φ2.5×10m的德制机械式立窑，日产量由50桶（等于8.5吨）增加到150桶（25.5吨），年产能力1万吨，实际产量5000吨，当年工厂净利润3.8万元。②

1937年12月，日军占领济南。次年3月，济南致敬洋灰公司被日军“军管”，由日本盘城株式会社负责经营，易名为“军管理济南致敬洋灰股份有限公司”。1942年，又改为中、日合营，但主要管理、经营权仍在日本人手中。

在抗日战争时期的沦陷区内，除青岛和济南的两个立窑厂外，1940年，日本人在大同的口泉镇建成一家立窑水泥厂，采用德国制造Φ2.5×10m机械装卸料的钢筒体立窑，年产水泥3万吨。这种机械化装料和卸料的钢筒体立窑（在中国称为“机械化立窑”，简称“机立窑”），就是由致敬洋灰公司移转到口泉水泥厂的。

致敬水泥厂的德制机立窑移出后，工厂只能用留下的小立窑生

① 南满洲铁道株式会社天津事务所调查课（三品赖忠）：《济南制造工业》，1936年，第52页。

② 〔日〕北支经济调查所：《北中国工场实态调查报告书：济南之部》，1939年，第204~210页。

产少量的水泥。1942 年，水泥厂被“归还”中国后，采用日中合资的形式继续经营，当时致敬水泥厂一共有 7 座 Φ 7 × 21 尺（10 吨）立窑设备。

1945 年抗日战争胜利后，致敬洋灰股份有限公司先由国民党“山东党政接收委员会”接管，后移交给“敌伪产业处理局”监管。1947 年，国民党军队强占该厂，此时厂房、设备等均遭破坏，生产被迫中断。

1947 年，朱敬舆因病去世，而他的爱国创业精神至今仍为人们称道。

1948 年 9 月济南解放后，华东财经办事处工矿部接管了致敬洋灰股份有限公司，委派张展等人驻厂负责。同年 12 月，全面恢复生产。同时，该厂由私营改为公私合营，厂名改为“山东省人民政府工矿部济南工业局洋灰厂”，产品商标改为“红星”牌。1949 年，水泥产量仅为 1524 吨，产值 13.15 万元。1952 年，该厂改为国营，更名为“山东水泥厂”，有职工 393 人，水泥产量增加到 1.08 万吨，是 1949 年的 7.1 倍。

刘子山

刘子山（1880—1948），名碧云，字紫珊，又作子山，以字行，山东掖县（今莱州市）湾头村人。他一生的经历颇具传奇色彩。

刘子山父亲刘宪邦一生务农，耕种薄地7亩，抚养子女8人。刘子山幼年在本村读过两年私塾，后因家境贫困辍学，在家种地，也兼做弹棉花等小生意。1894年，14岁的刘子山独自到青岛谋生，先当小贩，白天沿街叫卖，夜晚住宿破庙。后给德国人当仆役，备尝辛酸。但他不甘于身处社会下层，坚持用业余时间自学德语、日语，数年后达到了能用这两种语言对话的程度。

1908年，28岁的刘子山给一名德国建筑师当翻译，同时为人代办建筑材料，开始了自己的经商生涯。1910年，他在青岛出资开办福和永杂货行，经营草帽辫购销，并代销进口德国货。1914年，又买下地处海西的一家旧窑场，将其扩建成福和永窑场，专制洋式红色砖瓦。由于产品适合当时青岛新兴建筑业的需要，质量上佳，所以销路很好，获利不菲。在此期间，他还担任德商礼和洋行的买办

（华经理），经营颜料、花生米的进出口贸易，所得佣金也颇为可观。

第一次世界大战前夕，刘子山筹集资金，由国外进口了大宗木材。战争爆发后，木材进口中断，国内市场价格飞涨，他将木材以高价售出，获得巨额利润。刘子山凭借机敏的商业头脑和社交能力，逐渐跻身于青岛的上流社会，并当选为胶澳商会董事。

1905 年，胶澳海关税务司赫德先后找胶澳商会的胡约存、丁敬臣、苏勯臣、陈克廉以及刘子山等，让他们集股在北京路东头糕点房内开设“立升官膏局”，公开贩卖鸦片。丁敬臣等以经营鸦片业务不熟、赚钱不多为由，一致退出不干。刘子山则一手将鸦片买卖揽过去，在河北路南头开业独自经营。日本占领青岛时期，日本殖民当局开设“扶桑官膏局”，批发鸦片烟膏。1916 年，刘子山利用会说日语的条件，将这一烟土专卖店承包了下来。几年之间，刘子山借贩卖烟膏发了一笔不义之财，并获得“鸦片大王”之称。1922 年 4 月，中国即将接收胶澳之际，日军司令部才宣告取消鸦片专卖，刘子山的扶桑官膏局也停止营业。①

第一次世界大战时期，日本借口对德国宣战，于 1914 年出兵占领青岛。此后德商和德资被迫撤离青岛，大批日侨和华人涌入青岛。刘子山趁混乱之机，以他大胆敢为的性格和包揽建筑的经验，在青岛一些空闲地上建筑了不少房屋。日本在青岛建立殖民统治之后，他向日本当局缴纳地皮税，立契约，确定了产权，成了青岛房地产暴富者。后来，刘子山又陆续投资于青岛及济南等地的房地产业，曾一度拥有青岛天津路、肥城路、武定路、甘肃路、无棣二路等整条街道的房产，规模之大，数量之多，无出其右者。他以“刘厚德堂”的名义收取房租，每月房租除拖欠户外，净收一万六千多元。

① 胡镇中、宋德慧：《德日侵略者贩毒纪实》，见青岛市政协文史资料委员会编《青岛市政协文史资料选辑》第十辑《青岛涉外足迹》，中国文史出版社 1996 年版，第 20 页。

因此，刘子山又成了青岛的“房产大王”。①

辛亥革命后，青岛大清银行停闭。当时青岛有钱商人多开设钱庄、银号，经营汇兑业，获利颇丰。原青岛大清银行经理成兰圃等人操办金融有方，但没有资金和后台，于是他们就找到了刘子山商议，邀他出头办银行。刘子山手握巨资，又见有人才可用，便答应出资在青岛开办银行。1918 年 2 月 1 日，刘子山与成兰圃、吕月塘共同出资 200 万元，以无限公司形式组建了东莱银行，在青岛天津路设总行，刘子山任董事长，成兰圃任总经理，吕月塘任经理。因为刘子山是掖县人，掖县古称“东莱”，故起名为“东莱银行”。随后，东莱银行在济南、天津、大连等地设立了分行，在上海设立了汇兑所。1923 年年初，东莱银行改组为股份有限公司，资本增至 300 万元，第一大股东仍为刘子山。1924 年，成兰圃因病退出，董事会公推刘子山为总经理。当时，青岛中资银行通行的钞票中国银行钞票，而东莱银行曾借中国银行钞票印版印过钞票，票面是中国银行字样，只是在票面的右下角印有暗现的“碧”字（因刘子山名云碧，故以“碧”字表示暗记），数目为 40 万元。据说借版时，东莱银行拿出了相当数量的黄金作为抵押，刘子山的资本实力由此可见一斑。② 后因战事，刘子山又曾两次给东莱银行增资，资本额达到 1200 万元，使之成为当时华北屈指可数的华资银行。

从第一次世界大战结束到中国收回青岛主权后，刘子山进一步扩大投资，涉足工商业诸多领域，成为拥有数百万元资产的巨富。他先后在青岛独资开办东莱贸易行，经营进出口贸易。开办永利汽车行，经销美国产别克牌汽车。他投资 50 万两银子，参与修筑从潍县至烟台长达 450 华里的公路。1922 年该路建成后，他又取得吴佩

① 王第荣：《刘子山发家史》，见市北区文史资料研究委员会编《市北文史资料》第一辑，1989 年内部印行，第 79 页。

② 徐学武：《刘子山及东莱银行》，见莱州市政协文史资料委员会编《莱州文史资料》第二辑，1988 年内部印行。

孚的支持，创办烟潍汽车运输公司，经营客货运输。1926 年，他以东莱银行为依托，与吴蔚如等人成立了安平保险公司，从事水火保险业务。另外，他还在青岛华新纱厂、青岛电业公司、大陆银行、博山煤矿等企业有投资，并在上述企业兼任董事。

1926 年，由于山东屡生战乱，使青岛的投资经营环境日益恶化，刘子山遂将资本和经营业务向天津转移。次年，东莱银行将设在天津东大马路大十字口的天津分行改为总行，而青岛东莱银行则改为分行。

东莱银行天津分行于 1919 年 3 月 1 日正式营业，主要办理联行汇兑业务。行址最初在宫北信成里，1921 年迁至宫北大狮子胡同，并增加了存放款业务。1925 年，天津分行又迁至法租界二十一号路（今和平路）。1927 年改为总行后的几年间，天津东莱银行的业务发展迅速，很快就成为华北著名的金融财团。1930 年，刘子山在法租界兴建了营业大楼（今和平路 289 号）。

刘子山在天津的家，紧靠天津东莱银行，叫“厚德堂”（这也是刘子山老家的堂号）。刘子山在沙河、青岛、济南都有“厚德堂寓所”，设有专人料理日常事务，包括收房租、管房产、招待来往客人。这些寓所规模不大，只有天津的“厚德堂”规模较大，有厨师、管家、保镖、车夫等，每天人来人往，甚是热闹。

1928—1932 年是天津东莱银行的鼎盛时期，存款余额高达近千万元。但好景不长，自 1931 年九一八事变后，华北局势日益紧张，东莱银行的业务受到严重影响。1933 年银行业务开始急速下滑，甚至趋于半停滞状态。同年 9 月，刘子山又将东莱银行总行移至上海，聘请原中国银行济南分行经理吴蔚如任总经理，自己仍任董事长。天津东莱银行改为分行，并在大连等地设立了分行。1937 年，上海东莱银行营业大楼（位于今南京西路 587 号）建成并投入使用。在此期间，他还向大陆银行、太平洋保险公司等金融企业投资，并担任董事职务。

七七事变爆发前，刘子山已是山东和全国工商金融界的名流。他曾当选为青岛市商会会董、山东旅沪同乡会名誉会长。随着财富的增加和社会声望的提高，他也从事公益慈善活动，曾个人捐款创办青岛中学，捐款兴办济南孤儿院，投资兴建山东大学，先后捐款20万元疏浚小清河，捐款20万元兴办东莱中学，将莱阳路楼房及对面空地捐赠给青岛女中。1929年国民政府接管青岛后，因惧怕追究，刘子山将太平路37号大楼让予国民党市党部。

七七事变以后，刘子山避居天津法租界，拒绝与日伪政权合作。他派儿子刘少山赶赴上海，向东莱银行同仁传达其心意："国难时期，宜闭关自守，紧缩业务。本人自愿不再提取股息，以维同仁生计。"① 此后，刘子山以体衰多病为由，将东莱银行业务交给长子刘少山管理。

1948年春，刘子山从天津到上海就医，同年10月12日因心脏病发作辞世，享年68岁。

① 中国社会科学院近代史研究所中华民国史研究室编：《中华民国史资料丛稿·人物传记》第十八辑，中华书局1983年版，第101页。

綦官晟

綦官晟（1876—1949），字得臣，平度县洪兰乡沙梁村（今平度市南村镇沙梁村）人，青岛著名商号丰益栈号创办人。

綦官晟家世代务农，当时全家仅有5老亩土地（每老亩折合2.5市亩），在当地属家境一般偏下的自耕农。

綦官晟自幼天资聪颖，只因家庭经济不宽裕，读了5年书就辍学。下学后他在家帮父亲种地，亲身感受到农村捐税如毛，天灾不断，农民终年辛苦不得温饱的痛楚，他认为靠种地养家毫无前途，于是决心弃农经商。开始，他与邻人结伙去蒙古贩马。但是因路途遥远，沿途兵荒马乱，困难重重，只贩了几次就停了手。恰好，其时他有两位族叔名叫綦香岩、綦西垣，在本村开了一家名曰“豫丰号”的土产店。他俩见綦官晟有胆识，于经商又很精干，就将其留在店内帮助打理生意。不久，綦官晟善于经营的才能便显露出来。有一天赶沙梁大集，岔河村有个叫乔吉丰的人，大清早就骑马赶来，而且那马浑身有汗。尽管乔吉丰自称是从家里赶来逛集市的，可綦官晟心里生疑，他觉得岔河村离沙梁充其量也不过三里路，乔吉丰骑的马怎能如此汗水津津呢！于是他就注意观察乔吉丰的行踪，见乔吉丰一直在银子市上转悠，便立即意识到：乔吉丰原本是在胶州城某银号做事，这样“快马加鞭”地跑到沙梁集的银子市上，很可能是银子要涨价了。于是他决定利用天时地利的有利条件，也购进银两。他依靠在沙梁做生意积累下来的人脉，四处购进银子。果然，没出几天，就从胶州城里传来消息，银子涨价了，这使他从中赚了一笔钱。有一年，正当小麦生长的春季，有一天夜里发生了一场严重的霜冻，綦官晟于翌日早晨见状，当即建议本店囤积粮食，结果不久粮价大涨，使他又做了一笔赚钱的生意。两位族叔见綦官晟确有经商的才能，就鼓励和支持他去青岛开创新的局面。

1916年，綦官晟领了两位族叔的股金，同两名伙友一起，在青岛台东镇租赁了三间小房，以仅有的少量资金，办了一家门号为“泰丰益”的小店铺，贩卖旧衣和日用小杂货，开始仅能勉强维持三个人的生活。这一时期，正值青岛商埠在大力开拓，各地商户云集，房屋紧张。綦官晟看准这一市场需求后，立即决定向这方面发展。他向银行钱庄借款，购买地皮，然后建房出卖，很快便获得丰厚利润。经营资金扩大后，原泰丰益号店面已不适用，1921年，商铺由台东镇迁至胶州路新址，由其族弟綦官欣担任经理，从贩卖旧衣和日用小杂货，转为经营土产品代办。1922年，因胶州路新址的铺面仍不敷应用，而且坐落位置又不十分理想，便再次搬迁至北京路45号。在这里，綦官晟新成立同丰益栈号，将原泰丰益全资合入，从杂货商完全转变为行栈商，主要代办客商土产品交易，以赚取佣钱（又称“辛力钱”）为主要利润来源。经过一年的经营，同丰益号获利丰厚，各股东均为綦官晟的业务活动能力所倾倒，经过一番酝酿，第二年年初就公推綦官晟担任总经理。

綦官晟刚主持同丰益时，资产总额仅有万元左右。这在当时的青岛土产代办行业中并非大商号。綦官晟担任该商号总经理后，并不满足单靠代办客事以赚取佣金的经营方式，一直在寻找新的营业方式和途径。恰好，这时有日商大山洋行的经理大山，想把他的大山洋行改为取引所。所谓“取引所”即信托公司，就是期货买卖的场所，主要经营土产品和股票，经营方式就是先预定合同，再执行合同，等合同到期，甲乙双方钱货交割，否则，由违反合同的一方包赔损失。綦官晟通过与大山的多次商洽，约定互相关照支持。他随即在大山取引所挂号，领取了编号“19”的牌照，开始把同丰益的经营重点放在了取引所方面。当时，土产业经营花生油，每到炎热的农历六、七月份，花生油处于酸败期，因之也是花生油价格的升涨期。这个时期经营花生油最难，按照与外商预定的花生油合同，交货时往往很难合格，合格率一般能在50%就算不错。为了解决这一难题，綦官晟通过大山聘请了德国化验专家陆克，购置了先进的德国化验仪器，凭借化验，严把收购关。本商号的资金不足，就在本市联合平度、即墨老乡经营的同行业共济，由同丰益号挑头，在取引所对外定售花生油。这样，买卖越做越大，外商一次就可与同丰益签订7500吨的花生油合同。所以在当时，只要同丰益号在取引所与外商一旦签订花生油合同，市面上的花生油价格就涨；否则，市价就疲。依靠现货、期货两种经营方式，同丰益甚至能与三菱、三井、东和等日商进行商业竞争。经营好时，每年可净赚白银几十万两。生意如此兴隆，凡是知底细者，知道同丰益是搞的连横经营；不摸底细者，则猜测是他老家的商号资金雄厚。

1932年，綦官晟得悉花生产区的花生长势比往年要好，通过分析，认为花生价格必将下跌，于是，这年的农历八月份他就去取引所，以每斤7分钱的价格，一次就卖出花生米期货6000吨，合同期为农历十二月底。这笔买卖的买方是广商景昌隆号，其资金雄厚，经理黄汉池又曾赴美留过学，业务熟练，善经营。他在青岛见同丰益号的生意与自己的经营有矛盾，便存心要把同丰益挤垮。当得知同丰益号签订了这笔期货合同后，他发动家族所有关系，与经营土产代办客事的其他商号暗地串联，商定各家经营的代办花生米业务，一律不准出售给同丰益，同时又频繁活动于各银行钱庄之间，怂恿银行钱庄不向綦官晟贷款。如果他的谋划顺利实施，同丰益号没有货源和资金，到期无法交足订货，就得承担巨额赔款。按照当时市场情况估量，如果同丰益这笔6000吨花生米的买卖因稍有差池而导致买方拒收，一时间就会造成市场花生米充斥、价格大跌的现象，不用说违约赔款，就是花生跌价造成的亏损也足以致同丰益倒闭。

綦官晟看清了黄汉池的这一计谋，他不但不为之退缩，反而又在取引所抛售了生米期货2000吨，买方依好是景昌隆号。而黄汉池则以为同丰益号这样做是倒闭前的闹剧，岂不知綦官晟亦有一番心计。他暗地从大陆银行贷款80万元，作为这批货的基本资金，又分三条线，派出得力人员经办花生油、花生米收购业务。其中一线沿津浦路到滕县、大汶口一带，一线到海西石臼所、红石崖一带，还有一线到胶东沿海一带。这些地区都盛产花生，各线都广设收购点，就地收购存储，一律暂不运往青岛。就这样，到农历十二月初，正当黄汉池梦寐以求地准备接管同丰益号的时候，同丰益号在外地收购的花生米，以火车、汽车、马车和大小船只，由陆路、水路一齐运入，市场大受影响。生米价格从每斤六七分钱一下跌到三四分。同丰益号的这笔买卖等于翻了一番。这场青岛土产界的竞争，在当时市场引起了很大震动，黄汉池的商号蒙受极大损失，参与其中的60多家小商家纷纷破产，同丰益号获利60多万元，成为最大赢家。

但是，黄汉池并不服输，竟去当时由沈鸿烈当政的市政府控告同丰益，罪名是“买空卖空，扰乱市场”。綦官晟被传讯，他据理反驳，说明本年度花生丰收，景昌隆号既不积极收购，又不积极组织出口，只想垄断搞个人发财，而同丰益号大量收购，稳定价格，于民有利，于国有利，至于市场价格大落是景昌隆号的责任。面对这活生生的事实，黄汉池理屈词穷，最后以败讼而告终。①

像这样的经营，綦官晟总是走在别人前头。有一次，当他从报

① 綦瑞麟、綦松声述，綦书豪、怒涛记：《綦氏与其青岛同丰益号的兴衰史》，见政协平度县文史资料研究委员会编《平度文史资料》第一辑，1985年内部印行，第140～153页。

上看到安徽某产棉区棉花遭到严重病害的消息后，就立即搜集全国棉情，得知全国棉花生产的形势属灾歉之年，于是就到取引所大量定购棉纱、棉布。后来，棉制品果然大涨价，同丰益大获其利。在1932—1934的三年间，同丰益共获纯利100余万元（银币）。当时，同丰益号的交易量能在相当程度上影响青岛花生米、花生油、棉花等农产品的市场价格，港口停泊的运输土产品的外轮不少为同丰益所经办。青岛台西镇有200余人的人力车队，长年包揽运送同丰益的货物，同丰益仓库里的备用麻袋包总要保持10万多条。同丰益本号在青岛北京路45号，下设云南路震丰油坊、东平路豫丰油坊、菏泽路仓库附设油坊，并在小港二路有大仓库（占地15亩）一处。另外在平度县沙梁村还设有豫丰、益丰、同丰益庄三处商号。最盛时同丰益共有职员60余人，长年雇用工人340名。[①] 在綦官晟家乡平度，有文昌阁碑文称赞其“殖货于青埠，商战屡获奇捷，持筹之才略，倾动中外，不数年而成大业”[②]。

正当同丰益生意兴隆之际，1937年七七事变爆发，綦官晟凭其多年经商的经验，预感到发展民族商业的前景黯淡，特别是早为日本资本家所觊觎的青岛，必将更加困难。他对伙友们说：“我们今后要不做或少做些取引所的买卖，以免受妒担险，主要的要靠辛力仓租（代客买卖扣佣和仓库存货租金）来赚几个钱，而且也不要太多，年收入十几万元就可。须知树大招风。”[③] 然而他最终并没能摆脱掉这种命运。

1938年1月10日，日军由山东头等地登陆侵占青岛后，不久就抢占了同丰益号坐落在小港二路的大仓库，作为海军军用仓库，使同丰益

①③ 綦瑞麟、綦松声述，綦书豪等记：《綦氏与其青岛同丰益号的兴衰史》，见政协平度县文史资料研究委员会编《平度文史资料》第一辑，1985年内部印行，第140～153页。

② 綦世宝：《平度文昌阁》，见青岛市政协文史资料委员会编《青岛文物与名胜保护纪实》，青岛出版社2000年版，第524页。

号失去存货之地。1939 年春，同丰益号的股东之一綦香岩病逝，他有个人称“六姑娘”的女儿小翠，与其寡嫂刘氏为争遗产成讼，纠纷一直未能解决。此时，正值北平大汉奸头子王克敏由日本顾问柴田陪同，到青岛视察。青岛日伪军政界在市礼堂举行文艺招待会，有京戏名演员程砚秋登台。刘氏闻此，便以嫁祸于人的手段，派人将一枚假炸弹安放在大汉奸王克敏的座椅之下，使得这场“盛会”还没有演完，观众即一哄而散。后来，日本宪兵在装炸弹的盒子里翻出一张纸条，上面写着“郭进生”的名字。这郭进生便是“六姑娘”的未婚夫。本来，这个假炸弹案完全可以不了了之，但当日本宪兵队发现该案与青岛的同丰益号有关联之后，便一次次抓人，进行无休止的敲诈。

开始，綦官晟还以为这“炸弹案”与同丰益号无关，日军虽借此发难，也只不过是敲敲竹杠而已，扔上几个钱也就可以了事。但及至请人、用钱疏通关系时，才逐渐看清日本军方和商界沆瀣一气、狼狈为奸，必欲置同丰益号于死地的险恶用心。为此，他不惜一切，豁出巨资赎人。就这样，被捕的人虽分三批释放出狱，但同丰益号的主要资本也耗费殆尽。这一场横祸给了綦官晟以致命打击，加之担忧和操劳过度，不久便身患糖尿病。柜上股东和职员也人心涣散，各找出路，在青岛的日商则趁机一齐排挤，同丰益号生意一落千丈，渐渐入不敷出。到 1940 年年初，同丰益号便彻底破产，职员、工人解散，有的回了原籍，有的成了流落街头的小摊贩，就连主要股东綦西垣之子，也只能靠在马路边摆杂货摊和卦摊维生。

同丰益号歇业后，綦官晟愁病交加，卧床不起。綦家虽然还有一定家底，但没有了经营收入来源，家大人多，还要延医、治病，坐吃山空，生活十分拮据。好不容易熬到 1949 年青岛解放，綦官晟合家迁回原籍平度县沙梁村。不久，綦官晟便因病医治无效去世，终年 73 岁。

宋雨亭

宋雨亭（1884—1951），名润霖，号甘泉，字雨亭，以字行，山东掖县珍珠乡珍珠村（今莱州市沙河镇珍珠村）人，近代著名企业家。

宋雨亭父亲宋绍松，兄弟4人，排行老二，务农兼营草帽辫生意。宋雨亭父辈分家时，其父分得房屋3间、耕地8亩。至宋雨亭弟兄分家后，宋雨亭家有瓦房19间、耕地40余亩、骡子2头、男管家1人（系雇用）。

宋雨亭8岁时在本村读私塾，勤学好问，孜孜不倦。13岁到青岛教会学校礼贤中学读书，16岁毕业后进其四叔开设的瑞记杂货食品店习商。因商店顾客中有不少外国人，为了同外国人做生意，他晚间刻苦学习英语和德语，后逐渐能用外语和外国顾客交谈。1903年，宋雨亭接任瑞记商号经理，1926年改商号为通聚福，主营草帽辫等土产，同时他还在有业务往来的怡和洋行兼任华经理。① 由于勤奋好学，善于经营和交际，宋雨亭逐渐在青岛工商界显露头角。

① 宋学奎等：《宋雨亭的家世及主要经历》，见莱州市政协文史资料委员会编《莱州文史资料》第二辑，1988年内部印行，第79～81页。

1916 年，他当选为青岛市总商会董事，开始涉足商界服务和社会公益事业。

1921 年，宋雨亭任中日合办的胶澳电气公司副总经理，上任之初便与日方经理发生了悬挂国旗之争。宋雨亭认为，公司在中国政府注册，所在地为中国领土，应当挂中国国旗，绝不应挂日本国旗。日方为使中方退让，曾多方利诱威胁，但宋雨亭丝毫不为所动，胶澳电气公司始终只悬挂中国国旗。①

1924 年年初，当时的北洋政府由直系军阀吴佩孚执政，出任青岛胶澳商埠督办的高恩洪曾任北洋政府的教育总长，对教育事业非常热心。青岛富绅和教育界人士向他建议创办青岛大学，高恩洪欣然同意，委任宋雨亭等 11 人成立校董会，负责筹备工作。1925 年，宋雨亭被推选为商务公断处处长。

在青岛工商界，商会一直起着管理协调的枢纽作用。1915 年 12 月，北洋政府公布实施《商会法》，青岛商务总会改称“总商会”，丁敬臣当选为第一届会长。1918 年，成兰圃当选为第二届会长。1920 年，成兰圃连任第三届会长。1922 年，隋石卿当选为第四届会长，并于 1924 年连任第五届会长。宋雨亭一直对隋石卿有恶感，曾联合掖县帮商人组织商业研究会，与隋石卿抗衡。1927 年 12 月，青岛总商会举行改选之前，适值胶东护军使毕庶澄被张宗昌枪毙，隋石卿因与毕庶澄为结拜兄弟而失势下台。宋雨亭在商会改选时当选为青岛总商会会长，此后他连任四届会长，主持商会事务长达 11 年之久。1929 年，南京国民政府接管青岛，公布《商会改组大纲》，商会改为委员制，主席团委员为宋雨亭等 3 人。1931 年，根据南京国民政府公布的《商会法》，青岛总商会改称“青岛市商会”，宋雨亭任主席委员。

---

① 山东省莱州市志编纂委员会编：《莱州市志》，齐鲁书社 1996 年版，第 736 页。

宋雨亭是颇谙政治的商人，因善于结交上层人物，办事有魄力，颇为当时青岛市长沈鸿烈所赏识。1933 年，沈鸿烈因东北海军三舰叛逃，本身负有一定责任，遂向南京政府辞职。宋雨亭闻知此事后，意识到事态严重且机会难得，便以商会会长的名义，召集律师公会、银行公会、新闻记者公会等九大团体和部分商界巨头，成立“青岛市各界挽留沈市长市民联合会”，然后印传单，发宣言，致电中央政府，组织市民上街游行，营造“民间挽留”的声势。不久，沈鸿烈避往威海，宋雨亭又带领 20 余人，乘 6 部汽车前往造势迎接。直到南京政府下达慰留电，沈鸿烈“不得已”重掌市政，这出挽留大戏方才落幕。① 从此他与沈鸿烈结为金兰之好，成为沈鸿烈的左膀右臂，每逢南京或济南开会，二人往往同车往返，形影不离。经由沈鸿烈介绍，宋雨亭还加入了国民党。此时，他与沈鸿烈、胶济铁路局委员长葛光庭并称“青岛三大亨”。

宋雨亭主持商会期间，以商会领袖的识见和组织联络的才能，广泛联络青岛民族工商业者，积极发展当地的民族经济，抵制日本经济扩张，使商会开始真正成为一部城市工商业的发动机。

日本第一次占领青岛时期，为了控制青岛的经济，按照日本驻青守备军的旨意，日本财团和青岛几家商行合资创办了青岛取引所信托株式会社，经营土产、钱钞、证券等物品交易。交易所名为中日合营，实际经营权为日本人所操纵，成为日本在青岛经济扩张的工具。

为了维护华商经济权益，打破日本对青岛经济市场的垄断，1931 年，宋雨亭和广东商人黄汉墀、陈明初等人发起集资筹设青岛市物品证券交易所股份有限公司（简称“青岛交易所”），以与日本人控制的青岛取引所抗衡，并呈请沈鸿烈批准。沈鸿烈当时因恐引起外交纠纷，踌躇不决。英国驻青岛领事两次到市政府，给沈

---

① 青岛市档案馆编：《青岛旧事》，青岛出版社 1991 年版，第 29 页。

鸿烈声援支持，宋雨亭等又组织店员、工人几百人到市政府请愿，递交请求书。沈鸿烈遂批准筹备，并转报南京政府备案。筹办交易所获批后，宋雨亭自己率先出资10万元认购。后来交易所共募集资金40万元，分4万股，由95家认股工商业户组成股东会，选出理事会理事15人、监察3人，宋雨亭当选为首任理事长。1931年8月，青岛市物品证券交易所股份有限公司成立，交易所筹备处设在市商会内，随即开始营业。日本人以侵害“取引所”权益为借口，屡加胁迫，要求交易所解散。宋雨亭对此毫不屈服。宋雨亭筹办交易所的行动得到了青岛商界人士的积极响应，特别是在取引所工作的中方经纪人先后退出，转入交易所，他们约定每天在馆陶路齐燕会馆进行土产现货、上海汇票等交易，同日本人抗衡。交易所生意兴隆，取引所控制的业务逐渐被其吸过来，使得青岛的商品交易与金融汇兑逐步摆脱了完全受日商操纵的局面。

1933年，市商会又发起集资50万元，在天津路兴建交易所大楼。1934年，交易所大楼落成，交易市场全部迁入。交易所内设土产、纱布、证券三个部，经营花生米、花生油、纱布、面粉等期货交易，按交易额收取手续费。1935年，交易所营业达到鼎盛，年获纯利20万元，而日商经营的取引所则人气不高，营业萧条，结果引起日商嫉恨。日商取引所理事长安藤荣次郎等人通过日本驻青领事向青岛地方当局交涉，同时雇用了大批日本浪人寻衅闹事，冲击交易所，并提出了一系列无理要求。当时，市政当局在全国反日运动的影响下，一方面对日方的无理要求据理力争，一方面又屈服于日方的胁迫，被迫同意把交易所的部分权益让给取引所，以求相安无事。①

---

① 苗润屋、失羊、润宇：《青岛取引所始末》，见青岛市政协文史资料委员会编《青岛市政协文史资料选辑》第十辑《青岛涉外足迹》，中国文史出版社1996年版，第163～164页。

七七事变爆发后，青岛的形势日趋紧张，青岛交易所遂于1937年8月停止营业。1938年1月，日本军队重新占领了青岛，日商尾随重返青岛，大肆霸占当地公私财产。青岛取引所此时恢复营业，并召集留在青岛交易所的理事刘宾廷等人，开了一个两所理事联席会议，日方代表迫令刘宾廷等人同意交易所与取引所合并。从此，青岛交易所宣告结束。

1929—1933年的世界经济危机，影响波及中国，花生米价格下跌50%，国内大批花生米不能出口，山东出产的花生滞销，青岛经营土产的近百家商号也濒临破产。为了帮助农业、商业渡过难关，宋雨亭主动联系20家土产商，筹资10万元，于1934年1月成立普利股份有限公司，自任经理，在中国银行支持下，资产抵押150万元，以合理价格收购滞销的花生米，解决了农民和土产商号的燃眉之急。后来市场出口形势有所好转，普利公司不仅还清借贷款，还有几万元的盈余。据说，当时的山东省政府主席韩复榘曾以青岛为例，斥责济南商会负责人没有胆识，不会办事。①

20世纪二三十年代，胶州湾沿海渔业为日本人所垄断，中国渔民以小船小网在近海捕捞，无法与日本轮机渔船竞争。为抵制日本轮机渔船侵渔，振兴本国渔业，1931年5月，宋雨亭发动商界集资，成立青岛渔业股份有限公司，提倡使用新式渔具，帮助渔民改用机帆船捕捞。公司购进“永安”“久安”两艘渔轮，年捕鱼量1万余箱（每箱约20公斤），青岛民营渔轮业由此肇始。此后，民族资本经营的机船渔轮业有了较快发展，1932年，通过青岛市社会局转报实业部核准登记的渔轮共77艘，其中利盛公司登记的渔轮多达10艘。渔轮全部为拖网作业，捕鱼海域跨越黄海、渤海，每船平均年捕鱼量1万箱，销售业务则委托代理行办理。1936年，

① 苑绳武、康树勋、王第荣：《爱国工商业者宋雨亭》，见政协青岛市委员会文史资料研究委员会编《青岛文史资料》第七辑，1986年内部印行，第47页。

青岛港有渔轮68艘，居山东渔轮业之首。青岛渔业股份有限公司的成立不仅使青岛渔业摆脱了日本水产组合的挟制，还迫使日本渔船的渔业生产也接受青岛渔业股份有限公司的管理。为此，日本人曾图谋暗害宋雨亭，但未得逞。

1933年，青岛市政府以调剂乡村农工金融为名，创办青岛市农工银行。所需股本10万元，除市政府认交3万元外，银行公会认交4万元（由10家会员银行分摊），商会认交3万元。5月8日，青岛市农工银行在河南路67号开业。第二年9月，迁至肥城路14号。青岛市农工银行设董事7人、监察2人，推宋雨亭为董事长，聘崔世宾为经理，在李村、沧口、九水、阴岛、薛家岛等乡区设办事处。青岛市农工银行除经营存放款和汇兑业务外，还代理市金库和发行铜元票。1934年12月，青岛市农工银行追加股本15万元，合为25万元。1936年，青岛市农工银行增设夏庄、崂东、浮山所、灵山岛办事处。七七事变后，青岛市农工银行被日伪当局视为敌性金融机构而遭查封。1939年3月，日本侵略者强行将青岛市农工银行股本移交伪大阜银行。抗战胜利后，1946年11月，青岛市农工银行获准复业，资本增至1亿元，除一般存放款外，仍代理市库，以孔祥勉为总经理、卢炳泰为经理。1949年青岛解放前夕，农工银行停业。在担任农工银行董事长期间，宋雨亭以促进民族经济发展作为银行的中心工作，形成了银行与民族经济之间的良性互动。

宋雨亭还热心于慈善公益事业，致力于从各方面扶助贫苦弱者。1931年5月，青岛市救济院成立，宋雨亭兼任救济院院长。救济院所辖有育婴堂、济良所、贷款所、习艺所、施医所等8个慈善单位，业务经费除部分由市社会局拨发外，其余均由宋雨亭捐赠或募集。1932年与1935年，宋雨亭两次当选为青岛市红十字分会会长。其间，他倡导在各地设立红十字会组织，开展救死扶伤和社会救济活动。每年从农历端午节到中秋节，红十字分会在青岛各重要路口和休息亭设饮水供应点，供行人和运输工人饮用；每年还调查登记市民中部分无力购买棉衣者，于农历十月分发棉衣、棉被。抗战胜利后至1949年6月，中国红十字会青岛分会的会长均是由宋雨亭担任，在此期间，青岛育婴堂等福利机构也是由他主持兴办的。①

1937年七七事变后，宋雨亭因遭到日军通缉，被迫携眷匿居故里，并将随行所带的汽车捐献给胶东抗日游击第三支队。青岛沦陷后，日军将其财产全部查封，并派人前往游说，以发还全部财产为诱饵，劝其出任青岛维持会会长，遭到他坚决拒绝。日军游说不成，又派伪军到其家乡抓捕。他闻讯被迫逃往上海，匿居法租界，靠做小买卖维持一家人的生计，终留得一身清白。1939年，宋雨亭当选为山东省临时参议会第一届候补参议员，积极参加抗日救亡活动，服务于抗日民族大业。为此，战后国民政府曾授予他“胜利勋章”。

抗战胜利后，青岛工商界一再致电督请他出任商会会长，他查悉内情复杂，为独善其身，坚辞不就。1946年1月，青岛市长李先良指定宋雨亭、李代芳（山东森林局局长、青岛市参议会议长、青岛华北火柴公司总经理）、尹致中等13人成立商会整理委员会，宋雨亭为商务整理委员会主席。但是，他回青后对工商界的混乱状况极为不满，对国民党当局失去信心，遂托病不肯就职，由李代芳代理主席职务。5月商会成立时，他仅接受了市商会名誉主席的空头职衔。

但宋雨亭一直想恢复当年一手创办的青岛交易所，并为此多方活动。1946年3月，青岛工商界人士召开交易所股东大会，成立了青岛交易所复业筹备处，宋雨亭、柳文廷、刘子东、田星五等人组成筹备委员会，筹办复业事宜。这时交易所已别无他物，只剩空楼

---

① 苑绳武、康树勋、王第荣：《爱国工商业者宋雨亭》，见政协青岛市委员会文史资料研究委员会编《青岛文史资料》第七辑，1986年内部印行，第44～45页。

一座，这座空楼还被国民党军队占用。筹备委员及原交易所的几位经纪人垫资法币数千万元，用以置办所需设施用品，并向国民党政府备文呈请准许复业。当时，国民党政府的官员们正忙于四处接收抢夺城市资源，根本无暇顾及工商界人士的请求。青岛工商界人士为之奔走呼号达两年之久，青岛交易所复业一事还是无果而终。

1947 年，宋雨亭出任青岛黄海水产股份有限公司总经理，但是公司并无多少实际业务。此时的宋雨亭虽想在恢复振兴实业方面有所作为，当时的社会大环境却使他处处碰壁，难以取得成效。

1951 年 1 月，宋雨亭因病在青岛逝世，享年 67 岁。

宫淑芳

宫淑芳（1878—1951），名世云，字淑芳，以字行。莱阳市姜疃镇濯村人。

宫淑芳幼年家贫，无力读书，迫于生活，10 岁放牛扛活。1897 年，他 19 岁时到青岛干建筑工。1899 年，从师学瓦工，1901 年，出徒离师，独自承包零星工程。后来承揽了青岛火车站钟楼瓦面工程。该项工程是尖顶高楼，瓦面坡度大，当时高空作业困难，无人承包。宫淑芳包下工程后，如期全部完成，赢得信誉，此后工程逐渐增多。

凭借积累的资金，宫淑芳于 1905 年在青岛芝罘路开设“公和兴工程局”（亦称“营造厂”）。德占胶澳时期，青岛正处于城建开发旺季。宫淑芳深得业主信任，承揽了多个建筑工程。1905 年至 1906 年，他先后承建市政府大楼和提督楼（现迎宾馆）的部分工程。1907 年，承建德华银行主楼（太平路旧日本使馆），后又承揽敷设广西路地下水道工程等。因屡次承包市政房屋工程，他逐渐积累起丰厚的资产。①

① 宫子谦忆述，应时珊整理：《忆先父宫淑芳创业之经历》，见政协山东省莱阳市委员会文史委员会编《莱阳文史资料》第三辑，1991 年内部印行，第 190 ~ 194 页。

1914 年日德交战期间，他赴济避难，1915 年返青重操旧业。在日本占据青岛时期，宫淑芳开办的公和兴工程局长年雇用几名日籍工程师和数十名中国职工，业务已由小包工跃升为大包工，在业界已超过了平冈、菅原、大仓、华胜等日资建筑商。1916 年，承建青岛病院主楼。1917 年，建大窑沟市场。他进而在济南经四纬六路、大连云井町分别建立公和兴分公司，承包胶济铁路的土木建筑工程，济南火车站第一大楼、济南医院、山东商业银行等工程均为其承包建筑。日本归还青岛之后，日资建筑商撤离，公和兴成为同业中的翘楚。

1918 年，随着资本的积累，宫淑芳在济南官扎营以西购地 26.4 亩，兴建济南振兴蛋粉厂。振兴蛋粉厂尚在兴建之时，济南恒丰公司（洋行代办商）总经理王星斋建议“稍添资金，以振兴蛋粉厂楼房改建面粉生产颇为适宜”。宫淑芳听从王星斋所言，在这一年与邵慎亭、王星斋等人合作，在济南投资 30 万元创立“济南恒兴面粉公司”。面粉厂的设备和安装均由恒丰公司提供，美国脑达克厂“地球”牌 30 英寸钢磨 6 部及配套设备由恒丰购来，制粉机件多由恒丰公司铁工部承做，此外还赊购了丰年面粉厂扩建替换下的英国造 180 匹马力蒸汽引擎等设备。

1920 年 10 月，恒兴面粉厂建成投产。面粉厂投产时，有员工 90 余人，其中工人 50 余人，日产面粉 1800 袋，产品以“火磨”牌行销于济南和北京、天津一带。其后，利用邻近津浦铁路和济南北货场的有利条件，铺设了直通厂内的铁路支线。恒兴面粉厂投产后获利颇丰，有次年盈利 10 万元之说。《历城县乡土调查录》（1928 年刊）称：“恒兴面粉厂资本 40 万元，年产面粉 60 万袋，工人 50 名。”关于资本额，《旧中国机制面粉工业统计资料》称恒兴面粉公司 40 万元，《济南恒兴面粉厂、济南宝丰面粉厂厂史》则载为 30 万元。①

① 济南粮食加工厂厂志办公室：《济南恒兴面粉厂、济南宝丰面粉厂厂史》，1986 年内部印行。

恒兴面粉厂投产后获利，宫淑芳见青岛尚未有机制面粉厂，便又在1923年与青岛当地巨商成通号共同出资13万元，于青岛奉天路开设恒兴面粉厂青岛第二厂。翌年9月，面粉厂开工投产。制粉楼为5层，安装6部36英寸磨粉机，日产“火磨”牌面粉1600包（约40吨），年产面粉能力60万袋。

由于种种原因，新建的青岛分厂投产后一直经营不善，亏损严重。宫淑芳为此负债累累，只好走“变产还债”的路子。青岛面粉厂系新建，弃之可惜，济南厂设备已陈旧，改造又无条件，于是宫淑芳权衡利弊，只好丢车保帅，于1927年将济南恒兴面粉厂破产变卖，以收回的资金为青岛厂还债。一个资产30万元的公司突然倒闭，一时社会上纷纷传言：“宫淑芳的小老婆打牌，一宿输了一个面粉厂。”其实，这只是好事者的猜测而已，也有可能是宫淑芳自己故意编造的流言，借以遮掩经营不善的尴尬。

济南恒兴面粉厂宣布破产后，由恒兴面粉厂债权团负责处理债务。德盛昶银号总经理李宝斋（1887—1958），征得其弟李维才（德盛昶银号经理）同意后，联合义聚隆银号总经理解宝绪、协聚泰银号总经理李祝亭等人，发起成立了宝丰面粉股份有限公司（宝丰面粉厂）。德盛昶、义聚隆、协聚泰银号为济南当时著名的三大银号。李宝斋，名维贤，潍县智浑街魏家庄人，其父在潍县东关开设德盛昶银号，李宝斋承父业执掌银号。后又在济南经二纬五路开办济南德盛昶银号。济南银号盛时有员工20余人。济南新生浴池即为李宝斋创办，后转让给李锡三经营。1929年7月18日，宝丰面粉厂以8万银元从“恒兴面粉厂债权团”购得恒兴面粉公司的厂地、建筑物、机器设备等不动产，其中土地作价8000元，恒兴面粉厂的债权人解宝绪等变成了宝丰面粉厂的股东。同年8月，宝丰面粉厂开机生产。[1]

---

① 郇起鸿编著：《天桥历史文化概览·工业卷》，济南出版社2012年版，第172～173页。

宫淑芳在变卖济南恒兴面粉厂之后，将经营重点放在青岛分厂，但青岛分厂的经营仍然未有起色，到 1929 年年底已是濒临破产。1930 年，经青岛地方法院裁决，以宫淑芳在青岛芝罘路、黄岛路和热河路的三处房产估值偿债结案。面粉厂被迫改组，宫淑芳商请友人加入资金，改组成股份制企业，易名为“恒兴面粉股份有限公司”。

1931 年，面粉厂规模逐渐扩大，年产面粉 360619 袋，总值 991990 元，输出胶州、博山、即墨、金口等地 8 万袋。1932 年，因电力漂粉机漏电造成火灾，火灾后扩建，日产面粉最多时达到 6000 袋，成为当时青岛最大的面粉厂。1935 年，面粉厂再次因经营不善，亏损严重，无法继续维持。1936 年，面粉厂被中国银行接管，更名为“中兴面粉股份有限公司”。1939 年，被迫售予日本东亚制粉株式会社。恒兴面粉厂青岛第二厂为青岛开设最早的机制面粉厂，是 20 世纪 30 年代青岛最大的面粉厂。

面粉厂改组后，宫淑芳去大连休养。1931 年，返青重整建筑工程旧业。1932 年，承建中山路上海银行主楼及商丘路仓库。1935 年，承建日本上海纱厂。1939 年到 1940 年，先后承建大康纱厂（青岛国棉一厂）和富士纱厂（青岛国棉七厂）的复厂工程。

宫淑芳秉性乐善好施，扶贫济苦，有求必应，补路修桥，惠及乡邻。据其家乡濯村村民回忆，宫淑芳兴办企业后，曾回老家为乡亲修了 5 座桥，盖了 3 个碾屋，花费 1600 银元，水泥都是由青岛运去的。后他又捐献 1500 银元，在姜疃村盖一处学校。当时濯村附近村庄贫苦农民，每年有 100 多人到青岛找宫淑芳找活干，他都予以很好的安排照顾，所以乡亲们对他都十分感激。①

---

① 宫子谦忆述，应时珊整理：《忆先父宫淑芳创业之经历》，见政协山东省莱阳市委员会文史委员会编《莱阳文史资料》第三辑，1991 年内部印行，第 190 ~ 194 页。

1944年，宫淑芳因年老无力经营，将“公和兴工程局”交给其子继续经营。宫淑芳一生艰苦创业经营近半个世纪，他目不识丁，却以个人的才能和超众的胆识，奋斗不息，从一个名不见经传的小承包商发展为山东首屈一指的大建筑商，成就了一段近代建筑业的传奇历史，在那个时代确非易事。

张干臣

张干臣（1894—1952），潍县寒亭村（今潍坊市寒亭区寒亭街道）人，民族实业家。

张干臣早在求学时期，就有振兴实业、富国强民的志向。1923年，20岁的张干臣获得表兄于均生的赞助，抱着学习外国经验、振兴国家实业的宏愿，赴日留学三年，攻读化工印染专业。毕业回国后，先任齐鲁大学教授，后又受聘任济南公立工业专门学校教务主任之职。

1925年，张干臣与同乡技师郭立平，技工马长明、王寿之在学校实习工厂搞了新法印染技术的试验。当时，他们得到潍县德信亨织布厂王绍禹支持，供应白坯布做试验。另有一家周村丝织厂也委托他们试染丝绸。经过他们的反复试验，白布、丝绸的化学新法印染都获得成功。周村丝织厂见功业告成，愿以高薪聘张干臣、郭立平等人去周村开办丝绸染厂。张干臣想到当年受表兄于均生资助留学日本，曾有“学成回国，共同振兴实业”之约，又看到潍县的织布业方兴未艾，开办染厂有着广阔的发展前景，便拒绝周村丝织厂老板的高薪聘请，返回故里，与于均生共商集资办厂事宜。

1928年，青岛双盛潍布庄董希尧集资创办双盛潍染厂，从日本引进全套机器设备，但开工试车失败，后虽经多次调试，染布效果仍不理想，最后染厂被迫停闭，向外转让机器设备。张干臣与郭立平去青岛实地察看，知道机器在技术性能上并无瑕疵，当即以1.2万元银币买回。随后又与于均生再集资3万元，购得潍城东关后门街东首土地一块，兴建厂房。[①] 在安装机器的过程中，除聘用铁、木、瓦工外，一切规划安排均由张干臣、郭立平亲自动手。他们要求严谨，一丝不苟，历时一年，工厂基本就绪。

1931年3月，工厂一次试车成功，印染出的产品质地良好，日产色布400余匹。张干臣希望祖国变得强大，免受列强欺侮，遂将该厂定名为“大华印染厂”，取“中华强大”之意，以此表达他的拳拳爱国之心。企业按股份有限公司法组成董事会，由于均生任董事长，张干臣任经理，郭立平任生产厂长。

试车生产虽获成功，但原筹集的3万元资金已经用尽，开工生产所需流动资金尚无着落。正在因缺乏资金为难之际，适逢以王文蔚（字霞亭）为首的昌邑商人拥有资金，苦于没有合适的投资方向，经人撮合，由昌邑王文蔚等商人投资3万元，共同经营。染厂获得资金支持后，又从上海添购染槽，买进棉纱，设机织布。自投产日起，机器转动正常，产品色泽光艳均匀，胜土法染布10倍，且成本低，生产效率高，1931年年底即获利2万余元。[②]

到20世纪30年代中期，大华染厂产品有“越国大夫”“三顾茅庐”“苏武牧羊”“木兰从军”等牌号，彰显了品牌的民族性，畅销全国70多个城市。张干臣对技术精益求精，所产阴丹士林布，色泽之美，质地之精，在当时已达较高工艺水平，城乡男女皆可穿用。随着印染布的行销，一时间穿士林布风靡四境，久盛不衰，改变了当地劳动人民只穿青衣粗布的历史。[③] 受大华印染厂的影响，潍县、

---

① 庄维民：《近代山东市场经济的变迁》，中华书局2000年版，第398页。

② 宋伯良：《潍县最早机械染布企业——大华染厂》，见政协山东省潍坊市潍城区委员会编《潍坊市潍城区文史资料》第二辑，1986年内部印行，第25页。

③ 寒亭区工业志办公室：《大华染厂的奠基人张干臣》，见山东省政协文史资料委员会编《山东工商经济史料集萃》第一辑，山东人民出版社1989年版，第74~75页。

元聚、信丰等机器染厂相继成立，潍县印染业跃居华北之冠。这一时期，在棉布市场，各种色布十分畅销，原有的手工操作土染坊远远不能适应，现代化的机器印染布遂成为市场主要交易商品。

随着工厂效益的提高，股东间利益分配上的分歧也随之产生。公司成立之初，王文蔚只是原则同意所得盈利按东七西三分劈，怎样分劈并未具体规定。因此，在分红中张干臣与王文蔚各执己见，几经商讨，互不相让，只得分伙。基于两帮股东股本相等，两帮股东对半分劈红利，设备归张干臣等人，王文蔚抽走入股资金及应得红利，去济南另办利民染厂。为解决大华染厂正常生产所需资金的不足，经董事会决定，除将所得红利转为资金外，所需资金由留下的股东凑足，工厂继续经营。①

继王文蔚之后，厂长郭立平也因对分红不满，离开染厂与他人另行办厂。分拆后，张干臣召其弟张汉三为经理，负责全厂经营管理业务。张汉三善交际，能讲一口流利的日语。他通过当时的中国银行、交通银行获得资金扶持，更议定所染布匹交中国银行仓库存放，成品入库即可贷款，布匹销出由银行代收货款，如此循环利用资金，既便利又保险，不受市面资金头寸影响，生产经营更是蒸蒸日上。

张干臣所创办的大华染厂开创了当地华商创办染织厂的先河，发挥了良好的示范作用。不到十年，相继办起的有信丰、德聚、隆丰、大丰等七八家染厂。青岛、济南的染织业商人也到潍县设立了元聚、利丰染厂。潍县生产的坯布质量好、价格低、货源充足，染成各种色布更具竞争力。青岛的阳本染厂就曾到潍县设点，大量放机加工坯布，放机台数几乎与潍县各染厂的放机总量相等。色织品

---

① 宋伯良遗稿，陈景蕃整理：《大华染织工厂》，见政协山东省潍坊市潍城区委员会、学宣文史委员会编《潍城文史资料》第十辑《潍县老字号》，2001 年内部印行，第 28 页。

上市出售前需要压光整理，轧布业也随之发展起来，或为染厂加工，或购买已染色布加工后自己出售，均能获利。

自1931年开工至1936年，是大华染厂经营的兴盛时期，企业获得了不少利润。1936年结算，董事会决定将部分利润转为资金，资金为9万元，账面实收为86200元，因种种原因终未凑足。染厂曾数次向国民党政府申请注册为“股份有限公司”，但终未获批准。①

1938年1月，日军侵占潍县，张干臣面对日商的扩张压迫，与之抗争周旋，竭力使大华印染厂不至于停工，但在市场销路受阻的情况下，工厂元气已伤。1945年8月，国民党军占据了潍县城，张干臣竭尽全力保护企业不受损失，想方设法以图恢复生产，但经不住苛捐杂税和物价飞涨之苦，残喘数月，最终还是被迫停产。

1948年春，潍县解放，大华印染厂才得以恢复生产和经营。此时，因张干臣携眷迁居济南，遂由原董事长于均生之子于梦巘等人租用大华染厂设备开办泰兴染厂。1950年，染厂由政府投资实行合营，改为新生染厂，后合并于信丰染厂。

1952年，张干臣病逝。张干臣一生探索实业救国，努力将办厂设想付诸实施，几经坎坷，创办大华染织厂，成为山东机器印染业的创始人，对于近代机器印染业的发展具有开创之功。

---

① 宋伯良：《潍县最早机械染布企业——大华染厂》，见政协潍坊市潍城区委员会编《潍坊市潍城区文史资料》第二辑，1986年内部印行，第25页。

杨子生

杨子生（约1880—1953），山东蓬莱县（今蓬莱市）城里人，中国民族染料工业的创办人。

杨子生幼年因家境困窘，小学毕业后就去东北奉天（今辽宁沈阳）学做生意，在当地一家洋杂货商号当学徒。他生性机敏，办事勤谨，为店主所器重。他在商号总共待了7年。德占青岛时期，他离开奉天到青岛创业。1904年，得店主资助，他与人合伙在青岛桓台路开办杂货店，后因店铺失火而歇业。1906年，杨子生回乡募集资金，投资1万元，在青岛山东路开设福顺泰商号（即后来中山路盛锡福帽店址），专营欧美舶来货物，杨子生为经理。经过多年经营，其家业逐渐发达，并在济南开设了分店。

1919年年初，福顺泰驻日本国职员张忠卿回国述职，谈及一次世界大战爆发以来，因欧洲主要染料输出国德国忙于战事，德国国内主要染料生产企业转产军火，染料产量锐减，再加上协约国对德封锁严重，海路运输不畅，导致了各国国内进口染料受阻，价格飞涨。欧洲战事结束后，因染料供应国德国战败，且青岛为日军占领，市场供应仍无缓解迹象。所以，他建议杨子生介入染料生产。

杨子生认为张忠卿的建议可取，遂遣张忠卿赴日聘得日本人光田麟治（又名光田麟次）到青岛谋划染料生产事宜。1919年年中，杨子生审时度势，毅然出资2万银元，购置所需设备，租用青岛台西镇5253号民房（今市南区团岛二路处）设厂，取名“维新化学工艺社”，雇用十几名工人从事染布、织扎腿带及煮青（俗称“膏子青”，硫化染料的早期品种）的生产。

1919年9月，维新化学工艺社正式开业，标志着中国第一家化学合成染料生产企业诞生，也标志着中国化学合成染料工业的诞生。在染料奇缺、供不应求的情况下，维新化学工艺社生产的“丹凤”牌煮青因包装小、价格低、应用方便，受到农村与城镇普通居民的欢迎，很快销至胶济铁路沿线地区，一时间沿线城乡莫不知有“丹凤青”者。

维新化学工艺社开业后，先后聘得日人光田麟治、儿岛熊吉、前原亥角三人为技师，负责煮青生产技术。煮青生产工艺非常简单：先将石炭酸（苯酚）硝化，制得三硝基酚（苦味酸），此反应约2小时，此后以大豆油为助剂将硫磺、硫化碱溶融物与三硝基酚反应，保持温度逐渐上升至250℃，精制得膏状硫化青。再以膏状硫化青与硫化碱混合浓缩制成煮青（亦称“改性硫化青”），从而改变了膏状硫化青只溶于硫化碱而不溶于水的特性，方便了用户染色之用。此合成工艺虽然简单，但日本技师绝不示人，就连前期操作也在秘室中进行，只是到了后期操作时才让工人参与操作。日本技师在前期操作中，将制得的三硝基酚称为“白料子”，将硫磺、硫化碱溶融物称为“黄料子”。工人们在后期合成中，只知道“白料子”加多少，“黄料子”加多少，根本不知道这些“白料子”“黄料子”为何物，许多老工人直到离开工厂也还蒙在鼓里。

维新化学工艺社在台西镇开业不久，周围居民即深受其害。该社在生产过程中，由于设备、工艺落后，硝酸烟、硫化氢气体等有毒有害废气四溢，邻近居民家中金属器皿被熏成黑色，尤其是维新社位于团岛前湾边负责生产三硝基酚的合成一部，污染尤甚。1921年秋，日本守备军在团岛架设无线电台，很快天线就被维新化学工艺社所冒烟熏黑腐蚀，影响到电台通讯功能，于是日军强令工厂停工。

停工后，维新化学工艺社即委托日本技师儿岛熊吉，与日军守备军民政部交涉，获准租得原四方村北山一路（现北山二路22号址）土地80余亩（折合8056平方米），计划将工厂搬迁。是年冬，儿岛熊吉居功自恃，提出生产染料之原料购自日本，维新社应由日本人经营的主张。当时为日占时期，迫于青岛为日军占领的大环境和日方的压力，杨子生遂聘儿岛熊吉为维新化学工艺社经理人，并由儿岛熊吉加入股份2000元金券（折合银元6000元）。

1922年春，维新化学工艺社迁址四方，舍染织而专事染料制造。台西镇工厂旧址后由杨子生长子杨文申开办了福字胶皮工厂（即今双星集团前身）。迁址后，维新化学工艺社添置蒸汽密封夹套反应设备，污染减轻，产量上升，并以固相氧化法生产碱性染料甲基紫。工厂生产的“双桃”牌煮青染料使用方便，很受小型染坊和家庭的欢迎，畅销华北广大农村，生产规模开始逐渐扩大。

第一次世界大战结束后，德国染料资本失去了中国市场的主动权，中国民族资本趋于活跃，但仍处于幼稚阶段。日本国内的染料生产企业有着极强的对外扩张欲望，尤其对中国市场更是垂涎已久。1934年秋，日本规模最大的染料生产企业——帝国染料制造株式会社（简称“帝染”）开始谋求在华投资办厂，其首选目标即定在与维新化学工艺社合资办厂上。在儿岛熊吉的“牵线”下，帝染多次与杨子生联系，要求其同意合作。杨子生虽有顾虑，但在儿岛陈述利害、百般威胁利诱下，不得已而最终被迫同意。是年秋末，维新社与帝染达成了合资合作协议。1935年6月，中日双方合资合作进入实质性阶段，日方帝染投入16万日元，中方维新社作价4万日元，将维新化学工艺社改组为股份有限公司，名称正式变更为“株式会社维新化学工艺社”，社长由儿岛熊吉担任，并由帝染在日本东京发行股票。

1935年秋，帝染拟将粉状硫化青染料生产能力扩大，再度在东京发行股票，使株式会社维新化学工艺社资本总额增至50万日元，并增制粉状硫化青。是年末，社长儿岛熊吉向国民政府青岛当局领租了四方村奉化路公地2公顷73亩又36公厘为新厂区，租期30年。

1937年7月7日，七七事变爆发。同月28日，日本政府派船接走在青侨民，株式会社维新化学工艺社日方人员暂返本土。

1937年冬，日本侵略军进攻青岛在即，国民政府青岛市当局命令在撤退前将本市日办、中日合办企业悉行破坏，株式会社维新化学工艺社亦在其中，且为主要目标，原因是该企业具有民用转军用的潜在价值，可成为制造炸药和生产军用染料的良好基地。国民党军拟就了以炸药爆破方式摧毁株式会社维新化学工艺社方案。此方案为毗邻株式会社维新化学工业社从事骨胶生产的“骨头房”（现国箭公司前身）德国人老板知晓，他知道若爆破株式会社维新化学工业社，势必影响到自己工厂，遂出面阻止，说服国民党当局改用其他方式进行。于是，国民党当局遂改爆破为火焚，并立即组织实施，使株式会社维新化学工业社陷入火海之中。火焚方式对厂房建筑、原材物料造成毁灭性打击，但对当时粗重的机器设备损伤并不严重。

1938年1月，青岛沦陷后，日本人返回，复建被国民政府撤离时焚毁的厂房设备等，重新恢复了生产和对维新化学工艺社的控制。到1939年年末，株式会社维新化学工艺社实有资本金已增至100万日元，并拥有了上海和天津两个分工场，产品品种除煮青、甲基紫和硫化青外，又增制了硫化碱，年总产量达到350多万公斤。于是，帝染再度将株式会社维新化学工艺社更名为“维新化学工业株式会社”（即维新化学工业股份有限公司），日方持股79万日元，中方持股21万日元，其中，杨子生持有18万日元。社长改由帝染总裁原安三郎兼任。此局面一直维持到抗战胜利，帝染入主维新社达11年之久。

1945年8月13日，日本即将投降的消息传至青岛，杨子生闻风而动，组织人员车辆趁厂内日本人混乱之机，从维新化学工业株式会社向福顺泰商号抢运染料，以图维护自己的权益。8月15日，日本天皇宣布无条件投降后，杨子生继续抓紧抢运，两天共运出各种染料66吨多，并于9月12日至28日间抛售25吨多，得钞（日伪币）1519.5万元。后来，此举成为维新社被整体没收拍卖的罪证之一。

国民党政府接收青岛后，山东青岛区敌伪产业处理局、敌伪产业审议委员会等机构开始接收、核定、处理青岛的敌伪资产。12月15日，青岛区敌伪产业处理局委托经济部鲁豫晋区特派员办公处接收维新化学工业株式会社，该社上海、天津分工场也于此后被相继接收。到1946年5月，国民党政府开始调整有关经济政策，撤销了原有接收、处理敌伪产业机构，将事务移交给所在地的敌伪产业处理局，但在撤销前，必须依据《标售敌伪工厂暂行办法草案》进行“清理”拍卖。青岛维新化学工业株式会社亦在此列。鲁豫晋区特派员办公处向山东青岛区敌伪产业处理局呈报的《标售工厂建议表》中，对维新化学工业株式会社作了如下描述：“查该厂规模宏大，设备完善，不特冠冕青岛，即在国内亦罕。”后经处理敌伪产业审委会核定拍卖底价为74.2亿元法币。11月27日，青岛维新化学工业株式会社被国民党中央信托局德侨产业清理处以75亿元法币购得，更名为“青岛维新化学厂”。企业开始沦为官僚资本，杨子生和维新化学厂的资本联系就此终结。

杨子生等人创办的国内首家化学合成染料生产企业——青岛维新化学工艺社，从1919年到1949年，历经沧桑，几易其名，艰难地走过了三十年。在此期间，日本资本染指过，官僚资本染指过，三十年的生存发展艰辛曲折，到1949年青岛解放时，仅有员工95人，工厂已连续三年处于停产半停产状态。

然而，从维新化学工艺社到青岛维新化学厂的三十年历程中，这家民族“染料第一厂”派生出的“桃李”却在济南、青岛扎根。早在1920年秋，维新化学工艺社驻日本职员张忠卿即因与经理人杨子生发生矛盾而离开维新厂，后赴济南开设了“裕兴颜料股份公司”，同样生产经营煮青染料。1928年，维新化学工艺社第二任驻日本职员陈介夫，利用维新化学工艺社中的中日双方人员关系紧张的局面，依靠日本山佐银行襄理刘鸣卿的支持，集资3万银元，在湖岛村开设了“中国染料股份公司”，并以月薪400银元将维新化学工艺社技师前原亥角聘走，亦产煮青。这两家染料工厂的创办，体现了维新化学工艺社对染料工业产生与发展的影响。

张廷阁

张廷阁（1875—1954），山东掖县（今莱州市）人，近代中国著名的实业家。他先后创办了双合盛啤酒汽水厂、面粉厂、制油厂、双皮革厂、奉天航业公司及兴记航业公司等企业。

张廷阁生于掖县石柱栏村，幼年家境贫寒。家中兄弟四人，排行第二。他天资聪颖，幼入私塾读书，成绩颇佳。1891年，父亲去世，他被迫辍学务农。1896年，告别家人，与本家侄子张天纲及其他几个同乡青年一起闯东北。

当时在山东流民中，流传着“闯崴子，拾金子”的说法，“崴子”系指海参崴。初到海参崴的张廷阁身无分文，后经张天纲介绍，进入一家叫作“福长兴”的菜馆学做生意。聪明伶俐的张廷阁，经过三年的勤奋学习，不仅深谙生意经，而且还学会了一口流利的俄国话。在生意交往中，他结识了双合盛杂货铺的掌柜兼同乡郝升堂。在郝升堂的多次邀请下，1899年前后，张廷阁离开福长兴，加入双合盛杂货铺。①

---

① 吴玉忱：《爱国的实业家——哈尔滨双合盛无限公司总经理张廷阁》，见元仁山、王德馨主编《中国资本主义工商业的社会主义改造·黑龙江卷》，中共党史出版社1991年版，第482页。

郝升堂是掖县柳行村人，柳行村离石柱栏村只有几里路远。1889 年，郝升堂邀请同乡方来云入伙，在海参崴开设了一个小型杂货铺，立号“双合盛”，取“双人合资，财源茂盛”之义。后因经营无起色，方来云退出双合盛。方来云抽资退股后，郝升堂就劝说李梦令、杜尚志入股，双合盛由开业时的二人合资变成三人合资，资本金额也由开张时的 2000 卢布增至 4000 卢布。加入双合盛后，张廷阁同几个店伙也加入了一些股金，既是店伙，又做股东，这时的双合盛已有 7 人的股份。① 张廷阁受到郝升堂的信任和器重，经营上的大事，郝升堂总是让张廷阁出谋划策，大宗交易也交给他洽谈。张廷阁凭借通晓俄语和灵活的经商本领，很快就做成了几笔大生意，于是郝升堂又委任他担任双合盛的副经理，授予他全权经办双合盛的一切经营业务。②

张廷阁担任副经理后，双合盛资金更为充足，实力大增，不仅在海参崴租地建楼，设立分号，扩充营业项目，而且还在莫斯科、大阪、横滨、香港、新加坡等地派驻人员，直接与当地厂商建立进货关系，并通过洋行中介，同英国、德国的厂家签订了长期订货合同。从此，双合盛由一个杂货铺发展成为零售兼批发呢绒、绸缎、日用五金等门类齐全的大型百货商号。生意兴隆之后，张廷阁的社会地位和名望也随之提高，加之热心公益，1914 年，他被推举为海参崴中华总商会会长，经常与俄国当局交涉，竭力维护华商的合法权益。

张廷阁经常接触一些外国实业家，受到欧美重实业、轻商业的思想影响，早有弃商业办实业的念头。早在 1901 年，双合盛就从海参崴向哈尔滨的义合成杂货店投资 5 万卢布，在哈尔滨有了一个

① 金宗林：《张廷阁其人其事》，见政协黑龙江省哈尔滨市委员会文史资料研究委员会编《哈尔滨文史资料》第二辑，1983 年内部印行，第 19 ~ 20 页。

② 曹随等编著：《啤酒之星》，中国轻工业出版社 1992 年版，第 4 页。

落脚点。[①] 1913 年，张廷阁在黑河开设了一家分号。黑河盛产黄金，但金矿交通十分不便，日用品短缺，分店设立后常常由海参崴、哈尔滨两地寄货由其出售。货出手后又从当地廉价购买黄金，由可靠的伙计带到哈尔滨。这样一方面推销海参崴和哈尔滨的货物，一方面用低价购买黑河黄金，不但获取了利润，还储备了大量的黄金。

19 世纪末，啤酒开始在上海、北京、天津、青岛等通商口岸和大城市出现，仅上海从英、德、美等国输入的啤酒，每年就达 700 多吨。敏锐的外国商人预见中国有可能成为啤酒销售的广阔市场，于是在沿海一些城市兴办啤酒厂。受外商影响，国内的一些民族资本家也纷纷开始建立啤酒厂。

1914 年，张廷阁买下了瑞士人在北京开办的啤酒汽水厂，建立双合盛啤酒汽水厂。该厂生产的五星牌啤酒，酒液清亮透明，泡沫洁白细腻，具有明显的酒花香和麦芽香，口味纯正，且价格低廉。1926 年，在当时工商部国货展览会上，五星牌啤酒一举夺标，并在巴拿马国际博览会上获奖。[②] 几年之后，五星牌啤酒不仅行销全国，而且还在香港、澳门及东南亚各地打开了销路。双合盛 1928 年获纯利 7 万余元，1930 年 12 万元，1931 年 20 万元。[③]

北京双合盛啤酒汽水厂是张廷阁回国投资的第一个企业，五星牌啤酒行销海内外，不仅获得丰厚的利润，同时也赢得了广泛的赞誉，为双合盛整体品牌的推销打下了基础。

哈尔滨是整个东北地区的工商业中心和主要农产品集散地，而

① 吴玉忱：《爱国的实业家——哈尔滨双合盛无限公司总经理张廷阁》，见元仁山、王德馨主编《中国资本主义工商业的社会主义改造·黑龙江卷》，中共党史出版社 1991 年版，第 483 页。

② 颜坤琰、桑志樵编著：《啤酒趣话》，世界知识出版社 1993 年版，第 35～39 页。

③ 吴广义、范新宇：《中国民族资本家列传》，广东人民出版社 1999 年版，第 147 页。

面粉业、榨油业是经济支柱。一战前后，国内盛行“实业救国”，东北地方当局对哈尔滨的制粉业采取保护措施，促其发展。

1916年，张廷阁在哈尔滨以25万卢布买下俄商地烈金火磨，创办双合盛制粉厂。双合盛在买进制粉厂时，生产能力刚刚达到日产3.3万公斤，所产的红雄鸡牌面粉曾在欧洲面粉展览会上获奖。工厂在经过简单的检修后，1916年1月正式开工生产，日产量增至4.85万公斤。其时，正值第一次世界大战，日、俄两国都到中国东北地区采购军粮，加之国外面粉输入的中断和俄国政府对中俄边境贸易限制的取消，哈尔滨制粉业在市场上所受到的外来压力和限制不复存在。哈尔滨面粉业不仅恢复了在东北南部和俄国边境地区的市场，而且还深入到了直隶、山东和俄国等地。张廷阁见此机遇，又增添了机器设备，使日产量上升到7.28万公斤，较买下工厂时增加了一倍。①

尽管双合盛制粉厂的产量成倍增加，面粉仍供不应求。于是，张廷阁决定继续扩大生产。1928年，他从德国、瑞士购进先进的制粉机器，并修建新厂房，于1930年年底投产。这时，双合盛制粉厂共有27盘机器碾，在哈尔滨制粉业中，它不仅设备最先进、机器最多、产量最大，而且产品质量最好、信誉最高、名声最响。

双合盛制粉厂经张廷阁三次从德国、瑞士购进动力机、洗麦机和干燥机等先进设备加以改造，成为哈尔滨制粉业中机器设备最先进的一家，有效地提高了面粉质量，最高日产量达1万袋（22万公斤），资金增至247万元，是哈尔滨民族资本集团中的首富。②

双合盛油坊最初是张廷阁以12000元大洋的价格购入的一个小油坊，经过简单地修整后，于1920年开工生产。当时哈尔滨制油

① 金宗林：《张廷阁其人其事》，见政协黑龙江省哈尔滨市委员会文史资料研究委员会编《哈尔滨文史资料》第二辑，1983年内部印行，第24~25页。

② 哈尔滨市地方志编纂委员会编：《哈尔滨市志·民政　侨务》，黑龙江人民出版社1994年版，第252页。

业正值大发展时期，经营情况颇佳。张廷阁在油坊开工后，又逐年增添了一些机器设备，日生产力达到1.7万公斤。但是，双合盛油坊仍属双合盛各企业中最小的一个工厂（仅有40盘油榨），在全市制油行业中也只是一个中小户。所以，各股东都不大重视油坊的生产情况，但张廷阁却没有因为油坊小而放松对它的管理。1928年，哈尔滨的油坊总数曾达42家，经日军的洗劫，到1932年仅幸存9家，双合盛油坊仍在其中。虽然在日军统治时期，双合盛油坊曾断断续续地停产多年，但双合盛凭借资本雄厚，油坊一直没有倒闭。①

双合盛皮革厂是张廷阁转办工业后唯一自己动手兴建的企业。民国初年，张廷阁在考察国内工商业情况时，曾去张家口一带考察毛皮业情况，产生了创办皮革厂的念头。1920年，张廷阁请来俄国高级建筑工程师阿德尔，经过考察，选中了哈尔滨东郊松花江南岸圈儿河附近作为兴建双合盛制革厂的基地，共投资170万元大洋。

皮革厂开工初期，由于进口皮革充斥市场，产品销路不畅。张廷阁在皮革滞销时就令其转产，生产一些皮大衣、毡帽头、毡靴等应时大路货，保证了皮革厂的生产任务，仅1929年一年，皮革厂就获纯利93万余元伪币，成为当时双合盛各企业中最赚钱的工厂。②正当该厂产销两旺的时候，厂房却于1930年失火，损失惨重。幸亏该厂曾在三井保险公司投保，得到了60多万元赔款，又经多方筹集资金，于1932年春夏之交将厂房修复。但这时日军又占领了哈尔滨，人心惶惶，难以复工。再加上当年夏天松花江江堤决口，双合盛因地势低洼成了一片汪洋，几乎陷入绝境。好在厂内的机器性能好，张廷阁在大水过后组织人力抢修机器，竟然仍能使用。到1935

① 曹随等编著：《啤酒之星》，中国轻工业出版社1992年版，第9页。

② 金宗林：《张廷阁其人其事》，见政协黑龙江省哈尔滨市委员会文史资料研究委员会编《哈尔滨文史资料》第二辑，1983年内部印行，第27页。

年，双合盛皮革厂在大难之后复工，两年即盈利200万元伪币。

随着企业兴旺发达，张廷阁开始在航运事业上投资，建立了两个航运公司。

1924—1939年，双合盛承办了十几年的松花江航运事业。1924年，奉系军阀张作霖曾为收回内河主权，下令一律禁止外国轮船在松花江航行。同时，张作霖电召张廷阁、王魏卿（东亚轮船公司经理）、马希圣（大同粮栈老板）去奉天商讨收买俄人索斯金公司的轮船。当时，张廷阁无意出资买船，但张作霖指定由双合盛等三家公司联合接办索斯金航业公司。张廷阁没有办法，只好照办，而且还要出50%的资金。

公司当时买进的船共有4条火轮，其中青岛号最大，500匹马力；威海号最小，200匹马力；烟台号和济南号各为300匹马力。买进的拖轮共有12条，分别以十二生肖命名，载货吨位400吨至1000吨不等。随后，成立了奉天航业公司，张廷阁任经理，账房设在双合盛，公司业务由双合盛代管。该公司自开办以来，沿江运输货物繁忙，连年获利。据当事人杨云程回忆，仅两年的时间就收回了全部投资。从1927年正式营业至1939年被日军强制收买这12年间，航业公司共盈利197万元。张廷阁见航运业有利可图，于1927年又投资（也是三人合资）买了钢牛、富江、江元、江享4条客船与拖轮，成立了兴记航业公司。①

当时松花江航权恢复，航运无外国轮船竞争，但航商们互相争夺货源，水运市场混乱。东北航务局屡次同哈尔滨各航商集议，倡导联合，实行航运的统一管理，减少开支，增加盈利。这一主张很快得到航商的支持。1927年12月13日，由官商7家航业联合组成了新的航业机构——东北联合航务局。双合盛也加入东北联合航务

① 金宗林：《张廷阁其人其事》，见政协黑龙江省哈尔滨市委员会文史资料研究委员会编《哈尔滨文史资料》第二辑，1983年内部印行，第27～28页。

局，张廷阁任常务董事。东北联合航务局营业年年盈余，后又兴办东北商船学校、航务传习所、东北造船所、东北水道局等，为发展黑龙江民族航运业做出了重要贡献。1930 年后，东北联合航务局继续扩大联合，并于 1931 年 4 月正式成立，由官商 57 家、船舶 290 艘组成的哈尔滨官商行业总联合局开始营业。[①] 自此，哈尔滨航运业正式走上统一营运、共同获利的发展之路。

此外，张廷阁还兴办了规模较小的工厂，并经营房地产，双合盛名下的房产遍布东北及北京等地，共几十处，每年净房租就有几万元的进项。

正当双合盛企业处于全盛时，日军侵华，双合盛企业遭受沉重打击。1932 年年初，日军占领了哈尔滨。不久，双合盛无限公司被迫改名为“合名会社”。日伪当局对张廷阁采取了政治上拉拢、经济上限制、资财上勒索的手段。张廷阁则虚与委蛇，消极抵抗，竭力保存实力。日伪除让张廷阁仍留任哈尔滨总商会会长之外，还先后给他挂上伪“满洲国发明协会哈尔滨支部长”“滨江省实业银行董事”“东亚经济恳谈会满洲本部评议员”“滨江省整备委员会委员”“哈尔滨松江胶合板株式会社社长”等头衔。

尽管张廷阁利用其社会职务及影响与日军周旋，但仍逃脱不了企业被宰割、被掠夺的厄运。1938 年，日伪把东北制粉厂统统划归伪满洲国产业部管理。同年 10 月，又成立伪满“制粉联合会”，规定各厂生产的面粉要统一由其定价收购，不得自行出售。此后，还公布了《小麦及制粉业统制法》，主要内容是各地小麦由各粮谷会社收购配给各制粉厂，各厂生产的面粉由专卖署收买，这样东北的制粉业从原料的采购到产品的销售全部被日伪控制。双合盛制粉厂的产量日减，开始出现前所未有的亏损局面。1939 年，伪满政府将内

---

① 黑龙江省地方志编纂委员会:《黑龙江省志·交通志》，黑龙江人民出版社 1997 年版，第 840 页。

河航运权收归“国有”，双合盛管理的奉天航运公司、兴记航业公司被日本南满洲铁道株式会社用低价强行收买。不久，日本又低价强行收买了硬化油设备。此外，日伪当局还巧立名目，公开勒索双合盛的流动资金 240 万元，以兜售股票、推销公债等手段强行向双合盛摊派所谓防水利民公债 80 万元、国防献金 20 万元以及拖欠加工费 60 万元，使双合盛总计损失资金 400 万元，约占其全部资本的 36%。如果加上航业和精油设备的损失，双合盛的家当损失了几乎一半。[①] 太平洋战争爆发后，日军以军需为名，加紧经济控制和掠夺，先是要向双合盛派驻顾问，之后又以“合营”为名，企图抢占双合盛。张廷阁均巧妙利用自己的社会影响，或推或拖，虽然有时不得不做些无伤大局的妥协，但最终保住了双合盛。

张廷阁为了保住双合盛的产业，采取转移资金、增添不动产等办法，逃避日伪的掠夺。在日伪统治初期，他秘密地将 94 万余元现大洋分两次汇往上海汇丰银行。接着，借划出北京啤酒厂单独经营的机会，又拨出 57 万元的流动资金给北京。此外，张廷阁还有意缩小生产规模，大量购买了房产。[②] 双合盛虽基本上保住了自己的企业，但由于流动资金损失殆尽，偌大的一个双合盛仅能维持生存，这样的境况一直持续到哈尔滨解放。

哈尔滨光复后，由于资金不足，双合盛靠借款来维持生产。1946 年 2、3 月份，双合盛制粉厂逐渐开工生产，但由于资金和原料严重不足，日产量仅 4500 袋。同年 4 月 28 日，东北民主联军解放了哈尔滨。在民主政府的帮助下，双合盛制粉厂渡过了资金不足的难关。在解放战争期间，双合盛制粉厂为民主政府加工面粉，进入了

① 吴广义、范新宇：《中国民族资本家列传》，广东人民出版社 1999 年版，第 150 页。

② 吴玉忱：《爱国的实业家——哈尔滨双合盛无限公司总经理张廷阁》，见元仁山、王德馨主编《中国资本主义工商业的社会主义改造·黑龙江卷》，中共党史出版社 1991 年版，第 484 页。

建厂以来最繁忙的时期，日产量达 1 万袋以上。1947 年，双合盛皮革厂租给了人民解放军东北军区后勤部①，双合盛制油厂从 1948 年开始部分为政府加工豆油，1949 年后全部为国家加工。1948 年，人民政府贷给双合盛制粉厂粮食数万斤，解决了该厂的困难，该厂生产逐渐好转。双合盛是当时最早为政府加工订货的私营企业之一。

张廷阁与其他民族资本家一样，是在极不情愿的情况下接受为政府加工订货的。因为工厂自产自销所获得的利润要远高于为政府加工订货。如双合盛制粉厂 1951 年自产自销面粉利润每袋为人民币 1.34 元，而为政府加工面粉利润仅为 0.044 元，相差 30 倍以上，所以资本家都想方设法加大自产自销部分。在 1951 年以前，双合盛制粉厂有一定数量的自制面粉，所以张廷阁对加工费多少不甚计较。待到 1951 年政府对双合盛制粉厂实行指定地区、限量购买原料的措施后，使其自产自销的原料受到限制，迫使双合盛制粉厂非为国家加工不可。在“五反”运动初期，张廷阁认为“五反”就是国家向资本家要钱，托病不参加运动。“五反”后，制粉厂的自产自销部分被取消，获取高额利润的路子被堵塞。

“五反”运动使张廷阁的资本主义经营思想受到强烈的冲击，再加上年事已高，“五反”后他对企业的经营管理不再过问，一切事情都交给高级职员，坚持了几十年的亲自检查面粉质量的做法也放弃了。1954 年 1 月 24 日，双合盛制粉厂发生火灾，一个好端端的工厂毁于一旦，张廷阁半生心血付诸东流。在火灾后不久，张廷阁就病逝在哈尔滨，终年 79 岁，走完了一个实业家的人生道路。②

张廷阁为人正派，没有不良嗜好，平时很少抽烟喝酒，也没有

---

① 吴广义、范新宇：《中国民族资本家列传》，广东人民出版社 1999 年版，第 151 页。

② 吴玉忱：《爱国的实业家——哈尔滨双合盛无限公司总经理张廷阁》，见元仁山、王德馨主编《中国资本主义工商业的社会主义改造·黑龙江卷》，中共党史出版社 1991 年版，第 485 ~486 页。

什么个人爱好，不看戏，不看电影，有时看看旧小说，早起在院里散步，晚上听女儿弹钢琴。通常只有两件事能使他高兴，一是买卖做成了，一是看见工人干活。

张廷阁虽然已是拥有千万元的双合盛无限公司总经理，但一直保持创业初期的节俭习惯，有时甚至使人觉得他是个吝啬鬼。在家庭生活方面，他严格控制开销，从不奢侈，也不讲排场。他家里只雇了一名做饭的大师傅，没有佣人，家务活大都由张廷阁的妻子邹德馨干，粗活由一个双合盛的老家人干。张廷阁的妻子死后，张廷阁的三女儿张霭林操持家务。她花钱有些大手大脚，买奶油一次就买10斤，张廷阁看了很不高兴，后来他就自己上街去买奶油，一次只买半斤。①

在一些社交场合，张廷阁也不讲排场，有时使人觉得与他的身份不相称。一次，他去参加社交活动，进去后，侍员为他脱衣挂帽。按惯例要付小费，别人出手就是5元、10元，张廷阁却只给了5角钱。在这种场合，张廷阁给钱很少能超过5角。老同事们有时说他："像你这样的知名人物，又是全哈尔滨闻名的有钱人，几个小钱也计较，太失身份了吧。"他不以为然地说："钱也不是大风刮来的，花要花在正地方，我最看不惯死要面子、穷摆谱的人。"②

张廷阁很有正义感和民族感。他既是一个爱国的资本家，又是一个慈善家。他热心于社会事业，做了很多有益于祖国和民族的事。

早年在海参崴，张廷阁曾担任中华总商会会长，为维护旅居海参崴的中国商人利益做出了贡献。1918年，张廷阁当选为哈尔滨市公议会议员。1923年，任哈尔滨总商会会长。1926年，他与其他中国籍议员一道，在哈尔滨市公议会第78次会议上，同把持市公议会大权的俄籍议员进行斗争，最终改组了市公议会，成立了临时自治会，并当选

---

①② 杨云程：《张廷阁与双合盛制粉厂》，见全国政协文史资料委员会编《中华文史资料文库·经济工商编》第十二卷，中国文史出版社1996年版，第763～764页。

为第一届自治会会长。哈尔滨市自治会的成立，结束了帝俄残余势力长期把持哈尔滨市政权的局面，是中国人在自己国土上行使主权的重要标志。1926 年，张廷阁当选为东三省特别区商会会长。在此期间，他利用自己的职务之便以及社会名望，做了很多有益于民族的事情。

在哈尔滨，张廷阁热心支持各项爱国运动。1925 年，上海发生五卅惨案，他捐现款和面粉救济上海工人。1931 年年底，“江桥抗战”即将爆发之际，张廷阁率先以无名氏的名义捐款捐物支援马占山抗日。战争爆发后，他又多次捐赠大批款项和物资，声援抵抗日军。

张廷阁不仅积极支持抗战，同时还热心慈善事业。1948 年夏，哈尔滨市政府对哈尔滨慈善总会、世界红卍字会滨江分会、满洲白卍字会慈善总会等较大的慈善团体进行改组，于同年 9 月 1 日组成了哈尔滨市社会事业协会，属民办公助性质，由 30 余名热心社会事业的地方人士组成理事会，张廷阁任会长。1950 年，哈尔滨市社会事业协会由 65 名理事组成第二届理事会，张廷阁任理事长。有一次，金少山到哈尔滨为灾民义演，张廷阁破天荒地去听了一回京剧，其实他主要是为了做善事，并不是真的为了听戏。

在红十字会发起的多次救济灾民的捐款中，张廷阁都匿名捐赠了大笔款项。1936 年，他担任哈尔滨慈善总会会长，办起了乞丐收容所、妇孺救济所和惠黎小学，并在每年冬季设厂施粥，救济灾民。他还集资建造了一座电影院，取名“慈光电影院”，用电影院的收入作为办慈善事业的经费。①

（徐　畅）

① 吴玉忱：《爱国的实业家——哈尔滨双合盛无限公司总经理张廷阁》，见元仁山、王德馨主编《中国资本主义工商业的社会主义改造·黑龙江卷》，中共党史出版社 1991 年版，第 484 页。

傅华亭

傅华亭（1898—1954），原名正舜，巨野县城西姚店村人，曾在冯玉祥部任军需处处长、兵站总监。后任河南省财政厅厅长、陕西省企业公司总经理、天津市财政局局长、北平市财政局局长、北平唯一面粉厂总经理。1948 年，他加入中国国民党革命委员会。

傅华亭出生于一个农民家庭，自幼读私塾近 8 年，后又入财政专科学校学习 4 年。1918 年，未满 20 岁的傅华亭便开始在冯玉祥统率的西北军中任军需官。因其思维敏捷、工作勤奋，加之豪爽淳朴，与上下级关系相处融洽，他连续得到提拔，历任北洋陆军第十六混成旅军需官、第十一师军需官、国民革命军第二集团军总部军需主任等职。1926 年 9 月冯玉祥五原誓师之后，在国民革命联军西进南下途中，傅华亭曾于 1926 年 12 月 4 日被冯玉祥委派接任陕西长武县知事。任内他“关心民情，敢拒上峰”。次年，调任长安县县长，为南京国民政府时期第一任长安县县长。傅华亭从政时间虽短，却负有为国民联军征集军需的使命。1927 年，国民革命军第二集团军在豫东、鲁南与张宗昌奉鲁军、孙传芳直军决战过程中，时任总司令部财政处处长的傅华亭，与贾玉璋、魏宗晋等人一起被冯玉祥委派负责军队被服粮草工作。据冯玉祥《我的生活》一书中记载：“（当时）除枪械外，被服粮秣则派贾玉璋、傅正舜、魏宗晋等负责，亦都准备停当，使无匮乏。”后来，冯玉祥对其将校团训话时曾这样评价傅华亭：“办理军需有年，从未闻有一舞弊自肥之事。”所以，1927 年 6 月冯玉祥担任河南省政府主席后，任用傅华亭为河南省财政厅厅长。

1928 年至 1930 年间，傅华亭历任道清铁路局局长、财政军需学校校长、陕西省军粮局局长、省盐务局局长、兵站总监等职务。

傅华亭一生信奉实业救国。1927 年至 1945 年抗战胜利，傅华亭曾先后担任河南省政府委员兼财政厅厅长、天津市财政局局长、兼任陕西省企业公司总经理（七七事变爆发后）、北平市财政局局长（抗战胜利后）等职务。在抗战前后乃至新中国成立后，他相继创办或参与创办过多家公司企业，其中比较著名的有济南电灯公司、中国益群烟草公司、陕南裕华实业股份有限公司、北平电灯公司、北平唯一面粉厂等。

济南电灯公司创办于 1934 年。当时，在外漂泊多年的傅华亭回到了故乡山东，从此开始将其多年来创办实业的打算付诸实施。他筹集了部分资金，在济南创办了济南电灯公司，并任总经理。由于他熟悉财务工作，具有丰富的理财经验，又因其待人温和，平易近人，在办企业公司方面显示出卓越的组织才能。正是因具有这样的才干，1936 年 6 月，傅华亭被西北军著名爱国将领、时任天津市市长的张自忠调任天津市财政局局长，兼任晋冀察绥区统税局局长。

中国益群烟草公司创办于 1942 年 5 月，由傅华亭与友人李子锡（字百朋）、孙绍宗、阎干卿、谢西林、王自珍、陈焕麟、朱沛畲、李笠候、毛虞岑、马彦翀、贾玉璋等人入股 100 万元法币，在西安玉祥门内香米园 37 号开办。初由李子锡任经理，傅华亭等人任董事。1944 年 9 月，李子锡任期届满，改由傅华亭继任经理。他们从重庆购买新式制烟机 3 部，每日生产卷烟 7 箱（每箱 5 万支），全年按 10 个月生产，年产卷烟 2000 箱，产品有“喜鹊”“青门”“美影”“大鹰”四个品牌。其中，“青门”牌卷烟质量最好，可以与当时另一著名品牌“潼关”媲美，行销西北各省。公司成立初期，盈利丰厚，但从抗战末期开始，战局频变，交通不时隔阻，烟叶、香精、甘油、盘纸等原材料采购困难，公司惨淡经营至 1948 年 7 月被迫停业。

陕南裕华实业股份有限公司（简称“裕华实业公司”）于 1943 年在陕西略阳县创办，由傅华亭与王荫吾、刘次枫、胡省三、高佩之、韩海门 6 人组成董事会，傅华亭任董事长，推选崔席珍任经理。陕西省企业公司派遣省主席的胞弟张乃芳为裕华公司特派专员。其后，鄂陕甘边区警备司令祝绍周也出资入股，汉中行政督察专员魏席儒则接手招股事宜。公司共筹集股金 20 万股（每股票额 100 元）。1944—1945 年间，由王荫吾接任董事长，继续招股经营。

北京唯一面粉厂创办于七七事变爆发前，傅华亭时为股东。抗战胜利后，担任北平市财政局局长的傅华亭出资将该厂赎回，自任总经理。当时，傅华亭在西北军任职时的同乡谷良民也向唯一面粉厂投了资。由于傅华亭经营有方，生产规模不断扩大，面粉厂很快成为北平市面粉行业的佼佼者。1950 年，唯一面粉厂又率先实行了公私合营。

七七事变爆发后，日军侵占了华北地区，并继续南下扩张。国土沦陷，民族危机，具有强烈爱国心的傅华亭毅然决然地辞去了各种社会要职，奔赴抗日前线，投入抗日斗争。他先是担任由二十九军扩编的第一集团军总部驻郑州办事处处长，负责该军后勤、联络工作。原二十九军师长张自忠从北平化装逃出日军魔掌后，经济南、烟台去南京，旋被蒋介石委任为五十九军军长，于 1937 年 12 月从南京乘车前往汉口。张自忠到达郑州时，受到了傅华亭的接待。其后，傅华亭投入到张自忠将军指挥的第三十三集团军，担任该集团军驻陕办事处处长，负责部队给养工作，同时兼任陕西省企业公司总经理。

抗战胜利后，傅华亭回到北平，先后担任了北平市财政局局长、北平市机制面粉业同业工会理事长、北平市粮食市场整理委员会主任委员、北平电灯公司经理、北平市唯一面粉公司总经理。1946 年，北平市 122 个同业工会整改，成立了北平市商会。1947 年 4 月，由 16 个行业公会共同成立了北平市工业工会。1948 年 9 月，国民党政府已濒临崩溃，经北平市社会局指示，由市商会和市工业会理事、监事共同协商，推举傅华亭、刘一峰、滕子超、刘忠霖、杨绍业等 5 人组成北平市商会整理委员会，并推举傅华亭为北平市商会会长主持会务。

在担任北平市商会会长期间，傅华亭最大的贡献就是代表北平市工商界的利益，与其他民主人士共同推动了北平的和平解放。

1949 年 1 月 15 日天津解放，北平成为一座孤城，民众祈望和平之声愈高。同日，在傅华亭为代表的北平市商会、北平市工业会及其他民众团体的推动下，华北人民和平促进会宣告成立，文化界名流何思源等人应邀参加，而傅华亭则以北平市商会代表参与了华北人民和平促进会的组织筹办工作。1 月 16 日，华北人民和平促进会推派代表赴香山访晤叶剑英，商谈和平解决北平问题。代表有何思源、周炳琳（欧美同学会会员）、何海秋、王乔年、梁秋水、刘宏瑞、卢其然、冯莲溪、张宝万、傅华亭、马振源等 11 人，从而加快了北平和平解放的进程。

1951 年 7 月 17 日，在北京市工商联第一届第一次执委会上，傅华亭当选为主任委员。1952 年 6 月，全国工商联筹备代表会议在北京举行，傅华亭当选为工商联筹委会副主任委员。1954 年 6 月 4 日，傅华亭因突发脑出血去世，享年 56 岁。

（刘晓焕）

宋棐卿

宋棐卿（1898—1956），名显忱，山东益都（今青州市）人。他创办的东亚毛呢纺织股份有限公司（下文简称“东亚公司”），先后生产毛线、麻袋、医药等产品，在与洋货激烈竞争中，不仅夺回了部分市场，而且形成了独特的管理理念、企业文化。可以说，在近代鲁商中，宋棐卿属于最具企业家精神的实业家。

一

宋棐卿先后就读于广德书院、齐鲁大学和燕京大学，1918 年赴美国留学，入西北大学商学院，专攻商科。大约 1921 年回国后，协助其父宋传典打理“德昌洋行”，经营地毯、发网、帽子以及各种出口土产，附带做长途汽车、呢绒进口生意，并在天津、青岛创办德昌贸易公司。同时鉴于国内毛线需求旺盛，洋货充斥，还在济南德昌洋行内开设毛纺部。由于缺乏办厂经验，误购粗纺机，加之所雇德籍技师失策，结果所出毛线质量低劣，没有销路，以失败告终。1926 年，宋棐卿再次出国，前往欧美各国考察，在各大毛纺工厂实习，刻苦研究各国纺织技术、营业方法、管理经验，对世界工商大事及毛线事业的情形颇有心得，对其后来办厂帮助极大。[①] 1927 年

① 安岗：《东亚毛呢纺织公司创办者——宋棐卿先生访问记》，见安岗《安岗新闻通讯集》，广西人民出版社 1986 年版，第 17 页。

回国后，宋棐卿又遣派弟弟宋宇涵赴英国专攻毛纺技术，等待时机东山再起。

1928 年济南发生五三惨案后，宋棐卿认为山东易受外敌威胁，于是将德昌洋行营业重心移并于天津德昌贸易公司，为创办毛纺厂积累了资金。虽然第一次创办毛纺织业失败，但是宋棐卿并没有气馁，再办企业的念头从未中断或放弃，到 1932 年条件终于成熟了。首先，自 1928 年移师天津后，宋棐卿逐渐立足于此地，为他兴办毛纺织厂提供了有利条件，作为华北最大的商埠，天津水陆交通方便，水、电、煤供应充足，另外它还是江北羊毛集散中心，原料供应充足。其次，1931 年宋宇涵学成归国，为办厂提供了可靠的技术保障。第三，九一八事变后全国抵制日货运动高涨，国货畅销。于是，1932 年 4 月 15 日宋棐卿正式创办了东亚毛呢纺织股份有限公司。关于公司名称，宋棐卿原想起名“寰球”“福华”“中华”等，但考虑“寰球”寓意称霸全球，而企业的实力还达不到，后两个名称又限于国内，体现不出公司要使产品打入国际市场的雄心壮志。于是经过反复研究，最后定名“东亚”，意即不仅要使产品行销全国，而且要在东亚、南亚市场上独占鳌头。①

东亚公司坐落于天津意大利租界五马路第 59～61 号，紧靠海河，占地面积 15 亩，内有仓库和一座连地下室三层的小楼，仓库改为厂房，小楼作为办公室，地下室则作为职员宿舍，月租金 1200 两白银，租期 10 年。② 东亚创办资本 23 万元：宋棐卿、宋宇涵各 5 万元，韩复榘儿子韩嗣燮 10 万元，赵子贞 3 万元。其中，宋棐卿兄弟和赵子贞的资本由德昌两台粗纺机折价而来，后来宋

① 陈秀文、宋毓瓒、张国勋：《东亚的“抵羊”牌毛线和抵羊碑》，见政协天津市文史资料委员会编《天津文史资料选辑》第 81 辑，天津人民出版社 1999 年版，第 140 页。

② 马侠夫：《宋棐卿和东亚公司》，见山东省政协文史资料委员会编《山东文史资料集萃》（工商经济卷），山东人民出版社 1993 年版，第 159 页。

棐卿又把天津德昌贸易公司七八万元资金也投入了东亚。[1] 东亚初创时期，股东14人，董事会由宋棐卿、赵子贞、宋宇涵、徐燕珊（前大总统徐世昌的侄子）4人组成，宋棐卿任总经理，赵子贞、宋宇涵为副经理，全厂职工250人。

东亚公司开业后，先利用从济南运来的粗纺机生产800号和831号机织单股粗纺毛线，委托针织厂织成毛衣销售；同时生产地毯线，并招揽加工洗羊毛等生意，以维持筹备时期的开支。1932年秋季，所订英国两套480锭绒线机先后运到，订购的澳洲毛条原料也大批进厂，开始生产“抵羊”牌毛线。起初，这种毛线由于线条不均、颜色暗淡、质量不好，成本又高，远不能和英国“蜜蜂”牌毛线相比，因此在市场上滞销。后来工厂增添了新机器和部分零件，更换了进口毛条原料，又调整了操作方法，加之工人技术日渐熟练，精心细做，产品质量明显提高，逐渐能与“蜜蜂”“学士”毛线媲美，个别品种甚至还超过以上两个牌子，十分畅销。[2]

在“抵羊”牌毛线获得市场认可的同时，东亚公司受到了来自国内外同业的挑战。先是生产“蜜蜂”牌毛线的英国博得运公司，派代表专程到天津和宋棐卿谈判，劝宋棐卿做“蜜蜂”牌毛线的总经销，并保证利润远远高于自产毛线所得，但是宋棐卿严词拒绝了英国人的建议。继而1934年天津又有祥和毛织厂开张，生产“飞艇”牌毛线，力图与东亚一比高下。经过一年的残酷竞争，宋棐卿打败了对手，把祥和变成东亚公司第一分厂。此后东亚又推出了“孔雀”牌、“五羊”牌、“骑羊”牌等多品种、多规格毛线。

宋棐卿鲸吞祥和之后，就积极筹划建立新厂，扩大生产。恰巧

---

① 天津社会科学院历史研究所编：《天津历史资料》第20期《天津东亚毛纺公司史料》，1984年内部印行，第9页。

② 赵子贞：《天津东亚毛呢公司创办前后》，见政协天津市文史资料委员会编《天津文史资料选辑》第九十五辑，天津人民出版社2002年版，第108页。

此时孙桐萱正想在天津大量购置房产出租，宋棐卿商得孙桐萱同意之后，由孙桐萱出资建厂，租与东亚，按一分计息。1935 年 4 月，东亚购得英租界墙子河外洼地 40 余亩，开始动工，耗资 90 余万元，至 1936 年 7 月 15 日新厂落成。新厂集厂房、办公楼、职工宿舍、俱乐部、运动场等各种现代化设施于一体，蔚为大观。新厂落成后，宋棐卿又增购机器，陆续将前纺、后纺、洗染三大工段的设备全部添齐，并增添了毛织部和针织部，生产驼绒及游泳衣、毛内衣、花毛衣等高档针织品。①

随着工厂规模扩大，东亚毛纺产品的产量也直线上升。1932 年毛线仅为 10 万磅，1933 年上升为 60 万磅，1934 年又提高至 90 万磅，1935 年更增加至 120 万磅，1936 年上升至 145 万磅。据 1935 年财政部门统计，当时国产毛线总值 340 万元，东亚一家就占 300 万元。到 1936 年，东亚毛线占国产毛线产量的 89%，占全国毛线消费量的 36.1%，总的市场占有率近 30%。企业职工人数达 450 多人。② 东亚公司利润增加也十分惊人，据统计，1933 年至 1937 年历年利润分别为 87189 元、132243 元、132383 元、187989 元和 60592 元。③ 与此同时，东亚公司还在北平、上海、济南、烟台、重庆、长沙、南昌、汕头等地增设了经理处，在全国城镇的代销处多达 650 多家。④ 至此，短短四年时间，东亚就迅速成长为中国毛纺业的巨人，宋棐卿也成为著名的毛纺织企业家。

① 杨天受、李静山：《宋棐卿与天津东亚公司》，见中国人民政治协商会议全国委员会文史资料委员会编《文史资料选辑》第四十九辑，中国文史出版社 2001 年版，第 145 页。

② 孙大干：《天津经济史话》，天津社会科学出版社 1989 年版，第 327 页。

③ 天津社会科学院历史研究所编：《天津历史资料》第 20 期《天津东亚毛纺公司史料》，1984 年内部印行，第 67 页。

④ 沈祖炜、杜恂诚主编：《国难中的中国企业家》，上海社会科学院出版社 1996 年版，第 268 页。

二

1937年7月29日，天津沦陷，东亚公司虽然地处租界，战火没有波及，尚能正常生产和营业，但是日伪当局经常以调查为名，对东亚公司进行威胁刁难，意在投资合营，攫取利益。于是，宋棐卿利用曾经在宋传典所办的德茂花栈中当过伙计的日本人木原定光，与日伪虚与委蛇，由其与日本三井、三菱洋行打通关系，订购其羊毛，给以厚利。同时，又与日本正金银行开户往来，才获得一时苟安。

1939年9月第二次世界大战爆发以后，因英国限制澳洲羊毛出口，东亚公司原料缺乏，营业惨淡。复以1939年华北洪水泛滥，天津遍罹水灾，民生凋敝，百业停滞，东亚公司业务更加深受影响。为了摆脱困境，宋棐卿一是计划转产麻袋业，二是争取重庆国民政府的支持。于是，1940年初春，宋棐卿与副理陈锡三携伴南下，转道上海，准备前往印度，考察印商经营麻袋厂的经验，调查麻品供应情况，订购纺制麻袋的机器。在沪逗留期间，他们听说中国银行仓库有一套上海银行委托怡和洋行处理的英制麻袋机器，便撇开怡和洋行，直接找到上海银行，按原价购买了机器。

因为战争阻滞，宋棐卿前往印度考察麻袋业的愿望落空。于是，他和陈锡三又从上海转道进入四川，经张伯苓介绍，面见了孔祥熙、宋美龄。宋棐卿回天津后，通过上海租界与重庆政府取得联系，由上海批给外汇换取进口原料。重庆财政部还电令上海海关监督总署转知各地海关，对“抵羊”牌毛线继续给予国货免征出口税及转口税优待。国民政府此举使东亚公司在抗战初期渡过了难关。

1940年秋末，宋棐卿在上海购买的纺织麻袋机器运抵天津，订购的印麻也陆续进厂，经过安装、调试，年底正式出货。因为印麻泛绿色，纺线亦然，所以产品叫作“东亚大绿线”。东亚公司先用印麻，后来又用国产青麻编织麻袋。此时欧战正酣，印度麻袋进口滞涩，东亚公司不断改进工艺，麻袋质量稳步提升，年产200余万条，深受市场欢迎。全国原来“抵羊”牌毛线经销家，有的要求兼销麻袋，有的要做经纪人，有的干脆改成麻袋庄，东亚所产麻袋畅销全国。

1941年太平洋战争爆发后，日军接管了天津英法租界，东亚厂房被日军视为敌产，加以接管。日军经常派员查看股东名册，检查账目，百般刁难。同时派日本人阿山隆介担任东亚公司顾问，驻厂监督营业，并派日军翻译王则民经常下厂监视。在日军严密控制下，东亚公司自主权极小，利润微薄。宋棐卿的应对之策是千方百计敷衍日军。例如，增加股东及职工的物资分配，逢假必放，消磨时间，压低产品产量，加大产品成本等。在日本实行产品限价时，尽量将产品转移到经销家名下，或运往上海租界，再设法转销，并设后账，逃避征税，暗保资金。①

1943年，日军对毛、麻原料统制日趋紧张，毛麻织业前景暗淡，宋棐卿当机立断，上马医药工业。为此他网罗了一批制药技术人才，购买现代化制药机器，以改进西药、提炼中药和制造化学原料为号召，募集股金2000万元（伪准备钞），成立东亚化学厂，于1944年9月开工生产西药，各种产品的平均年产量高达15万管（盒）。产品问世以后，销路良好，尤其是脑得康、克蛔宁、止痛片、咳嗽糖等最受医药界和患者的欢迎。东亚化学厂虽然存在时间不长，但它不仅满足了市场急需，而且对维持东亚毛纺公司的整体经营起了重要作用，使东亚公司得以在日伪政权的压榨及侵扰下坚持下来。②

日军看出宋棐卿不愿与之真心合作后，怀恨在心。1943年7月19日，日军宪兵队闯入东亚公司，命令宋棐卿把绒线车间的机器交给日军，作为支持日军所谓“献铜献铁活动”的具体表现，但是宋棐卿义正词严地拒绝了这一无理要求。于是日本宪兵队以“破坏大

① 天津社会科学院历史研究所编：《天津历史资料》第20期《天津东亚毛纺公司史料》，1984年内部印行，第132页。

② 沈祖炜、杜恂诚主编：《国难中的中国企业家》，上海社会科学院出版社1996年版，第272页。

东亚圣战”和“行贿皇军”为罪名，逮捕了宋棐卿、陈锡三等人。日军将宋、陈等人押解到北平日本宪兵司令部，并且扬言要将东亚暂停不用的毛纺机器全部拆走，存货充公。其时正值盛夏，气候炎热，宋棐卿在狱中对前来探望的人说：“只要能保留住东亚公司的房产和机器，其他一切在所不惜。不要为我个人的安危分散力量。”①后来公司被迫送给日本宪兵队一批毛线产品，机器幸获保留。9 月 2 日，宋、陈获释，返回天津，事情终于了结。

1944 年日军节节败退之际，由其控制的“战区麻产改进统制会”屡次通知东亚公司填报库存产品和原料，以便日军征调。但是宋棐卿采取拖延战术，迟迟不报。5 月 17 日，宪兵队以“抗拒合作”为名，到东亚公司进行搜查。宋棐卿对此已有防备，他除早将一部分产品、原料分散转移外，还将厂里的一些好羊毛深藏在杂羊毛堆内，使日军无法看到。在账目上设立后账，逃避日军检查。日本宪兵一无所获，恼羞成怒，临走时将负责业务经营的副理王新三以及会计、文牍、营业三部主任萧宝山、刘文田、赵锡田逮捕。王新三等人在押期间，日军每日提审威吓，百般凌辱。后来公司派人去宪兵队送礼，并以低价卖给战区麻产改进统制会一部分物资，王新三等人始得放回。②

此外，为了逃避敌伪经济迫害，宋棐卿于 1944 年还设立了福隆行和新中商行，这两个商行表面上与东亚公司无关，实际上是为东亚公司服务。福隆行专售东亚公司委托加工的产品，同时为东亚公司探听市场动态，帮助东亚公司转移产品，在黑市转销或交换物资，借以逃避敌伪压榨。③ 新中商行除执行与福隆行同样的任务外，还经

---

① 李静山：《忆近代纺织实业家宋棐卿和东亚公司》，见政协天津市文史资料委员会编《天津文史资料选辑》第 101 辑，天津人民出版社 2004 年版，第 96 页。

② 方兆麟：《“抵羊”领袖宋棐卿》，见天津市政协文史办编《近代天津十大实业家》，天津人民出版社 1999 年版，第 199 页。

③ 闻史：《“抵羊牌”毛线与天津东亚毛纺厂》，载政协天津市委员会文史资料研究委员会编《津门老字号》，百花文艺出版社 1992 年版，第 233 页。

销东亚公司麻袋、西药等产品。另外，新中商行还招收东亚公司职工投资，代替职工做私人买卖，此举既是为了防止职工余资外流，也是为了避免职工因经商而影响生产。1945 年春天，宋棐卿又增设广信行，经营东亚股票。股票市场行情变化极大，遇到行情有下跌趋势时，广信行即大胆收购；行情看涨时，又大量抛出。在这一收一抛中，不仅赚得差价，而且使东亚股票在市场上活跃起来，有利于公司维持经营。①

在与日伪当局苦苦周旋 8 年之后，东亚公司终于在 1945 年 8 月迎来了抗战胜利。对于这 8 年历史，宋棐卿在 1947 年东亚公司成立 15 周年时总结道："抗战期间，本公司处于沦陷区域，首当其冲，抱定胜利终属我人之信念，忍辱负重……当时环境之恶劣，既难于形容""总括而言，威逼有之，污辱亦有之，种种经过之艰难非笔能罄"②。尽管历尽磨难，东亚公司通过种种敷衍、迂回的方法，总算挣扎着在夹缝中生存下来，也算是一个奇迹。

三

抗战虽然胜利，然而东亚公司却没有迎来春天。

首先，原料匮乏，产品滞销。日本投降时，东亚公司所需毛麻原料来源均告中断，并且当时外汇未定，无从向国外定购，生产一落千丈。此后虽有一批所谓"救济物资"，但又均被官僚资本捷足先登，东亚公司几经交涉，才分得少许，勉强开工。这时美商古绅洋行趁市场缺货之机，利用粗纺机纺制粗劣的"熊猫"牌毛线，以低价与东亚公司竞争，东亚公司处境艰难。同时东亚化学厂所产西药受到严重冲击，产品滞销，不得不于 1946 年春天停办。

---

① 马传友：《我所了解的宋棐卿和东亚毛纺公司》，见山东省政协文史资料委员会编《山东工商经济史料集萃》第一辑，山东人民出版社 1989 年版，第 38 页。

② 钟祥财：《中国近代民族企业家经济思想史》，上海社会科学院出版社 1992 年版，第 312 页。

其次，敲诈勒索，明抢暗夺。抗战胜利后，东亚公司仍然遭受来自各方的种种敲诈和掠夺。例如当初投资东亚公司并出资建厂租与东亚的孙桐萱，战后派员来津向东亚公司商借巨款，遭到宋棐卿拒绝。孙桐萱恼羞之余，在意大利租界挂出“中亚企业公司”招牌，故意与东亚公司为难。后来孙桐萱又以“生产促进会”的名义，进行勒索，要求清算8年的租金和股息红利，并且控告宋棐卿是汉奸，致使宋棐卿一度被拘押。又如国民党天津社会局、警察局、稽查处等机构，借口各种名目，多次敲诈勒索。再如，当解放军围攻天津时，国民党军队借口军用，向东亚强征青麻20万斤、麻袋20万条，虽然经过多次交涉，结果仍然征走2.5万条麻袋。

第三，工潮迭起，影响生产。由于宋棐卿提倡“劳资一家”，东亚公司劳资关系原本十分融洽。但是抗战胜利后，国民党于1945年在天津成立了工联会，社会局劳工行政科科长刘畏吾、国民党市党部委员苑宝磺和李海山、贾如松等人经常出入东亚公司，拉拢一部分工人。11月15日，他们又成立了御用黄色工会，经常向公司发难。

最后，严重通胀，局势动荡。抗战胜利后，尤其是全面内战爆发后，国民政府为了筹措战争经费，无限制发行法币，造成严重通货膨胀，到1948年8月，法币发行额比1937年增长47万多倍，物价则上涨7200余万倍，对企业生产造成巨大的负面影响。同时，由于国民党战败几成定局，宋棐卿又不了解中共政策，何去何从，难以抉择。

面对上述困局，宋棐卿采取了以下措施应对：

首先，联络官府，结交官员。抗日战争胜利后，宋棐卿请天津商会会长兼河北省银行总经理姬奠川出任东亚公司董事长，通过姬奠川的关系得以与国民党华北军政首要李宗仁、孙连仲、张廷谔等结交，以张其声势，求得庇护。天津市党政要人如杜建时、时子周、陈仙洲、曹强以及“中统”甘舍棠等人，宋棐卿也都拉上了关系。

1947 年，宋棐卿借东亚公司建厂 15 周年纪念的机会，邀请孔祥熙、蒋廷黻、谷正纲、翁文灏、孙连仲等党政军要人及津地各界人士参加庆典。经此一番努力，宋棐卿的社会地位提高了，图谋算计他的人，也渐渐销声匿迹。孙桐萱虽是一个硬对头，但经国民党天津市党部负责人时子周出面调解，也不再和宋作对。1947 年 9 月，宋棐卿加入 CC 系控制的天津恒大企业公司，并担任董事，与官僚资本拉上了关系。[①] 同时，由于与政府建立了密切联系，工潮也很快得以化解。

其次，改组公司，扩大规模。为了应对危机，1947 年春天，宋棐卿利用东亚公司成立 15 周年纪念之机，再次改组公司，将天津东亚毛呢纺织股份有限公司改名为“天津东亚企业股份有限公司”，广泛招股，资本增至法币 3 亿元。宋棐卿计划在毛纺织、麻织厂、化学品厂之外，新开 7 家企业。他信心十足地表示：“吾人探望本公司今后之十厂计划，能贯彻以前未尽之主张。今后志者在集中全力，图谋发展，希能为国家尽工业建设于万一也”。[②] 遗憾的是，尽管宋棐卿豪情万丈，但是当时的环境不允许他有所作为，他的计划只是一场空想而已。

最后，转移资产，保存实力。为了逃避抢购和通货恶性膨胀的影响，保存实力，宋棐卿将东亚历年积累的公积金和机器折旧准备金等共 69 亿余元（约合港币 150 万元），以偷梁换柱的方式，向上海、台湾、广州等地发货，高价抛出，变款逃汇香港，一部分资金换回原料，一部分资金作为基金在香港建立分公司纺织毛线。1946 年，宋棐卿派宋宇涵前往香港办理建厂事宜，港厂于当年底出货，并且很快打开了销路。1948 年 8 月，国民党滥发金圆券，

① 中国社会科学院近代史研究所中华民国史研究室编：《中华民国史资料丛稿·人物传记》第十五辑，中华书局 1982 年版，第 90 页。

② 钟祥财：《中国近代民族企业家经济思想史》，上海社会科学院出版社 1992 年版，第 313 页。

冻结物价，酿成空前的抢购风潮，东亚毛线和毛衣也属抢购物资，国民党士兵伤员成群结队地蜂拥到东亚公司及其门市部强购。于是，宋棐卿利用外轮将东亚公司大批产品暗地运往上海、广州、台湾等地，按黑市价格脱手。① 据估计，当时逃汇到香港的钱相当于现在人民币 100 万元以上。另外，宋棐卿本人的部分现金也买成毛线发往南方销售，然后逃汇香港，存于分厂，作为分厂的流动资金，估价有人民币 100 万元左右。同时，宋棐卿还将东亚机器、货品都在英商太古公司保险，将保险单存在香港，并将厂内机器图纸统统装箱运港保存。②

1949 年 1 月 15 日，天津解放。4 月 21 日，刘少奇去东亚视察，指出资本主义剥削在一定历史条件下有进步性，鼓励宋棐卿继续办厂。宋棐卿深受鼓舞，不仅表示愿意留下开工生产，而且向刘少奇汇报了扩大生产的计划。新中国成立以后，宋棐卿当选为第一届全国政协委员、政务院财政经济委员会委员。由于对中共工商业政策产生误解，1950 年，宋棐卿再去香港，称病不归。晚年，宋棐卿流落阿根廷，处境不佳，郁郁寡欢，于 1956 年客死异邦。东亚企业公司 1954 年参加公私合营，其时价值人民币 540 万元，股东 10000 余人，职工 1800 余人，产品除毛线外，增加了驼绒及针织品类、麻袋、西药、化妆品等。现在的天津东亚毛纺厂就是在东亚公司基础上发展而来的。

四

宋棐卿具有丰富、成熟的企业管理理念，在募集资本、重视人

① 闻史：《“抵羊牌”毛线与天津东亚毛纺厂》，见中国人民政治协商会议天津市委员会文史资料研究委员会编《津门老字号》，天津人民出版社 1992 年版，第 234 页。

② 天津社会科学院历史研究所编：《天津历史资料》第 20 期《天津东亚毛纺公司史料》，1984 年内部印行，第 132 页。

才、追求质量、灵活经销、善待职工等方面都有独特的建树，其中最有特色的当属其企业的灵魂——“东亚精神”。

所谓“东亚精神”，是指东亚公司《厂训》《公司的主义》《厂歌》《东亚铭》《东亚精神》以及《东亚声》等所提倡的价值观念、行为准则，目的是使全体职工能够更好地为公司、为国家、为社会服务。其中《厂训》高悬于公司大楼山墙之上：

己所不欲，勿施于人。
你愿人怎样待你，你就先怎样待人。

公司饭堂正墙左侧悬挂着《公司的主义》：

以生产辅助社会进步。
使游资游才得到互助合作。
实行劳资互惠。
为一般平民谋幸福。

公司饭堂正墙右侧是1934年创作的《厂歌》：

东亚毛织公司巍然永存东亚，完全国人资本，工厂规模宏大，毛呢纺织出品，精美益求精美，销行南北东西，服务社会国家。东亚员工爱护东亚，精诚团结不分上下，打起无畏精神努力纺织生产，共期早日复兴我中华。可叹我国年来生产处处落后，洋货大量倾销，利权无限外漏，东亚全体员工，爱国岂敢后人，携手工业途上，齐心向前奋斗。东亚员工爱护东亚，精诚团结不分上下，打起无畏精神努力纺织生产，共期早日复兴我中华。

《东亚铭》是格言式的单篇幅文件，内容包括东亚公司的“主义”和做事为人的准则，分别悬挂在各办公室。职工每人一份，规定要挂于各人家中，作为座右铭。并规定《东亚铭》必须置于职工案头，经常熟读，牢记在心。全文如下：

一、主义：人无高尚之主义，即无生活之意义。事无高尚之主义，即无存在之价值。团体无高尚之主义，即无发展之能力。国家无高尚之主义，即无强盛之道理。

二、公司之主义：我们要实行以生产辅助社会之进步。使游资游才得到互助合作。我们要实行劳资互惠，为一般平民谋求福利。

三、做事：人若不做事，生之何益？人若只做自私之事，生之何益？人若不为大众做事，生之何益？人若只为名利做事，生之何益？若无事做，要我做甚么？若无艰难之事做，要我做甚么？若不服务社会，要我做甚么？若不效忠国家，要我做甚么？

四、为人：能做事者必不怨天尤人，怨天尤人者必不能做事。若人才必不谄上骄下，谄上骄下者必非人才。

五、人格：不忠于己者焉忠于人？不忠于夫妇者焉忠于友？不忠于亲族者焉忠于社会？不忠于家者焉忠于国？公而忘私者我们要师法。先公后私者我们要征集。先私后公者我们要规劝。有私无公者我们要力戒。

六、尽责：事成而又不获罪于人者为理想之人才。事成不得已而获罪于人者为有用之人才。事不成而仅因不获罪于人者为无用之人。事不成而又获罪于人者为危险之人。不待命令而自动工作者为中坚分子。等待命令而即工作者为忠实分子。接到命令而懒于工作者为无用分子。有令不做反讥做者为是非分子。

七、功绩：有功而不以为功者谓之真功。有功而以为有功者谓之夸功。无功而以为有功者谓之争功。无功而谤他人之有功者谓之嫉功。

八、过失：从心无过圣贤也。闻过则改君子也。闻过不改庸人也。闻过则怨小人也。

九、耶稣圣训：不要受人的服侍，乃是要服侍人。①

上文只是公司宣教“东亚精神”的部分“教材”，此外，东亚还在厂内四处书写标语，如职工饭堂墙上书写着中英文对照的八个大字：“军事纪律、基督精神。”公司还编印许多刊物、小册子、讲义一类的东西，具体阐述如何工作，如何为人，如何尽责，如何正确对待功过，如何看待劳资关系，如何自觉地遵守劳动纪律等。宋棐卿还请心理学家何清儒编写了《东亚精神》一书，作为职工的必读书。该书分甲、乙两种，向职员宣讲甲本，向工人宣讲乙本。1946 年，开始出版内部刊物《东亚声》半月刊，根据《东亚铭》的原则编写各种文章。例如以劳资互惠为题，文章说明“劳方就是资方，双方原属一体”“要想民主，必先自治”“享受福利，要牺牲私利”“金钱报酬不是工作的唯一目的”“自己作自己的管理人”“努力胜于天才”等道理。

为了将学习、履行“东亚精神”贯彻到实处，每天上班前，由车间管理员负责召集本工段职工用约 15 分钟的生产时间，进行讲解。宋棐卿本人坚持每周两次向职工宣讲《东亚精神》。另外还组织了一个俱乐部式的聚餐会，每周一次，经理亲自主持，全体职员必须参加（不定期邀部分工人参加），除了联欢节目之外，宣读《东

---

① 杨天受、李静山：《宋棐卿与天津东亚公司》，见中国人民政治协商会议全国委员会文史资料委员会编《文史资料选辑》第四十九辑，中国文史出版社 2001 年版，第 155～156 页。

亚精神》和经理训话是必不可少的内容。对职员脱产进行“训练”，结业时通过考试，评定成绩。某些都是精神灌输的具体措施，具有强制性。

总之，“东亚精神”融汇了中国传统文化与西方宗教信仰之精华，集社会责任感与经济竞争精神为一体，具有浓烈的道德色彩，有力地促进了东亚公司的生产，某些“教条”对今日的企业，也有参考价值。当然，也应该看到，“东亚精神”包含不合理的成分，并且尽管它绝大部分有道理，但是强迫职工接受，有精神强制之嫌。

五

宋棐卿是一个极具企业家精神的实业家，在事业经营上怀有宏大的实业计划和强烈的社会责任感。

抗战期间，宋棐卿编制了宏大的实业计划，后来将其命名为《我的梦》，全文4000余字。《我的梦》的目标是在“梦”实现后，可使约百万人直接或间接依靠企业为生，在公司领导下，职工成为有益于社会的正派良好国民。

《我的梦》的主义仍然是东亚公司原主义：以生产辅助社会进步。使游资游才得到互助合作。实行劳资互惠。为一般平民谋福利。

《我的梦》的任务包括：

> 生产事业——计划创建各种类型的工厂，包括毛厂、麻厂、化学厂、人造丝厂、纸厂、铁厂、印刷厂、山场（在北平西山筹建一个面积数千亩、有泉水的山场，在山场种植树木、开办农林事业，兼作职工休养之地）。必要时创办银行和保险事业。
>
> 文化事业——创办职业学校，为工厂和事业造就人才。宋棐卿强调应对学生进行精神训练，使他们明确人生的意义，即充实自己之外，必须服务他人。创办各种刊物，作教育和

娱乐之用。

社会事业——给品学兼优的贫寒学生发放奖学金；建康乐站，负责帮助贫苦同胞谋出路，创设平民医院等。

组织——推动计划的成功必须建立最完善、最合理的组织。这些组织应做到股东大众化、职工股东化、商店股东化、职工专门化、生活集体化、产品平民化。①

宋棐卿不仅编制了《我的梦》，而且还做了部分准备工作。1939年他从重庆归来后，草拟了一个庞大的扩厂计划，准备建立10个厂，并做了以下前期工作：在天津西站西杨庄子一带购置土地700多亩。这片土地计划建4个区：工厂生产区、职工宿舍区、商业经营区和职工娱乐区。在北戴河购置土地300多亩，计划60亩修建职工疗养院，240亩种植黄麻、薄荷。黄麻作为麻厂原料，薄荷作为化学厂原料。在北京西山开设牧场，购买澳洲美利奴羊，改良羊的品种，提高羊毛质量，为毛纺厂做准备。在天津解放路总工会后购买10亩土地，拟开设东亚银行，并且已拟好银行组织章程。②

从东亚公司创立到《我的梦》，宋棐卿一直具有冒险精神、创新精神、进取精神，可以说这是东亚公司走向成功的重要动力之一。宋棐卿曾说，扩建10个工厂计划如果成功，那就是梦成真；如果流产，就算大梦一场。此话果真成为谶言，历史是残酷和遗憾的，宋棐卿的梦想最终未能实现。

与近代其他鲁商相比较，宋棐卿不是最有钱的，但是其社会责任感是非常强的。取之于社会，回报于社会，宋棐卿基本上做到了。

---

① 天津社会科学院历史研究所编：《天津历史资料》第20期《天津东亚毛纺公司史料》，1984年内部印行，第129~132页。

② 李静山：《忆近代纺织实业家宋棐卿和东亚公司》，见政协天津市文史资料委员会编《天津文史资料选辑》第一百零一辑，天津人民出版社2004年版，第100页。

1939年天津大水期间，东亚公司除了救济职工家属外，还对灾民积极进行救济。当时东亚公司附近一处能容纳数千人的高地，未被水淹没，各处的灾民都聚集到这里露宿。东亚公司想尽办法帮助他们，组织灾民调查队，到每个灾民家庭去调查人口与需要的物品，根据他们的经济状况和需要，尽可能供给必需的物品。除给灾民一些席子搭窝铺，提供衣服、被褥等物品外，东亚公司还特设了服务处。服务处的工作具体有：

施水处。自水灾发生后，灾民没有干净饮用水。东亚公司新筑炉灶，烧煮开水，运到施水处。每天施水量达三四缸。

施饼处。经调查认为贫苦没有食物来源的家庭，按人数发给领饼证。凭证每人每天可领取大饼两张，足以供应一天的需要。东亚公司特筑了几个炉灶，从女工中选取十几位会烙饼的人，分昼夜班不停地赶烙大饼。

施医处。东亚公司聘请了几位义务帮忙的名医与护士，每天为灾民医治各种疾病。当时药品及纱布、药棉等之类医疗用品不易买到，东亚公司派人分别与各药房联系，设法购置齐全。因卫生条件差，灾民患病的很多，每天平均就诊病人有300多人。遇到重病号，由东亚公司负责送到医院诊治。在水灾发生的两个月间，在东亚公司施医处就医的病人达1000余人。

救济灾民所需资金数额巨大，除由东亚公司担负外，东亚公司还向与公司有关系的富有慈善之心的社会各界人士及东亚公司职工募捐，募捐数额达1万余元。由于得到富有爱心的各界人士和东亚公司职工资助，部分无依无靠的老幼灾民渡过了水灾难关。据统计，共救济灾民5000余户。

大水期间，天津全市学校大半被洪水浸泡，学校开学遥遥无期。为使失学儿童尽快复学接受教育，宋棐卿不顾困难，毅然成立东亚小学，将东亚公司的公事房、成品室、拣毛部等处改为临时教室，聘请几位有教学经验、愿意义务帮忙的教员和几位文化水平较高的东亚公司职员为老师。宋棐卿还派人购买了课本、文具等用品。1939年9月4日，举行了东亚小学开学典礼，当时学生只有37人，后来随着学生人数的增加，学校设了六个年级，学生经考试编入各个年级。1940年，宋棐卿又花费10万余元在英租界61号路西口建成新校舍。东亚小学附属东亚公司，学生以职工子弟为主，且职工子弟免收学费，也兼收公司之外学子。①

1941年燕京大学被日军查封后，宋棐卿将失业的王钟翰教授安排在东亚小学工作，月薪180元，远高于燕京大学106元的月薪。宋棐卿还录用了一批失学的燕京大学学子到东亚工作，让燕京大学失业失学的师生为东亚小学编写教材，付给优厚的稿酬。宋棐卿又让王钟翰列出燕京大学生活困难的教授名单，每人每月资助100元作为生活补助，后来增加到200元，受资助的教授共十余人。1943年，宋棐卿一次性由王钟翰经手资助燕京大学教授现金就达3万元大洋。从1936年起，东亚公司开始在平津一些大学设立奖学金，资助品学兼优的贫寒学子，设奖院校有天津工商学院、南开大学、圣功学院、清华大学、辅仁大学、中国大学。②

（徐　畅）

① 李静山：《忆近代纺织实业家宋棐卿和东亚公司》，见政协天津市文史资料委员会编《天津文史资料选辑》第一百零一辑，天津人民出版社2004年版，第87~88页。

② 李玉琏：《宋棐卿和东亚公司的慈善义举》，载《慈善》2006年第2期。

苗星垣 苗海南

苗星垣（1891—1958），名世德，字星垣；苗海南（1904—1966），名世循，字海南。两人均系山东桓台人，且都是著名工商实业家。

苗世恭、苗星垣、苗海南三人是亲弟兄，与苗世厚、苗世远（杏村）五兄弟共曾祖父，因出于次支，往往又叫“小苗家”。

“小苗家”之起家是由苗星垣完成的。苗星垣 10 岁入私塾，14 岁家贫辍学。苗星垣的父亲早逝，能干而善良的母亲带着兄弟姐妹六人艰难度日。胞兄苗世恭忙时为人干月工，冬春两闲卖面食。苗星垣从 15 岁开始就和同龄人一起为人打短工，担负着帮助母亲照顾兄弟妹妹的重任。艰苦的生活经历，使他养成了坚韧不拔、不怕困难的性格，为日后成为苗氏资本集团的开拓者和奠基人打下了坚实的基础。①

1909 年，苗星垣 18 岁，虽然各种农活也都得心应手，但是打短工报酬有限。当年苗星垣打短工近 300 天，但工钱只能买到 30 斗红高粱。精明的苗星垣觉得与其给人打短工，不如外出学做生意，于是同父兄商议后，经苗世厚介绍，次年来到济南泺口公聚祥粮栈当伙计。

---

① 王儒忱：《苗星垣、苗海南兄弟创业纪实》，见山东省政协文史资料委员会等编《苗氏民族资本的兴起》，山东人民出版社 1988 年版，第 41 页。

在公聚祥当伙计的两年，苗星垣干的是买菜做饭、斟茶倒水、搬运粮包、打扫卫生、给经理打洗脚水和倒夜壶之类的杂活，过的是睡柜台看大门、受经理气的日子。苗星垣不仅能吃苦，而且喜欢学习，夜里别人睡觉了，他自学珠算，养成一天只睡 4 个小时的习惯。1912 年，苗世厚介绍苗星垣到利成粮栈当练习生，跟账房先生学习会计。一年后，苗星垣当上了经理的助手，在外跑生意。

在跑生意过程之中，苗星垣结识了泰华粮栈经理王冠东、张仲磐，1915 年，两人聘请苗星垣任泰华粮栈副理。由于本身精明强干，加之在利成粮栈那几年的锻炼，苗星垣已经深谙粮食买卖之道，即无外乎注重信息、广交朋友、贱买贵卖，自己屡试不爽。例如 1915 年春，鲁南大旱，秋粮歉收，而鲁北豆类大丰收，泰华粮栈在平原、禹城一带大量采购，运至鲁南销售，获利万元以上。又如，苗星垣结交了一批东北粮商，扩大了粮栈的经营范围，也获利颇丰。1919 年，泰华粮栈发生股东私吞利润事件，矛盾纠纷导致分伙。苗星垣任副理 4 年，分得红利 2000 元。

苗星垣不仅积极开展生意，而且还广泛参与社会活动。“五四”时期他是商界代表，创办《大民主报》，并以此为阶梯，进入了上层社会，结识东莱银行经理于耀西。凡此都是他日后发展事业的依傍。

1920 年，张仲磐出资 8000 元，王冠东、苗星垣各出资 6000 元，共 2 万银元，在经三路纬二路开设了同聚长粮栈。同聚长粮栈采取边营业边基建的办法，除将红利变成资本外，又从茂恒银号贷款，花 4 万元建起一座营业大楼。同聚长粮栈为苗星垣提供了施展才华的舞台。他利用在泰华粮栈的老关系，将东北粮商统统拉了过去，独揽每年几十万包大豆、高粱买卖的生意，加之同聚长粮栈的经营者诚实守信，不欺不诈，得到了客商的信任。由于苗星垣曾任济南各界评议会理事，参加创办《大民主报》，与山东督军田中玉有交往，被委任为山东赈务会车务处处长，能够调车为己所用，来自东北、天津的大豆、玉米从同聚长粮栈源源不断地发往全国各地，两三年就获利数万元。同聚长生意越做越大，在津浦、胶济沿线设立分庄30余处，职员发展到40余人，一跃而成济南五大粮栈之一，与恒聚成并驾齐驱，到1932年资本已经达到30万银元。①

同聚长粮栈为苗星垣步入面粉业和纺织业提供了强大的后盾，1921年创办成丰面粉厂，1932年创办成通纱厂，同聚长都是强有力的支柱。例如成丰面粉厂创办时，同聚长提供了3.66万元的资金。

1921年，苗杏村、苗星垣兄弟联合他人合资在津浦铁路站北购买地皮，修建厂房，开始筹建成丰面粉厂。为了建厂的需要，苗星垣曾到齐鲁大学旁听数理化知识。在建厂施工中，他与工人一起劳动，取得了实践经验。1922年8月，成丰面粉厂正式投产，苗杏村任成丰面粉厂的董事长兼总经理，苗星垣任董事兼经理，王冠东任监察人。在今天的济南，位于火车站北邻的一条马路叫成丰街，街名就来源于苗家创办的成丰面粉厂。工厂开工后日产面粉2000包，当年结算即获得纯利7.5万元。苗氏集团深知小规模的企业在竞争危机中是难以立足的，于是将利润的大部分转作投资，扩大再生产，增添机器，次年日产能力便增至5200包。此后工厂业务进展顺利，利润不断增加。1929年，苗杏村脱离成丰面粉厂，承租已宣告倒闭的济南民安面粉厂，成丰面粉厂遂由苗星垣一人掌握。1930年，成丰面粉厂经过不断扩建，共有钢磨25部，工人600多人，日产能力达到8000余包，成为济南当时设备最多、产量最高的面粉厂。②

苗星垣是一个孝子，上对老母亲特别敬重，下对弟妹非常爱护，对弟弟苗海南格外器重和关爱。苗海南先入索镇高等小学，毕业后考入省立第一中学，1923年毕业后在济南一家私营银行当职员，一年后又考入南通纺织学院，于1928年毕业。同年，苗星垣送他到英

① 张予萱：《苗星垣与他人合作经营企业概述》，见山东省政协文史资料委员会等编《苗氏民族资本的兴起》，山东人民出版社1988年版，第54页。

② 山东省政协文史资料委员会等编：《苗氏民族资本的兴起》，山东人民出版社1988年版，第24、57、75页。

国留学。1931 年，苗海南在英国皇家纺织学院毕业后，到英国各大纺织中心考察纺织业的生产经营情况。1932 年，苗海南学成回国。同年，实力渐渐雄厚起来的苗星垣即与苗杏村等人集资创办成通纱厂。1933 年 5 月建成投产，苗杏村任董事长，苗星垣任常务董事，苗海南任经理兼总工程师。

1935 年，济南鲁丰纱厂倒闭，苗杏村得到韩复榘的支持，在接办鲁丰纱厂的基础上，成立了成大纱厂。苗杏村将精力转向成大纱厂，成通纱厂遂为苗星垣完全掌握。苗星垣特别重视技术和设备的改造和创新，成丰面粉厂都是自制发电机，所有面粉机械皆由自己生产，当时这在全国是第一家。苗星垣他还亲自动手率人改造锅炉，使改造后的锅炉一台能顶两台用。

1935 年，苗星垣与苗海南拟定了“大西北计划”，准备在西安至兰州间的几个重要城市设立成丰面粉厂和成通纱厂的分厂。为付诸实施此计划，他们先集资 100 万元，在西安设立了成丰面粉厂分厂，苗星垣自兼经理。1937 年春，他们又在西安建立成通纱厂分厂。不久，日本发动全面侵华战争，西安成通纱厂分厂被迫停建，整个“大西北计划”也宣告夭折。

1937 年夏天，济南玉符河决口，成丰面粉厂和成通纱厂均被水淹。待水退后进行整修时，日本侵略军已抵达黄河北岸，成丰、成通无法恢复生产，同聚长粮栈也被迫停业。年底，韩复榘率部撤离济南。日军侵占济南后，宣布对成丰、成通实行军管，苗海南等管理人员被日军逐出厂外。1941 年至 1942 年，日本占领当局又宣布两厂实行“中日合办”。苗星垣召集被日军驱逐的成丰职员，办起了成丰粮栈和尚志兴粮栈。后来，又与王冠东等合办复聚长粮栈。1940 年，苗星垣、苗海南与表弟孟冠美等在南京创办普丰面粉厂，在济南创办文德铁工厂。

1945 年抗日战争胜利后，国民党山东省党政接收委员会委派苗海南为监理人，从日商三田省三手中接收成通公司。1946 年，苗海南任成通纱厂经理兼总工程师、济南市纺织业公会理事长、市商会常务理事。苗星垣、苗海南二人虽然收回成丰、成通两厂，但在国统区恶性通货膨胀的环境下，两厂未能进行正常生产。1948 年 9 月济南解放前夕，成丰面粉厂被国民党军的铁甲车击毁，成通纱厂也濒于停产。

济南解放时，成通、成丰董事会解散，不少股东携款携眷撤离。苗星垣、苗海南兄弟留在济南，在人民政府的支持下，苗海南仍任成通纱厂经理，逐渐恢复了成丰、成通的生产。苗海南响应新人民政府的号召，积极恢复发展生产，支援解放战争和国家建设。1950 年 1 月，他曾一次认购“国家胜利折实公债”15 万份（每份旧币 24867 元）。1950 年 3 月，他当选为山东省人民政府副主席。1952 年年初，他捐款 15 亿元（旧币），购买战斗机“成通号”1 架，支援抗美援朝战争。到公私合营前，成通纱厂已拥有 3 万纱锭、214 台织机、2432 名职工。

1954 年，在对资本主义工商业社会主义改造中，苗星垣代表资方申请成丰、成通实行公私合营，苗星垣任公私合营济南成丰面粉厂经理。1955 年，当选济南市第一届人民代表大会代表。1956 年，任济南粮食工业公司副经理。

1958 年，苗星垣病逝。

新中国成立后，苗海南得到中央和地方政府的重视，曾先后担任华东军政委员会委员，华东行政委员会委员，山东省人民政府副主席，中国民主建国会第二届中央委员，民建山东省工作委员会主任委员，山东省第一、二、三届人大代表，山东省副省长，政协山东省第一、二、三届委员会副主席，全国政协二、三、四届委员，山东省工商联主任委员等职。

1966 年 10 月，苗海南在济南病逝。

（徐　畅）

李子初

李子初（1883—1960），名恒瑞，字子初，号党斋，又称鸥庐主人，以字行。出身于黄县（今龙口市）城关镇遇家村的一个商业世家，为著名实业家。

李子初在兄弟四人中排行老四，长兄李序园（恒春）为营口著名商人。李子初幼年时在家乡读私塾，1900 年考秀才落第，于是从山东到营口投奔长兄李序园。

在营口期间，李子初先是进商业学堂就读。1907 年，他随同叔父李佐臣赴日本早稻田大学研习经济。1909 年，毕业于日本早稻田大学经济专业。同年，学成归国，回到营口，在伯父李缵先（丕绪）的商号义顺厚、恒义利见习商务。

1910 年，李子初出资认购 300 股（每股 5 元）“肇兴股票”，以股东身份加入由李序园发起成立的肇兴轮船股份有限公司。肇兴轮船股份有限公司由李序园于 1904 年创办，总公司设在营口，并在上海、天津、大连、青岛、烟台等地设分公司，开辟多条航线，经营客货运输业务。起初，李序园为公司总董，李子初任理事，富绅陈子诚为总经理。1911 年春，在肇兴公司首期决算会议上，李序园接替大清银行帮办王源翰出任董事长，李子初代陈子诚出任肇兴公司总经理。同年，李子初还从其伯父李缵先手中接兑义顺厚、恒义利的产权，成为其财东，并于当年秋季随同李序园以营口实业团的名义赴日本考察，在日购入“荣兴”号轮船。

清末民初，中国航运业为外商尤其是英商太古洋行所垄断。肇兴轮船股份有限公司一经成立，即在航运市场与太古洋行展开激烈的竞争。起初，肇兴是通过降低运价，同太古争客揽载，后来又扩大服务范围，向旅客赠送毛巾、香皂、锅饼等物品，并首倡为妇女、儿童设专席等服务项目，加之山东人的同乡观念，使太古经营难以盈利。1911 年秋，太古被迫提出和解，退出了营口至龙口航线，将其“温州”轮改驶他线，“芝罘”轮卖给旗昌公司，并将其在龙口的产业（仓库、办公室等）转卖给肇兴轮船股份有限公司。

在发展初期，由于购新船费用大，肇兴公司除以自有轮船经营航运外，还大力开拓代理业务。1915 年，便着手代理烟台政记公司的“生利”轮，加入营口至龙口航线。公司鼎盛时期最多代理近 20 艘商轮，加之自有 10 余艘，总计 30 余艘。1916 年，肇兴公司将“肇兴”轮以年租 12 万元租与东茂泰公司航行香港，这引起了以便利山东商民往来营口为宗旨的肇兴股东们的怨恨。

1922 年 7 月，肇兴公司以大洋 8.5 万元从英商大英公司手中购得“和兴”号（2030 吨）商轮，航行于营口至上海航线。同年公司在上海设立分公司。在李子初的主持下，公司于 1925 年年初购买了营口朝鲜银行码头，作为公司的第二码头，航运业更趋发达。自“和兴”轮购进后，李子初便从上海吴淞商船专科学校调进了一批毕业生，利用“和兴”轮进行培训，取得航海经验。1924 年，公司又聘请曾在“肇兴”轮上任过大副的航海专家陈干青出任总船长，掌管 20 余艘船的船务。陈干青运用船长的权力，迅速解雇外籍船员，提拔使用中国船员，打破洋人在中国轮船航运界一统天下的局面。同年，肇兴公司又在大连设立分公司，扩展了业务范围。

1927 年，日本航运业为了排挤中国航运商，竟宣布千吨级以上商船如无无线电通信设备者，不得进入大连港装卸货物。历经十余年航运事业洗礼的李子初，此时掌舵肇兴公司已游刃有余，见此情况迅速采取应对措施，经过努力使公司的“和兴”轮成为中国第一艘装有长短波无线电收发报机的商轮。

经过多年苦心经营，肇兴公司航线增至 9 条，并先后设立了龙口、大连、青岛和上海分公司。肇兴轮船公司是营口民族航运业的开创者，全盛时期有“裕兴”“和兴”等海轮 30 余艘，占营口民族海轮数量的 43%，居营口 7 家民族航运之首。1930 年，肇兴公司又先后击败了政记公司和大连汽船会社，客运和货运都十分兴盛，生意红火。九一八事变后，由于经营环境恶化，航运业发展受阻，李子初被迫转卖部分海轮，将资本向其他行业转移，集资转办纺纱厂（营口纺织厂），航运业规模有所减小。

20 世纪 20 年代起，李子初开始将实业经营向工业和金融保险业扩展。1922 年 4 月，由王翰生、李子初等人发起成立营口甡甡火柴股份有限公司，资本 10 万元，孙荆堂任经理，生产红头火柴，年产量 4500 箱。此外，李子初还与蓬莱人王翰生合资创办肥料厂、博山煤矿等。1928 年 3 月，由李序园、李子初、唐筱泉等人发起设立肇泰水火保险公司，注册资本 100 万元，实收 50 万元，李子初任董事长兼总经理，公司的资本规模超过肇兴公司。李子初还在龙口宝善街西口岸砌石挡浪，建筑楼房仓库，将黄县的“裕康”“永康”两家经营汇兑业务钱庄合为一体，迁至龙口，改字号为“永兴裕”，并扩大金融经营范围。

1932 年，李序园病逝，由李子初继任肇兴公司董事长兼总经理。九一八事变后，公司由营口迁往上海。1934 年，李子初等新建了肇兴轮船公司办公楼，分别在营口东双桥东侧和西侧扩建了肇兴第一码头和肇兴第二码头，发展了营口与关内的航运业务。1935 年 9 月，李子初和王翰生等工商界人士合资创办奉天汇业银行，李子初任董事长。

民国初年，营口就有民族针织、织布、织袜和织带业98家，所用棉纱全为洋纱，先是，用英纱，后改用美纱，最后由日本棉纱取代。为了夺回本地棉纱市场，维护利权，1932年11月，李子初、王翰生等人在辽宁青堆子组建营口纺纱厂。纱厂由李子初任厂长，王翰生任专务董事，孙荆堂任经理，资本200万元。第二年，营口纺纱厂合并了奉天东兴纺织厂和朝鲜纺织厂，资本增至300万元。李子初开办的营口纱厂发展顺利，很快被日本纺纱业视为有威胁的竞争对手。纺纱厂成立之初，日本关东军特务部反对华商在中国东北新设纺纱工厂，采取向该工厂注入日方资本的方针，企图吞并营口纺纱厂。先是，关东军特务部指使设在釜山的日资朝鲜纺织会社社长山本太郎投资100万日元，企图通过与营口纺纱厂合资的形式实行吞并。1934年，日本野口商事会社又投资100万伪国币（折50万现洋），李子初投资50万现洋，共100万现洋，进行所谓"合资经营"。后来日本资本所占比例逐步扩大到三分之二，最终将营口纺纱厂强行改组为营口纺织株式会社。改组后，李子初迫于日本压力，只能违心地担任名义上的董事长，而实权则掌握在日本技师长野口三郎手中，一家民族资本纺织厂就这样变成了日本的殖民企业。1943年，营口纺织株式会社有精纺机5.5万锭、织布机1520台、染色机37台，年收入187万元，利润118万元。在日商倾轧侵吞的环境中，李子初千方百计与之周旋，苦心经营，保存并发展了自有资本，为民族资本谋得了一线生机。李子初能在外商排挤倾轧的夹缝中谋求生存，可谓备尝艰辛，而他所创办的纺纱厂则为营口纺织业的发展奠定了基础。

1937年七七事变后，李子初所办实业趋于衰落。肇兴公司的轮船或被日军扣留、击沉，或为国民党政府征作军用。1939年，李子初被选为营口商工公会会长，并先后任伪满洲经济委员会会员、伪满洲海运株式会社社长、营口纺织株式会社取缔役社长、营口船舶公司理事长。1941 年，他任伪满洲航空业公会营口分会会长。1942 年 6 月，日军在营口成立伪满洲海运株式会社，日本人小川亮一任社长。后来，李子初也曾任该会社社长。肇兴公司的“来兴”“荣兴”“复兴”“和兴”四轮被日本强行征去，充作军用。除“来兴”外，其余三艘均毁于战火。同年 7 月，营口市的汇业银行、商业银行、福顺银行合并，更名为“兴亚银行”，外地设 10 余家分行，李子初被推为董事长，日本人三柴茂任经理。1943 年，李子初将上海总公司的楼房以 100 万军用票卖给永安公司，所办实业至此全部结束。

抗日战争胜利后，孔祥熙欲与李子初合作，恢复肇兴公司，并购买一艘轮船，命名“祥兴”。不久解放战争爆发，此船一度泊于香港未参与营业。1947 年年底，由于东北战事吃紧，李子初连同“来兴”“祥兴”两轮于辽河封冻前离开营口，前往上海，肇兴公司陷于停业。1949 年 2 月，“来兴”轮由青岛开往台湾途中于舟山海面触礁沉没。其后，“祥兴”轮由上海开往台湾。

1960 年 10 月 28 日，李子初病逝于上海顺昌路 41 弄 5 号家中，享年 77 岁。

耿筱琴

耿筱琴（1885—1957），山东新城（今桓台县）人，出身于当地声势显赫的耿氏家族。青年时就读于济南高等师范专科学校，毕业后先后任音乐、美术教师，后返回新城故里经商，陆续在周村、济南、徐州、上海等地开设“庆和永”布庄连锁店。20 世纪 30 年代，他在济南创办了德和永染厂，成为桓台、济南两地商界的知名人士。

在新城，王氏家族是明清两朝 200 年来的名门望族，可是在当地老百姓口中却流传着这么一句话，即“新城王，王半朝，不如耿家一根毛”。耿家，即明代以耿鸣世为代表的新城又一望族。因当年耿鸣世曾任过吏部尚书，被他举荐擢用的官员众多，家族的实力比以诗文见长的王家自是显赫有加，故有此说。

耿氏家族的先人耿鸣世，字茂谦，号敬亭，出生于新城官宦家庭，明隆庆戊辰进士，为官 20 余年，历任邢台知县、刑部主事与礼部主事与兵部右侍郎，官位一直到吏部尚书。其在邢台任职时，有碑文记载：“邢台灾荒大旱，耿公骑马巡行郊野。见有小泉下流者数处，喜曰是何居也。于是建闸开渠，教民以灌溉之法，城东晋安、张村诸乡田数百顷成沃壤矣。岁时劝农力耕，置仓廪，修积贮。”①

① 桓台县政协文史资料委员会编：《桓台历史名人》，1992 年内部印行，第 46 页。

从碑文的记载足见耿鸣世深谙民间百姓疾苦。

耿筱琴的父亲耿曰桐，原在家乡开药店和杂货铺，清同治年间在周村开设庆和永药材批发庄，后濒临破产。1880 年，耿曰桐与该庄经理马伟义等人根据当地物产和市场情况，将经营范围转向杂货与生丝，字号也改为“庆和永”麻葛庄，利用周村盛产丝绸的优势，批发丝绸。经过一二十年的辛勤经营，业务逐渐发展起来，成为一家能影响周村丝绸市面行情的麻葛庄。后来，周村庆和永还在上海北京路复兴里设立庆和永绸庄。

耿曰桐在经营庆和永麻葛庄的同时，还在自家开办的德庆银炉的基础上，增加资金，开设庆和永银号，经办汇兑业。耿曰桐去世后，耿筱琴子承父业，以经营纺织业和金融业为主，并于 20 世纪 30 年代在徐州、济南、蚌埠、北平、上海、天津、新疆、西安、青岛等地设立庆和东、庆和恒、庆和长、永记、庆和堂、庆和义、庆和公、公记、同和、庆祥、永丰、德庆、庆源、荣记等分号或批发庄，业务遍及全国，经营资产达数十万两白银。[①] 为此，耿筱琴曾一度被推选为桓台县商会会长。

庆和永银号位于周村丝市街路南，后院是麻葛庄，资金 2000 两白银。20 世纪 30 年代，经理为王积堂，后来是雷雨忱、李守基等。银号最初是为了与同行业调剂资金而设立，后来又增加信贷和汇兑业务。

光绪年间，庆和永收购周村丝市街中段路北的万宝银楼。万宝银楼原为清代长山县石河赵氏开办，专门从事加工制作金银首饰。赵氏是周村的官宦之家，在长行街建有规模很大的宅院，拥有周村最大的私人花园，人称“赵家花园”。赵家没落以后，靠经商为业，至光绪初年，家业完全败落，变卖许多产业。万宝银楼经理为雷雨忱，规模不是很大，因为讲求信誉和质量，是同行业中比较出色的

① 郭济生：《周村老字号》，青海人民出版社 2004 年版，第 12 ~ 13 页。

老字号。

1912年，庆和永在周村惠丰街开设庆和东机坊，后建起庆和恒、庆和长等五家丝织机坊，形成了庆字号机纺集团。另外，还在周村外通过贷款、贷丝、销货、修理机械等形式，按同一规格和质量要求控制着600余台机的加工户。1917年，庆和永进而投资上海福轮、琢轮两大丝绸庄，使业务范围迅速扩大，经营触角延伸至江浙地区。又在后院设钱庄，投资开设周村德庆银号、同和丝店和公记机纺，形成了产、供、销一体的经营体系。①

20世纪二三十年代，铁木提花机取代木制织机，庆和永又代销日本提花机件，一时顾客盈门，从而垄断了周村提花机市场。此时经理雷雨忱在庆和永后院设加工厂，一面维修机械，一面仿制机件，冒充日货，利润成倍增长。

1933年，庆和永在周村丝织业尚处于手工机械操作之时，就购置电力机，开设永记电力机坊，成为周村两大电力机坊之一。1935年，国民政府派胶东海关人员到周村缉私，勒令丝绸商对丝织产品补交海关税。庆和永及时调整经营方向，由经营丝绸为主转为经营棉布为主，从日本进口人造棉线，加工成人造棉布，在上海印染销售。与此同时，庆和永还利用国内经济萧条、黄丝价格下跌、人造丝积压的形势，大量囤积黄丝和人造丝，待机出售，投机牟利。1937年七七事变后，周村经济不景气，庆和永再次调整经营布局，业务经营从周村转向济南、上海等城市。1939年，在济南西关花店街设永丰布店，徐州设庆记布店，在天津、青岛、西安等地设批发庄，还投资于济南德庆角号、济宁荣记布庄。日占后期，庆和永为保存实力，将资金存于成都银行，机坊也停业，逃脱了破产的厄运。

庆和永经营上灵活多变，不断调整经营方向，在企业内部管理

---

① 孔令仁、李德征主编：《中国老字号》第二卷《工业卷》（上），高等教育出版社1998年版，第688页。

上，总号、分号实行经营分开，统一核算；对企业员工实行“门徒”制和终身录用制，增强向心力。1949 年，耿筱琴在上海召开会议，宣布庆和永关门歇业，遣散人员。1950 年夏，刘莀卿回周村在原庆和永房产内开设经纶丝织厂，另派盖汝孝等去新疆伊犁建商店，经营棉布、百货和丝绸。1952 年，雷雨忱等人齐集周村，将别处产业与经纶丝织厂合并，建立新丰丝织厂，由刘莀卿任经理。经过多年经营，新丰发展成为新中国建立初期周村最大的电力丝织厂。

耿筱琴虽家道富足，但其一生为富怀仁，乐善好施，曾捐建多处学堂。七七事变前，他一直担任桓台县商会会长，为当地商界做了很多公益活动。

1946 年，中共在桓台开展减租减息、土地改革运动。为了打开土地改革运动的局面，决定抓住城里最大地主耿筱琴做活靶子，组织桓台县城附近的西贾，邢家、齐家、河南、邢庙、昝家、洼子、四苏、韩家、逯家、刘三里、耿三里等 28 个村庄的农民积极分子，联合斗争耿筱琴。1946 年 4 月 10 日，在桓台城里耿筱琴大门前召开了联合斗争耿筱琴大会，参加大会的近千人，同时成立耿筱琴土地分配委员会。这次斗争大会，从耿筱琴家清算出浮财折合小麦 122 万公斤，全部分给各村群众。①

1957 年，耿筱琴病逝于济南。

① 马英庆编：《土地改革与解放战争》，1996 年内部印行，第 90 ~ 91 页。

滕虎忱

滕虎忱（1883—1958），原名景云，字虎忱（臣），山东潍县（今潍坊市潍城区）南乡滕家庄人，近代山东第一家生产柴油机的企业——华丰机器厂的创办者。滕虎忱曾先后担任昌潍地区潍坊市人民政府委员、全国人民代表大会代表、山东省人民委员会委员，1956 年加入了民主建国会，1958 年病逝于潍坊。作为华丰机器厂的创办人，滕虎忱筚路蓝缕，艰辛开拓，使机器厂取得了巨大成功，为中国民族工业的发展做出了卓越贡献，极大地促进了潍县当地经济的发展。

一

滕虎忱的家乡滕家庄距离潍县县城 20 公里。滕家以务农为生，一家三代十几口人，只有 3 间草屋、6 亩丘陵薄地，人多地少，艰难度日。与其他家庭不同的是，滕虎忱的父亲滕海建除了以农为业外，还是一个优秀的锢漏匠，农闲时挑着担子走街串巷，为四邻乡亲锔锅补碗，换取微薄收入来贴补家用。滕虎忱兄弟五人，他排行老四。

滕虎忱 7 岁入本村私塾读书，由于天资聪颖，塾师所教古文，只需阅读两遍，便可背诵如流。三年后他因家贫辍学，跟随父亲学锢漏匠手艺。①

潍县县城东郊有个乐道院，是北美长老会在山东传教办学的基地，设有教堂、圣经学院、医院、护士学校、中小学及幼儿园，滕虎忱父子经常给乐道院修补器具。由于滕氏父子修理技术精湛，深得乐道院上下喜欢，因而成了乐道院的“特约维修商”，负责修补 1000 多人的锅碗缸盆，维修医院和学校的机器设备和仪器。有时修补活计一天干不完，或是碰上雨雪天不能回家，父子二人便在乐道院里食宿。遇上星期日他们也参加教堂的礼拜活动，听牧师讲道。久而久之，耳濡目染，滕虎忱父子受洗入教，成为基督徒。②

1898 年，15 岁的滕虎忱随父亲来到青岛，在胶济铁路局工务处当工人，参加胶济铁路的修建，充当修路苦力，每月所获六七元工资仅能糊口，而且滕虎忱觉得充当苦力没有前途，不如钻研一门技术。恰好此时（1902 年）德国海军的青岛船坞工厂招收学徒工，滕虎忱报名参加并被录用。

在船坞厂，滕虎忱学的是锻工。德国技师向来以技术精湛、工作严谨著称于世，工厂对中国学徒要求特别严格，规定学徒期为四年，期满再无偿效力两年，只有通过严格的技术考核，才能出徒当技术工人。滕虎忱因天资聪颖，学习刻苦，富有创造性，不到三年的时间便以优异的成绩提前出徒，并被破格提拔为带班工头兼车间统计。

为学会掌握各项机器制造技术，滕虎忱刻苦钻研，陆续掌握了车工、钳工、铸工和电工等技术。此外，业余时间他还到基督教青

---

① 潍坊市工商联：《滕虎忱与潍坊华丰机器厂》，见山东省政协文史资料委员会编《山东工商经济史料集萃》第一辑，山东人民出版社 1989 年版，第 151 页。

② 丁言模编著：《齐鲁商雄》，广东经济出版社 2002 年版，第 256 页。

年会读夜校，参加文化补习、制图、外语、会计等各种培训班。数年下来，滕虎忱不仅掌握了机械企业必需的技术，而且学到了不少企业管理知识，为其日后创业奠定了基础。

如果说在青岛船坞厂工作期间，滕虎忱的学习还只是出于一个好学青年业务追求的话，那么，在聆听孙中山先生的两次演讲后，他便萌生了将技术转变为产能的想法，立下了实业救国的志向。1912 年 9 月 28 日，孙中山乘坐胶济路专车，偕夫人卢慕贞，在众多随从人员陪同下视察青岛。在随后的两天里，孙中山分别在三江会馆、广东会馆、德华大学、青岛基督教青年会发表激情洋溢的演讲。紧接着他又接见基督教长老会自立会领袖及青年会的积极分子，高度评价基督教青年会在辛亥革命中的贡献，并突出强调“实业救国”的主张，勉励他们再接再厉，创办实业。青年会创始人刘寿山特别向孙中山介绍了滕虎忱：“在德国船坞工厂学徒的滕虎忱，刻苦学习生产技术，业余坚持学习文化理论知识，成为技术全面的能手，令德国技师折服。”孙中山高度赞扬了滕虎忱，并勉励他“继续努力学好机器制造技术，创办中国自己的民族工业，赶超世界先进水平，振兴实业救中国”①。自此，滕虎忱认识到中国只有兴办工业，才能自救自强，于是，便萌生了创办机器厂，制造国产机器代替舶来品的愿望。

二

一战期间，滕虎忱离开青岛，先是回老家务农，后到北京官营民生工厂务工，1917 年春天辞职返回潍县。正当滕虎忱陷于深深的苦闷之中时，潍县文华中学给他提供了人生转圜的机会。

1917 年，由青州广德书院和登州文会馆合并创建的广文大学，

① 韩同文：《机械工业开拓者滕虎忱》，载《山东文献》第 28 卷第 4 期，2003 年 3 月。

从潍县迁往济南，改名为“齐鲁大学”。广文大学的机器设备和教学仪器移交文华中学。当时广文大学的各种机床设备非常齐全，教学仪器配置国内第一，还有两座先进的天文台，在国内学校中可谓独一无二。广文大学理化制造所总工程师冯纯修随学校去了济南，文华中学急需技术人员来管理和维修仪器设备。时任文华中学校长的尹焕斋，是滕虎忱五弟滕景瑞的同班同学，他深知滕虎忱的才干，于是聘任滕虎忱为学校理化修制所技师，负责管理、维修学校里的发电机、内燃机、锅炉、水泵等机械设备。这份适时而得的工作，不仅帮助滕虎忱走出了生活的窘境，也为其后来创办工厂提供了一定条件。

文华中学历来重视教育改良。校长尹焕斋为了进一步改进教学，在学校高中部创设铁工班，即在普通班课程中加开铁工课程，由滕虎忱兼任铁工班教师。1919 年，增设铁工课的一班学生毕业，这批毕业生虽然初步掌握了锻铆技术，但却没有找到合适的工作。为了学生的出路，也是为了实现自己实业救国的理想，1919 年，滕虎忱毅然辞去了文华中学教职，与得意门生谭毓秀、焦长兴、谭温海等人一起筹备创办铁工厂。在办厂条件暂时不具备的情况下，他们先租赁三间草屋办起一个铁匠铺，师生同心协力，打制小型农具及生活用品。由于质优价廉，铁制品在当地十分畅销。①

小小铁匠铺初创获得成功后，滕虎忱便想进一步扩大规模，但限于资金不足，唯有走集资办厂的路。于是，他想到了曾给自己多方支持的文华中学校长尹焕斋。在得知滕虎忱集资办厂的想法后，尹焕斋大力支持，不仅拿出自己多年的积蓄，而且向亲友告贷，凑集了 500 大洋带头入股。由于德高望重的校长出面做工作，文华中学校友和潍县教友纷纷投资入股，共募集资金 2500 元。滕虎忱又变

---

① 张蓝田、宋伯良：《滕虎忱与潍县华丰机器厂》，见山东省政协文史资料委员会编《山东文史资料选辑》第十四辑，山东人民出版社 1983 年版，第 150 页。

卖了全家赖以生存的土地和房屋，计得500元。这样共筹集资金3000元作为办厂资本。

1920年春，滕虎忱在潍县东关大街租赁十几间大草屋当厂房，借用文华中学几台车床，另购买两部车床、一部5马力“特尔科”柴油发动机、一部发电机，再加上原有的红炉、手摇钻等工具，招收20名工人，创办起机器制造工厂——华丰机器厂。滕虎忱任华丰机器厂经理，学生谭毓秀、焦长兴、谭温海为工长。从此，滕虎忱走上了创办实业的道路。

华丰机器厂在创建之初，只能维修小型机械和打制小农具，为了企业长远发展，滕虎忱将眼光转向了织布机。

潍县自古以来就有“贫家绩麻纺线，裕家借机而织”的织造传统。就近代而言，手拉梭的应用、宽面织布机的引进均由这里开始。尽管20世纪20年代，潍县织布业已跃居华北之首，到30年代，潍县“每年出产之土布，达千万匹以上，占全省土布产量百分之六十二点九六，销路迨遍全国”①，但是华丰机器厂自制织布机之前，潍县织布生产工艺落后，仍以手工纺纱、小木机织布（俗称“土布”“小布”）为主。

于是滕虎忱决意利用自己的技术改造手工织布机，一则为自己创造生存空间，二则为改变潍县土布织造技术落后的局面。其时，潍县东乡眉村胡曰惠从天津购买了一台“石丸式”织布机，比当地木机使用方便，既省力，又增产。华丰机器厂遂以该机为样品加以仿制，并于当年试制成功，仿制机器性能与进口布机不相上下。随后，华丰机器厂又将“石丸式”织布机结构改为铁轮木架，降低了成本，售价仅为70~80元，远远低于“石丸式”织布机价格。山东工业试验所曾对华丰机器厂制造的改进脚踏织布机进行性能试验，鉴定报告称：“足踏织布，机架坚固，运转正确，有间接卷取装置及

---

① 实业部国际贸易局编：《中国实业志·山东省》（辛），1934年，第47页。

它动的送出装置，则纬线密度均匀，工作迅速，欲定织品之疏密，即交换卷取之齿轮与增减经轴上重锤之分量，视布之用途若何耳。该机每日工作十二小时，能织平面布百尺，其它斜纹、条纹布均能织造，诚为现代人力织机之良品。”① 仿制织布机的成功，宣告了“丰字”牌织布机的诞生！

当同僚还沉醉于自制织布机畅销的喜悦中之时，滕虎忱却已经开始筹划设计生产下一个产品了。滕虎忱生长在农村，饱尝水灾和干旱之苦。当时北方农村用的是传统脚踏固定式木斗水车提水浇地，费时费力。滕虎忱从新织布机的转动装置获得灵感，联想到可以用其原理改进老式木斗水车。经过一番努力，终于研制出以畜力代替人力的转动式铁斗水车，既提高了效率，又节省了时间。同时，考虑到农户因地有多有少，需求存在差异，又将水车分出八棱、七棱、六棱三种型号，供农民选用。此后，滕虎忱根据山东农村需要，又设计生产出多种铁轮机、轧花机、弹花机、榨油机、磨面机等新产品，形成了立足农村、服务于农民的经营特色。

通过织布机和水车两个拳头产品，华丰机器厂在潍县铁工行业激烈的市场竞争中不仅站稳了脚跟，而且实现了第一次飞跃。1921年秋，华丰机器厂在潍县县城东关东门外购地3亩6分，新建厂房。1927年，又在厂地附近购地36亩，建成大型厂房，并添置了机床、钻床、刨床等设备。1928年，正式建立了木工、铸工、金工、锻工、白铁、装配等车间，职工增至150余人。

随着企业规模扩大，产品种类增多，一些新的问题随之而来。比如：转动式铁斗水车虽然具有功效高、车水量大等优点，但需要大动力牵引，价格偏高，因此只卖出去一部，产品积压，工厂陷入困境。为了营销需要，华丰机器厂在各地增设了营业部，迫切需要加强部门协调管理。滕虎忱意识到急需专业人才，尤其是购销、管理方面的人

① 庄维民：《近代山东市场经济的变迁》，中华书局2000年版，第478～479页。

才，便聘请出身于商界、善于经营管理的张仲元担任会计。张仲元来厂后，建立各种规章制度，加强与各地之间业务联系，企业管理逐步走向正规。不久，滕虎忱曾经在青岛的同事丁执庸自俄国经商回国，滕虎忱又邀其投资，并请他任副经理，负责营业部工作。

尽管织布机销路极为广泛，滕虎忱从中也获得了丰厚利润，但他仍旧极力延长生产链，以织布机为中心，向纺织业的上游、中端、下游延伸，发展壮大了潍县纺织业。在纺织业上游，先后赶制了弹花机、轧花机，满足潍县织布业清花设备的需求。随着当地纺织业发展，副产品棉籽大量增加，又立即研制了榨油机。在纺织业中游，他与百万农民联合组成一个经济实体，发动群众集资 80 多万元，购买大量棉纱和织布机，贷给贫困农民织布。在纺织业下游，协助校长尹焕斋于 1932 年创办了信丰印染公司。

信丰印染公司由潍县基督教教友和文华中学校友集资以及当地富户投资兴办，于 1933 年 8 月正式投产。信丰公司完全根据《公司法》组成，规制齐全，董事会公推张执符任董事长，邢干卿、滕虎忱任监理，武伯平为名誉经理，尹焕斋为经理。信丰染印公司开办后，由于经营管理有方，印染技术精良，原料供应及时，销售旺盛，每年纯利达五六万元，职工由几十人增至 200 多人。信丰的成功，带动了 7 家印染厂，使潍县成为华北有名的机械染布基地。

1931 年冬，滕虎忱开始研制柴油机。他带人去上海重金购进德国制造的先进车床、大摇臂钻、汽锤、龙门刨床等大型设备，买进一部德国设计、英国制造的 15 马力柴油机作为样机。他从青岛聘请专门技师王洪茂来厂任技术指导，反复拆装试验，将部件绘成图纸。又请广文中学英语教师把机器部件名称和说明书译成中文，帮助工人了解机器构造原理和维修保养方法，为仿制柴油机做充分准备。1932 年秋，华丰机器厂试制成功第一台低速 15 马力柴油机，达到英国产品水平。接着华丰机器厂又研制成功 8 马力、25 马力柴油机系列产品。在此基础上，华丰机器厂以乐道院使用的 40 马力柴油机作为样机，绘制图纸，自己动手制造了钻、磨、刨、铣等专用工具，很快制成40马力卧式单缸低速柴油机。从8马力到40马力各种柴油机的成功研制，使华丰机器厂从一个生产简易机械设备的小型铁工厂，变成了动力设备制造商，企业实现了第二次飞跃。华丰机器厂不仅是山东第一家生产柴油机的企业，也是全国能够独立生产柴油机的主要厂家之一，对推动全国工业进步起到了重要作用。

在柴油机研制成功之后，滕虎忱又集中力量研制发电机和电动机。机器刚刚试制成功，客户就登门求购。为了满足市场需求，滕虎忱决定加快生产速度，但是如在华丰机器厂原厂生产发电机和电动机，势必影响柴油机和织布机的制造规模。于是滕虎忱在尹焕斋的帮助下，再次集资，于1932年在潍县县城南关大马路（今和平路）创建华丰机器二厂，由原青岛水师工务局技术员李占元任厂长，专门批量生产各种规格的发电机和电动机，供应全国各地。同时，滕虎忱还在济南建立华丰机器分厂，生产14千瓦和40千瓦发电机。

在滕虎忱的潜心经营下，华丰机器厂产量步步上升，规模不断扩大。1934年，华丰机器厂在东关大街路南新盖了门市大楼。到1936年，华丰机器厂的资产已增至20万元。为了扩大再生产，滕虎忱再度招股，共计增资400股20万元，股东扩大到潍县绅商各界热心实业的人士近300户。

1937年年初，在第二厂内增设电气车间和铆工车间，从事电动机和锅炉生产，第一厂则专业生产柴油机。从创立伊始到七七事变前，前后18年间，华丰机器厂由小到大，经营盛极一时，第一、第二两厂总资产达150多万元，工人最多时达700余人，成为国内颇具规模的机器制造厂家。在民营机器制造业中，华丰机器厂被称为“华北最大机器厂”和“长江以北第一厂”。①

① 济南柴油机厂编：《风雨八十年——济南柴油机厂80年厂庆》，2000年内部印行，第3页。

三

1937 年，滕虎忱创办的华丰机器厂进入鼎盛时期，然而就在此时，日本帝国主义悍然发动全面侵华战争，工厂陷入了进退维谷的境地。

七七事变爆发后，滕虎忱和尹焕斋预见到山东沦陷不可避免，担心华丰机器厂的设备落入日本侵略者之手，于是决心将工厂内迁汉口，生产武器支援抗战。为此滕虎忱先后三次向山东省政府呈文，请求调拨 40 节车皮，协助运输机器设备。省政府官员虽满口应承，却始终拖延不办，直到 1937 年年底掌握山东军政大权的韩复榘撤出济南时，也没有调拨一节车皮。滕虎忱痛心疾首，无可奈何向董事会辞职，誓言绝不和日本人打交道，决心流亡抗战。

在将华丰机器一厂、二厂的全部机器设备和资产交给董事会后，1937 年 12 月，滕虎忱搭乘火车先到济南，后又携带家眷撤往西安。1938 年夏，滕虎忱由西安迁居汉中，随即又前往成都。1939 年冬，在成都赋闲之际，他应山东同乡烟台人钟某之邀，赴重庆担任战时生产促进会总会顾问。其间，滕虎忱曾参与长江南岸向家坡烟叶复烤厂筹备处工作，受聘为该厂技师。1940 年，滕虎忱奉命转赴昆明，出任烟叶复烤厂副厂长。1942 年，辞职回到成都，与山东同乡集资购置电磨一部，雇工六七人，在城东门外牛市口开办利丰面粉厂，他和妻子及独子滕怀礼均在厂工作，因面粉厂于后方供应多有帮助，曾受当时成都市政府奖勉。在大后方期间，滕虎忱还积极参加各种抗日救亡活动。例如 1943 年冬，冯玉祥为筹集抗日军饷，在重庆发起“中国基督教节约献金救国运动”，号召国人支持抗日，要求大家解囊资助。滕虎忱不但主动捐献，并且积极参加宣传募捐工作。

1938 年 1 月 10 日，日本军侵占潍县县城后，大肆掠夺潍县企业，华丰机器厂同样在劫难逃。日军以总经理滕虎忱参加抗战为借口，查封了滕虎忱的家产，把工厂的原材料运往青岛。后来，日军为了进一步控制工厂，由特务机关出面，逼迫工厂与日方企业合作，遭到代理厂长张执符等留守人员的严词拒绝。日军恼羞成怒，逮捕张执符等人，并以“违抗日军命令，显系不良分子”等罪名恐吓，强迫合作。1939 年 9 月 18 日，在日军的威逼之下，工厂被迫与日清纺织株式会社签订了“合作”协约，将华丰机器厂改名为“日华合办华丰铁工厂株式会社”和“中日合办华丰铁厂股份有限公司”，主要业务是军械修理和制造。华丰机器厂虽然名为中日“合办”，实为日人所控制，中国人只能分得少量“红利”而已。

日军为了生产安全和运输方便，1941 年将华丰一厂、二厂拆除，把全部设备和所有原料，以及厂房拆除后的建筑材料，共装 9 节车皮，运往济南，在南圩子门外强占土地 27.5 亩，按照华丰机器厂原样重建工厂，取名“日华合办华丰铁厂股份有限公司”（又称“历山工厂”）。[①] 迁入济南以后，华丰机器厂成为日军军械修理厂，日本人任经理，主要为日军修理枪支和制造军用锅、军用剪、小金钩步枪等。此时，工厂工人已经减少到 300 人左右。至此，滕虎忱近 20 年艰苦创业积累的家业，全部落于日本侵略者的魔掌。

1945 年 8 月，抗日战争胜利。滕虎忱满怀兴奋，匆忙结束成都利丰面粉厂业务，急欲返回潍县重整华丰机器厂旧业。

在日军投降以前，滕虎忱在重庆就将华丰创办经过、发展规模、厂房设备清单汇编成册，呈报国民党政府行政院。日本投降后，滕虎忱归心似箭，想立即从重庆动身赶回家乡，可是当时除了接收大员和亦官亦商的人物能有便利的交通工具外，像他这样一个无权无势的工业界人士，只好“从成都、南郑、西安绕了个大圈子，时而坐汽车，时而坐马车、牛车，辗转周折”，于 1946 年春才回到济南。

1946 年 2 月回到济南后，滕虎忱住在原华丰营业部旧址。他看

① 济南柴油机厂编：《风雨八十年——济南柴油机厂 80 年厂庆》，2000 年内部印行，第 92 ~ 93 页。

到工厂的机器尚完好无损，厂房仍和以前一模一样，心中大感欣慰。于是四处奔走，交涉工厂发还事宜，给济南各相关部门如长官部、省政府、建设厅、省参议会、专署等，一一递上呈文，但均迟迟不见回音。直到两三个月后，上述机关的“批示”才陆续下来，但多是互相推托，敷衍扯皮，奔走了几个月竟然毫无头绪。

在这种情况下，滕虎忱于1946年秋回到潍县，下车伊始便同创办华丰的老同事踏访华丰旧址，见十数年心血，已成荒场一片，大家皆不胜唏嘘。滕虎忱只在潍县待了很短时间，便又匆忙返回济南。1946年10月，敌伪财产处理局告知滕虎忱，说要等候潍县政府及商会调查证实后，再行处理。经过多次周折，1947年1月，敌伪财产处理局终于“批示发还”华丰机器厂。滕虎忱欣喜若狂，但不久便发现，这个批示不过是一纸空文。原来该厂早已成为国民政府国防部四十四兵工厂，处理局要求滕虎忱直接向国防部交涉。于是滕虎忱又派人赴南京交涉，经过一番周折，国防部也批了个“发还证”，可四十四兵工厂却以“戡乱时期暂征军用”为由拒绝发还。无奈之下，滕虎忱又亲赴南京交涉，往返一月有余，托人打通关节，在众多机关间奔走疏通，又求得若干部门同意发还的批示后，回到济南再次与四十四兵工厂交涉，最后得到的答复是：“在总动员期间，军品供应益形繁重，为不贻误戎机起见……一律照现状继续使用。”至此，滕虎忱自己一年多的奔波没有取得任何实际效果，一跟人谈起交涉始末，便悲愤绝望，大呼道：“我到崂山当和尚去！”[①] 向来不说丧气话，一生不怕困难的滕虎忱，此时竟被折磨得万念俱灰了！

1948年4月，潍县解放，潍坊特别市政府成立。在新政府的大力支持下，滕虎忱由济返潍重建华丰机器厂。他召集华丰机器厂的原有职工，收集原厂各处埋藏的部分物资和残存设备，并发动爱国

① 陈真、姚洛合编：《中国近代工业史资料》第一辑，生活·读书·新知三联书店1957年版，第603～605页。

的基督教教友和校友再次募资。经过大家一起共同奋战，在原来华丰机器厂二厂旧址重新创办了华丰机器厂。由于滕虎忱管理经验丰富，技术精湛，而且经营有方，在他的带领下，全厂职工齐心协力，潍坊市政府也给予投资，华丰机器厂不仅迅速恢复生产，而且不久便超过了原来华丰机器厂的规模，成为当地机器制造业的主要支柱。1954 年 5 月 26 日，华丰机器厂实行公私合营，滕虎忱任资方经理。

1948 年 9 月济南解放后，在济南的华丰机器厂由军管会进厂接收。11 月，工厂改名为“华东财办工矿部济南工业局第一厂”。1949 年 9 月，工厂转为生产水车等民用产品。1950 年，更名为济南第一机器厂。1953 年 8 月，划归第一机械工业部第四机器工业管理局，并更名为“济南柴油机厂”。

四

1934 年 5 月 16 日，隐居泰山的冯玉祥参观华丰机器厂后，感慨地说：“全国如有二百人能像你这样有血性、能奋斗，国家前途就有很大的希望。”① 由此可见滕虎忱贡献之大、影响之巨。

华丰机器厂在滕虎忱的领导下不仅获得巨大成功，而且还极大地带动了潍县乃至山东的经济，这主要表现在华丰机器厂引领了潍县机器制造业和促进了织布业发展两个方面。

首先，华丰机器厂对潍县机器制造业的引领作用。所以说华丰机器厂引领潍县机器制造业，原因有二：第一，由于滕虎忱心胸宽广，鼓励华丰职工自己创业，1923 年后该厂职工创办了 11 家铁工厂，资本 277400 元，职工 495 人，全年营业额达 602880 元，产品以织布机、弹花机、水车为主，其中华丰厂年产织布机高达 2000 台。在华丰机器厂职工影响下，潍县创办机器工厂蔚然成风，新兴铁工

① 张蓝田、宋伯良：《滕虎忱与潍县华丰机器厂》，见政协山东省潍坊市潍城区委员会编《潍坊市潍城区文史资料》第一辑，1984 年内部印行，第 117 页。

厂层出不穷，机器产量随之迅速增加。例如20世纪30年代潍县铁工厂制造的织布机、水车数高居全省之首，其中年出织布机7400余架，约占全省织布机制造总量的83%；年产水车920架，约占全省制造总量的84%。[①] 到七七事变爆发前，潍县机器制造业无论是资本规模、职工人数，还是生产总值，都远远超过生产小农具的传统铁工业，其产品从最初的零部件加工，发展到批量生产织布机、灌田机、轧花机、弹花机、榨油机等农业、手工业生产机械。近代潍县成为华北重要的机器制造中心，滕虎忱功莫大焉。第二，华丰机器厂生产的各种柴油机，以可靠的质量、低廉的价格，行销潍县各地，为机器工业的发展创造了有利条件。例如潍县在20世纪30年代虽然已有电灯公司，但发电量微小，照明尚且不敷需用，更谈不上为工厂提供动力电。自从有了华丰生产的各种型号马力的柴油机，大小工厂可量力选用，从而解决了机器动力问题。这对潍县机器行业乃至整个工业的生产发展，都起到了关键性的促进作用。据统计，自一战结束至20世纪30年代初，潍县先后创办的机器工厂34家，因与进口柴油机相比，华丰产品价格低廉数倍，故各机器工厂所用柴油机“多为该厂之出品”。[②]

其次，华丰机器厂对潍县织布业的促进作用。滕虎忱仿制新式织布机成功后，换机热、织布热席卷潍县，潍河两岸的穆村、邓村、石埠、驸马营、眉村等地，几乎家家以织布为生。据粗略统计，1935年前后的极盛期，穆村、眉村一带有织布机2万台，寒亭、固堤等地也不下2万台，加上城里及其他区域，共有布机约6.5万台，潍县成为山东最为重要的织布中心。新式织布机不仅带动了潍县织布业的繁荣，而且还直接推动了山东织机的更新换代和织布业的繁

① 实业部国际贸易局编：《中国实业志·山东省》（辛），1934年，第660页、662页。

② 庄维民：《近代山东市场经济的变迁》，中华书局2000年版，第480页。

荣。据统计，到20世纪30年代中期华丰机器厂生产的铁轮织布机，销量“占全省布机出产之半数”，历年供给潍县、昌邑、寿光、济南、桓台、即墨等地的织布机达12200余架。① 以潍县为中心的织布区共有织布机9万余台，号称“十万台大机”（包括尚生产小布的部分木机）②，从业人员达20万，年产布料200余万匹，6000余万米（每匹约30米），其中有白布、色织布、条布、斜纹布、蚊帐布等150多个花色品种，产品远销大半个中国，织布业成为潍县的支柱产业之一。

织布业兴旺发达，又带动了染料、轧布、印染、货栈、居间（汇票、棉纱、布匹经济人）、搬运以及文化娱乐、饮食服务等各行业的发展，从而也促进了潍县经济的繁荣。据20世纪30年代初大陆、盐业、金城、中南四家银行对全国各县城经济情况调查，潍县经济发展规模名列全国第17位。③

滕虎忱的“血性”，还表现在“中华基督教自立会”的创办上。

美国基督教北长老会1861年来山东传教，在登州（今蓬莱市）开设第一个教区，以后逐渐扩展到烟台、济南、沂州等地。1883年，美国基督教北长老会在潍县城郊李家庄西北角购地，建立了教会、学校、医院三位一体的乐道院。义和团运动期间，乐道院虽受打击，但是很快复苏。1902年，美国基督教北长老会利用“庚子赔款”白银10万两，买地60余亩，重建乐道院。

自1883年美国北长老会牧师狄乐博在潍县开设教会后，潍县教会的事务均由外国差会传教士决断，中国教职人员一般无权过问并处处受歧视。1929年，滕虎忱被潍县教会推选为长老，参加管理教

---

① 实业部国际贸易局编：《中国实业志·山东省》（辛），1934年，第660页。

② 栾云洲：《潍县纺织业发展史话》，见山东省潍坊市政协文史资料委员会编《潍坊文史资料选辑》第三辑，1987年内部印行，第387页。

③ 山东省潍坊市潍城区史志编纂委员会编：《潍城区志》，齐鲁书社1993年版，第25页。

会事务。1930 年，潍县乐道院的部分中国长老不甘心受外国传教士的控制，由滕虎忱发起，在张雨臣、张执符、陈熙之等人的赞同和参与下，创立了中国人自办的教会“中华基督教自立会”。其宗旨是：“传道有《圣经》，信教有自由，中国人信教，不听外人指东划西。”他们脱离了美国长老会（乐道院），谢绝一切外资，用自己的钱办自己的教会。他们还发出“潍县中华基督教自立会”告中国各地教会倡议书。倡议书发出后，立即得到了全国各地教会的纷纷响应。经过筹备，潍县中华基督教自立会正式成立，滕虎忱被推选为第一任长老。

自立会创立不久，由滕虎忱、张儒臣等人出面向美国基督教差会提出要求，想将潍县城里南门大街与东关猪市口子街两所教堂归自立会所有，而美国差会却故意刁难，并提出只能借用，不能归自立会所有。后经反复交涉，最后双方同意将两所教堂作价 7500 现洋。为早日摆脱美国差会和洋人的控制，自立会迅速向山东各地教会宣传募捐，众教友积极响应，争相捐款。款齐后，自立会向美国差会乐道院长老会购买了上述两座教堂，城区内的教会主权和传教事务由美国长老会完全移交给潍县中华基督教自立会，教徒多达 700 人。① 潍县中华基督教自立会的创立，结束了美国北长老会把持潍县基督教会 50 多年的历史。

（徐　畅）

① 参见王振纶：《基督教在潍坊的传入与传播》，见政协山东省潍坊市潍城区委员会编《潍坊市潍城区文史资料》第一辑，1984 年内部印行；唐焕暖、段文君：《人格救国——冯玉祥与潍县中华基督教自立会》，载《中国宗教》2003 年第 8 期。又，“中华基督教自立会”成立时间说不一。

澹台玉田

澹台玉田（1872—1959），名宝莲，字玉田，以字行。山东福山（今烟台市福山区）人。出身贫民家庭。8岁入私塾读书，13岁下学，19岁任职于烟台英商和记账房（该洋行1864年开业，专事花生、棉纱等进出口贸易），从此走上社会。后来做过华账房。所谓“华账房”，系包办方式，所用的职员完全由买办雇用，外人概不过问，雇用的职员由华人账房供食宿，按能力开算工资。通常洋行对外与交易相关的业务必须华账房经手，然后由华账房用传票送洋账房落账，到年终结算。

澹台玉田身材魁梧，行事沉着干练，善于运筹，娴于辞令。在北洋军阀擅权混战、社会政治风云多变的年代里，他曾数任烟台总商会会长，带领商会的董事与历任军政当局周旋，维护了商民利益，并兴办了一些公益事业。

1906年，烟台成立了总商会，澹台玉田任会长，会董40名，会员1045户。原来烟台有土庄（鸦片商）数十家，并设有公所。民国元年执行禁烟命令，各土庄改作其他用途，公所撤销时，尚余存公款白银2500两，由其主持人曲树霖与众董议定捐给商会，作为兴建商会办公场所之用。后来在澹台玉田的主持下，用此款在观海亭余地（现在北马路原工商联会址）筑正楼5间，东西厢楼各5间，使商会有了独立的办公议事场所。

20世纪初，驻烟台各国领事为了将外国人的居留区谋划为租界，仿照厦门鼓浪屿及上海公共租界章程，将擅自拟定的划界章程上报北京各国驻华使节，企图在烟台划定公共租界。1906年，清政府委派袁世凯和山东巡抚杨士骧就此进行调查核证。袁、杨经过查证后向清政府禀称，烟台不宜设立租界。当时，烟台的工商界闻此也纷纷上书商部、山东巡抚和登莱青道，为维护国家主权，坚请清政府以国家权利为重，制止洋人在烟台辟设租界。1906年8月，以梁礼贤为首的“六帮”商董联合上书商部，力陈设立租界之危害，“烟衢地方狭隘，若令其任意侵占，势必至商家无处安身”“一设租界，洋人之事不与中国相干，而彼愈肆行无忌，倚势欺人，官商无权，诸事皆难办理”“徒令华人业不由主，民不聊生，闾阎骚动，人心惶恐”。[①] 1908年，驻烟登莱青道何彦升借改造街市工程的机会，取消了外国人私设的工部局，成立了“华洋工程局”。

华洋工程局由中国人和外国人组成，设华洋董事各6人。当时的中国董事有孙文山、澹台玉田、赖子彦、于岷山、吴覃臣、郑侯东。他们的主要职责就是专门管理洋人比较集中的居留区的修路、清道、疏河、卫生等事宜，所管辖的区域仅只烟台山、大马路和二马路东段（即东山一带）。在这一区域内，外国人开办的洋行、商号以及各国领事馆和外国人的居所比较集中，而中国商号、居民财产也很多，可谓华洋杂处。从20年代起，该地区被划为烟台的第一区。1934年，烟台由山东省政府设为特区建制，华洋工程局方才撤

① 《列强在中国的租界》编辑委员会编：《列强在中国的租界》，中国文史出版社1992年版，第398～399页。

销，其所有管理事务暂由中国政府设立的公安局接收。①

据同盟会元老丁惟汾所著《山东革命党史稿》载，1911 年秋革命党人光复烟台时，为了做好安民和整顿社会秩序的工作，烟台商务会会长孙文山（恒兴德丝行经理）委派澹台玉田出面与革命党人接洽。彼此商定首先布告安民，恢复市面正常秩序，同时协助革命政府清点接收了大清银行，而后召开选举大会，共推舞凤舰舰长王传炯为烟台军政分府司令，府内分设民政、外交、财政、庶务各部，商务会会长孙文山任财政部部长，澹台玉田任副部长。

中华民国成立后，商会在地方上不仅作为工商界利益的代表，沟通与当地政府的关系，发展和管理工商事务，调解工商纠纷；而且作为工商界民意代表，参与维护地方治安，兴办教育和社会福利慈善事业。1914 年，民国工商部颁布“商会六十条”，公布“细则二十条”。烟台总商会据此调整了机构，内设文牍、调查、庶务、会计四科。总商会首席委员改称“主席”，但仍沿旧俗称“会长”。是年，澹台玉田当选为烟台总商会第四届会长，第五届连任。后隔了一届，到 1920 年他又再次当选为第七届会长。② 1934 年，烟台改为特区，商会也随之更名“特区商会”，内部组织同前。澹台玉田仍当选为会长。1938 年，日军侵占烟台，特区商会改为市商会，澹台玉田退出了商会组织。1947 年，国民党军队占据烟台，烟台市商会组成整理委员会，澹台玉田出任主任委员。

清末民初，澹台玉田的实业经营主要在商业贸易领域，1920 年后开始经营工业企业。1922 年，澹台玉田接收茂兰福面粉厂的房地产、机器设备，共作价银元 19 万余元。发起人是以澹台玉田为首的 17 位商界人士，澹台玉田为总经理，李相卿为正经理。

---

① 《列强在中国的租界》编辑委员会编：《列强在中国的租界》，中国文史出版社 1992 年版，第 398 ~ 399 页。

② 翟辛灵：《澹台玉田二三事》，见政协烟台市芝罘区委员会文史资料委员会编《芝罘文史资料》第五辑，1991 年内部印行，第 253 ~ 254 页。

茂兰福面粉厂原由李相卿、董品三、王子亭创办。李相卿、董品三和王子亭都是闯关东的烟台老乡。他们三人最初在海参崴开了一家茂兰福代理店，招收了部分来自烟台的工人，承揽一些码头装卸、搬运工程，逐渐积累起一定数量的资金。1905 年后，俄国国内政局动荡，海参崴也受到影响，他们三人开始寻求退身之路，经过详细探询了解，决定回家乡投资机器制粉业。1911 年，他们从海参崴茂兰福抽调部分人力、资金到烟台，创办了烟台茂兰福面粉厂，由王子亭具体负责，而李相卿、董品三仍常驻海参崴。

烟台茂兰福面粉厂创立之初规模很小，仅有 10 名职员、20 名工人。其主要机器设备是美国制单式钢磨，采用蒸汽机，日产面粉 200 袋左右。该厂的原料主要从当地和邻近县份购买，生产的麒麟牌面粉，主要销售于胶东半岛地区。1917 年，鉴于海参崴的局势更加动荡，李相卿等人将海参崴茂兰福的资金全部撤回烟台，扩大面粉厂的生产。他们购进了一批美国制 36 英寸复式钢磨，增添了汽力发动机，还从俄国请来了制粉技师指导生产。这时厂中职员增加到 20 名，工人增加到 50 名。正当工厂扩大规模准备大干的时候，却发现新买的汽力发动机质量太差，无法维持正常生产，一年之中只能断断续续地开工几个月。到 1922 年，厂中的流动资金已全部用罄，另外还欠了许多外债。为了使工厂继续维持下去，李相卿托人找到当时的烟台商会会长澹台玉田，请他出面筹集资金，接盘了茂兰福面粉厂。

澹台玉田接手面粉厂时已 51 岁，直至 1951 年 80 岁时方离任。他接受以前工厂经营失败的教训，在许多方面做了改进。

首先，集资扩股，并根据“瑞雪兆丰年”的古谚，将厂名改为“瑞丰面粉股份有限公司”。接收茂兰福麦粉厂时共有大小厂房、仓库等全部房地产 121 间，全部机器设备和其他物资等共作价银元 192930 元，除去归还旧债所用，尚余 101000 元作为李相卿、董品三、王子亭等原股东在烟台瑞丰面粉有限公司的股金。瑞丰面粉股份有限公司规定，总股金为 60 万元，每股为 100 元，并且规定在企业经营中途任何人不准随意撤出股份。后来实际招募股东140人，股金仅为297000元。发起人中有原茂兰福的创办人董品三、王子亭，董事9人，监察2人，澹台玉田任总经理。公司规定每年举行年会，根据公司盈余决定分红数额。澹台玉田又聘请李相卿出任经理，主持公司事务，并由季臣川担任副经理，协助李相卿管理。这不仅健全了领导机制，而且通过重用李相卿，团结了茂兰福的老员工，很快稳定了公司的基本队伍。

其次，他支持李相卿等人更新设备、淘汰旧式发动机的建议，增添了2部德国制40英寸复式钢磨和1部180马力的新式双缸蒸汽机，又扩建了60间能容纳900万斤的仓库房，从而提高了生产能力，改变了以前开工严重不足的局面。

第三，他根据市场需求不断调整产品结构，在严格把好质量关的同时，将产品商标定为“麒麟”牌，又按质量档次分为蓝、绿、红三色，每色又分四等，并在每个面粉袋的缝口上都盖上等级印记。这些不同牌色、不同等级的面粉投放市场后，满足了不同阶层人士的需求，受到欢迎。

第四，他制定了更为严格、更为详细的厂规，对工人的工资和福利待遇都作了明文规定，以使人尽其责，也调动了企业员工的积极性，提高了企业的凝聚力和竞争能力。

通过以上举措，瑞丰的生产能力和经营水平不断提高，在20世纪20年代中后期有了较大发展。1929年年底，虽然因购置仓库用地，资金有所不足，但企业还是进行了清结账，除抵消1923、1924两年亏损外，共结盈利135606元。经董事会商定，为了继续发展企业，暂不按盈余实数分配，只按100元股金分红利20元，共计分利91538元，滚存44221元，暂作流动资金用。[①] 1931年九一八事变

① 王宝贵：《烟台面粉厂厂史记》，见烟台市政协文史资料委员会编《烟台文史资料》第十三辑，1990年内部印行，第174~176页。

后，工厂借助山东人民抵制日货的爱国热情，产销两旺，进入鼎盛时期。1933 年，瑞丰可日产面粉 1800 多袋，年底盈利已达二三十万元。①

除从事实业经营外，澹台玉田还十分热心社会公益事业。他曾被聘为烟台中华基督教青年会名誉会长，并曾任胶东赈灾会会长，倡办过烟台贫民工厂（厂址华丰街），协助红卍字会办恤养院。

烟台中华基督教青年会创办于 1903 年，以提倡德、智、体、群四育为宗旨，1911 年在广仁路购地建起会所。澹台玉田被聘为名誉会长，为该会的发展做了不少工作，还屡次被邀为该会会员讲演。

1916 年，澹台玉田与万帅山、陈秀安、郑千里等发起成立烟台教育会，由教育会主持烟台教育事务并附设平民学校。1923 年，澹台玉田任烟台平民学校校长。

1925 年，他和烟台镇守使张怀彬以及贾承虞等发起组织世界红卍字会烟台分会（简称“红卍字会”）。1928 年，红卍字会为贫穷失学儿童创办育德小学，免收学费，澹台玉田任校长。1930 年 5 月，澹台玉田任红卍字会会长。1934 年，红卍字会在西盛街创办育德小学分校，他兼任分校校长。另外，他还兼任过养正小学、志孚中学、中正中学的校董。

在澹台玉田为烟台地方兴办的诸多善举中，突出的有三项：

一是举办慈善救济事业。民国初年，国内各地灾情频发，如沪浙风灾、甘肃地震、黄河决口等，人民的生命财产损失极为惨重。旧政府视人命如草芥，根本就没有救灾的准备，只得依赖地方民间团体举行募捐、义演等活动来筹款救济。烟台方面有胶东赈灾公会，澹台玉田任会长，吴敬之、于子明等任副会长，公会将募集来的赈款存入银行，根据各地灾情，派员前赴灾区救济。

---

① 孔令仁、李德征主编：《中国老字号》第三卷《工业卷》（中册），高等教育出版社 1998 年版，第 79～81 页。

二是倡办烟台贫民工厂。烟台最早的社会慈善机构是登莱青道道员刘达善于1870年创办的庇寒所。继任道员龚易图扩大慈善机构，购地增舍，建起了兼善堂。1891年盛宣怀任道员时，改建兼善堂为广仁堂，增办了贫家子弟小学校。这些慈善机构都仅限于施衣舍饭、施医给药之类。澹台玉田有鉴于此，锐意改良，发起创办贫民工厂，使失业男女生产自救，既可自力更生，改善困境，又可为社会创造财富。当时，正值广仁堂变卖了东马路靠海岸一片空地，澹台玉田主张以其款办一所贫民工厂和公立医院，再开辟一座公园，后因未得到广仁堂主管者的同意而作罢。然而澹台玉田对此急公心切。1916年春，适逢一次官商宴会，澹台玉田于席间又一次提起创办贫民工厂之事，谈论之间与道尹吴渔川意见不合而怒形于色，由此可见澹台玉田热心公益，无所顾忌。后来经山东省政府批准，由广仁堂拨款一部，不足者由当地绅商呈准发售“贫民奖券”，募集资金。烟台巨商张颜山获得头奖，将所得奖金悉数捐赠，以补建厂经费之不足，终于办起了烟台贫民工厂，厂址在华丰街。

三是协助红卍字会办起了著名的慈善机构——烟台恤养院。烟台红卍字会成立于1926年，1928年迁于十字街新址。澹台玉田首任该会会长，并于1929年着手筹建孤儿院，1930年改为恤养院。4月，恤养院成立董事会，澹台玉田兼任董事长。他主张按照贫民工厂的方向办院，对收容的孤儿除供给食宿衣着外，应给予相当的文化教育和技能训练。他带头奔走呼号，协同众董事到处募捐款项，终于使恤养院办得初具规模，并为该院以后的发展奠定了基础。

1959年，澹台玉田去世，享年87岁。

王文蔚

王文蔚（1877—1964），昌邑县城南后伍塔村（今属昌邑市都昌街道办事处）人。早年为同盟会会员，后主张实业救国，倾力于开办工厂，为山东印染工业的创办人之一。

清末民初，山东城市及乡村只有手工染坊，有的专染深、浅蓝，有的专染大红、桃红，而昌邑、潍县乡间还有许多专染红、绿、赤、黄、紫等杂色的染坊，染织品销售济南、徐州、河南、陕西等地。柳疃街的染坊专染红、绿、黄、黑、紫各色绸绫，销往蒙古、北京、新疆、甘肃、陕西等地。

1918 年，王文蔚与好友董希尧（昌邑董家城后人）看到市面上卖的各种色布都是舶来品、外国货，心中颇为不服。他们认为昌邑、潍县素来是纺织丝绸之乡，乡间有不少脚踏铁机和众多有技术的织户，若由青岛购买棉纱发往昌邑、潍县乡间，找织机户加工，由染厂收集后集中印染，染厂的利润将相当可观，并会有长久发展前途。于是两人便与双盛泰东家商议，在争取到双盛泰投资后，便去日本大阪，买回蒸气发动机、拉幅机、立式烘干机、卧式烘干机、染色槽子等设备，在青岛台东镇购地建起了一座染厂——双盛潍染厂，此即为华商首创的山东第一家机器染厂。染厂建厂投资约耗资白银 14 万两，聘请了济南公立工专学校染织科毕业生王舜卿为技师。开工试车后，因机器安装不妥及技术人员初次接触进口大型机械，缺乏经验，加之昌邑、潍县乡间织的布幅宽规格不一，边道不整齐，染色时布在拉幅机上不是掉夹子拉不住，就是拉扯过度，损伤布边。这样试验了两三个月也未能染出正品来。后又请来留日学染织毕业的宋清斋，检查调整机器，改正了一些染色工序，然后对进货白布要求幅宽统一，边道整齐，这才成功地染出成品来。

但好景不长，由于当时军阀政府腐败无能，海关大权全操纵在外国列强之手，所定关税甚微。尤其日资企业，见青岛双盛潍染厂业已成功研制出与他们相同的产品，并上市销售，物美价廉，成了他们的竞争对手，就采取各种手段，明着减价倾销，暗里施加各种压力。双盛潍染厂外受日资工商企业的排挤，内受腐败官府歧视，勉强坚持了两三年，遂以停工歇业而告终。

1929 年冬，潍县（今潍坊市潍城区）陈子玉及寒亭张干忱、郭履平三人，收购了已经破产倒闭的青岛双盛潍染厂全部染色的机器，还邀约王文蔚一起加入。新开企业定名为潍县大华机器染厂股份公司，张干忱为经理，王文蔚为副经理。1931 年 2 月，潍县大华印染厂正式投产，其产品受到市场欢迎，洛阳、开封、烟台等地客商纷纷坐等取货，大华染厂销售业务迅速发展起来。

潍县大华染厂经营一年多时间，王文蔚因与众股东意见不合，另寻合伙人，于 1932 年秋去济南，在杆石桥南街重新建起一座染厂，并去日本购置三菱公司成套印染设备，定名“济南利民染厂”，王文蔚自任经理。利民染厂于 1933 年投产。王文蔚善于进行市场调查，根据市场流行需要，先与成通纱厂协商订纺由他设计的 32 支纱，与仁丰纱厂订纺 26 支纱；后又到潍县东关租了房子，分设济南利民染厂驻潍收布处，因大批白布是在潍县农村一带加工，这样便于发放和验收质量。为保证白坯布的织造质量，王文蔚还不时到农村脚踏织布机加工户走访调查，随时解决出现的问题。为印染华达呢、直贡呢、卡其布、哔叽布、人字呢等新产品，织布机上的小铁轮等部件都必须要进行技改，染厂经反复研究试验，取得成功后立即委托齐鲁铁工厂加工定做，然后发往潍县乡下，教会加工织布户使用。其后，王文蔚又去上海，通过染色报刊编辑主任诸楚卿介绍，请来了一位留日染织专业的毕业生欧阳旋和五名漂练技师进厂，不断开发出新的产品。由于王文蔚重视技术改进和产品质量，利民染厂的产品适销对路，花色品种不断增加，新老客户纷纷前来争购订货，订货量不断增加，很快就在市场上站稳了脚跟。

1935 年秋，王文蔚又去西安广济街分设了利民染厂批发处。1936 年是利民染厂最兴盛的一年。在济南利民染厂的影响下，济南东源盛手工染坊也添置了染色机器，改名为“东源盛机器染厂”。其后，青岛又建立了一家阳本染厂，潍县建立了一家德聚染厂。上述这些染厂都是一定程度上受利民染厂的影响建立起来的。

利民染厂发展快的一个重要原因是聘用和培养技术人才。受聘的赵寿岗和欧阳旋两位工程师，对化工印染技术不但有真才实学，还具有诲人不倦的品质，对染色的配方工艺从不保守，总是不厌其烦地教给青年徒工，后来有十几名徒工成为工程师，另有几十名徒工成为技术员。这些工程师和技术员，后来分布于青岛、济南、潍县、徐州、西安、成都等地，成了这些地区印染工业的技术骨干。

1937 年七七事变爆发，华北铁路运输中断，利民染厂的新老客户仍急需购布，这时只得由航空公司空运一部分色布到西安。

1937 年 12 月 25 日晚，韩复榘兵败外逃时，抢了利民染厂交通大仓库，抢后还点上火焚烧，一些老百姓也趁机哄抢。第二天，日军进了济南城后，抢占了利民染厂。1938 年 3 月，王文蔚忍痛离开亲手创建的利民染厂，回到故乡昌邑。

1939 年春，王文蔚接到原利民染厂赵寿岗、宋华峰两位副经理的来信，叫他速去济南主持利民染厂开工。王文蔚到济南后才发现，日本占领当局明着是让工厂复工，暗里则施加掠夺。他们先派日本人横山联系合资办厂，后又想用半价收买利民染厂。最后，该厂被日本东洋纺织公司用20万元空头支票强行占夺。日本商人控制利民染厂长达六年半时间，只付给职工微薄工资，股东们则是分文未得。

1945年8月15日，日本宣布无条件投降。同年11月，国民党接收当局发还了利民染厂。国民党李延年部的一个军官网罗一伙人，图谋占夺利民染厂，但未能得逞。于是他们就以莫须有的罪名，将王文蔚、赵寿岗两位经理羁押，40余天后才放回。因原料短缺，利民染厂直到1946年4月间才得以复工，此后工厂时复时停。

1948年9月，济南解放前夕，王耀武部下守兵将利民染厂布匹抢走，染厂损失惨重。济南解放后，在解放军帮助下，利民染厂着手修复厂房设备，于1949年3月开工。王文蔚由上海返济，向济南市人民政府敌产清理委员会交出一切账本，请予审查处理。此后，利民染厂即转成公私合营企业，后因厂址狭窄，遂迁至北商埠与人民染厂合并。

新中国成立后，王文蔚当选为山东省政协委员。

1964年，王文蔚病逝于上海，享年87岁。

（刘晓焕）

陈孟元

陈孟元（1894—1963），名嗣宗，山东掖县（今莱州市）小朱石村人，工商实业家。

陈孟元祖上世代务农，家境贫寒。父母靠为人帮工、手工编织等积攒学费，供他读了八个冬季的私塾。1911 年，陈孟元经邻人携领，长途跋涉，去黑龙江省黑河双合盛货栈当学徒。学徒期间，由于他少年老成持重，勤奋好学，善于揣度顾客的心理，因此颇得店主赏识。五年后，黑河全兴瑞商号掌柜见他有经商才能，又是同乡，便聘其为“栏柜头”（负责管理门市经营），并许以“干股”（年底按比例分红，不真正持有股权），后又被派往俄国伊尔库茨克开分号，任分号掌柜，经营批发日本花布及杂货等。1922 年冬天，黑河发生了一场火灾，全兴瑞商号倒闭。面对灾后黑河的萧条，陈孟元不得不自谋生路，开始独立经营酒业，专供零售商渡江与俄国人交易。①

---

① 青岛市民建、青岛市工商联：《实业家陈孟元生平纪略》，见山东省政协文史资料委员会编《山东工商经济史料集萃》第一辑，山东人民出版社 1989 年版，第 83 页。

1926年，陈孟元迁至哈尔滨，开设聚丰祥货栈，主营粮油、绸缎、布匹、水产等。其中销量最大的是一种纸牌，这种纸牌类似于麻将，颇受当地人青睐。鉴于纸牌制作成本低，运输方便，陈孟元决定自己印刷。由于薄利多销，他印制的“寿星”牌纸牌很快占领了东北的纸牌市场。

基于多年的经商经历，陈孟元看到在东三省城市中沈阳工业比较发达，认为要兴办工业，就必须在沈阳立足发展。他看到沈阳印刷业全由日本人、英国人经营，又想到自己在哈尔滨时曾印刷营销过纸牌，有一定印刷经验，便决定在沈阳开办印刷厂，印刷纸牌。当时，沈阳印刷厂的印刷工艺多为凸版印刷，这种工艺投资少，易于掌握，但效率低、质量差。陈孟元意识到，要在竞争中取胜，设备一定要优于别人。当时，印刷业先进的工艺技术是平版印刷。平版印刷又称“胶版印刷”，这种印刷工艺技术比较复杂，但制版效率快，质量好，适用范围广。1928年，陈孟元在沈阳开设聚丰福印刷厂，采用平版印刷工艺从事加工生产。果然，采用这种工艺技术后，工厂印刷出了质地坚韧、精美耐用的纸牌，不逾几年，赚得大利。工厂的业务除了印刷纸牌外，还承印纸烟、食品、纺织等行业的彩色商标，在当地具有相当高的声誉。

陈孟元素有爱国思想，一直就怀有“实业救国”的信念，这一信念后来促使他转向工业，先后创建了印刷厂、卷烟厂、造纸厂等工厂。

1931年，还在聚丰福印刷厂兴旺之时，陈孟元就把注意力转向纸烟市场。他发现东北纸烟很畅销，便从英美烟草公司印制的烟盒上的信息，推算出其日、月、年不同时间的产量，计算出其所获利润。纸烟市场是一个获利颇丰的大市场，但东北市场被国外企业所垄断，无一家国人自己开办的卷烟厂。在这种形势下，他决定停办聚丰祥货栈，将聚丰祥的全部资金和聚丰福积累的利润，投入兴建东北地区第一家中国人办的卷烟厂。工厂定名为“太阳烟草公司”。

在这以前，华商商号命名多使用“祥”“福”“聚”“裕”“丰”等吉祥字词，他将工厂命名为“太阳”，是希望所办工厂能像太阳一样蒸蒸日上。①

太阳烟草公司选址在沈阳市铁西区，使用的设备是上海造的仿英标准式卷烟机。卷烟机设备共安装了两条生产线，太阳烟草公司依靠这两条生产线全力生产，在东北纸烟市场上逐渐扎下了根。烟厂生产经营走上正轨后，陈孟元又把生产线由两条逐步扩大为15条，成为当时沈阳的大型企业。

1931年九一八事变发生后，国土大片沦丧，陈孟元深感在东北发展民族工业前途无望，于是下决心到关内寻觅出路。他在家乡山东调查工业生产的旅途中，注意到一般人们的衣着除了常年穿用各种色布之外，妇女多喜穿用由日本进口的各色花布。经过多方了解，不仅山东，连华北一带的染厂及染坊也只能染各种色布，没有一家能用印花机器印染花布的工厂。他又得悉，假若年产1万匹花布，仅关税一项就能减少成本2万元，说明此业大有可为。经过慎重考虑，陈孟元决定在青岛创设华北第一家机器印染工厂，以生产花布为主。

1934年，陈孟元在青岛创建阳本印染厂，因建染厂时曾从沈阳太阳烟厂抽调了20万元资金，故取名为“阳本”。

印染工厂选址考虑到生产需要大量用水，只靠自来水不足以供应日常生产，必须选择地势低洼、地下水源充足的地方，凿井引用方可。为此，企业选定了台东区沈阳路北端约50余亩的一块空地作为厂址。同时，陈孟元亲赴日本采购整套印花机器及其附属设备，并聘请两名日本工程技术人员来青，负责印染工艺技术。经过一年多的时间，厂房基本建成，机器安装也大致完成。主要机器设备计有精原染色机1台、六色印染机1台、染缸18个、织

① 余同元、王来刚：《关东鲁商》，齐鲁书社2009年版，第281～282页。

布机 40 台等。①

在开始试车的过程中，染色工序出现了事故，致使 600 多匹坯布全部腐蚀报废。试染失败后，陈孟元辞退了日籍技术人员，从上海聘来专家刘申悌技师，并从在沈阳自办的聚丰福印刷厂和太阳卷烟厂抽调 10 多名技术人员，由陈孟元之弟陈子和带领，一同研究印染中出现的问题，寻求解决办法。经过请教内行，查阅有关资料，改进印染配方，他们基本上掌握了生产技术，再次试车获得成功。在实践中，陈孟元发现印花工序是生产的关键所在，为了从根本上解决问题，提高产品质量，遂派技术人员杨月松前往上海，在经营进口德国染料的德孚洋行学习有关印花的配色、着色等知识和经验。回厂以后，杨月松与技术骨干孙级三等人密切配合，共同努力，终于闯过了技术难关，正式开工生产。

青岛阳本印染厂的主要产品，印花类有花哔叽、大花标布、浅花布，色布类有 30 号、60 号、190 号等各色士林布、硫化青布、硫化蓝布、纳富妥红布、纳富妥紫布、各色华达呢、素哔叽、安尼林青布以及直接染色的爱国蓝布等。产品因质地好、染色牢度高而受到消费者的欢迎。产品中以大花标布、爱国蓝布、纳富妥红布及纳富妥紫布等销路较大。注册商标有“家庭”“兄”“耕种”“哪吒”等。工厂除在本市批发零售外，还在天津、潍县、西安三地设立办事处，负责采购原料和推销成品。当时恰逢发生世界经济危机，波及国内市场，导致物价大跌，产品滞销，生产经营多次发生困难。后来随着经济形势的好转，生产经营才逐渐恢复，产品开始大量运销外地，在纺织品市场创出了阳本花布的金字招牌。阳本花布在潍县和天津两地销路一直很好，只有西安抵制日货的爱国运动正处于炽烈之际，当地群众怀疑阳本印染厂的来历，误认为是日货，致使

① 失羊、谢恩光：《陈孟元先生事略》，见莱州市政协文史资料委员会编《莱州文史资料》第二辑，1988 年内部印行，第 69 ~ 70 页。

销路受到影响。后经青岛市商会出具证明，告知阳本产品确为国货，才消除了当地人们的疑惑，产品销路又恢复正常。①

阳本印染厂开办之初，陈孟元任经理，陈子万为副经理。后来成立了股份有限公司，陈孟元任董事长，其亲属陈凤翔、陈子和、陈子万、徐香九任董事，陈子万任经理，杨月松任厂长，孙级三为工程师。阳本厂实际是陈氏家族企业整体的一个组成部分。

1937年七七事变爆发后，青岛局势极为紧张，大有发展前途的阳本印染厂不得不停止生产经营，陈孟元也离青避难。日军进入青岛之后，即对该厂查封进占。后又施加压力，强逼厂方与日方“合作”，改厂名为“兴亚染织株式会社”。因日本人找不到陈孟元，将留在青岛的陈子万列入“兴亚染织株式会社”股东名册，但陈子万从未出席过他们召开的董事会。日军开工以后，扩建了部分厂房，增添了1台印花机器与附属设备及100台织布机，生产成品改用“兴亚染织株式会社”的名义，并用“栈桥”“美人”作为产品商标。

1945年8月抗战胜利后，国民党的接收官员来到青岛，以“兴亚染织株式会社”系敌产为名，把整个工厂封闭，并以与日本合作为由，以汉奸罪名把陈子万投入监狱。这时陈孟元返回青岛，一面向国民党敌伪产业处理局据理力争，一面向法院申诉，说明工厂被日本占领当局强占的详细经过。经过一年多的反复交涉，真相大白，陈子万无罪获释，国民政府把阳本印染厂原有的机器以及不动产全部发还。至于日军增建的厂房，增设的机器、原材物料，则准予估价承购。到1946年年底，陈孟元始将阳本印染厂全部收回。由于工厂被封闭时间过久，机器设备多已腐锈不堪，染化药料和原材料也多变质，成为废品，工厂为此蒙受很大损失。收回工厂以后，陈孟

① 王铁龄：《青岛阳本印染厂》，见山东省政协文史资料委员会编《山东文史集萃（工商经济卷）》，山东人民出版社1993年版，第42~46页。

元立即召集原在阳本厂工作过的老技术工人，将机器设备逐一进行拆卸擦拭，或更换新件，直至 1947 年 8 月始陆续开工，恢复了生产。在当时国民党反动派的统治下，政局混乱，生产所需原材料缺乏，产品滞销，通货膨胀，资金周转困难，为了维持企业不致垮台，只好生产成本低的低档产品，惨淡经营。尽管如此，青岛解放以前阳本印染厂仍保持了相当的规模：总人数 400 人（含临时工），其中男工 250 名，女工 150 名，染缸 24 台，印花机 2 台，织布机 140 台，浆纱机 1 台，2 吨兰开夏锅炉 4 台，年产印染布 302. 6 万米，棉布 302. 3 万米，年总产值 396. 6 万元。

1949 年 6 月青岛解放，阳本印染厂积极组织生产，自身也获得了新生。在抗美援朝运动中，阳本印染厂响应当地政府的号召，捐献飞机（款）一架。1954 年 6 月，经政府批准，成为青岛市第一家正式公私合营企业。

1956 年，陈孟元当选为青岛市副市长。此外，他还曾当选为第三至五届青岛市各界人民代表会议协商委员会副主席，政协青岛市第二、三届委员会副主席，全国第一、二届人大代表，山东省第一、二届人大代表，青岛市第一至五届人大代表，青岛市第三至五届人民政府委员，山东省第一、二届人民委员会委员，中华全国工商业联合会执委，民建青岛市委员会主委，民建山东省第二、三届工作委员会副主委等职，为国家和人民做了大量有益的工作。

1963 年 12 月，陈孟元在青岛病逝。

邹升三

邹升三（1890—1963），山东掖县（今莱州市）沙河人，实业家。

邹升三年少时在家乡曾受过一些教育，18 岁时到青岛，在日用杂货商福顺泰店里当店员，后转到源裕兴号。该号店东见其为人忠诚勤奋，便出资帮助他于 1914 年开设裕东泰商号，经营土产杂货。邹升三长于世故，与商界人士颇多交往，故被推为华商商务总会会董。1919 年，他成为青岛取引所钱钞证券交易人，通过交易所的投机经营，他的资产获得了异乎寻常的增长。但是在 1922 年取引所股票暴跌之际，经营也受到严重打击，多次陷入危机，不过最终都化险为夷，使经营维持了下来。

近代以来，济南较早地成为山东纺织和印染业的中心，但是没有自己的染料工业。民国前期的中国农村多数农户自己纺线织粗布，染色后做衣裳，而硫化青染料是印染厂不可缺少的生产原料，也是百姓染布的必需品，市场销量巨大。当时的硫化青染料都是进口的，分为粉末状和膏状两种，包装有圆盒与方盒不同的种类。膏状硫化青，在国内又称“煮青”。煮青的名字，就是因为使用时需要用水煮：将颜料用水稀释，布料放入水中加热，煮沸后晒干，布匹就被染上了颜色。

邹升三原在青岛开设裕东泰商号，经营百货业，并在日本大阪设有外庄，由代办王敬亭负责购销业务。王敬亭不仅懂日语，而且是一个具有商业眼光的人。当时的日本已经有硫化染料的生产，王敬亭在与日本工厂接触的过程中，发现硫化染料制造简易，成本低廉，在国内有广大的销路，于是他便想方设法在日本学会了制造技术。回国后，他向经理邹升三建议在国内开设工厂，生产膏状硫化青（煮青）。这一设想得到了邹升三的支持。1919 年 10 月，他们联合李助之、贾仁斋等人筹集 3 万元，在济南组成了裕兴颜料厂。众股东推邹升三为董事长，委任张忠卿为经理，王敬亭为厂长，聘日本技师一人，在济南北郊五柳闸设厂，开始筹备生产事宜。

裕兴股份有限公司注册于 1920 年 6 月。工厂成立后，成为中国化工染料史上最早生产硫化青染料的企业。据 1946 年上海出版的《化工世界》记载："中国硫化青染料起源于山东，继兴于沪市。"这里说的"山东"，就是指的裕兴工厂。①

裕兴设立之初，厂址购买的是一个闲置企业，占地十七八亩（一说 26 亩）。购地后，建造硝化炉，购置煮青锅、硫化碱锅等设施，招募员工 50 人左右（一说三四十人），从日本进口硫酸、硝酸、碳酸、硫磺、硫化碱等原料，开始生产煮青。

但当产品初销时，裕兴并没有得到用户信任，再加上煮青多用于农村，不能完全依靠现金交易，因而资金周转相当缓慢。此外，所用的硫磺、硫酸、硝酸、石炭酸等原材料多属危险品，又要从日本进口，尤其硫磺是官方经营，购买和运输都需要申请北洋政府发给护照。因此，在投产后两年多，裕兴依然没有打开局面。

1921 年冬，原山东兵工厂厂长李正卿见裕兴生产染料有利可图，

① 艾鲁川：《济南裕兴化工厂从建厂到公私合营简史》，载政协山东省济南市委员会文史资料委员会编《济南工商史料》第三辑，1983 年内部印行，第 46～60 页。

便借口小清河自黄台板桥至五柳闸的航道系山东兵工厂专用线，不允许裕兴使用，给裕兴原料和产品进出带来了困难。邹升三四处奔走，请金融界头面人物、济南商会会长于耀西从中斡旋，后吸收李正卿、于耀西和官礦局局长车百闻的私人股金，问题才得以解决。次年春，“山东裕兴颜料股份有限公司”正式成立。

1924年，裕兴公司由民国农商部批准注册登记“生生”牌商标，取“生生不息”的吉意。从此“五子环绕，生生不息”的美誉伴随着企业成长壮大。后来，工厂又注册了“美女”牌和“爱国”牌，但“生生”牌煮青一直是三个牌子中最畅销的。除了赊销外，他们还采用当场为顾客免费染布的办法推销产品，很快取得了用户的信任，产品逐步行销鲁西南、鲁西北和河南、苏北、皖北等地。当时，日本进口煮青在济南、青岛的售价为每箱（100市斤）40元。裕兴一开始生产煮青的技术虽然简陋，但所产煮青的质量与日货不相上下，而价格却比日货低廉，每箱售价在30元左右，所以逐渐创出牌子，打开了销路，生产经营日渐兴盛。

1922—1936年是裕兴发展的鼎盛时期，盈利达到10万银元。裕兴煮青的发展态势引起外国资本的关注，德国染料商曾通过其经销店压价倾销煮青，欲“牺牲煮青万箱”挤垮裕兴。但是在社会“提倡国货，挽回权益”的强大声援之下，裕兴通过灵活的促销方式，获得了广阔的销路，争得了用户。“生生”牌煮青成为当时的名牌产品，而煮青的使用方法也逐渐取代了农村原来的土法染布。

裕兴染料厂成立后，经历了数次重组和扩建。几次重组后的裕兴扩建厂房，添置设施，“生生”牌煮青产销量逐年增加。1933年，裕兴化工厂又添置了制罐和印铁设备。到了1934年，全厂煮青产量达到20000箱（1000吨），员工多时达137人，年产总值高达几十万元。如1936年5月出版的《济南市市政月刊》载：裕兴“资本10万元，职员8人，工人60人，原动力柴油，出品煮青，年产15000箱（750吨），年产总值52.5万元”。

1937 年 8 月，玉符河决口，裕兴染料厂被淹，遭受了重大经济损失。水退后，日本侵略者逼近黄河北岸，业务经理们相继离厂回乡避难，从此裕兴生产日渐萧条。此后，济南不战而失，日本商人闻知裕兴名声，找到王敬亭提出“中日合资”的主张，引诱和威胁两手并用。但是厂长王敬亭坚持民族气节，不为所动。在被拒绝后，日本人又阻止供应进口原料，停止供电，致使裕兴的处境极为困难，产量急剧下降。1944 年，日军以“违反新经济政策”“抓暴利”为名，逮捕了裕兴的董事长、经理和会计等五人，没收了裕兴的大量煮青并处以罚款。当时有 40 万资产的“裕兴”差不多被劫夺一空，濒临破产的境地。

抗战胜利后，被逮捕人员获释，邹升三辞去了董事长等职务。面对工厂的破败景象，会计艾鲁川与车迈平、孙砚农等人重新集资，由车迈平任董事长，艾鲁川任经理，再图振兴“裕兴”。但事与愿违，国民党挑起内战，裕兴厂内不仅驻扎了国民党军队，厂房还被拆修筑成碉堡，设备更是受到严重破坏，工厂变成废墟，再次濒临破产。

1948 年秋，济南解放，民族工商业获得新生。艾鲁川便带领职工修缮营业房屋、整理生产设备，开门营业，成为当时济南市工商界恢复开业最早的一家。

1963 年，邹升三去世。

辛铸九

辛铸九（1880—1965），名葆鼎，字铸九，以字行。原籍章丘县辛寨乡辛寨，民国时期山东政商两界名流。

辛铸九出身于地主家庭，在兄弟中排行老九。他自幼聪颖敏达，19 岁即通晓“四书”“五经”，20 岁就读于章丘县优级师范学校，毕业后回乡教私塾。任教期间，他除教书外，温经读史，习练书法，偶或写点时论文章，闲暇时常与乡绅父老谈古论今，对清宫垂帘、帝后之争、维新变法、捻军等史实极感兴趣。1904 年，辛铸九乡试录为举人。1915 年，任益都（今青州市）师范校长，并在益都第十中学兼课。1919 年，五四运动爆发后，辛铸九先后当选为章丘县议员、山东省议员。[①] 1923 年，临城劫车案发生后，峄县县知事被撤，一时选不出新任，后来便由辛铸九继职。他到任后，立即置身于劫车案的斡旋处理之中。

1923 年 4 月某日凌晨，北京到上海的第一次国际列车驶至临城

---

① 辛月英、辛树兰口述：《开明绅士辛铸九》，见政协山东省章丘县委员会文史资料组编《章丘文史资料》第二辑，1984 年内部印行，第 49 页。

和沙沟两车站之间时，被当地巨匪孙美瑶纠徒千余拦劫，中外旅客100多人被绑架，其中有欧美男女旅客20余名。此案发生后，中外瞩目，朝野震惊。北洋政府怕引起国际争端，严令山东督军田中玉派劲旅进山剿捕，该案肇事地点在峄县境内，而且孙美瑶又是该县孙庄人，被劫旅客全部押在峄县境内的抱犊崮，因此新任县长辛铸九对此案负有处理解决的责任。

辛铸九得到破案剿匪的公文后，与同僚终日惶惶，心若悬旆。他认为，若按上峰旨意出兵抱犊崮进山剿匪，只会劳师伤财，适得其反。因为抱犊崮位居深山，群峰矗立，陡若斧劈，向为诸峰之冠，况且四周多悬崖峭壁，只有北面一线小道，行人攀援而上，方可通往崮顶，有“一夫当关，万人莫入”之险。为人质安全，只能智取，不可武胜。辛铸九提出，孙美瑶已是山穷水尽，骑虎难下，进退维谷，可能拿在押旅客特别是外国旅客做人质，换取政府对他们的招安。当时军政要员对辛铸九的判断表示同意，具文火速呈报兖州镇守使何锋钰，何锋钰看罢遂决定对孙美瑶实行招安，并责令辛铸九协办。辛铸九派了近百名军差，秘密埋伏在洋人每天放风观景的所在，机智巧妙地又把洋人“劫”了回来。后孙美瑶不得不放回所有被劫旅客，接受了招安。① 其部被编为山东新编第一旅，人数两千左右，孙美瑶任旅长。孙美瑶后被兖州镇守使张培荣以请酒为名，杀死在枣庄中兴煤炭公司。

1923年年底，枣庄中兴煤炭公司井下瓦斯爆炸，125名挖煤工葬身井下。该公司地处峄县，事件报到县衙，辛铸九赶赴现场。中兴公司老板在其上司的支持下，依照惯例，死一名职工，资方付出200元，死者一半，县长一半，就此了事。辛铸九当众表示，这是人命钱，不管什么惯例不惯例，这钱他分文不要，全部付给死者眷属。

---

① 辛月英、辛树兰口述：《开明士绅辛铸九》，见政协山东省章丘县委员会文史资料委员会编《章丘文史资料》第二辑，1984年内部印行，第49~51页。

对此，矿工家属对他满怀感激之情。在任期间，辛铸九清正廉明，深得民心。离任时，当地民众赠送了万民旗、万民伞。后他又任清平县知事两年。

卸任县知事后，辛铸九回到济南，开始涉足商海，先后入股丰年、惠丰面粉公司，并担任过裕兴化工厂、仁丰纱厂董事长，出资创办了经文布店。1930 年，他出任济南商会会长，与各大商号建立了广泛的联系，并热心为商家排忧解难，在商界声望颇高。

其实，早在 1923 年出任峄县知事之时，辛铸九就出资参与创办济南经文布店。当时在北京瑞蚨祥当店员的辛在山、辛在伦、辛云炎、辛在木（他们都是辛铸九的侄辈）等人，亲眼看到瑞蚨祥“日进斗金”，便想创办一家同样的字号。他们找到辛铸九，请他为“领东”，在济南开个布店。辛铸九欣然同意做“领东”。经文布店设在济南估衣市街西首路北。首任掌柜（经理）是辛在伦，他本是瑞蚨祥大伙计出身，为人聪慧精细，深谙祥字号经营之道，无论是经营管理，还是人员使用等，都是沿用瑞蚨祥的一套。例如，在布店组织方面设前柜、二柜和绸楼，各柜设柜头（小掌柜）一人，管理一个柜的业务。根据各柜具体情况，分派大小伙计（即店员）3 ~ 8 人。前柜专营各种色布和白布，二柜专售各种花布、广货，绸楼专卖绸缎、呢绒、绣货。其次设账房、号房、后司，各有专人负责管理。为加强店员管理，经文布店也仿照瑞蚨祥制订了“铺规”。其主要内容有以下数条：

1. 柜上同仁一律不准携带家眷。

2. 因私事出门，必须向掌柜请假。批准后方出，要按时回店。如因事不能回柜时，必须及时告知。

3. 柜上同仁不准吸烟卷，以防发生火灾。

4. 同仁之间，不准吵嘴、打架、挑拨是非、结伙营私，违反者立即出号。

5. 营业时间，不得擅离职守，不得交头接耳，不得做其他事项，以免妨碍营业，影响观瞻。

6. 严禁酗酒嫖赌，违者立即出号。

7. 对待顾客必须谦和、忍耐，做到百挑不厌，百问不烦，严禁与顾客吵嘴打架。①

这些铺规由于得到认真执行和严格监督，对当时搞好店务管理，起到了制度保证作用。经文布店金额和经营额虽不能与孟洛川的瑞蚨祥、孟养轩的隆祥相比，但其经营信誉、生意兴隆程度与之不分轩轾。

1932 年 6 月，山东省政府主席韩复榘打着富国裕民的旗号，在按察司街开办了山东最大的官办当铺“裕鲁当”。当铺资本为 30 万元，韩复榘指令其亲戚薛映书为经理，利用辛铸九的社会声望，拉他当了董事长。当铺当期两年、利息二分，比其他当铺优惠许多，吸引了不少人前来，开业不久又设立分号。1937 年七七事变后，日本侵略军迅速南下，11 月抵达黄河北岸，济南岌岌可危。韩复榘奉命采取“焦土抗战”，纵火焚毁了省政府（今珍珠泉大院）、劝业场、进德会、火车站，“裕鲁当”也葬身火海。纵火之前，当铺监事李新儒、常务董事李天倪、董事长辛铸九当面向韩复榘提出反对意见。他们的抗议触怒了韩复榘。李新儒当晚回泰安，次日晨，韩复榘电令泰安驻军将李新儒就地正法，所幸李新儒避居山里逃过一劫。李天倪遭到暗杀，辛铸九也被韩复榘拘留一昼夜。辛铸九后来回忆说：“自此，裕鲁当的事没有再敢问的，所有珍贵当品及金银首饰，均被张绍堂和薛经理等拿走，韩复榘自谓便民的事业，结果坑害了

---

① 牛维铨口述，明兆乙整理：《辛铸九在济南经营的经文布店》，见政协章丘文史委员会编《章丘文史资料》第十辑《辛氏三代》，1993 年内部印行，第 86～87 页。

商民!”①

七七事变爆发后，韩复榘责令军法处处长魏汉章将其多年没收积存的鸦片交济南商会，按市价销售给各商店，以借此敛财，但遭到辛铸九严词拒绝。魏汉章恼羞成怒，欲逮捕辛铸九。辛铸九闻讯躲到洪家楼天主教堂避难，方才脱险。济南沦陷期间，日伪山东省维持会会长马良同日军勾结，企图拉辛铸九任副会长，被辛铸九拒绝。后日伪当局又一再派人劝辛铸九接任马良的伪省长职位，但他都以年老多病不能任事为辞。1938 年年底，日本人又派伪秘书邵锡辰劝他应付时局，借以保全家人。辛铸九与邵锡辰系多年朋友，他正色厉言说：“国破家亡，我子孙十人逃出参加抗日，如为日本人做事，将来有何面目见自己的小孩呢!”邵锡辰说：“好，读圣贤书所学何事?”邵锡辰去后过了三星期，日伪头目王承智带领四名特务，声言查户口，实际是示威打人。又过了两星期，在 1939 年农历正月初十日晚 9 点，有两辆汽车、六名特务，逮捕他进了日军宪兵队。宪兵头子水磨说辛铸九“通匪”，把他摔到地上就打，自此每天审问，不时吊打。辛铸九自被捕后，得地方人士何素朴、韩纯一等奔走营救，幸免于死。计在监 37 天，九死一生，朋友们为营救他花的钱在 5000 元以上。②

1939 年 9 月，辛铸九任山东图书馆馆长兼山东红十字会会长，曾主导抢救聊城“海源阁”藏书，使其避免了一场劫难。1931 年，杨氏第四代传人杨承训把 50 箱劫余藏书运到济南准备出售，时任山东图书馆馆长的王献唐提出代为保管、半捐半卖或半价收购的三种方案。杨承训同意半捐半卖，但政府部门不拨款，最终不了了之。其后杨承训把藏书暂存于经二纬一路东兴里，1942 年又运到北京出

---

① 辛月真：《父亲辛铸九任裕鲁当铺董事长始末》，见政协章丘文史委员会编《章丘文史资料》第十辑《辛氏三代》，1993 年内部印行，第 7 页。

② 辛铸九：《辛铸九回忆》，见政协全国委员会文史资料委员会编《文史资料存稿选编·经济（下）》，中国文史出版社 2002 年版，第 481 ~ 482 页。

售。当时，有人一再劝诱杨承训把藏书卖给日本人。闻知这一消息后，辛铸九大为震惊，急忙联络社会名流苗兰亭、张蔚斋募集300万元巨款，三次赴京与杨承训反复协商，屡经波折，终于把藏书全部买下。[①] 藏书运回济南后珍藏于麟祥街的道德总社。这批藏书共计2324部、32000余册，其中善本590种、9802册。抗战胜利后，藏书全部捐赠给山东省图书馆。

在滞留济南期间，辛铸九还曾借职务之便，多次秘密接待来自抗日革命根据地的中共党员。在敌伪戒备森严、频查户口和搜索宅院的情况下，把地下抗日人员转移到安全地方。

辛铸九热心于慈善救济事业，曾任山东红十字会赈务会会长，经常对孤儿院、寄良所及各地灾民救济抚恤，并数次亲自押车送救济粮款到灾区。在一次赈济中，他捐款3万元，深得民众赞扬。对小商小贩无力周转或无本开业、折本亏损者，遇有求助，他便慷慨解囊相助。有的贫困人家遇丧葬无钱购置衣衾棺木，求到其门下，他从不回绝。[②] 1948年济南战役中，他组织红十字会员进入战地，救死扶伤，掩埋处理尸体，受到人民政府嘉奖。济南解放后，他应邀出席首任市长郭子化召集的工商、科技教育界人士会议，为迅速恢复社会经济秩序献计献策。

辛铸九善书法，先学何绍基，后摹翁同龢，采两家之长融而为一，形成自家独特风格。尤善欧体，笔力刚劲，结体沉稳，曾写有不少匾额，泉城内外名山胜景多有他的墨迹。

中华人民共和国成立后，辛铸九当选为省人大代表和省政协委员。1965年，他在济南病故。

---

① 《山东省图书馆志》编纂委员会编：《山东省图书馆志》，中华书局2004年版，第31页。

② 李丙玉：《我所了解的辛铸九先生》，见政协章丘市文史委员会编《章丘文史资料》第十辑《辛氏三代》，1993年内部印行，第84~85页。

马伯声

马伯声（1890—1966），原名马玉骏，回族，泰安城内圣泉街人，著名企业家。马伯声祖籍德州，父亲马仁德在光绪年间逃荒到泰安，在泰安城西门靠卖蒸包为生。尽管生活拮据，但马仁德深知读书识字的益处，仍节衣缩食供马伯声上学。幼年的马伯声先在泰安城西关天书观小学上学，后在回族“杨氏义塾”读私塾。在此期间，曾有几次因付不起学费而辍学，到 17 岁时才勉强读完小学。1911 年，一次偶然的机会，他结识了泰安耶稣会华籍牧师文荣泰，从此人生发生了重大转折。1912 年，经文牧师介绍，马伯声入美国美以美教会学校泰安萃英中学读书。为减轻家庭负担，他还受洗入了基督教，并跟随美国传教士学习英文。经过三年的刻苦攻读，他读完了四年的课程。由于学习成绩优秀，学校的美籍教士经常让马伯声给他们辅导汉语。他还经常为游览泰山的外国人充当翻译兼导游，加深了对欧美诸国的了解，同时也得到一些小费，用于补贴家用。①

1915 年，马伯声中学毕业，适逢第一次世界大战爆发，英国在华招募劳工，他顺利考上了华工翻译。1917 年起，他先后到过加拿

---

① 孙兆杰等口述，玉良整理：《马伯声轶事》，见政协泰安市文史资料委员会编《泰安文史资料》第七辑，1995 年内部印行，第 222 页。

大、英国、法国，历时三年，备尝艰辛。在欧洲期间，他目睹了西方国家工业文明的成就，深切感受到祖国的落后和愚昧，决定回国后走办教育、兴实业之路，为振兴国家出力。

1919 年 12 月，马伯声回国。次年 3 月，定居济南，从此开始了他在工商界奋斗的人生历程。由于他有良好的西方教育背景，并在西方国家生活工作过，因此欧美公司都乐于聘用他这样的人才。他先自荐到英美烟草公司，被委以管理山东地区业务的重任。1921 年，又进入英国永年保险公司当业务员。通过他的介绍，原位于经二纬四路的“裕元和”洋广杂货铺成为第一家投保商号。此后，由于他头脑灵活、善交际、守信用、业务熟练高效，保险业务进展非常顺利，颇得公司经理英国人施孟士赏识，不久就担任了该公司的高级主管。他本人也赚得了不菲的佣金收入，为以后投资实业奠定了基础。两年后，施孟士回英国探亲，公司业务及债权等悉数委托给马伯声全权办理。施孟士回国后病逝，马伯声继任公司经理。20 世纪 20 年代后期，永年保险公司的业务已扩展到南至长江、西到太原、北达沈阳的广大区域。① 此时的马伯声，家业殷实，交往广泛，已成为济南工商界颇具实力的人物。

第一次世界大战后，日本攫夺了德国在山东的经济特权，日商在日本殖民当局的庇护下，相继在青岛开办了几家纱厂，获利甚丰。而山东华商开办的纺织厂在日商企业的倾轧下步履维艰。马伯声了解到这些情况后，决定投资兴办纺织企业，以打破日本纱厂的垄断。1930 年，他与当时济南著名的苗氏资本集团协商合资筹建纱厂。不久，苗氏退出合作，另投资兴建成通纱厂。之后，马伯声又与穆伯仁、崔景三、辛铸九等人合伙在济南筹建仁丰纱厂（济南国棉三厂的前身）。1934 年 6 月，仁丰纱厂建成投产，有纱锭 12600 枚，工人

① 严文圣、严承飞：《回族企业家马伯声》，见政协泰安市文史资料委员会编《泰安文史资料》第六辑，1992 年内部印行，第 111 ~ 112 页。

570 名，生产 16 支棉纱，是当时济南较大的纺织企业之一。由于他经营得法，工厂规模不断扩大，生产设施不断完善，形成纺、织、染一体的独立生产体系。其所生产的“蜘蛛美人”牌 12 磅原白布质地细密，价廉物美，在国内市场享有良好声誉，对日资厂产品和输华纺织品构成了有力竞争。[①]

此外，马伯声还曾参与投资创建济南惠丰面粉厂。1937 年，他投资开办青州永年面粉厂和永年电灯厂，兼任两家工厂的总经理和协理。1937 年 2 月，马伯声在泰山南麓创办仁德农场，种植果树，尝试经营养殖和酿造业。与此同时，他还在泰山马蹄峪一带投资恢复了原泰山林业公司，引种优良树种，开展育苗、造林工作。

经营实业积累起资金之后，马伯声始终不忘家乡，热衷于泰安的社会公益事业和实业建设。他认为欧美国家的发达，关键在工业；工业的发展，首先在教育。1927 年，他在泰安城西关回民聚居区创办仁德学校、平民识字班和扫盲夜校，成人、少儿皆受其益。仁德学校开办初期免收学费，并为学生提供书籍、文具、早餐和一套校服。为保证教学质量，他先后从曲阜第二师范学校和济南聘请优秀教师前来任教，该校教学成绩一直名列全县上游。每次回泰安，马伯声都要到学校视察，视学生如子侄，并资助优秀学生继续深造。为表彰马伯声为泰安教育事业做出的贡献，南京政府教育部给他颁发了兴学奖状。受他恩惠的泰安回族群众也赠以“普沾教泽”匾额，表达他们的谢忱。当时寓居泰山的冯玉祥将军对马伯声的创业兴学事迹和精神极为赞赏，经常到仁德学校讲话，勉励师生“共同奋起，抵抗日寇，保家卫国”[②]。

1929 年，马伯声在泰安城创办了当地第一家机器工厂——仁德

①② 李天忱、严承飞：《马伯声经历片断》，见泰安市政协文史资料委员会编《泰安文史资料》第七辑，1995 年内部印行，第 208～218 页。

面粉厂，所得利润大多用于补贴学校经费。他还在济南资助美籍华人舒荣玉开办黎明小学，继又开办仁丰子弟学校。1932 年，在济南赞助郭清圃创办惠鲁工商学校。他每临学校视察，便亲自批阅学生作文，鼓励学生升学，还拔擢优秀学生深造。

1937 年 12 月日军侵占济南后，仁丰纱厂由日本厂长把持。马伯声为抵制日本的军事管制和奴化教育，毅然关闭在泰安的面粉厂和仁德学校，避居天津，当起了寓公。在这期间，他撰写了《泰安建设计划》《仁丰纱厂创办经过》《工业管理》等文稿，对自己开办实业以来的经营管理经验进行了总结和反思。

1945 年日本投降后，国民党山东省收复地区党政接收委员会和山东省收复地区敌伪产业处理局先后接管仁丰纱厂。10 月 20 日，山东省政府委任马伯声为仁丰纱厂经理。之后，马伯声一面生产管理，使仁丰纱厂在较短时间内恢复到战前水平；一面抓技术改进，举办“纺织工业技术培训班”，从培养纺织人才入手，依靠设备技术改进来提高产品质量。这个培训班后来被誉为纺织行业的“黄埔军校”。不少培训班学员陆续被分配到上海、徐州、淄博等地纺织厂，担任技术骨干，为后来新中国纺织工业的发展做出了贡献。

1947 年 1 月，马伯声当选为济南商会理事长，9 月，当选为候补“国大”代表，后又任国民党山东省政府参议等。国民党山东省政府为便于派饷派捐，借重他在济南工商界的影响力，给了他一些诸如“第二绥靖区司令部少将高参”“山东省政府顾问”“山东省戡乱建国委员会委员”之类的虚衔。

1948 年 9 月，济南战役打响后，马伯声离济赴津、沪、台北、香港等地。在港期间，他阅读了《向全国进军的命令》和《中国人民解放军布告》等文告，并结识了著名的历史学家杜国庠。杜国庠向他详细介绍了国际、国内形势和共产党的政策，特别是保护民族工商业的政策，消除了他的种种顾虑。1949 年 11 月，马伯声毅然返回天津，12 月 1 日回到济南。

1952 年“五反”运动中，马伯声以涉嫌侵吞日伪资产罪名被拘留，经审查无罪释放。1953 年 2 月和 1957 年 8 月，两次作出判决：将占仁丰纱厂总资产 13.5% 的马伯声等私人资本予以保留。此后马伯声定居天津，以定息维持生活。

1966 年初春，马伯声溘然离开人世，享年 76 岁。

崔士杰

崔士杰（1888—1970），字景三，临淄县（今淄博市临淄区）齐都镇西古城村人。崔士杰出生于书香世家，年轻时曾参加过武昌起义，在接收胶济铁路过程中做出过重大贡献，担任过鲁豫陕甘四省视察员。此外，他注重教育发展，还着力于发展民族工商业，是山东经营纱厂比较早的人物。他还著有《中国黄河沿岸之利用》一书，另有《濯沧斋》一、二集，内收录诗歌五百余首。

崔士杰自幼好学，有远大抱负，因不满清廷的腐败统治，积极寻求强国之路，18 岁时自费赴日本求学。

1911 年 10 月 10 日武昌起义，举国震撼，在日本的中国革命志士纷纷回国，参加创建共和，崔士杰也随之归国。返抵青岛时，适逢山东革命党人徐镜心遵循孙中山“山东事，君自相机处处理可耳”指示，密谋在登州（今蓬莱市）起事，于是他投奔徐镜心。为募集举事武装，他与徐镜心、刘益周同赴大连，组织起 200 余人的队伍，于 1912 年 1 月 14 日乘船渡过渤海，占领登州，随即组织起军政府。

1912 年 2 月 12 日，中华民国南京临时政府与清廷达成协议，清帝溥仪宣布退位，民主共和政体建立。在新的社会形势下，崔士杰自感学力不足，便又重返日本，入东京帝国大学继续深造，获得博士学位。1917年回国后，他担任山东省外交特派公署第二科科长。①

1922年2月4日，经过五轮艰苦谈判，中日签订《解决山东悬案条约》。此后北洋政府根据华盛顿会议通过的原则，成立了“鲁案青岛接收善后督办公署”，并特派王正廷（出席巴黎和会的代表之一）为督办，负责交涉接收事宜。王正廷素闻崔士杰才华出众，到济南后特聘他做秘书，搞翻译工作，直接参与接收青岛及胶济铁路主权的谈判与接收事宜。后来崔士杰因参与胶济铁路接收谈判工作被授予了四等嘉禾章。新中国成立后，崔士杰曾撰写《德日侵占青岛及我国接收青岛概况》一文，专门回忆记述这段历史。②

青岛回归后，正值各地兴起自治热潮，鲁案青岛接收善后督办公署组织成立青岛市暂行条例研究会。1922年7月下旬，依据北洋政府《市自治制》，崔士杰与诸多知名之士参与起草了《青岛市暂行条例草案》，此条例成为青岛实行市自治制的初步方案。

1923年，王正廷将其创办的上海华丰纱厂交给崔士杰管理，崔士杰由此涉足工商实业。此时，正值北洋旧军阀大抓革命党人，有朋友告诉崔士杰，黑名单上也有他的名字。为避危险，他离开政界，厕身于上海实业界中。

1927年，北洋军阀即将垮台，崔士杰应朋友之劝，随同王正廷去郑州。这时，王正廷是陇海铁路督办，崔士杰便在冯玉祥的国民党北伐军第二集团军中做了参议。当时，第二集团军驻防郑州，也正准备北伐。冯玉祥极为关心日本出兵山东的问题，为了了解日本企图，以便早做准备，他秘密派遣崔士杰去日本了解情况。1927年

① 徐舫：《崔士杰先生事略》，见淄博市临淄区政协文史资料委员会编《临淄文史资料》第七辑，1992年内部印行，第9页。

② 崔士杰：《德日侵占青岛及我国接收青岛概况》，见山东省政协文史资料委员会编《山东文史集粹（政治卷）》，山东人民出版社1993年版，第1～12页。

冬，崔士杰以实业家的身份，借考察实业、扩充纱厂为名东渡日本。去日本考察的目的，除了要了解日本朝野对华的真实态度外，还想伺机在日本内部多少做点分化工作，唤起一般舆论反对侵略政策。在日本停留期间，崔士杰曾访问了日本当时的军政首脑人物，如内阁总理田中义一、参谋总长铃木庄六、后来的贵族院议长近卫文麿等人。回国后，崔士杰把在日本所了解的情况向冯玉祥作了汇报，并断定日本内阁一定会出兵侵华。① 1928 年 4 月，国民党北伐军开始北伐，日本果然借口保侨，派遣军队由青岛登陆，占据胶济铁路并开进济南。

1928 年 5 月 3 日，日军进占济南，制造五三惨案，杀害山东外交特派员蔡公时，阻挠革命军北伐，引起了中日交涉。5 月 6 日，崔士杰接受蒋介石与冯玉祥之命，作为第二集团军与第一集团军两军的代表，前往济南与日本军队交涉。在同日方代表谈判交涉过程中，崔士杰言辞犀利，策略应变相宜，维护了中方的利益。后经冯玉祥推荐，崔士杰代蔡公时任山东省外交特派员。6 月，王正廷接替黄孚任外交部部长，开始与日本交涉撤兵济南之事，崔士杰参与了在上海的谈判。经过长达一年的谈判，最终达成日军撤离济南的协议。

事后崔士杰返回济南，得到山东省政府重用。1929 年，山东省政府由泰安迁回济南，崔士杰出任工商厅厅长。同时因收回胶济铁路颇有劳绩，兼任胶济铁路管理委员会委员长、中日合作胶济铁路理事会理事。1930 年，山东省政府改组，撤销外交特派公署，工商厅厅长易人，崔士杰改任鲁豫陕甘四省视察员，仍兼胶济铁路管理委员会委员长和铁路中学校长职务。

1930 年，崔士杰与穆伯仁、辛铸九、马伯声等人发起，在济南惠丰面粉公司内设立了仁丰纺织股份有限公司筹备处，崔士杰当选

① 崔士杰：《“济案”前后之外交风云》，见济南市档案馆编《毋忘国耻——济南“五三”惨案档案文献选辑》，济南出版社 2003 年版，第 355 ~ 358 页。

为董事长。1932年12月，公司在济南北坦北端购地55.82亩，动工建设仁丰纺织工厂。1933年，工厂由英国怡和洋行购进英国制造的纺纱设备12600锭。1934年6月15日，开机生产。工厂开工后，经营发展很快。第二年，纱厂又筹资添置日本丰田细纱机2784锭、阪本织布机240台、染色机1套。1935年4月，济南仁丰纺织股份有限公司增设布、染二场，次年投产，自此仁丰纱厂成为一家纺织染联合企业。

当时的中国尚没有纺织机器制造厂，所有的纺织机器都是从外国购进，价钱很高，纺纱效率却只有外国纱厂的一半。为了经营好纱厂，崔士杰曾多次调查研究中国纱厂的产量为什么低于外国纱厂。他每逢有机会就到中外各纱厂去参观，尤其喜欢与日本纱厂的中国工人交谈。有一次，崔士杰与青岛沧口日本公大纱厂的几个中国女工谈话，崔士杰询问她们："你们觉得在日本纱厂的活儿和在中国纱厂的活儿哪样好做呢?"得到的回答是同样的纱厂、同样的车间做起活儿来应该一样，可是在中国纱厂干活儿感觉轻松些，在日本纱厂干活感觉累得多！为什么会有这种差异，崔士杰决定对两者间的区别探个究竟。

自此以后，崔士杰就经常与青岛的日本纱厂负责人、高级职员联络交际，甚至交朋友，以调查他们在经营管理、技术设备等方面的长处，借以改善和提高自己纱厂的管理和技术水平。有一次，崔士杰与日本公大纱厂的某经理谈起中、日纱厂经营的优劣，公大纱厂的经理露出了一句话："在纱厂经营上两国的纱厂并无什么大的不同，只是在机器的效率上中国的机器恐怕不及日本！"后来，崔士杰得知日、英两国通常不把好纱锭卖给中国厂商。英国纱厂自用的纱锭的转速是每分钟15000转以上，但卖给中国纱厂的纱锭每分钟不过8000转，纱机纺纱效率低，由此也印证了公大纱厂女工们的话。

崔士杰了解到中外纱厂技术上的差别之后，马上告诉济南仁丰纱厂负责人，并写信让纱厂派人到公大纱厂实习。仁丰纱厂派人在青岛实习后，证实了纱锭每分钟 15000 转的事实。针对这一状况，崔士杰曾尝试改进，提议拿出一两部机车做试验，由原 8000 转的转速提高到 15000 转。但开车一试，纱锭发生摆动，并且断头太多，致使试验失败。最后崔士杰找出了答案：仁丰的纱机是买英国商人的，和其他中国纱厂的纱机一样，纱锭的运转速度也是以每分钟 8000 转为标准的，机车的重量和运转振动力原已配合好了。现在的机车重量只能匹配 8000 转的振动力，而以它来承载 15000 转的振动力的纱锭，自然是撑不住的，所以非增加座重和托力不可。而中国当时的机器制造工业根本达不到这一水平，纺纱效率也无法与外国纺织工业竞争。①

崔士杰通过调查和试验找出的中外纱厂差距，在 20 世纪 30 年代华商纱厂中可谓普遍现象。当时中国的企业家只从表面上看到日、英纱厂非常赚钱，但在创办企业时并不甚了解机器纺纱的核心技术，在订立购买合同上，大都听从代办洋行的意见，加上采购机器经验不足，急于求成，买回一些国外淘汰的机器。即便有从国外学成归来的棉纺业专家，由于投资人急于开工早见成效，又希望能够节省资金，往往无心或无力购买最新式的纺纱机器，结果企业只能维持在较低的技术水平上，削弱了与外资企业竞争力。

崔士杰在青岛期间，曾兼任铁路小学校长。他积极支持学校的发展，关心学校师生生活，师生如有为难事，他尽力帮助克服，特别对学优而家庭不济的学生，更是倍加关心，慷慨资助。他的月薪现洋 300 元，几乎全部用于资助困难学生。

1935 年 10 月，任胶济铁路中学校长时，崔士杰还出版了《黄河富源之利用》一书，是书由蔡元培作序，序文谓：“（崔君）深信黄

① 崔士杰：《旧中国纺织工业片断》，见青岛市政协文史资料委员会编《青岛市政协文史资料选辑》第十辑《青岛涉外足迹》，中国文史出版社 1996 年版，第 78 ~ 80 页。

河水运之利，必不逊于扬子江。爰着手调查，如河流之已往及现在，两岸物产之集散点，普通输运之船舶及码头，列为图表，不啻烛照而数计。乃草定计划，应如何疏浚河道，改造船舶，建设港站，规定航线，均详载言之。使当局能采用其策，而国民相与乐成，则他日水运发展，货物畅销，富有日新之景象，历历如在目前……当此河患剧烈之期，凡关心河事者，尤不可不手此一编也。”

七七事变以后，济南纱厂屡遭日本侵略者盘剥蹂躏。1938 年 1 月 24 日，日军派兵侵占仁丰纱厂，委托日本钟渊纺绩株式会社岩崎丰次郎接管。尔后，又派户川武雄等 30 人进厂任职，户川武雄为厂长。同年 2 月 28 日，日军委任日本丰田纱厂三田省三等人，对仁丰纱厂实行军管。1942 年，日军又强行将仁丰纱厂与日商钟渊纺绩株式会社合营。1945 年日本投降以后，纱厂由国民政府接管。之后几经辗转，到 1947 年才由崔士杰之女代为收回了仁丰纱厂的产权。

1955 年，纱厂实行了公私合营，此时崔士杰已逾耳顺之年，遂退休定居青岛，以诗文安度晚年，后出版有《濯沧斋》诗集两部。

1970 年 10 月，崔士杰病逝，享年 82 岁。

徐 敬 之

徐敬之（1894—1971），又名徐源久，山东威海崮山镇南虎口村人，东北地区的著名鲁商。

徐敬之出生在一个普通的农民家庭，兄弟姊妹六人，他排行老大。因家境贫寒，少年时只上了两年半私塾，就随父务农。1911 年完婚后，为生计所迫，随内兄丛镜海到大连谋生。

1912 年，徐敬之到大连，先在日商三井洋行开办的三大利油坊做工。油坊只管饭，不给工资，名曰“寄存”。他只得节衣缩食，积攒油坊给他跑外差的车马费，用以接济家庭。他天资聪颖，办事用心，因而得到了掌柜的赏识，很快就转为学徒，继而当上了职员。

徐敬之当职员时，专司植物油料的采购。他办事干练，能独当一面。因为每天与大豆打交道，凭眼、手、口便能断定大豆的质量、水分和含油率，成为大连市场上的大豆行家。凭着这一技能，1922 年，他被日本三井物产株式会社聘为驻旅大谷物取引所的采买员。

徐敬之一向有自己的抱负，想干一番事业。1922 年年底，三大利油坊因日本财团内部的派系矛盾和经营管理不善而濒临倒闭。这时有蓬莱籍商人阎明轩来联络徐敬之，想把该油坊买过来。徐敬之也有此想法，可是没有本钱，只得由阎明轩出大股，他则求助于岳父的本家，请威海卫公益局出面，在大连邀请了几户威海籍商家，联名作保，从大连横滨正金银行贷款 1.2 万日元。1923 年，他们买下三大利油坊，改招牌为义兴福油坊，阎明轩任经理，徐敬之任副经理，但徐敬之仍兼做三井洋行的采买员。

第一次世界大战之后，欧美各国物资匮乏，对中国的豆油、豆饼需求量很大，旅大油坊业受此刺激，应运发展。至 1923 年，油坊由原先的 57 家增至 87 家，日产豆饼达 25 万片，这一时期成为旅大油坊工业发展的黄金时代。此时义兴福油坊本应乘势有所作为，然而由于阎、徐不和，只得于 1925 年散伙。徐敬之将散伙抽出的本钱存入裕丰仁钱庄，等待再次创业的时机。1926 年 3、4 月间，他租赁了朝鲜银行投资兴办的德聚沣油坊，经营一年，挣了一笔钱。接着他又与张星桥、丛子明（威海双岛人）、林富臣合伙开办东和长油坊，由张星桥任经理，徐敬之任副经理，总资本 20 万元。其中，张星桥、徐敬之股金各 20000 元，丛子明、林富臣各 5000 元，其余为银行贷款。油坊实行三年一结账，盈利按总数十二份，“东七西五”分红。到 1929 年年底，东和长油坊赚了 6 万元。1932 年年初，徐敬之任经理，遂将全部精力用于发展自己的产业。①

徐敬之经商极富谋略。早年间，哈尔滨有家粮栈不慎失火，大批大豆遭到火烧，徐敬之抓住这个机会，大量购进“火烧豆”，经反复试验，最终用“火烧豆”榨出与正常大豆相差无几的正品豆油。1931 年九一八事变后，日本人垄断了东北大豆原料市场，华商油坊遇到了严重困难，很多油坊被迫停业。为打破日本人对大豆原料市场的垄断，徐敬之尝试了各种途径。1935 年，长春以南的大豆产区阴雨连绵，雨后又气温下降，很多大豆成了“冰豆”。徐敬之抓住这个机会，大量购进日本人放弃收购的“冰豆”，然后又进行反复试验，提炼出品质合格的豆油。这一年油厂开足马力生产，获得利润

---

① 杨大田口述，孙高鼎整理：《怀念徐敬之先生》，见政协威海市委员会文史资料委员会编《威海文史资料》第四辑，1989 年内部印行，第 120～123 页。

70 万日元，在日本人垄断的豆油市场挤出了一条生路。

凭着多年的经验和不断尝试，他相继解决了从东北各地廉价购进的火烧豆、水豆、冰豆的榨油技术，获得高额利润。由于他经营有方，产业规模逐渐扩大，在大连投资的工厂、商行增加到 18 家，企业投资总额高达 250 万元，所办的企业有东和长油坊、复昌盛油坊、福聚恒油坊、德和长商店、更生运动鞋厂、兴业窑厂、永和长铁行、隆裕绸缎庄、东和长陶瓷厂、永泰铁工厂等。他的财富在当时仅次于大连有名的“八大家”。①

徐敬之经营致富后，先后参加了大连红十字会和道德会等慈善团体。他对道德会办夜校、设立戒烟所、开办缝纫厂均积极予以资助。他还集资创办大连育婴堂，自兼堂长，解决了弃婴的生存问题。1931 年前后，他在威海家乡捐款修建了南虎口村高级小学、温泉汤西佛山小学、凤林小学和威海市金线顶中学，并在这些学校设立奖学金，鼓励学生好学上进。

在伪满洲国建立前后，许多爱国的工商业者拒绝与伪政权合作，纷纷把企业迁到关内。徐敬之不满日本殖民当局的经济统治和繁多的苛捐杂税，1937 年后将大量资金转移到关里，在老家山东威海开设德和长粮店，由他四弟任经理。同时，他还在威海农村买地 840 余亩、山岚 1000 余亩，在威海市区购房 160 余间，在大连普兰店地区自置二层楼房 400 余间；在大连沙河口区买地 70 余亩，栽植苹果树 1400 余棵，建成一处颇具规模的果园；又在北京、天津、烟台等地购进房产，在上海、香港等地也有其坐庄。

1942 年，太平洋战争加剧了经济形势的恶化，日本统治当局强制要求大连华商 27 家油坊合并，全部与日本军方合作。山东帮各油

---

① 大连市工商联：《爱国的民族工商业者徐敬之》，见政协辽宁省委员会文史资料研究委员会等编《辽宁文史资料》第二十六辑《辽宁工商》，辽宁人民出版社 1989 年版，第 317 页。

坊组成“大东制油株式会社”，设9个分厂；大连本地帮各油坊业则组成“协和制油株式会社”。徐敬之经营的东和长本应加入山东帮，但因受山东帮油坊业头面人物安慈民的排挤而转投大连本地帮，所以徐敬之亦称为本地帮之外来户。协和制油株式会社杜长为邵慎亭，副社长为徐敬之。合并后的“大东”“协和”两个制油会社所属19个分厂，全部为日本关东军军部服务，剩余的厂房均被日军占用，闲置的设备（机器）大都被拆毁成为军工产品的原料。徐敬之不甘心，偷偷抽出资金，离开大连到天津开设东和长油坊代理店。不久，有汉奸向日本当局告密，日本人借机判定徐敬之违犯《汇递管理法》，将其财产全部冻结。

激于民族义愤，徐敬之多次暗助抗日力量。1943年，他捐出5万元支援抗日，并募捐4万元慰问山东抗日部队。

1945年大连光复后，徐敬之从烟台回到大连。1946年，在沙河口区经营之前置办的70亩果树园。1950年，出任公私合营联合油脂厂副厂长，亲自设计改造了干蒸机，试验成功一种新的榨油法，使每百斤大豆出油由9斤左右提高到14斤左右，创造了大连市大豆出油率新纪录。1955年，又与工人一起试制成功用铁圈替代油草榨油，劳动生产率大幅度提高，减轻了工人劳动强度，成本降低38%，当年为企业增收600多万元。

抗美援朝期间，徐敬之捐出大部分个人积蓄购买飞机、大炮，动员夫人卖掉金银首饰购买爱国建设公债。

1954年以后，徐敬之先后当选为大连市第四届人大代表、政协辽宁省第四届委员会常务委员、大连市第四届人民委员会委员、辽宁省工商联合会执行委员、大连市工商联合会副主任委员、大连市民主建国会委员等职。1956年，国家对资本主义工商业进行社会主义改造，徐敬之带动私方人员将私营油脂厂全部并入地方国营旅大油脂总厂，还把自己代管的几十家联合企业的账外生产资料和物资（榨油机900台、窝炉30台和其他设备），均按铁价计算交给工厂，把个人房产（年房租达4万元）和银行存款4万元都投入到工厂，以支援扩大再生产。另外，拿出5万元作为私股，投入到资金周转困难的大连公私合营棉织厂。

1966年“文化大革命”爆发后，徐敬之被隔离审查，银行存款被冻结，被加上许多莫须有的罪名关押一年之久。1971年，徐敬之因病于大连逝世，终年77岁。临终前他嘱咐家属，一旦被冻结的银行存款返还，除少部分留给妻子作为生活费外，其余都捐献给社会公益事业，不要子女继承遗产。

林秋圃

林秋圃（1890—1970），学名春桂，字茂丞，福山县（今烟台市福山区）芝阳村人，民国时期烟台商界、教育界有影响的人物。

林秋圃幼年丧父，家道小康，少年入私塾读书，受过经史教育。他目睹清廷腐败，国家连遭列强欺凌，怀着一腔救国之志，考入烟台海军军官学校。读书期间，因两个哥哥相继早逝，家道中落，老母、寡嫂等仰事俯畜的重任集于林秋圃一身。为挑起家庭重任，林秋圃不得不辍学，转入烟台实益学馆（后来的益文商专），当时的同学有温树德、张福运等人。毕业后，他进入英美烟草公司做职员。因工作勤谨、业务练达，先后调升德州、兖州、济南等分公司任高级职员。英美烟草公司为外资经营，任职期间林秋圃亲见大量银元外流，常兴发展外贸、挽回权益的念头，后辞去高职厚薪，脱离烟草公司，回到烟台。

1922 年，他在烟台创办了寰海商行。寰海商行经营的业务是向澳洲输出花边、发网、台布、花生等胶东土特产品和北京的铜火锅等工艺品。寰海商行还作为美国胜家缝纫机公司的代理商包销其产品并兼办水火、人寿等保险公司业务。林秋圃的事业心极强，且富于开拓精神，他几次远涉重洋，到当时山东人极少去的南美和澳大利亚的中小城镇，以了解当地民俗和对中国商品的需求。他早年到澳大利亚悉尼开办企业时，带去的李有芳、郭麦生、韩克家、汪世垣等五人，有的已成为当地侨商的巨擘。寰海商行鼎盛时期，分店和入股合营的企业最远分布到东北的哈尔滨和日本。“皇姑屯事件”后，东北军方将松花江上下游的四艘大汽轮出售，林秋圃集资全数收购，用来经营沿江客货运输，商旅称便。随着寰海商行业务的蒸蒸日上，林秋圃在烟台商界声誉日隆，担任了商会副会长，成为当地社会中有影响的人士。

1929 年初春，盘踞胶东的军阀张宗昌、褚玉璞与刘珍年发生激战，褚玉璞部不敌，逃进福山城，刘珍年部赵振起率军将褚玉璞围困在城内。褚军困守福山城内，断粮缺水，开始在城内抢掠商铺。危急关头，为保全福山全城居民的生命财产安全，烟台商会彻夜开会，邀和记洋行经理兼英代领事爱克夫（Ekford）、烟台招商局局长陈季安进行调解，林秋圃则自告奋勇以烟台商会执委身份前往劝降。林秋圃与爱克夫乘车前往赵振起营地，经赵振起允许，林秋圃进城疏通，条件是褚玉璞交出军队，便可去留自由。林秋圃捂着眼睛，打着白旗，置身城下筐内顺城墙被拉进城内。林秋圃向褚玉璞陈述利害，提出停战条件。褚玉璞迫于城内弹尽粮绝，表示只要能保证他的生命安全，可以接受条件。刘珍年答应褚玉璞的要求，进城后将褚残部 2000 余人缴械收编。但受降后，刘珍年又变卦，将褚玉璞软禁于牟平。1929 年 9 月 10 日，刘珍年假装设宴招待褚玉璞，命赵振起将其枪杀（一说将其活埋）。

劝降成功使福山全城居民避免了一场战火的荼毒，为感激林秋圃的奋勇担当精神，福山县商民赠给他一块“急公好义”的匾额。其跋语上镌：“时维民国十八年，胶东地区，屡遭兵燹。福山县城，顿起硝烟。粮尽水缺，生灵涂炭。林公秋圃，奋勇当先。枪林弹雨，仗义执言。唇敝舌焦，立解倒悬。沐恩戴德，赠匾留念。”①

① 李大鹏：《记林秋圃先生》，见烟台市政协文史资料委员会编《烟台文史资料》第十一辑，1989 年内部印行，第 153 ~ 164 页。

1930 年前后，林秋圃不再专注于自己的生意，而把主要精力投向了教育。他认为国运衰败，欲图振兴，根本之计在教育。1931 年，在烟台养正小学经费支绌、学生锐减时，林秋圃接任校长，筹资增建校舍，扩大办学。1932 年，加建楼房两所，设建国小学，作为养正小学的联校，专收女生，学生近 200 名。养正小学加上本校附设的幼稚园，全部学生共约 500 名。林秋圃还曾任山东省立第八中学、益文学校、育才中学、志孚中学、真光女中、信义小学校董或董事长，以及建国女校（志孚中学附小）、养隽小学校长或名誉校长。① 他还参与平民教育、体育等社会活动，努力实践自己教育救国的抱负。

抗日战争爆发后，林秋圃曾多次出资，收容平津流亡进步学生。1938 年日军侵占烟台后，日伪政权对林秋圃威逼利诱，企图为其所用，均被林秋圃拒绝。为躲避日伪迫害，林秋圃化装四处躲藏，先是避居芝罘岛一仓库，后逃往北平。在北平期间，他曾为营救国民党地下组织“锄奸团”成员，周旋于日伪上层，最终从敌人屠刀下救出了几个爱国青年。

抗战胜利后，林秋圃于 1947 年夏辗转来到天津，接任平安保险公司总经理。新中国成立之初，金融保险业务收归国家统一经营，林秋圃又积极参与核定资产和办理移交。

1951 年，林秋圃被天津公安局逮捕，1953 年 5 月，具保释放，定居北京。“文革”期间，林秋圃受到迫害，被遣返回原籍福山芝阳大队务农。1970 年 3 月，林秋圃病逝于芝阳侄孙的家中，享年 80 岁。1985 年 5 月，北京市政府对林秋圃予以平反昭雪。

---

① 曲拯民：《林秋圃劝褚玉璞罢兵》，载《山东文献》第 14 卷第 2 期，1988 年 9 月。

毕鸣岐

毕鸣岐（1902—1971），字凤岗，利津县人。毕鸣岐出生于偏僻的农村，在半个多世纪的岁月中，他从一个贫苦的农民子弟成为外国洋行的职员、买办，尔后随着经济实力的增长，逐步摆脱外商羁绊，自营商贸实业，成为一名杰出的工商企业家。

毕鸣岐祖辈几代务农。父亲毕克俊早年亦种地谋生，同时利用农闲时间为盐商推车运盐。他父母生有六男三女，单靠种地、推盐难以维持家计，幸赖父亲学过医，于是在亲友的资助下，在村里开设了一个小药铺，同时兼做医生，这样才勉强使全家得以温饱。

毕鸣岐自幼聪明好学，在本村读私塾时，功课一直名列榜首，常常得到老师的夸奖。1915 年，毕鸣岐就读于泰安德育小学，15 岁时到济南天主教会所办的德育师范学校就读。在学校他学习勤奋，成绩一直名列前茅。但是，由于毕鸣岐参加了当时的学生运动，为教会学校所不容，所以未及毕业就被开除。

毕鸣岐离开济南德育师范学校后，托人疏通关系，经神甫介绍，转入济宁中西中学当了插班生。这是一所由天主教会开设的学校，以教授德语为主课。根据学校规定，凡是在这里读书的学生，都必须受洗入教，所以他从入校之日起就成为天主教徒。毕鸣岐在济宁中西中学经过两个寒暑的勤奋学习，打下了扎实的德语基础，为他后来跻身洋行买办和自营进出口外贸生意创造了有利条件。

毕鸣岐在济宁中西中学毕业后，到济南德商德孚洋行当了一名小职员。开始一段时间，他只是干点外跑的业务和抄写点德文材料，薪水不高。毕鸣岐是一个颇有心计、头脑灵活的人，他利用外出跑腿和抄抄写写的机会，认真仔细观察和处处留心学习商贸企业的经营之道。在以后几年中，他又先后受聘于沈阳挪威洋行、北京德孚洋行、沈阳福康公司和德商礼和洋行，担任过德文翻译和文书等职。在这期间，他的德语翻译能力和从事外贸生意的才能得到了发挥，逐渐在华人职员中崭露头角。1927 年冬，他被挪威商凯利洋行聘为华人经理，开始了他的买办生涯。

毕鸣岐在商凯利洋行主要是推销进口货物和在东北地区代购土特产品。由于他熟悉商务，善于经营，且又擅长社会交往，所以很快为商凯利洋行打开了贸易局面，博得洋行老板的青睐。后来，毕鸣岐又应聘到哈尔滨德商德茂洋行任华人经理。德茂洋行主要经营大小五金制品。时值国内军阀混战，战事连年不断，奉系军阀在沈阳大力兴办军工厂，迫切需要德茂洋行经营的五金制品以便制造武器，因此奉系军阀成为德茂洋行的一大主顾。同时，该行还出售德产机器和五金产品供给松花江造船厂和东北地区铁路局，因此德茂洋行的生意极为兴盛，毕鸣岐的声誉和地位也随之得到提高。

九一八事变爆发后，在日本扩张政策的影响下，欧洲外商的业务经营受到了限制，以至于纷纷倒闭破产。毕鸣岐所在的德茂洋行也受到影响，无法继续维持经营，他遂辞去德茂洋行经理的职务。日本军队的侵略行径激发了毕鸣岐的爱国思想，他参加了一些抗日活动，结果引起日本特务的注意。有一次，幸亏得到一位山东老乡的密告，他才摆脱了被日本特务抓捕的危险。1931 年冬季的一个夜晚，毕鸣岐化装逃离哈尔滨，秘密回到关内，然后又辗转到了张家口。

不久，毕鸣岐应聘于张家口德商德华洋行，任华人经理。德华洋行以经营农牧产品为主，从蒙古等地收购驼绒、羊毛、皮张，加工制成皮衣、皮靴，投向市场，又从南方购进茶砖、丝绸等与蒙古和苏联进行贸易。1932 年间，他曾利用德华洋行运货汽车的运输之便，掩护过共产党的高级干部进入苏联。

1933 年春，日本侵略军攻占热河，向察哈尔、河北进犯，华北告急。5 月，冯玉祥将军在张家口成立“察哈尔民众抗日同盟军”，指挥对日作战。经同乡好友石敬亭介绍，毕鸣岐认识了冯玉祥、鹿钟麟、吉鸿昌等抗日将领，并且受到了冯玉祥的器重，被委任为少将衔咨议。毕鸣岐积极向各界宣传抗日救亡，发动募捐，支援抗日。他本人也慷慨解囊，一次就捐资两万元。

察哈尔抗战失败后，长城内外军事形势趋紧，进出口贸易日益困难，德华洋行经营发生困难，毕鸣岐遂辞去张家口德华洋行经理职务。他先去上海孔士洋行任职，不久又转任天津孔士洋行华人经理。孔士洋行经营五金和润滑油等，主要客户是铁路部门和重工企业。毕鸣岐初来天津开办孔士洋行时，并无固定资金，开办费仅 1500 元。但是，由于他善于广泛结交，且具有多年从事经贸生意的丰富经验，经营管理有方，很快就打开业务局面，生意兴隆，获利甚丰。毕鸣岐把天津孔士洋行的生意办得红红火火，自然他个人也获得了丰厚的收益。与此同时，毕鸣岐还适应市场的需要，利用自己的存款购买了一大批进口油料，然后聘请技师、工人加工制成化妆品投向市场，从而获得了厚利。七七事变后，他利用洋行华账房的优越地位，另立一个“永兴顺”字号，通过孔士洋行从美国进口生铁、蜡料、黄白凡士林、汽车零件和五金工具等，按国际价格给孔士洋行 2% ~5% 的佣金。这样不到十年，他就获得了大量利润。当时他的存货有黄白凡士林数百桶、机器油数百桶、石蜡数十吨、生铁200吨及其他五金工具、汽车零件等。货物卖出后，为了防止伪币贬值，毕鸣岐当即买进黄金，这为他后来自办企业奠定了雄厚的资金和物质基础。他的不动产也多是此时购置的，包括天津的楼房5所、厂房用地和近20亩住房用地以及在北京武生侯胡同的一所共有99间房屋的庭院住宅。[①]

1945年抗战胜利后，依赖日本帝国主义庇护的天津德商孔士洋行宣告倒闭，这个洋行的存货全部由毕鸣岐收购。当时，毕鸣岐已拥有相当数量的资金与存货，广泛的社会关系和多年从事进出口贸易的经验，使这位已逾不惑之年的商贸企业老手完全具备了自办工商实业的能力。1946年，他独家出资10余万元创办了华牲贸易行，从此结束了买办生涯，开始了走自己发展经贸实业的新路。

华牲贸易行主要是做德国和美国生意，其经营方式和贸易范围基本上与孔士洋行雷同，并沿袭了孔士洋行的国外业务渠道。为做到业务上的连续性，经与美商联系，他继续担任美孚石油公司华北总代理。多年的经验使毕鸣岐深深懂得，要想把企业办好，必须有懂经营会管理的各种专门人才。为此，他雇用了原孔士洋行的外籍副总经理和高级职员，借助他们的特长为己所用。这在当时是不多见的，起到了其他贸易同行所不能起到的作用。毕鸣岐常对平津同行的朋友自豪地说："过去，我们被外国人雇用，今天我们同样也可以雇用外国人嘛!"[②] 此外，毕鸣岐还广泛招揽人才，聘用旧友在华牲贸易行任职和参与管理。

华牲贸易行创办不久，中国成为美国商品的倾销市场，民族资本经营的贸易受到打击，华牲贸易行的业务也受到很大的影响。面对这一新的形势，毕鸣岐从国内外市场需要出发，运用自己的优势，

---

① 罗翩英、罗先哲《著名工商业家毕鸣岐》一文，见政协东营市委员会文史资料委员会编《文史资料》第七辑，1994年内部印行，第173～182页。

② 罗翩英、罗先哲：《著名工商业家毕鸣岐》，见政协东营市委员会文史资料委员会编《文史资料》第七辑，1994年内部印行，第177页。

转而经营出口土特产品，然后再换回工业原料。与此同时，他还创办了土特产品加工厂，从事核桃仁、红小豆、肠衣、猪鬃等加工业务。由于他精心经营和善于管理，华牲贸易行尽管受到了战争的冲击，但依然可以获利。战后天津各五金行所需进口货奇缺，华牲贸易行是第一家可以从美国进货的商家，所进口的物资达五个大仓库之多，按当时牌价约折合美金 100 万元，天津各五金行争相向其订货。随着经贸实业的发展和经济实力的增长，毕鸣岐在工商界的声誉和地位也日益提高。1948 年，他被同业选为天津市进出口同业公会理事长。同年 4 月，又当选为天津市商会会长。

1948 年冬，当解放战争的炮声迫近平津之时，有些资本家纷纷携资出走香港、台湾和国外，当时毕鸣岐也处在极端犹豫和恐慌之中。在这关键时刻，1948 年深冬的一个夜晚，毕鸣岐少年时代的同窗好友、中共地下党员王华廷叩门来到他家。王华廷向他宣传了解放战争的形势和共产党对民族工商业的保护政策，他们两人连日进行多次促膝交心的彻夜长谈。在这种推心置腹的深入交谈中，毕鸣岐的思想豁然开朗，疑虑消除，原本准备把公司外迁的他决定留下来迎接天津的解放。① 为了王华廷的安全，毕鸣岐将他安置在自己家的一个小书房里居住，并为王华廷在华牲贸易行里安排了一个合法的职员身份，以此做掩护，开展地下革命活动。在此期间，毕鸣岐还以自己的亲身感受，劝说一些工商界朋友留下不走，迎接解放。天津解放后，他又写信动员已去香港的中兴公司刘华千、中美企业公司马更生等多位天津工商界人士返回大陆。

天津刚刚解放不久，有一艘美国商船载着天津许多贸易洋行订购的进口物资，由旧金山驶来，停泊在天津大沽口外，但货主都存

① 戴翩英：《党的恩情永不忘》，见天津市政协文史资料研究委员会编《同心相知，同志相从——各界人士回忆与共产党的交往》，中国文史出版社 1991 年版，第 213 页。

有恐惧心理，不敢前去提货。面对这一新的动向，时任天津市商会会长的毕鸣岐挺身而出，将真实情况主动向天津市军管会做了请示汇报，并毫无顾忌地谈了自己的看法和建议。最后，经军管会研究批准商船得以进港。这样，历来就是全国进出口重要港口的天津，率先恢复了进出口业务。当时由于解放战争正以迅雷不及掩耳之势向全国发展，各地的对外贸易都暂时陷于停顿状态，而客观形势却给天津市外贸业务带来了繁荣。香港的华资公司纷纷派员到天津成立分公司，上海的进出口商也来设立分支机构，对于活跃天津市场繁荣经济起到了重要的作用。

新中国成立后，毕鸣岐为了适应国家经济建设的需要，把半辈子的积蓄全部投向工业领域。从 1949 年初夏开始，毕鸣岐变卖了家中的部分黄金、房产、汽车等财产，又从自己经营的进出口商贸企业中抽出部分资金，投到创办工业企业上。到 1950 年年底，他先后创办了新民化工厂、新大电锯厂、新中砖瓦厂、建业砖瓦厂、新成造纸厂。其中，新民化工厂是在美国对中国进行经济封锁，国内印染工业面临着染料奇缺的情况下建立的。为了办好这家企业，毕鸣岐通过各种渠道，广揽人才，先后从京、津、沪等地聘请了十几位科技人才，分别担任新民化工厂的高级工程师和企业部门管理负责人。在专家的指导下，这个厂研制生产出坚固硫化蓝、直接湖蓝 SB、直接棕 G、酸性青莲等产品，不仅满足了当时染料工业的急需，而且填补了中国染料工业的空白，深受国内外市场欢迎。

新中国成立后，毕鸣岐曾任全国工商联副主委、天津工商联主委、市政协副主席，1956 年，当选为全国人民代表大会代表和天津市副市长。1957 年，在“反右”运动中毕鸣岐被错划为“右派”。

1971 年 5 月 15 日，毕鸣岐因病去世。1978 年，毕鸣岐获得平反，恢复了名誉。

叶春墀

叶春墀（1887—1978），字玉阶，日照市涛雒镇栈子村人，学者兼民族资本家。

叶春墀的父亲叶汝朋（友澎），自清代光绪末年就在青岛经营远洋航运和捕鱼业，家业最盛时有百吨以上远洋大沙船5艘，远航至日本、朝鲜、菲律宾等国，后被海匪绑架而遇害。叶春墀于清末留学日本，毕业于长崎高等商业学校，获博士学位，回国后任济南商务总会坐办。

1912年，叶春墀上书临时省议会，申请筹办高等商业学校，请求以存古学堂原款库平银11543两作为办学常年经费。6月，经临时省议会议决，委任叶春墀筹办山东高等商业学校。9月，学校考录高等科学生48名，中等科学生117名，选科学生80名，共分3班，学生245人，教职员25人，于9月26日正式开学，校址为济南南关新街租赁的民房。

1912年12月，遵照《专门学校令》及《商业专门学校规程》，高等商业学校改称“山东公立商业专门学校”，以高等科改办专门部预科。1913年5月，呈准民政长，将中等科改为甲种商业讲习所，按照教育部颁发《甲种实业学校规程》办理。1915年，山东高等学堂停办后所遗皇华馆校址，由公立商业专门学校于11月迁入，作为固定校址。1918 年 1 月，附设商业教员讲习所，专以培养乙种商业学校教员为宗旨，9 月，添设簿记专修科。1920 年，添设交通专修科。1921 年，增设研究部、银行专修科。专门部学制为预科 1 年、本科 3 年，招收中学毕业或同等学力者。研究部招本校和国内本科毕业生，学制 2 年。附设甲种讲习科，学制预科 1 年、本科 3 年。商业专修科，分银行、簿记、交通 3 个专业，招收高等小学及同等学力者，银行、簿记专业学制 1 年，交通专业学制 2 年，商人补习班修业 1 年。1915 年，商业本科学生 76 人。1922 年，学生总数 271 人，教职员 28 人。从 1912 年 9 月建校至 1926 年夏并入省立山东大学，共陆续毕业商业本科 12 班 405 人，甲种讲习所毕业 6 班，共 268 人，其他选科班、专修班、讲习班共毕业 200 余人。①

叶春墀任山东公立商业专门学校校长，执教 12 年，育才甚众，当时社会名人郑东府、叶光庭及国民党将领李延年均出其门下。民国年间，济南、青岛工商金融界中有不少专业人士是他的学生。

1920 年，青岛取引所株式会社成立，由日本人峰村正三任理事长，华商徐青甫任副理事长。叶春墀当选为华商青岛交易所常务理事，遂辞去山东公立商业专门学校校长职务。交易所额定资本为日币 800 万元，暂收四分之一，计为 200 万元，中、日各占一半股份，先后设证券、纱布、土产、钱钞四个交易市场。由于青岛取引所的垄断遭到中国商人的反对，叶春墀率先撤股退出，支持由中国人办的交易机构加以取代。②

1924 年，青岛华商资本兴办青岛地方银行，叶春墀曾参与创办事宜，并于第二年任该银行经理。

在沿海航运业方面，叶春墀继承父业，带领其父留下来的一批

---

① 叶春墀：《山东公立商业专门学校简况》，见山东省政协文史资料委员会编《山东省文史集萃（教育卷）》，山东人民出版社 1993 年版，第 114 页。

② 叶春墀：《青岛取引所的兴衰》，见山东省政协文史资料委员会编《山东工商经济史料集萃》第二辑，山东人民出版社 1989 年版，第 25 页。

训练有素的航海船工，创办船行，在航运业经营上又获得新的发展。1923年，他与同乡佘清圃在青岛创办裕泰船行，船行最初资金很薄弱，只有"裕盛"一艘船，资金一两万元，后逐步积累资本，陆续购用日本旧船，发展到有"裕盛""泰升""庆兴""益华"等7艘轮船，总吨位1000余吨。船只主要航行于日照各港口及石岛、海州等地，在小港航运同业中名列第二。① 1930年，叶春墀又与秦春浦、秦善斋、马云卿等开办裕泰轮船公司，有中、小轮船10余只，他任总经理，还兼任青岛航业公会的常务理事、小港轮船联合办事处主任。当时叶家在青岛的航运业约有200人，每年春节都在台西三路聚会一次，参与者多为船员、搬运工、汽车司机、铁路、民航、公交等部门的职工。

1914—1922年日本占据青岛期间，日资轮船公司的"海州丸""胶海丸"等几艘小轮船经营着青岛至海州间的航线，使华商航运业受到排挤。叶春墀创办的裕泰船行与贺仁庵的长记船行、公祥船行陆续成立后，便与日本轮船公司在黄海沿岸展开航运竞争。在与日商航运业竞争中，叶春墀的裕泰船行和贺仁庵的长记船行精诚团结，一致行动。竞争的方式首先是价格战，凡日本船所到的石臼所、海州、岚山头、响水港等港，必有中国船驶往承揽运务，将水脚运费降低二至三成甚至更多，这样一来，日本船揽载的业务大幅下降。受"五卅惨案"和"五三惨案"等影响，中国人对日本的侵略行径充满仇恨，即使不降价，他们也愿意装载中国轮船。其次是旅客战。青岛是山东乃至华北旅客去往东北的一个主要港口，几乎每天都有人数众多的旅客坐船去东北。为此，航业公会就派人去市内的各个客栈、旅馆，说服旅店服务人员把客人送到中国船上。小港的几个"苦力帮"（专管装卸货物的组织）在通往小港的几条主要的街头巷

① 叶春墀：《青岛开埠以来近海轮船航运概况》，见山东省政协文史资料委员会编《山东文史集粹（修订本）》下集，中国文史出版社1998年版，第133页。

尾都派出几个“兄弟”把守，劝中国乘客乘中国船。结果是中国船的客货收入直线上升，日本船只能来回空载或半空载。大半年后，“海州丸”被一场大火烧毁，“胶海丸”以1.8万元的价格卖给裕泰船行。除裕泰船行外，青岛小港另外三家船行也都有不同程度的发展，从而打破了日本商船在山东沿海航运业的一统天下的局面，为山东的华商航运业争得了一席之地。在抗日战争期间，叶春墀的公司经常为山东抗日根据地服务，从青岛运出紧缺物资和药品，自根据地护送抗日人员到敌占区。

叶春墀是注册会计师，早在1919年就于青岛开设山东第一家会计师事务所，开始从事社会审计业务。这家事务所是由农商、高等审判厅注册核准的，具有权威性。济南、青岛等地的谦祥益、瑞蚨祥、玉春等商号和明华、大陆等银行，都聘任他为常年法律顾问和会计顾问。另外，他还曾担任山东省会计师公会会长，任青岛地方银行行长及青岛航业公会会长等职多年。叶春墀曾成立商学会，以“研究商学，启发商智，讨论商政，促进商业之发达”为宗旨，推动商学研究。

叶春墀有关银行、商业及山东实业方面的著述很多，还译出不少外文著作。1911年，他编写《山东草辫业》一书，详细介绍了山东草辫业发展的情况，并根据调查列举了草辫业存在的弊端，提出改良补救之法。他呼吁当局“广为劝导，组织制帽公司；或免其税厘，减轻成本，以开海外之销路；或派销各学堂，以广流行”。叶春墀颇重地方文献，在济南任报社经理时，编写了《济南指南》，由济南大东出版社于1914年4月出版。该书内容分地势、户口、官厅、公益团体、工商业、交通机关、金融业、游览食宿等八个方面，全面、详细地介绍了济南开埠后十年间的发展，以期“虽未身历济南者，手此一编，亦可以当卧游”。由于此书出版较早，故文献资料价值也较之后继者更为珍贵。该书还附有《济南城厢图》和《济南商埠图》，是民国以来济南市区第一份街巷分布图，为济南街巷地名的研究提供了翔实可靠的珍贵资料。

青岛回归后，应胶澳督办熊炳琦之邀，叶春墀由济南来到青岛办理接收事宜。完成接收任务后，他编著了《青岛概要》一书，于1922年2月由上海商务印书馆铅印出版。该书卷首有市街图一幅、例言七则。目录为：(一) 总论，(二) 衙署、司法，(三) 土地、房屋、租税，(四) 公益团体，(五) 工商业，(六) 教育，(七) 交通，(八) 卫生设备，(九) 农林、渔业、林业，(十) 名胜古迹，(十一) 附录等。书中记载了日本第一次占领青岛时期的社会经济、状况，对日本在青岛的经济殖民扩张有所揭露，是一部较早反映青岛地方情况的书。他另著有《山东商业地理》(1919年)、《山东渔航调查录》(1927年)、《烟台正记轮船公司简历》等多种文史著作，颇有史料价值。

叶春墀做事严谨慎微，以儒家孔孟之道持家经营。他与马寅初先生友情甚笃，两人于20世纪30年代初曾在青岛大礼堂联合进行学术讲演。马寅初讲的是经济学，叶春墀作发展山东工业的学术报告。礼堂内座无虚席，很受听众欢迎。叶春墀还与张公制交好，他接受张公制的开导，数次拒绝国民党政府的聘用。

中华人民共和国成立后，他当选为第一届青岛市政协委员，以后继续当选，直到1978年病故，终年91岁。

刘 锡 三

刘锡三（1896—1982），山东掖县（今莱州市）沙河镇湾头村人，原名占恩，字锡三，民族企业家。1911 年，刘锡三于天津创立“盛锡福帽庄”。20 世纪 30 年代，老北京有这样一则民谣：“头顶盛锡福，脚踩内联升，身穿瑞蚨祥，腰缠四大恒。”意思是这身打扮，从头到脚都是名牌。盛锡福是一家专营帽子的中华老字号，以制作草帽起家，后以呢帽、皮帽为主打产品，兼营上百种帽子，当其盛时，业务拓展到国内各大城市和海外 20 多个国家和地区，被誉为“冠冕群伦”“国货之光”“名驰中外”。

一

刘锡三出生于一个贫困的农家。其父刘云松幼年读过几年私塾，种地为生，后患癔症，1933 年病故。刘锡三有哥哥、姐姐、弟弟各一人。刘家家境贫寒，共有正屋 5 间，厢房 6 间，土地不足 10 亩。[1]

---

① 刘占慈：《刘锡三和盛锡福帽庄》，见山东省政协文史资料委员会编《山东工商经济史料集萃》第三辑，山东人民出版社 1989 年版，第 143 页。

虽然家境贫寒，但是刘锡三的父亲很重视子女的教育。刘锡三先在村里读私塾，后在刘子山（东莱银行创办人）大院的学堂读过几年书。刘锡三性格刚直，为人厚道，学习刻苦用功。1914 年，刘锡三 18 岁时，家乡遭遇严重旱灾，收成不好，外出逃荒，来到青岛。在老乡的介绍下，刘锡三在一家名叫“水手”的小店里干伙计，由于手勤嘴甜，干活利落，所以很是讨人喜欢。当时青岛的外国人很多，学习英语可为谋生提供契机。刘锡三受老板教诲启发，空暇时间刻苦学习英语，后来可以用英语与外国人进行简单的对话。① 20 岁时，刘锡三来到美清洋行当练习生，该行的主要业务是从中国收购草帽辫运往国外。因为聪明能干，他颇受老板赏识，不久即被提升为正式职员。

草帽辫系用麦秆手工编制而成的草辫，因能用其制作草帽，得名“草帽辫”。草帽辫是加工草帽的半成品，欧美国家从中国以低价收购，运往本国加工成草帽，从中获得丰厚利润。在山东，“产出之地，若莱州、青州、济南、武定、兖州等处，无不有之”②。清末莱州府属“潍县、沙河镇两地则成为山东最大的草辫生产中心，其产量约占全省生产总量的三分之一”③。1915 年，莱州草辫的四大名产“沙河白”“沙河黄”“沙河锯条”“莱州花”在美国旧金山举办的巴拿马太平洋万国博览会上获特别奖，被誉为世界最优质草帽辫。由于中国尤其是山东的草帽辫产量丰富，品质优良，且价格低廉，故“洋行收购日增，以致输出货值年有增加”④。

刘锡三所任职的美清洋行即为经营草帽辫的洋商之一。刘锡三

① 魏世仪、鲁海：《百年海韵·青岛中山路》，解放军文艺出版社 2002 年版，第 264 页。

② 叶春墀：《山东草帽辫》，京都华东石印局 1911 年版，第 6 页。

③ 彭泽益编：《中国近代手工业史资料》第二卷，中华书局 1962 年版，第 404 页。

④ 庄维民：《近代山东市场经济的变迁》，中华书局 2000 年版，第 331 页。

的主要工作就是替洋行到乡下挨家挨户收购草帽辫。在工作中，刘锡三兢兢业业，不仅对草帽辫的规格、品种了解得一清二楚，而且学会了制作草帽，为其日后从事帽业奠定了基础。

二

刘锡三在从事草帽辫出口业务中，看到外国商人从中国购买廉价草帽辫，再将成品高价卖出，获取厚利，十分感慨，于是在“提倡国货”“挽回利权”“实业救国”等社会舆论的影响下，“决志改良办法”，自己办厂，生产草帽。[①] 刘锡三先是替美清洋行在青岛收购草帽辫，后来在青岛与天津之间往返，为洋行打理购销草帽辫业务。由于部分时间离开了美清洋行本部，刘锡三就在天津哈尔滨道租了一间屋子，雇了两个人，把外国洋行验收剪下的草辫收集起来，缝制成宽边圆顶草帽出售。

利用美清洋行的弃料加工草帽，只能获得些微利润，于是刘锡三于1911年在天津估衣街归贾胡同南口租了一间门面，开了家“盛聚福”字号，自产自销草帽。后来，他在北京经商的表兄芮成竹来到天津，与其一起经营帽庄。刘锡三在美清洋行学到的经营管理方法、经营草帽辫的知识以及工作期间积累的人脉，此时都派上了用场。他从青岛赊购草帽辫，成本很低，因而生产的草帽价格便宜，有利可图。然而一到冬天，产品就难以销售。经过打探商情，刘锡三冬天改弹棉花，制棉胎，代客加工，解决了冬季无事可做、无利可图的局面。

1914年，美清洋行迁到天津，刘锡三随同前往，从此就不用在青岛美清洋行和天津盛聚福帽庄之间两地奔波了。1919年，刘锡三从外国进口全套电力制帽设备，成立当时全国第一家机械制帽厂。

---

① 刘占慈：《盛锡福帽庄二十五年小史》，见掖县政协文史资料研究委员会编《掖县文史资料》第一辑，1986年内部印行，第163页。

随后，盛聚福又添设了皮帽工厂、便帽工厂、缎帽工厂。盛聚福除自产自销草帽外，还生产销售小帽、皮帽、将军盔、美式呢帽等各种款式的帽子，生意蒸蒸日上。但是不久直奉战争爆发，从 1922 年到 1924 年间连年内战，时局动荡。为了躲避战乱，盛聚福帽庄于 1924 年迁到法租界天增里旁，租了一间楼房门面，楼上作为帽厂，楼下作为门市部经营。这时帽庄只有四五名员工，开支小，成本低，帽品售价便宜，业务日渐有所起色。同年，刘锡三添设化学漂白工厂，所漂之草辫，洁白光亮。此时的盛聚福草帽俨然已经“居东亚草帽业之冠”了。①

经过十几年的努力经营，盛聚福帽庄小有规模。1925 年，为了寻求更大发展，刘锡三决定扩大经营。他通过在东莱银行工作的一个亲戚，租得银行两层楼房，将帽店迁到新址。此时表兄芮成竹病故，盛聚福帽庄改由刘锡三独资经营，暂由史训亭为代理人。出于期望帽庄有新气象的美好愿望，刘锡三将“盛聚福帽庄”改名为“盛锡福帽庄”。

“盛锡福”一名的由来，系从商人最喜欢的一句对联“财源茂盛达三江”中取一“盛”字，从刘锡三自己的名字中取一“锡”字，从福禄寿中取一“福”字组成，以表示帽庄既能使自己财源茂盛，又能给他人带来吉祥。帽庄改名后，刘锡三又向工商部门注册了“三帽”商标。“三帽”商标图案由上下两个部分组成，上边有“盛锡福”三字，下边画有代表春夏秋冬四季的四平硬顶草帽、呢制礼帽、皮制三块瓦帽，三顶帽子摆放呈“品”字形，帽子下面是“三帽商标”四字，从上往下念便是“锡三”二字。② 刘锡三通过独具匠心的设计，借以表达发展企业的抱负。盛锡福成立之初，刘锡

① 刘占慈：《盛锡福帽庄二十五年小史》，见掖县政协文史资料研究委员会编《掖县文史资料》第一辑，1986 年内部印行，第 163 页。

② 政协北京市文史资料委员会编：《王府井》，北京出版社 1993 年版，第 280 页。

三仍在美清洋行任职，后来为了全力经营帽庄，干脆辞去了美清洋行的职务，从此踏上了职业企业家的艰难征途。

新帽庄开业后，刘锡三购置机器设备，不断提高制帽工艺；扩大企业规模，逐步完善规章制度，紧跟时尚潮流，及时推出深受市场欢迎的帽品。这些措施使盛锡福蒸蒸日上，一派繁荣。

20 世纪 20 年代，西方妇女流行戴帽子的风俗渐渐传入国内，天津大街上出现了一些妇女戴草帽的现象。刘锡三觉得这是一个好机会，于是请人设计了一款女式草帽。为了及时打开销路，他聘请一个在天津打零工的白俄女人，让其戴着该款草帽，在盛锡福门市部里穿梭，对外宣传说她是盛锡福高薪聘请的女帽设计师。刘锡三这一招果然奏效，一传十，十传百，盛锡福女式草帽的销售十分火爆。①

这一时期，硬平顶草帽也很流行。这款草帽是由日本厂家用中国出产的草帽辫加工制成，样式新颖独特，颇受国人青睐。与此相比，盛锡福的圆顶宽边草帽便稍显逊色。面对这种情况，刘锡三非常着急，于是用普通漂白草帽辫加工制成硬平顶草帽，并推向市场。但效果甚微，仍不及日本产品做工精细、光亮洁白。于是刘锡三决定再行改进工艺，以与日本草帽竞争。恰好此时有一个叫桑斯的法国人，从法国运来折式草帽机器，原打算自己设厂制作草帽，后因被天津法国工部局聘去工作，便把机器卖给了刘锡三。使用法国机器生产的草帽，不仅针脚平整，接缝均匀，品质大为提高，而且产量剧增。这样，盛锡福在与日本草帽竞争中逐渐摆脱了劣势。但是刘锡三并不满足，他又从青岛专门请来漂白技师周绍熙，通过精心研究，大幅提高漂白技术，生产出来的草帽质量超过日制草帽，使盛锡福在竞争中占有优势。当时草帽辫价格很便宜，一把草帽辫才 2 角钱，可制草帽 5 顶，加上工料费用也不到 2 元，而在市场上可以

① 华强：《刘锡三与盛锡福帽庄》，载《中国经贸导刊》2001 年第 5 期。

卖6元，且比日本的硬平顶草帽售价便宜得多，因而一路畅销。到1926年三年大结算时，盛锡福获得纯利10万多银元。经过几年竞争，盛锡福不仅把日本草帽挤出中国市场，而且也壮大了自身的实力。

有了10万多元资金，刘锡三趁热打铁，扩大企业规模，完善各部机构。1926年，盛锡福增设进出口部，办理澳洲羊毛进口业务，供给本厂做呢帽原料，同时向意大利、英国、德国、法国出口草帽辫，并兼营其他贸易。① 另外，盛锡福为扩大销售范围，在法租界天祥市场内设立第一分销处，在梨栈大街设立第二分销处。

正当业务飞速发展之际，盛锡福遭遇了一次劫难。1927年秋，由于电线走火，帽庄发生火灾，全厂机器设备、原料、成品统统付之一炬。刘锡三遭此损失，不得不另外租赁三间楼房，楼下卖货，楼上当成制帽作坊，勉强维持生产。与此同时，刘锡三又积极向承保火险的法国保险公司交涉，要求赔偿。然而法国保险公司为摆脱责任，一口咬定是盛锡福自己放的火，拒绝支付赔偿。刘锡三据理力争，一直找到法国工部局，但法国工部局为了偏袒保险公司，竟然逮捕帽庄四名工人，并逼迫他们承认放火烧厂。后经刘锡三不懈努力，另外在社会舆论的压力下，法方不得不同意重新勘察火场，确认事故原因系电线走火引起火灾，保险公司不得不如数赔偿盛锡福10万元保险金。在拿到保险公司赔款后，刘锡三又通过同乡关系从东莱银行贷款18万元，在原来地基上重建盛锡福。

1929年，新盛锡福大楼落成。大楼由德国贝伦德工程司设计并承建，为欧式建筑，连地下室共六层。新盛锡福大楼除不设印刷厂和仓库外，包括总管理处、六个工厂、批发部、零售部、函售部、采购部、会计部和存款部等企业所有机构，是盛锡福生产基地和国

① 周恩玉：《盛锡福》，见中国民主建国会天津市委员会、天津市工商业联合会文史资料委员会编《天津工商史料丛刊》第六辑，1987年内部印行，第173页。

内外市场营销网络的调度中心。另外，刘锡三还从海外购进最先进的草帽机器设备，招募新工人，使盛锡福帽庄在废墟上重焕新生。

进入20世纪30年代，重新崛起的盛锡福走上了营业的顶峰。这一阶段盛锡福继续购置机器，添设工厂，扩大生产规模；帽子样式不断翻新，新颖时尚，质量上乘，种类齐全；销售业务迅速拓展，卖场遍及全国，远销海外。

1931年，盛锡福添设了通帽工厂、印刷工厂、毡帽工厂。1934年，刘锡三投资20万银元，从德国礼和洋行购买了一套制胎机器，筹建了毡帽胎工厂（即呢帽胎工厂），使用进口澳洲羊毛制作原料，开始自己生产呢帽胎。① 1935年，盛锡福高薪聘请上海经验丰富的制帽技师陈世皋和张志谦来厂指导生产。生产工艺得到改进后，染色与上胶配方的合理准确，克服了帽子染色后膨胀松散的难题，因此生产的毡帽“虽经潮湿，永不走样，装潢雅致，料高工精，定价低廉”②，深受市场欢迎。到1935年，盛锡福毡帽厂生产能力已大大提高，各种毡帽如三角式、流行式和礼式，均能生产。③

刘锡三不仅注重在外延上扩大生产，还十分重视在内涵上发展，注重新产品的研发。1931年，盛锡福用各色毛棉线与棕丝帽辫制成老少皆宜、新颖别致的帽子，不仅在华北各地销路很广，而且畅销于南洋群岛一带。到20世纪30年代，盛锡福实际生产的帽子款式超过200多种。④ 从季节上说，夏季有美观遮阳的草帽，春、秋有各种各样的呢帽、毡帽、线帽，冬季有御寒的皮帽，四季皆全；从价

---

① 张鹏程：《天津盛锡福帽厂》，见全国政协文史资料委员会编《中华文史资料文库·经济工商编》第十三卷，中国文史出版社1996年版，第268页。

② 刘锡三：《盛锡福帽庄二十五年小史》，见掖县政协文史资料研究委员会编《掖县文史资料》第一辑，1986年内部印行，第164页。

③ 孔令仁、李德征主编：《中国近代企业的开拓者》（上），山东人民出版社1991年版，第207页。

④ 王静：《义利结合、诚信经营——以天津盛锡福为例》，载《商场现代化》2007年5月（下旬刊）。

格上说，无论是昂贵的、廉价的，还是价格适中的，顾客可以各取所需；从年龄上说，有成人帽、老人帽、青年帽、儿童帽、婴儿帽，应有尽有。

随着帽子产量增多，质量提高，销量上涨，盛锡福进一步完善了自己的供货机制。除了早在1926年成立的进出口部，负责进口澳洲羊毛做呢帽原料外，20世纪30年代又开设了福记草辫行，附设仓库，招揽山东掖县、河南辛庄、河北庆云等地客商，收购各种草帽辫。由于刘锡三多年从事草帽辫业务，关系多，行情熟，所以能够招来昔日的客商，签订供货合同，使福记草辫行有相对固定的供货渠道。福记草辫行除直接供给盛锡福生产原料外，余货还出口国外。

继1929年在菲律宾马尼拉国际嘉年华会上荣获一等奖后，盛锡福“三帽”牌帽子1934年又在巴拿马国际展览会上荣获超等奖。此时“三帽”牌帽子的社会影响已是非同一般，仅仅在天津市场上产销帽子，已经不能满足刘锡三决心要做“帽子大王”的雄心，于是他开始在天津以外开设分店，更直接地向顾客推销“三帽”牌帽子。

1936年，北京盛锡福开业，帽庄位于西单北大街路东，主营礼帽、皮帽、毡帽、童帽、草帽、马猴帽、呢子帽、老太太帽等，产品多数由天津总号监制。西单店开业不久，为满足市场需求，刘锡三后来又在沙滩、前门和王府井大街开设了几家分店，其中门面最大的是王府井盛锡福。

虽然天津总店和北京分店生意红红火火，但是刘锡三并不满足事业仅在北方的现状，于是1936年盛锡福设立了南京分销处。同年，刘锡三又委任牛致斋为经理，在武汉开设“盛锡福帽厂汉口发行所”，门市部设在汉口中山大道，销货以天津本厂产品为主。由于汉口盛锡福商店地处闹市，门面装修得富丽堂皇，橱窗霓虹灯闪烁，报纸广告大肆宣传，加上久负盛名的“三帽”牌商标，所以汉口盛锡福一开业，很快就在武汉市场打开了销路。

20世纪30年代前期，除了在国内北京、南京、武汉、青岛、济南、徐州等地设立分号外，盛锡福还在新加坡、印度尼西亚、菲律宾等20余个国家和地区设立了经销处和交易商行。[1] 到七七事变前，不包括临时工在内，盛锡福全厂正式工人已发展到280多人，全年生产各种帽子40万顶，呢帽产量最高达到24万顶，堪称盛锡福历史上最为红火的时期。[2]

三

1937年七七事变爆发后，天津盛锡福总店开始由盛转衰，直到1949年新中国成立前，一直在艰难中爬行。

在此期间，盛锡福营业有所调整：一是1938年秋武汉沦陷前夕，刘锡三将武汉盛锡福搬迁重庆；二是1939年创办了上海分店，其他乏善可陈。1939年，刘锡三到上海办事，被万商云集、十里洋场的南京路深深吸引，心中萌生在上海开设分店的想法。他经过仔细挑选，最后相中南京路747号，于是用重金买下一家商店，设立"盛锡福帽厂上海发行所"。刘锡三将楼房风格改建成和天津总店外表相似，作为盛锡福帽厂在上海的分店，盛锡福招牌字体为国民党元老于右任手笔。盛锡福上海分店主要向市场推出款式新颖、做工考究的"三帽"牌草帽、呢帽、皮帽等各类帽子。同年，刘锡三又让上海盛锡福帽店以中国最大帽业的资格参加莱比锡国际博览会，结果获得荣誉奖。这一时期盛锡福生产的草帽，特别是"平顶金丝草帽"和"高级兔子呢帽"，受到中外人士的广泛喜爱，誉满海外。在上海，盛锡福成为名副其实的"帽业之冠"。[3]

盛锡福除了在上海、重庆业务有所拓展外，总体营业不佳。天津沦陷后，盛锡福的出口业务完全停止，许多产品没有了销路。由

① 王翔等编著：《老商标的故事》，民主与建设出版社2004年版，第221页。

② 张鹏程：《天津盛锡福帽厂》，见全国政协文史资料委员会编《中华文史资料文库·经济工商编》第十三卷，中国文史出版社1996年版，第269页。

③ 千谷编：《上海百年名厂老店》，上海文化出版社1987年版，第112~113页。

于战争，高级金丝草帽无人问津，产品因滞销而大量积压。漂白平顶草帽也因防空关系而不能销售，盛锡福只好将已生产出的草帽染成灰色，名曰“防空草帽”。此外，盛锡福在外地的各项账款也收不回来，帽庄资金链存在断裂的危险。恰在此时，企业内部又有人落井下石，要求分账。刘锡三提议延期一年结算，遭到其内弟卞某强烈反对。卞某还带头起哄，煽动工人罢工闹事，其目的是想借此逼迫刘锡三让步，尽快分账，以弥补自己因吃喝嫖赌而落下的亏空。后来，经法国工部局出面调解，刘锡三与股东达成协议，只分天津总店的部分盈利，才算解决了罢工事件。

1945 年抗日战争结束，国共内战随后而起，局势一直处于动荡之中。由于各地交通梗阻，帽品原料来源中断，盛锡福度日艰难。1946 年，北平盛锡福不再由天津总号供应帽子，改由自己在北平找小帽作坊加工，从而渐渐从天津盛锡福总部分化出来。1948 年后，天津盛锡福无力支付工人工资，全厂工人由原来的 280 多人，锐减到 120 多人，陷入极度困境。① 无奈之下，刘锡三于 1948 年转往台北经营盛锡福分号，由其长子刘大奎负责南方几个分号业务，由其次子刘洪杰负责经营天津盛锡福。

1949 年新中国成立，时代发生变化，盛锡福依旧在曲折中发展。

20 世纪 50 年代初期，人们的衣着风气发生变化，长袍改短服，呢帽、便帽改为圆顶干部帽。由于呢帽没有了市场，盛锡福改做干部帽。原来生产呢帽的机器也都用不上了，只能改用缝纫机做，营业状况急剧下降，工人大量失业。为了解决工人失业问题，刘洪杰干起了拔丝厂，但是刘家是做帽子的，对拔丝厂的业务不熟悉，经营很不景气。

50 年代后期，盛锡福经营略有所好转。1956 年全行业公私合营

---

① 张鹏程、刘洪杰：《帽业泰斗刘锡三》，见政协天津市委员会文史资料委员会编《近代天津十大实业家》，天津人民出版社 1999 年版，第 117 页。

后，周恩来总理指示："要进一步发扬盛锡福老字号和著名三帽商标的优势，更好地为首长、外宾和首都人民服务。"① 此后，王府井盛锡福改建为北京盛锡福制帽厂。1957 年，盛锡福恢复毡帽生产，并成立第二车间，职工达到 400 多人。

1966 年"文化大革命"爆发，北京盛锡福业务又陷于半停顿状态。改革开放后，盛锡福再次焕发青春。1980 年 1 月，恢复了盛锡福字号，工人增至 600 人。1984 年，北京市政府下达了进一步扩建盛锡福厂房以及筹建毡帽厂的决定。1986 年，"全国盛锡福帽业联合会"成立，共有北京、天津、南京、武汉、上海、青岛等地的帽厂（店）8 家，职工总数 1800 多人。

四

刘锡三如同许多近代优秀企业家一样，具有强烈的社会关怀。他虽然远在天津，但是很注重乡里感情，无论乡亲个人求援，还是村中因办学堂、救灾等募捐，他总是慷慨解囊，尽力相助，因此乡望较高，村中曾赠他一块"见义勇为"匾。同时，作为山东旅津同乡会副会长、华商工会监察委员、天津商会董事，刘锡三还积极为在津的乡民谋利益，为天津的商民争取权益。

早在清末就有人提出成立"山东旅津同乡会"的动议，但是直到 20 世纪 30 年代时机才算成熟，此时在天津的山东人达 10 万之多。随着人数增多，实力增强，他们迫切要求"联络乡谊，发挥互动，培养道德，增进同乡福利"。一开始章丘巨商赵春霆、掖县吕海寰提出组建山东公学，但此想法因为资金不足而流产。1930 年秋天，费县王燕泉和济宁骆午唐两人再次倡议建立山东公学，并组建了山东公学筹委会，徐皆平为筹备委员会主任，刘锡三为委员会成员。在

---

① 支春明：《冠冕群伦 驰名中外——访中华老字号北京盛锡福帽业有限责任公司董事长李家祺》，载《中国品牌与防伪》2007 年第 6 期。

1931 年筹委会召开的会议上，刘锡三提出：“如果只筹办公学，对旅津的山东商人来说，其发挥的作用有限，而且也不利于同乡之间的联系。”① 因此，他提议先成立山东同乡会，以同乡会为依托，再筹办公学。在刘锡三的建议下，1931 年，“山东旅津同乡会”正式成立，吕海寰任会长，刘锡三担任副会长。

山东旅津同乡会虽然成立，但因资金短缺，无法置地建房，只得暂借“山东登莱旅津同乡会”房屋作为会址。1933 年，山东旅津同乡会将会址从杏花村庆喜里 9 号迁到大沽路上的 95 号楼，同时改名为“山东会馆”。山东旅津同乡会随即向旅津鲁商募集资金，刘锡三捐款 300 元。由于资金筹措不理想，山东旅津同乡会又向银行贷款，但是仍然相差很多。1935 年，刘锡三提出一个筹款办法，即发行山东旅津同乡会“六厘债票”，经董事会同意开始印制发行推销。原计划发行 2 万元债票，以其款半数还欠款，半数用以增建可供出租的临街楼房，收取租金。但是此时华北政局不稳，风雨飘摇，人心惶惶。在此情况下，认购“六厘债票”者不甚踊跃，推销结果并不理想，勉强售出半数。②

山东会馆成立后，刘锡三积极投身慈善活动。由于山东同乡子女要求入山东公学者逐年增加，原山东公学校舍狭窄，不敷使用。1940 年，徐皆平觅得会馆附近两个大四合院，院落地势宽阔，适合学校使用。为了买下这片房舍，山东在津各大商号开始募捐，刘锡三积极出资，山东公学终于得以扩建。

抗战时期，药价飞涨，贫困者有病无力医治，富有者无医院可投。刘锡三大力支持张纪正医学博士创办医院，并将山东会馆房屋

① 张绍租：《山东会馆与山东医院》，见政协天津市河西区委员会文史资料委员会编《河西文史资料选辑》第五辑《海西河西史话》，中国文史出版社 2004 年版，第 192 页。

② 步丰基：《山东会馆的始末》，见政协天津市河西区委员会文史资料委员会编《河西文史资料选辑》第一辑，1996 年内部印行，第 126 页。

开辟为山东医院，后改名为“津光医院”，不久又扩大为红十字医院，从而使家境贫寒的市民看得起病。①

刘锡三不仅积极参与社会公益事业，而且也十分关心国家命运。九一八事变发生后，停止内战、一致抗日成为全国人民的共同呼声。1932 年 5 月 25 日，上海各商会联合发起废止内战大同盟运动，得到各地的普遍支持。当张伯苓等人在天津发起该运动后，刘锡三积极响应，参加废止内战联合行动，彰显了近代企业家的民族气节。

1982 年，刘锡三在台湾病故。

（徐　畅）

① 王静：《义利结合、诚信经营——以天津盛锡福为例》，载《商场现代化》2007 年 5 月（下旬刊）。

尹致中

尹致中（1902—1984），字学本，山东莱阳人，以制针闻名于世，号称“制针大王”。尹致中除了创办冀鲁制针厂外，还在上海、香港、四川、台湾等地兴办了大中实业股份有限公司、大川实业公司、大东实业公司等十余个企业，从事机械、石棉、面粉、螺丝、自行车等产品制造，是近代山东著名的实业家。

中国人虽然很早就发明了铁针和钢针，但一直停留在手工制作阶段，机制洋针因质量精美、价格低廉而将国产土针的市场挤占殆尽。① 19 世纪中期，机制缝纫针开始输入中国，20 世纪以后，日本针几乎独占了中国北方市场。19 世纪末 20 世纪初，中国年进口洋针价值约为 60 万两白银，仅汉口一埠就达十三四万两。② 一战之后，进口数量迅速增加，例如 1917—1931 年累计进口机制手缝针 84. 1 亿

① 王翔：《中国外贸格局的转换与手工行业的变形（1840—1894）》，载《江西师范大学学报（哲学社会科学版）》2004 年第 5 期。

② 汪敬虞编：《中国近代工业史资料》第二辑（上），科学出版社 1957 年版，第 618 页。

枚，价值高达3400余万银元。鉴于国家财源大量外流，有识之士纷纷起而模仿机器制针。如1908年湖广总督陈夔龙奏请创设的钉针厂、1915年惠禄三在济南创办的丰华针厂、20世纪20年代初期任守卿在烟台开设的成记针厂等。国人筚路蓝缕，设厂制针经年，无奈产量有限，难以撼动德、日洋针占有中国钢针市场的局面。自从尹致中1929年创办忠记制针厂，继而1931年创办冀鲁制针厂，洋针一统天下的局面终于得到了改变。

一

尹致中出生于莱阳一个贫苦的农民家庭，幼年丧母，赖长兄长嫂抚养成人。1916年，尹致中14岁时只身到青岛，经人介绍进入日商高谷洋行做杂役。后来，又转入日商寺庄洋行，为老板看孩子兼做杂役，长达10年之久。尹致中不仅天资聪颖，而且自强不息。他白天为老板干杂活，夜晚则到日本人开办的实业学校学习日语，因此日文较有根底，口语流利。后来尹致中还在青岛商业学校学习过一段时间。在寺庄洋行的后半期，尹致中逐渐能在柜台上做些销售缝衣针的生意，因此对缝衣针的生产和营销有所了解。

尹致中到青岛之时，正值第一次世界大战期间，洋针进口数量减少，针价飞涨，每万枚飙至纹银50两。尹致中此时不仅看到经营钢针利润丰厚，而且对于工业已有较为深入的认识，觉得制针业在中国一定有希望，于是产生了办厂制针、独立经营的愿望。[1] 1926年（一说1924年），尹致中结识了日本广岛针厂经理贞赖，得以东渡日本，进入广岛针厂当学徒。学徒期间，尹致中还抽空到广岛高级工业学校制造缝针系进修，学习制针技术和企业管理。

1928年，尹致中与同去日本学习制针技术的诸城人刘朴斋一起

---

① 阙名：《尹致中先生小史》，载《国货月报》第1卷第4期，1934年5月15日。

回国。是年，由于日军在济南制造了五三惨案，国人激于对日军暴行的愤慨，各地抵制日货运动风起云涌，日本进口缝衣针受到抵制，为设厂制针提供了大好时机。加之此时尹致中已经学会制针技术，并有得力助手刘朴斋襄助，于是下定决心办厂。在商得青岛商界人士高成之、培林蛋厂日方经理友田等人出资后，尹致中共筹集资金14万元，在冠县路觅得一个旧仓库作为厂房，创办了忠记制针厂。①

忠记制针厂成立后，尹致中即携款前往日本购买制针机器，但是运到下关后，日本海关以禁止制针机器出口为由予以没收。尹致中回国后再次筹款，第二次去日本购买机器。此次尹致中找到广岛针厂经理贞赖，商妥将其机器运往青岛，两人合作办厂，并由贞赖负责招募日本技工。为了避免日本海关查禁，尹致中将机器拆卸，混杂在家具中，终于运回青岛。

机器虽然运回青岛，但是仍然困难重重：一是制针机过于陈旧；二是技工工资昂贵，开支庞大，10余名技工月薪每人90日元（约合国币200余元），合计1000余日元，此外还要负担技工在青岛每人每日3日元的旅馆费，每月又是1000余日元；三是材料缺乏，开工无期。为此股东均感前途渺茫，于是纷纷退股，最后只剩3万元，即高成之15000元、贞赖的机器折价款10000元、尹致中5000元。但是，尹致中并没有气馁，而是忍痛借用高利贷，继续建厂。经过数月奋斗，终于在1929年年底因陋就简，开机生产。

忠记制针厂虽然开工，但是原材物料大部分由日本进口，产品成本高，同时由于机器老化，技术不过关，产品质量低，无法与日本针竞争。当时职工60余人，只能管饭，无力支付工资。贞赖见无法维持，就将自己股份折价3000元，卖给顺昌洋服店经理宋某（后来宋某又将股权转让给济南公裕东），然后带领部分技工回国。

① 张凌云：《中国制针工业的创始人尹致中》，见山东省政协文史资料委员会编《山东工商经济史料集萃》第一辑，山东人民出版社1989年版，第188页。

此后不久，事情突然有了转机。1930 年下半年，天津的公裕号和济南的公裕东两家针商来到青岛，将忠记存针全部收购，并且签订了包销合同。忠记针厂的困难得到解决，不仅还清外债，而且尚有盈余，经营有了大发展。但是，此时股东之间又产生不和，大股东高成之见制针有利可图，便高价买断忠记制针厂的产权和注册商标，实行独资经营，尹致中和刘朴斋遂退出忠记制针厂。

退出忠记制针厂后，尹致中又联合天津公裕号和济南公裕东在青岛利津路 8 号筹建新厂。因为天津公裕号和济南公裕东的股东是河北人，尹致中是山东人，所以公司定名为“冀鲁制针厂”。冀鲁制针厂为股份有限公司性质，股金共 4 万元。尹致中任董事长兼经理，刘朴斋为董事兼厂务主任，公裕号的张辅臣和公裕东的史子久任监理，其他股东均为董事。①

1931 年 12 月，冀鲁制针厂正式投产。厂房系租赁同和铁厂厂址，面积 3512 平方米，另有平房 1571 平方米。开工时共有技术人员 19 人，工人 50 人。日产手缝针 60 万枚。② 初期产品以“双球”“三角”“黑龙”“狮球”为商标，销往胶东半岛及河北各地。

冀鲁制针厂开办后，尹致中再次前往日本，高价购买制针机器图纸，在冀鲁制针厂设铁工部，发明了连三式自动制针机，使产品质量不断提高。开工第二年，产品就打开了市场，行销全国。而此时的忠记制针厂（曾改名为“中华针厂”）不仅机器设备落后，而且管理不善，1932 年又遭受一场大火，故一蹶不振，终致倒闭。冀鲁制针厂乘机廉价收购了忠记制针厂的残余机器物资，同时也接收了全部职工，职工增至 121 人。

由于冀鲁制针厂蒸蒸日上，日本针在华销量大减，于是日本针

---

① 刘朴斋：《冀鲁制针厂创业简史》，见青岛市政协文史资料委员会编《青岛文史资料》第六辑，1984 年内部印行，第 84 ~ 85 页。

② 孔令仁、李德征主编：《中国老字号》第四卷《工业卷》（下册），高等教育出版社 1998 年版，第 551 页。

业组合试图打压挤垮冀鲁制针厂。日商通过限制制针原材物料出口和串通中国海关缉私人员走私进口日本针，在中国市场降价抛售。但是，由于获得关税优待，冀鲁制针厂产品价格上占有优势，国内市场的销售份额仍不断扩大，同时出口量也大为增加。眼看通过和平手段无法挤垮冀鲁制针厂，1933 年，日本针业组合便出资雇用日本浪人，带着日本针业组合的一封信和一把匕首，气势汹汹到冀鲁制针厂恫吓讹诈。尹致中沉着应对，一方面向市长沈鸿烈要求保护，请市政府和日本领事馆交涉；一方面找到在青岛的日本浪人头目国分壮介，请他居中调处，最终以给予日本浪人 10000 日元（约合国币 20000 余元），才得以了结此事。

到 1933 年，冀鲁制针厂获利已经十分丰厚，但巨利又引起了山东股东与河北股东之间的权利之争。眼看双方僵持不下，尹致中斥资 10 万元，于 1934 年在昌邑路 3 号创办“中国兴华实业工厂”，除制针外，另设机械厂，专事研究制造新式机械。① 兴华实业工厂也为股份有限公司性质，尹致中任经理兼厂长。后经刘朴斋从中斡旋，河北、山东两地股东达成协议，由尹致中担任冀鲁、兴华两厂经理，冀鲁向兴华投一部分资，兴华作为联号，但是各自独立经营。

纠纷解决后，冀鲁、兴华两厂生产经营都很顺利，规模得以扩大，产品数量增加。1934 年，冀鲁产针 1840 箱，每箱约 25 万枚，共计 44525 万枚。② 商标则有“肖像”“白兽王”“冀鲁”“母鸡”“如意”“鸡头鱼”“黑龙”“双球”“警钟”等。产品除在华北一带推销外，还委托祥生公司为华南、华中、南洋区总代理，负责开拓南方和海外市场。

1935 年到七七事变前夕，冀鲁制针厂又有所发展，占地面积达

---

① 陈真、姚洛合编：《中国近代工业史资料》第一辑，生活·读书·新知三联书店 1957 年版，第 618 页。

② 黄炎培：《断肠集》，生活书店 1936 年版，第 239 页。

40余亩，厂房百余间，工人五六百名，有拉丝部、制针车间、制筒部、木工部、商标印刷部、辅助材料制造部，有制针机百余部，从而形成了一个设备较为齐全的制针工厂。工厂月产钢针500余箱，产品包括各类缝衣用针、唱片针、梳棉麻针、麻袋针、工业用针等，同时还可以接受委托加工其他用途的针。[①] 针厂在济南、天津、上海、西安、汉口等大城市都设有办事处或经销所，产品行销全国各地，并出口至东南亚、南亚各国。其时，环顾国内制针工业，冀鲁制针厂俨然翘楚，尹致中也被誉为“制针大王”。

七七事变爆发后，青岛局势日益紧张，冀鲁、兴华两厂1937年年底停止生产。1938年1月，日本第二次侵占青岛后，冀鲁制针厂被日商国分庄介以10.1万元联银券强行购买，改称“青岛冀鲁制针厂株式会社”。

二

七七事变爆发后，鉴于华北局势日益紧张，尹致中担心战火波及青岛，生产难以为继，便将冀鲁和兴华两厂部分设备运到上海，筹建新的工厂。新厂厂址选在法租界打浦桥贾西义路，厂名定为“大中工业社股份有限公司”。其时，上海制针市场条件较为有利，七七事变爆发后，洋针存货大减，价格暴涨至每箱10万元以上，针商纷纷在沪筹设针厂，仅沪西区就有中国针厂及天工针厂开工。大中工业社股份有限公司1938年6月正式投产，生产各类手缝针，商标有“如意”牌、“警钟”牌，所产钢针大部分行销国内。大中工业社虽然地处租界，避免了战火袭击和日军勒索，但是因为上海早已沦陷，办厂还是有诸多不便。为了便于原材物料和产品的进出口，1939年，尹致中又在香港成立大中实业股份有限公司。他于1940年

---

① 刘朴斋：《冀鲁制针厂创业简史》，见青岛市政协文史资料委员会编《青岛文史资料》第六辑，1984年内部印行，第87～89页。

购地建厂，1941 年年底筹备就绪，但刚刚开工生产钢针、纽扣等产品，便因太平洋战争爆发，香港沦陷日寇之手而停办。

1937 年 11 月上海沦陷之前，尹致中响应国民政府“工厂内迁”的号召，将上海大中工业社股份有限公司部分机器及物资运往重庆。1938 年，尹致中以运渝物资作价 100 万元，并向重庆商界集资 100 万元，一共 200 万元作为基金，联合重庆宝元通公司和由济南迁至重庆的陆大铁工厂及国民党官员崔唯吾、秦德纯（他们不投资，吃干股），合资创办“大川实业股份有限公司”。大川实业股份有限公司位于重庆黄沙溪平安街，占地 150 亩，房屋 400 余间。公司下辖制针、机械、石棉 3 个工厂，先后于 1939 年及 1940 年春开工。机械厂下设机械、工具、铸造 3 个部。制针厂下设拉丝、制针和制钉 3 个部。①

抗战期间，西南地区因受战争影响，交通阻隔，石棉制品尤其短缺，严重影响了工业生产。于是，1940 年 3 月，尹致中在大川实业公司下设石棉厂，利用西康所生产的石棉原料，着手研制各种石棉制品。同年 8 月，石棉厂因陋就简，正式投产，员工 110 人，主要生产石棉绳、线布和石棉粉等产品。② 经过艰苦摸索，开工第二年，石棉厂终于形成规模生产，产品种类大增，不仅可以供应后方各种工业之需要，而且质量不逊于进口石棉。抗战后方缺乏橡胶原料，无以应用，于是工厂以国产桐油制成橡胶替代品作为原料，几经试验，终于研制成功，得到经济部的奖励。1943 年，石棉厂又研制出纹型石棉瓦，该产品系用石棉及水泥混制而成，质坚而轻，富有韧性，防火隔热，保温御寒，适用于飞机库、火药库、兵工厂、

① 朱玉湘：《近代企业家尹致中》，见朱玉湘《中国近现代史论丛》，山东大学出版社 2005 年版，第 119 页。

② 黎世明：《几度沧桑展新容——重庆石棉制品厂兴衰史略》，见重庆市九龙坡区政协文史资料委员会编《九龙坡区文史资料》第五辑，1992 年内部印行，第 50 页。

冶炼厂及一般重要建筑之用。① 1944 年，石棉厂 400 吨立式压力机建成后，开始生产石棉水泥瓦、石棉水泥脊瓦，并逐步增加了石棉板、石棉水泥平瓦和部分高压石棉盘根等产品。大川石棉厂从 1940 年建厂到 1943 年，共研制石棉产品多达 40 余种，这在当时条件下是十分难得的。

大星实业股份有限公司是抗战期间尹致中创办的又一个重要企业。

1943 年春，四川省政府建设厅在成都主办全省物产展览会，大川实业股份有限公司也有产品参展，厅长何北衡邀请尹致中、黄凉尘到蓉参观。② 在成都参观期间，何北衡对尹致中和黄凉尘说，现在盟军要在成都附近的双流、新津等地修建飞机场，供大型飞机 B29 轰炸机使用，工程浩大，今后成都人口还将不断增多，军需民用的面粉量一定很大，但是现有的“建成”和“兆丰”两家面粉厂，难以满足日益增长的需要，所以希望他们到成都建一个面粉厂。

经过一番考察之后，尹致中与黄凉尘商量，决定由大川实业公司、大中工业社、宝元通公司和成都中国国货公司共同投资，创办“大星实业股份有限公司”，开办面粉厂。公司由尹致中担任总经理，国货公司的人任董事长，实际权力掌握在尹致中的手中。决定办厂后，筹建工作董事会委托张再生办理。1943 年 11 月，张再生在向成都市政府申请办理建厂登记手续后，开始进行建厂工作。筹建期间，困难重重，麻烦种种。大星面粉厂正常生产后，分为两班，每班 9 个小时，每小时出面粉 12 袋，全月生产 25 天，产量为 11200 多袋（每袋 25 公斤），面粉分甲、乙、丙三级，除了在厂部售货外，还在南新街设有门市，批零兼售。为了适应地方需要，大星实业股份有限公司后来又增设了机器榨油厂，压榨菜籽油。

---

① 尹致中：《后方石棉工业概述》，载《西南实业通讯》1943 年第 4 期。

② 尹致中：《成都物产展览会巡礼》，载《西南实业通讯》1943 年第 5 期。

三

1945 年 8 月抗战胜利后，尹致中、刘朴斋、胡慎五等人先后回到青岛，向青岛敌伪产业处理局要求发还工厂。经过多次交涉，终于在收回被国分庄介强买的制针厂后，恢复了冀鲁制针厂原名。收回方式是被日本人强行购买的河北、山东股东 10 万元资本，按黄金折价，用现款赎回；日占期间增添的设备，按新旧程度折价收买。尹致中总共花费法币两亿六千六百八十万余元，收回了制针厂。① 1946 年 6 月，冀鲁制针厂整顿就绪，开工生产。尹致中不仅收回了冀鲁制针厂，而且收回了在上海、香港被日军没收的企业，同时还在青岛标购了敌产大福织布厂、大信化工厂、华昌车条厂、大北木厂等企业。

抗战胜利后，尽管尹致中励精图治，希望再振冀鲁制针厂旧日的雄风，无奈时局动荡，通货膨胀，赋税奇重，制针厂只能在艰难中勉强维持生产，日子越来越难过。

1948 年秋天，解放军节节胜利，青岛国民党当局看到青岛失守在即，于是疯狂搜刮民财，对工商业者征收所谓“戡乱费”20 亿元，并以工商业者用电多少决定征收数目。本来战争已经导致青岛交通受阻，物价飞涨，工业生产困难重重，按照这种办法征收“戡乱费”，因工业用电比商业用电多，负担势必主要压到工业头上，青岛工业将更加无法维持。尹致中当时是青岛工业协会会长，认为这样分配征收不合理，于是据理力争，但是遭到因为争夺青岛市参议会会长一职而结怨的李代芳、张乐古等人的报复。他们乘机向第十一绥靖区司令刘安祺诬告尹致中，说他是民盟分子，有意对抗戡乱经费的征收，刘安祺随即下令逮捕尹致中。幸亏尹致中有一个亲戚在刘安祺身边工作，将这个消息秘密通知了他。尹致中立即回厂召

① 青岛市史志办公室编：《青岛市志 · 二轻工业志》，新华出版社 1999 年版，第 263 页。

集有关负责人安排善后事宜，当天即秘密飞往上海。1948 年年底，尹致中又由上海去了香港，并将大中公司总管理处由上海迁往香港，从此就在香港定居下来。

1949 年 6 月 2 日，青岛解放。解放的第二天，市委统战部部长张铁民就指示刘朴斋回到冀鲁制针厂，委之以针厂经理，让其召集职工，筹备复工。同时，他又让刘朴斋劝说尹致中回青岛继续经营冀鲁制针厂，但是尹致中没有听从劝告，而是留在香港兴办实业，此后再也没有回到青岛。

台湾光复后，尹致中于 1947 年在基隆设立大东工业股份有限公司，生产纸张、自行车和石棉制品。青岛解放之前，尹致中又将青岛、上海所属企业部分物资迁到台湾，充实大东实业股份有限公司。尹致中在香港除经营大中实业公司外，还于 1962 年创办了大洋实业股份有限公司，专营船舶及制铁业务。1969 年，他创办螺丝总汇有限公司。1972 年，他又投资台中，设立台湾大中实业有限公司，生产钢针及螺丝。①

1984 年 12 月 26 日，尹致中脑血栓病发作，不治身亡，终年 83 岁。

四

尹致中是一位实业家，同时也是一名社会活动家，从抗战前开始，一直到去世，参与了各种社会活动，涉及政治、经济、社会等各个方面。

随着冀鲁制针厂兴旺发达，20 世纪 30 年代初期尹致中开始在青岛工商业界崭露头角，其第一个社会兼职是 1933 年出任青岛市工商学会研究部手工业组组长。1930 年，实业家刘鸿生在上海倡议成立

---

① 于宗先、孙震、陈希沼：《山东人在台湾·工商篇》，台湾吉星福张振芳伉俪基金会 2000 年版，第 167 页。

中华工业总联合会。1934 年，尹致中出任该会青岛分会常务理事，1936 年出任青岛分会会长。工业联合会的宗旨是举办工业展览，提倡国货。尹致中当选会长后，1937 年春天在太平路小学举办“青岛市工业产品展览会”。七七事变爆发后，尹致中将部分企业内迁。1939 年，当选内迁工厂联合会督导员、重庆市机器同业公会理事、西南实业协会理事、国货厂商联合会常务理事。1940 年，他被聘为重庆市建设促进会顾问。1943 年，当选中华全国工业协会理事。1944 年，出任国民政府经济部战时生产局顾问、全国工业协会迁川工厂常务理事等职务。

尹致中在抗战时期的社会活动十分广泛，尤其在政治上较为活跃。大后方 1943 年第二次民主宪政运动中，尹致中有一定程度的参与。1943 年 11 月下旬，黄炎培、张志让筹备创办鼓吹民主宪政的大型政论性杂志《宪政》月刊，尹致中是发起人、赞助人之一。在 1944 年《宪政》月刊第 9 号《民主与胜利献言》中，尹致中与黄炎培、张志让、章乃器、孙起孟等 36 位社会各界名流曾就确实遵守《中华民国训政时期约法》、人身与财产保护、言论出版集会结社自由、兵役工役、赋税制度等九个方面，向国民政府提出建议，希望政府采纳施行。①

抗战胜利后，尹致中于 1945 年出任上海复员协进会委员、山东复员协会委员、青岛市复员协进会常务理事、行政院山东青岛区敌伪产业审议委员会委员等职务。1946 年，任青岛市参议员。1947 年，当选行宪国大代表。② 1945 年 9 月，尹致中还与赵士英、刘巨全一道作为发起人，重新组建了中国红十字会青岛市分会。③

① 《民主与胜利献言》，载《宪政月刊》第 9 号，1944 年 9 月。

② 《民国山东通志》编辑委员会编：《民国山东通志》第 5 册，台湾山东文献杂志社 2002 年版，第 3277 页。

③ 山东省红十字会编著：《山东红十字事业九十年》，山东友谊出版社 2002 年版，第 223 页。

抗战期间，后方工业界人士有感于中国工业之落后，于 1943 年 4 月 22 日在重庆组织了全国工业协会，团结企业家共谋发展民族工业。1946 年 1 月，筹备全国工业协会青岛分会时，因与官僚资本中纺公司青岛分公司及齐鲁公司有矛盾，尹致中与中纺总公司经理范澄川和齐鲁公司经理毕天德就青岛分会领导人一职，展开了激烈的争夺。结果范澄川经青岛市社会局长张宝山说合，支持尹致中，尹致中当选为主席委员。1947 年 4 月，在全国工业协会青岛分会第二届会员代表大会上，尹致中当选为理事长。在担任理事长期间，尹致中吁请解决工业危机，维护民族工业生存，减少税收与摊派，创办青岛高级工业职业学校，编辑出版《工业月报》《青岛健报》等报刊。青岛分会成员有民族企业家近 500 人，青岛工业界人士基本参与其中，可谓盛极一时。全国工业协会青岛分会经常举办星五聚餐会，共谋青岛工业发展，办理工贷以与美货倾销竞争；设立国际贸易咨询处，帮助青岛工业产品行销海外；筹设福利社，举办工业产品展览会。

1949 年后，尹致中在港台工商界亦颇负盛名，担任了很多社会职务。例如 1952 年，出任香港中华厂商联合会副主席（后任名誉主席）和香港东华三院总理。1951 年，出任“冀鲁旅港同乡会”会董，与其他会董一道筹资购买墓地、建立医院、兴办学校，努力救济鲁旅港困难同乡。① 尹致中晚年皈依基督教，并致力于徐福东渡研究。

（徐　畅）

① 《冀鲁旅港同乡会第廿四届理事会特刊》，1951 年，第 22 页。

周志俊

周志俊（1898—1990），名明焯，字志俊，号艮轩主人，又号市隐，安徽至德县（今东至县）人，中国近代典型企业集团——周学熙集团的主要领导者之一。他苦心经营青岛华新纱厂（以下简称“华新青厂”）多年，是成功民族资本家的典范。

一

周志俊出生于官宦和实业之家，祖父周馥为清末封疆大吏，受到李鸿章器重，历任山东巡抚、两江总督和两广总督，作为洋务运动后期的重要人物之一，曾为工业、农业和文教事业积极奔走。父亲周学熙是清末民初北方实业界和财政界的著名代表人物，历任开平煤矿的会办、总办及天津道、长芦盐运使、直隶按察使等官职。北洋政府时期，周学熙先后两次担任财政总长，集资创建了 15 家大型近代企业，资本总额高达 4000 多万元，成为当时北方最大的企业集团，与南方张謇创办的大生企业资本集团并称为“北周南张”。

周志俊幼年时随祖父和父亲寄居山东青岛，由于体弱多病，他并未能随家中兄弟们进入新式学校，而是被家人送到崂山疗养。少年时期，周志俊曾经师从劳乃宣学习《易经》，著有《读易随笔》和《系辞一得》。据《周孝友堂家乘》记载：“《读易随笔》一本，作者观象玩辞，每引史以证经，中多独到之见。不仅为说易明理之书，亦所以示学者读易之法门。《系辞一得》一本，作者以显豁之笔，阐赜隐之义，深入浅出，参以表解，为有系统之研究。以上两书均编入师古堂丛刊初集八种中。”①

少年时期的周志俊期望有朝一日能够跻身于文人学者之列，而不屑于与豪商巨贾为伍。然而由于亲历列强侵略，深感民族危机加深，在蔡元培等人民主主义思潮的启发下，再加上接受父辈“谋生产之道，以为久居之计”教育的影响，周志俊逐渐萌发了“实业救国”的思想。父亲周学熙为他请了一位名叫道尔顿的爱尔兰人担任家庭教师，让其专攻英语，从此周志俊逐渐接触到西方的思想和文化。周志俊曾著文批判晚清士大夫的认识盲点：“中朝士大夫认为练兵兴学是发愤图强唯一途径，而对于发展生产、提倡工艺，反认为杂技淫巧，不加重视。虽间有远见之士如王韬、郑观应、薛福成等，亦仅付之空谈。”② 随着时代的发展，对于前辈“守田者不饥”的传统守旧思想，周志俊针锋相对地提出“守田者必饥”的观点，他说“我辈始肯定走资本主义道路而不愿再靠地租生活”。后来，周志俊又入读美国亚历山大·汉密尔顿商业函授学校，学习现代企业管理，广泛涉猎亚当·斯密、孟德斯鸠以及梁启超等人的著作，受到西方新思潮的深刻影响，为日后继承父业，投身企业经营打下了思想基础。③

二

1914—1918 年，欧洲大陆爆发了第一次世界大战，忙于相互厮杀的列强无暇东顾，一向大量倾销的洋货进口量急剧萎缩。中国民

---

① 周小鹃：《周志俊小传》，兰州大学出版社 1987 年版，第 137 页。

② 周志俊：《我的家世与个人经历》，见政协山东省文史资料研究委员会编《山东文史资料选辑》第二十二辑，山东人民出版社 1986 年版，第 11 页。

③ 洪心忠、钱进主编：《安徽近现代实业家》，改革出版社 1992 年版，第 81 页。

族工业趁此机会，不但收复了相当一部分国内市场，同时又利用欧洲国家对战略物资的需求有增无减的机会，还开辟了部分国际市场。

这一时期，日本亦图谋利用欧洲列强无暇东顾的时机，独霸中国市场。但是，日本财阀在中国的经济侵略遭到了中国社会各阶层的强烈抵制。同时，南京临时政府和北洋政府为发展经济，先后颁布了一系列鼓励民族资本发展的经济政策。尽管由于军阀混战，这些政策法令未能得到很好的落实，但是毕竟有利于造就中国民族资本企业空前繁荣的“黄金时期”。

一战期间以及战后两三年，民族企业的成长超过以往任何时期，不仅工矿企业增长迅速，商业、金融、交通运输等部门企业也呈现出欣欣向荣之势。也正是在这一时期，一些企业资本加速集中，形成了较大规模的企业资本集团。在这些工业企业当中，尤以棉纺织工业发展最为迅猛。由于进口棉纱数量急剧减少，使得国内纱厂销售市场得到扩大，纱价上涨，特别是纱价涨幅高于棉花价格与工人工资涨幅，棉纺织业得以迅速发展。据统计，1915 年上海 16 支纱每包价格为白银 94 两，1919 年更是猛增为 188 两，而上海市场的南通棉价 1915 年为 22. 3 两，1919 年增为 30. 4 两。[①] 棉纱价格上涨一倍的同时，棉花收购价格却仅仅涨了 36. 3% 。在经营纱厂易获丰厚利润的刺激下，许多民族工商业者争相投资新纱厂。从 1912 年到 1920 年，中国棉纱产量的年平均增长率为 17. 4% 。从 1914 年到 1922 年，华商纱厂由原来 21 家骤增到 65 家，纱锭由 50 万枚增至 163 万枚，织布机由 2566 台增至 6675 台。周学熙资本集团在当时的棉纱纺织业中也开始崭露头角。曾经两度出任财长的周学熙，于 1919 年分别在天津、青岛设立华新纱厂，唐山、卫辉两大纱厂也相继设立，以此为基础成立的华新纺织总公司，成为北方最大的棉纺织企业集团。

---

① 许涤新、吴承明主编：《中国资本主义发展史》，人民出版社 1990 年版，第 865 页。

1918年，20岁的周志俊作为当时学有专长、充满活力的新兴企业家中的一员，以担任青岛华新纱厂翻译与美商美兴公司洽谈业务为契机，开始投身于民族工商业。

周志俊一生的事业，以经营青岛华新纱厂为开端。青岛华新纱厂曾经为华新纺织公司的第二厂（天津厂为第一厂），而华新纺织公司是1915年周学熙重任财政总长时提议组建的。当时计划规模为资本1000万元，纱锭10万枚，设有工厂5处，青岛厂是其中之一。这个厂的厂址购于1913年，是德国人缫丝厂的旧址。经过两年建设，华新青厂于1920年建成投产，占地350亩。周志俊曾说："我父因以全部厂产作价三十万元作为青岛华新厂资本，并另醵资，凑足一百二十万元资本。原订纱机因瑞记洋行停业，改向美商美兴公司订购美国怀丁厂纱机，先为一万五千锭，后续加五千锭。当时日本人占领青岛，对我方办厂百般刁难。"① 尽管创业条件艰难，由于这时山东棉纺市场尚未开发，产品供不应求，盈利仍颇为可观。次年，华新青厂的棉纱日产量已经增加一倍，年销售量达到3万件，很有些欣欣向荣的势头。华新青厂实行常务董事负责制，建厂之初，由周志俊堂兄周叔弢担任常董，不久周叔弢调任华新天津厂，周志俊继任工厂常务董事，主持厂务。此时欧战结束，北洋政府尚未收复青岛主权，日本军队仍然占据青岛，时局动荡，"每夜均闻枪声，一夕数惊"。同时，经济方面涉及的胶济铁路、鲁大公司煤矿、青岛电厂仍旧由日本人掌管。可以说，青岛的交通、能源和动力等资源均为日本人所掌控。华新青厂办事可谓处处困难，到后来，情况愈加糟糕。日商纱厂相继兴建，先是四方的大康纱厂、隆兴纱厂，继而为沧口的富士纱厂、公大纱厂、宝来纱厂，以及水清沟的丰田纱厂、

① 周志俊：《青岛华新纱厂概况和华北棉纺业一瞥》，见中国人民政治协商会议全国委员会文史资料研究委员会编《工商经济史料丛刊》第一辑，文史资料出版社1983年版，第18～37页。

上海纱厂，最后为板桥坊的同兴纱厂，连同内外棉纱厂共9厂，50余万锭。至此，日商纱厂对华新青厂已形成包围之势。日资纱厂不断压价倾销，更以高薪为诱饵“挖”走大批华新青厂的熟练技工，使华新青厂陷入亏损严重的岌岌可危境地，华新以一敌九，备受排挤。对此，周志俊回忆道：

> 我们办厂的方针是集中精力在内部进行整顿，改善经营管理，增产节约，积累资金，逐步扩充设备。至抗战前，拥有五万纱锭、五百台布机，并有全套印染设备，成为纺织印染的全能厂，因此，备受日厂的垂涎。日本驻华纱厂联合会理事长船津每次到青，即托人向我们谈判合作或转售，均被我们严词拒绝。①

周志俊受命于危难之际，在艰苦支撑的20年中，他步履维艰，努力改善企业经营管理，加大技术设备投入和发挥市场营销效应。为了应付与日商激烈斗争的局面，周志俊逐步废除了旧式管理制度，尽力扩大职工福利，在很多领域敢为人先，开发出一系列新产品，合股线厂、织布厂、染色印花厂以至为推广植棉而设立的轧花厂也纷纷上马，终于使华新青厂发展成为一个从改良原棉到生产成品的纺织染综合生产企业。而作为经营者的周志俊，也成功运用他的聪明勤奋，展现了民族实业家们初登历史舞台时的那种力图进取的锐气和放手拼搏的魄力。

华新青厂经周学熙和周志俊父子两代人20年苦心经营，建立了以电气动力为标志的现代机器纺织工业，到七七事变爆发前夕，不

---

① 周志俊：《青岛华新纱厂概况和华北棉纺业一瞥》，见中国人民政治协商会议全国委员会文史资料研究委员会编《工商经济史料丛刊》第一辑，文史资料出版社1983年版，第18～37页。

仅在生产规模方面逐步扩大，而且在经营管理和经济效益方面也都有了很大提高。产品销路渐广，营业蒸蒸日上。与建厂初期相比，纱锭由2万枚增加到4.4万枚，线锭达到8000枚，拥有布机500台以及全套漂染、印花、整理设备。

在经济效益方面，由于周氏父子历来奉行“多积累，少分配”、以丰补歉的指导思想，华新青厂每年平均股息仅6厘左右，这是他们比张謇高明之处，因此工厂固定资产不断增值。① 周志俊后来曾经对这一时期华新青厂的发展进行了总结。华新青厂建厂时原有资本120万元，到1921年扩充为214万元，1924年达到270万元。历年来，积极发展，逐年扩充设备，所需的资金全部都是从积累中来。在1919年到1937年的18年间，华新青厂计分红利一分八厘者一次，一分四厘者一次，一分二厘者二次，一分者二次，九厘者一次，七厘者一次，五厘者二次，四厘者一次，二厘者三次，无息者四次，平均18年为年息六厘左右。按当时的分配息率计算，是当时各纱厂中最保守的。至于账面上的公积折旧，到1936年为200万元，但实际不止此数。华新青厂在日常账目处理上，将许多资产性开支归到消耗里作为纱布制造成本，降低盈余数字，这在无形中增加了产业价值。因此在1936年的账上，固定资产约500万元，实际资产价值远在此数之上。在当时周学熙父子主持此厂，经常受到一般股东的责难，甚至说大股东把持厂政，不体恤小股东的困难。但是主持厂务大计的周学熙父子因华新青厂环境特殊，为公司长远利益谋划，不得不行如此政策。

1935年年底，青岛华新纱厂由单一棉纺企业发展成为当时华北地区最大的从原棉采购到染布印花及销售均系独家经营的纺织印染联合企业。1936年，华新青厂纱锭已经达到45044枚，布机数量达

① 周小鹛：《周志俊与久安集团》，见寿充一等编《近代中国工商人物志》第1册，中国文史出版社1996年版，第287页。

到501台。除此之外，又添置了许多新兴印染设备，如印花机、烧毛机、烘干机等，印染品日产量由500余匹增加到2000余匹。这种境况不仅使企业利润猛增，产品供不应求，而且也间接地改变了华新青厂一直以来无法与日商正面竞争的被动局面。

三

然而，经年累月的动乱并没允许好景持续太长时间，卢沟桥的炮火使周志俊在青岛多年的经营成果和远景规划尽化为灰烬。用他自己的话说："至一九三六年夏筹办漂染印花厂，所有设备完全，在华北首屈一指。当时花色布销路普遍南北，蒸蒸日上，不意抗战突起，局势骤变，二十年之功，毁于一旦。"1937年9月，日军即将登陆胶澳，时任青岛市长沈鸿烈下令工厂内迁，在这种形势下，周志俊与重庆华西公司签订契约，计划将布机和纱机等大宗印染设备拆卸移至内地，同时将华新青厂的厂房及剩余设备作价法币170万元，寄于美商中华平安公司①的保护之下。对于这段无法忘却的伤痛经历，周志俊后来回忆道：

> 及抗战军兴，看到覆巢之下无完卵，乃决定拆运一部分机器（二万余锭，约合全厂五万锭的半数），我由天津回青岛，包租船只南下，运往上海。原拟溯江西上，转运重庆设厂，已与华西公司签约合作，但因国民党政府放弃京沪，江运中断，只好留沪，在租界内设信和纱厂，机器作价出售，另招新股开办。至于青岛产业，则售与美商中华平安公司，并由西人驻守。原冀借重美国势力保护，对抗日本，不料日军登陆后，首先将平

① 美商中华平安公司，系1928年周氏与言熔甫及美国律师爱温斯在天津合办，中美资本各占一半，在美国注册，经营天津和北戴河房地产出租事宜，并代理美商美亚保险公司的业务。

安公司华经理顾志恒押在宪兵队，虽通过平安公司总经理美国律师爱温斯几经交涉，不能获释，最后在暴力胁迫下，由平安公司将厂产售给宝来纱厂。盖在我方撤退时，青岛日本纱厂均被炸毁，及日军登陆，各厂另行建设恢复，唯有宝来因系小厂，无此资力，故由日军强制以贱价攫取我厂。当时我在上海召开华新股东会，将股东投资全部发还，至我个人及新友投资则转投于信和纱厂。青岛华新纱厂前一段经历至此告一段落。①

华新青厂历经坎坷，终于在抗战胜利后被重新收回，但机器设备、原棉材料早被调运一空，加之“纱跌棉涨”，原料匮乏，纱布滞销，开工后亏损连连，债台高筑。

中华人民共和国成立后，华新青厂收归国有，一个民族企业经久不衰的抗争与坚守，几番风狂雨骤，至此尘埃落定。

（徐　畅）

① 周志俊：《青岛华新纱厂概况和华北棉纺业一瞥》，见中国人民政治协商会议全国委员会文史资料研究委员会编《工商经济史料丛刊》第一辑，文史资料出版社 1983 年版，第 67 页。

陈介夫

陈介夫（1898—1992），山东黄县（今龙口市）人。从小读私塾，14岁时由家里送到大连日语学校上学，日本早稻田大学社会经济专业函授毕业。1916年，陈介夫来到青岛，开始在杨子生的福顺泰商号内当管账的“先生”，后来还兼职教过日语，做过记者。

在传统中国，城乡居民自织而衣，衣布染色也要自己种植染料植物经过简单加工制成染料——如种植靛草，沤成靛蓝染蓝布；用红辣子染红布；用橡子壳染黑布。迨至清朝末年，国外洋红、洋蓝等化学染料输入中国，这些洋货进入消费市场后，因物美价廉而逐步渗透至广大农村。由于农民乐于使用化学染料，几年之后，外国染料如德商德孚洋行的硫化煮青染料就独霸了中国市场。

第一次世界大战爆发后，德国的化学染料工厂大部转为军火生产，染料产量日趋减少，同时因战争导致的海运受阻使中国市场上进口染料短缺，价格随之高涨。日占青岛后，日本染料乘虚而入，成本20多元的染料，运到青岛售价达40多元，日商由此获得暴利。

1920年，青岛杂货商福顺泰派驻日本的职员张忠卿认为制造染料前途大有可为，便以每人每月200元的高薪，请日本人儿岛熊吉、前原亥角负责染料制造技术，由福顺泰经理杨子生出资，在台东镇租用民房一处开设染料厂，名为“维新化学工艺社”。因资金有限，设备极为简陋，仅在厂内安装大锅，人工搅拌，用些盆盆罐罐开工生产，日产煮青四箱（每箱100市斤）左右。

硫化青和煮青的制造方法，在当时来说，人们认为比较复杂，所用原料都由日本进口。其制造程序为：先将苯酚加硝酸和硫酸制成苦味酸（即黄色炸药），再将苦味酸加硫磺和硫化碱，制成粉状硫化青。日本技术人员对于生产技术极为保密，不仅不让外人参观，厂里的操作工人也不得接近保密工序。在当时中国科学技术落后的情况下，人们对制造硫化青也觉得高深莫测。城市印染厂都购进价格较低的大桶装硫化青和硫碱，自己配合使用。农民使用粉状硫化青则感不便，因粉状硫化青不溶于水，只溶于硫化碱中。为了适应农村市场，维新化学工艺社把粉状硫化青和硫化碱混合加工，制成膏状煮青，包装成一市斤一桶，大大方便了农民使用。所以产品投放市场后，顾客盈门，供不应求。

1921年，维新化学工艺社经理杨子生因故将张忠卿辞退，聘用陈介夫担任对外营业工作。张忠卿离开维新化学工艺社后，去济南开设裕兴染料厂。陈介夫入职后，因通晓日语，常借业务之便，到车间和日本技术人员交谈，了解生产技术，观摩生产过程，时间久了便逐步摸清硫化青的制造方法。1922年，维新化学工艺社因生产过程中含毒的硝烟四溢，使人呼吸困难，附近居民家中的金属器皿都变成黑色，遭到工厂周围的居民群起反对。维新化学工艺社迫不得已将厂址迁往青岛西部，在四方北山（即后来的青岛染料厂所在地）建设厂房。迁厂后，日产量达35箱。

该社的日本人在技术方面有守旧和革新两派，互有矛盾。陈介夫借机离开维新厂，自行集资3万元，在青岛湖岛村投资建设厂房，开办中国染料厂。他以每月400元的高薪诱使日本人前原亥角离开维新化学工艺社，到中国染料厂任技师，双方订立为期3年的雇佣合同，后雇佣期延长到5年。中国染料厂的3万元资金，在建设厂房、购置安装锅炉和大反应罐等设备时便用去大部分，遂向银行贷款作为流动资金。工厂投产后日产煮青300余箱。

这时，山东生产煮青的染料厂有济南的裕兴染料厂、潍县的裕鲁染料厂、青岛的维新化学工艺社和中国染料厂，市场供应已近饱和，销路渐趋不畅。陈介夫既懂管理，又懂技术，为扩大产品销路，他领导全厂职工，不断改进生产技术，提高产品质量，降低生产成本，增加产品品种，使其产品远销到河南、河北、江苏诸省。为了减少使用进口原料，陈介夫多方考察，发现芒硝可以用来制造硫化碱，于是他在胶县、城阳一带收购芒硝，自制硫化碱，不再从日本进口。制造硫化青的废液中含有硝酸，以往都是随废水流掉，中国染料厂则由废液中回收硝酸，既防止了污染，又增加了收益。1931年，中国染料厂又增添了品紫、孔雀蓝两个新品种，营业蒸蒸日上。中国染料厂的股东每年所分红利在青岛是较高的，而维新化学工艺社则墨守成规，销路日蹙，营业不振。该社经理杨子生无计可施，自行退出。其后日本人儿岛熊吉与日本帝国染料制造株式会社共同接管维新化学工艺社，继续营业，但经营仍无起色。

七七事变前夕，陈介夫主张将中国染料厂迁往内地，但遭到大股东刘鸣卿的反对，所以迁厂计划未能得以实施。青岛沦陷后，原在工厂担任技师的日本人前原亥角要求回国，陈介夫未答应。继之日本三井洋行威逼利诱，要求与染料厂合资经营，也遭到陈介夫的拒绝。以后三井洋行要求包销该厂产品，并勾结日本宪兵进行威胁，陈介夫坚定地对日本人说："中国染料厂只有两条路可走，一是由我们继续独立经营，二是你们没收。"1939年，陈介夫的染料厂被日本人强行没收。陈介夫毅然率领厂内成员去上海，拟在上海筹设染料厂，但未能实现，只好改营药厂，维持生活。日本占领军将中国染料厂同维新化学工艺社合并，改名为"株式会社维新化学工艺社"，工厂设备一仍其旧，日产煮青140箱左右，无法满足市场需要。

1945年日本投降后，维新化学工艺社因系敌产，被国民党接收，改名“维新化工厂”，仍生产硫化青染料；中国染料厂则由陈介夫收回，但同时增添了孔福民（国民党青岛市财政局局长）等一部分官僚资本，继续生产硫化青、煮青和品紫，营业尚好。新中国成立后，维新化工厂改为国营青岛染料厂。

1956年，中国染料厂公私合营，陈介夫转入到青岛市工商联工作。

1992年，陈介夫去世。

主要参考文献

文史资料

政协哈尔滨市文史资料研究委员会编:《哈尔滨文史资料》第二辑,1983年内部印行。

政协济南市文史资料研究委员会编:《济南文史资料选辑》第三、五辑,1984年内部印行。

政协潍坊市潍城区委员会编:《潍坊市潍城区文史资料》第一辑,1984年内部印行。

政协平度县文史资料研究委员会编:《平度文史资料》第一辑,1985年内部印行。

政协枣庄市文史资料委员会编:《枣庄文史资料》,1985年内部印行。

政协潍坊市潍城区委员会编:《潍坊市潍城区文史资料》第二辑,1986年内部印行。

政协掖县文史资料研究委员会编:《掖县文史资料》第一辑,1986年内部印行。

政协蓬莱县文史委员会编:《蓬莱文史资料》第二辑,1986年内部印行。

政协青岛市文史资料研究委员会编:《青岛文史资料》第七辑,1986年内部印行。

政协青州市文史资料研究委员会编:《文史资料选辑》,1987年内部印行。

政协章丘县文史资料研究委员会编:《文史资料》第四辑,山东人民出版社1987年版。

政协烟台市文史资料研究委员会编:《烟台文史资料》,1988年内部印行。

政协莱州市文史资料委员会编:《莱州文史资料》第二辑,1988年内部印行。

政协宁阳县文史资料研究委员会编:《宁阳文史资料》,1990年内部印行。

政协烟台市芝罘区文史资料委员会编:《芝罘文史资料》第五辑,1991年内部印行。

政协青岛市崂山区文史资料研究委员会编:《崂山文史资料》第四辑,1991年内部印行。

政协山东省文史资料委员会编:《山东文史资料选辑》第三十一辑,山东人民出版社1991年版。

政协威海市文史资料委员会编:《威海文史资料》第七辑,1992年内部印行。

政协太原市文史资料委员会编:《太原文史资料》第十七辑,1992年内部印行。

政协淄博市临淄区文史资料委员会编:《临淄文史资料》第七辑,1992年内部印行。

政协重庆市九龙坡区文史资料委员会编:《九龙坡区文史资料》第五辑,1992年内部印行。

政协青岛市市北区文史资料研究委员会编:《市北文史资料》第二辑,1993年内部印行。

政协东营市文史资料委员会编：《东营市文史资料》第七辑，1994年内部印行。

政协泰安市文史资料委员会：《泰安文史资料》第七辑，1995年内部印行。

政协潍坊市委员会文史资料研究委员会编：《潍坊文史资料选辑》，1995年内部印行。

政协青岛市文史资料委员会编：《青岛市政协文史资料选辑》第十辑《青岛涉外足迹》，中国文史出版社1996年版。

全国政协文史资料委员会编：《中华文史资料文库·经济工商编》第十二、十三卷，中国文史出版社1996年版。

政协大连市西岗区文史资料委员会编：《西岗区文史资料》，第四辑，1997年内部印行。

政协天津市文史资料委员会编：《天津文史资料选辑》第八十一辑，天津人民出版社1999年版。

全国政协文史资料委员会编：《文史资料选辑》第十七卷，中国文史出版社2001年版。

政协天津市河西区文史资料委员会编：《河西文史资料选辑》第五辑，中国文史出版社2004年版。

著　作

叶春墀：《山东草帽辫》，京都华东石印局1911年版。

赵琪等编纂：《胶澳志》，青岛华昌印刷局1928年版。

山东省政府实业厅编：《山东工商报告》，1931年。

实业部国际贸易局编：《中国实业志·山东省》，1934年。

黄炎培：《断肠集》，生活书店1936年版。

南满洲铁道株式会社天津事务所调查课（三品赖忠）：《济南制造工业》，1936年。

〔日〕北支经济调查所：《北中国工场实态调查报告书：济南之

部》，1939 年。

陈真、姚洛合编：《中国近代工业史资料》第一辑，生活·读书·新知三联书店 1957 年版。

孙毓棠：《中国近代工业史资料》，社会科学出版社 1957 年版。

中国科学院经济研究所资本主义经济改造研究室、中央工商行政管理局资本主义经济改造研究室编：《北京瑞蚨祥》，生活·读书·新知三联书店 1959 年版。

彭泽益编：《中国近代手工业史资料》第二卷，中华书局 1962 年版。

汪敬虞编：《中国近代工业史资料》，中华书局 1962 年版。

中国人民大学国民经济史教研室编：《中国近代国民经济史参考资料》（二），1962 年内部印行。

山东省地方史志编纂委员会编：《山东史志资料》，山东人民出版社 1982 年版。

济南市志编纂委员会编：《济南市志资料》第三辑，济南出版社 1982 版。

《华丰煤矿史话》编写组：《华丰煤矿史话》，山东人民出版社 1983 年版。

中国社会科学院近代史研究所中华民国史研究室合编：《中华民国史资料丛稿人物传记》第十八辑，中华书局 1983 年版。

威海市地方史志编纂委员会编：《威海市志》，山东人民出版社 1986 年版。

烟台市民建会工商联史料工作委员会：《烟台工商史料》，1986 年内部印行。

济宁玉堂酿造总厂编撰委员会编：《玉堂厂志（1714—1985）》，1986 年内部印行。

青岛市博物馆等编：《德国侵占胶州湾史料选编》，山东人民出版社 1986 年版。

安岗：《安岗新闻通讯集》，广西人民出版社 1986 年版。

于谷编：《上海百年名厂老店》，上海文化出版社 1987 年版。

中国民主建国会天津市委员会、天津市工商业联合会文史资料委员会编：《天津工商史料丛刊》第六辑，1987 年内部印行。

周小鹃：《周志俊小传》，兰州大学出版社 1987 年版。

山东省政协文史资料委员会等编：《苗氏民族资本的兴起》，山东人民出版社 1988 年版。

民主建国会青岛市委员会、青岛市工商业联合会编：《青岛工商史料》第三辑，1988 年内部印行。

中国民主建国会济南市委员会、济南市工商业联合会编：《济南工商史料》第 3 辑，1988 年内部印行。

王安惠主编：《济南第二印染厂志》，1989 年内部印行。

山东省政协文史资料委员会编：《山东工商经济史料集萃》第二辑，山东人民出版社 1989 年版。

山东省政协文史资料委员会、济南市政协文史资料委员会编：《济南老字号》，济南出版社 1990 年版。

淄博市政协文史资料研究委员会、经济技术委员会编：《淄博经济史料》，中国文史出版社 1990 年版。

政协桓台县文史资料委员会编：《桓台工商经济专辑》，1990 年内部印行。

许涤新、吴承明主编：《中国资本主义发展史》第二卷，人民出版社 1990 年版。

山东省政协文史资料委员会、淄博市周村区政协文史资料委员会编：《周村商埠》，山东人民出版社 1990 年版。

山东省牟平县县志编纂委员会：《牟平县志》，科学普及出版社 1991 年版。

青岛市档案馆编：《青岛旧事》，青岛出版社 1991 年版。

政协北京市文史资料研究委员会、中共河北省秦皇岛市委统战部编：《蠖公纪事》，中国文史出版社 1991 年版。

元仁山等主编：《中国资本主义工商业的社会主义改造·黑龙江卷》，中共党史出版社 1991 年版。

济南市电信局史志办公室编：《济南电信志》，1991 年内部印行。

政协天津市文史资料研究委员会编：《同心相知，同志相从——各界人士回忆与共产党的交往》，中国文史出版社 1991 年版。

孔令仁、李德征主编：《中国近代企业的开拓者》，山东人民出版社 1991 年版。

曹随等编著：《啤酒之星》，中国轻工业出版社 1992 年版。

政协天津市文史资料研究委员会编：《津门老字号》，百花文艺出版社 1992 年版。

钟祥财：《中国近代民族企业家经济思想史》，上海社会科学院出版社 1992 年版。

政协桓台县文史资料委员会编：《桓台历史名人》，1992 年内部印行。

《列强在中国的租界》编辑委员会编：《列强在中国的租界》，中国文史出版社 1992 年版。

洪心忠、钱进主编：《安徽近现代实业家》，改革出版社 1992 年版。

政协北京市文史资料委员会编：《王府井》，北京出版社 1993 年版。

颜坤琰、聂志樵编著：《啤酒趣话》，世界知识出版社 1993 年版。

山东省潍坊市潍城区史志编纂委员会编：《潍城区志》，齐鲁书社 1993 年版。

政协山东省文史资料委员会编：《山东文史集萃（工商经济卷）》，山东人民出版社 1993 年版。

刘永顺、董本来主编，山东卷编审委员会编：《中国资本主义工商业的社会主义改造·山东卷》，中共党史出版社 1993 年版。

日照市地方史志编纂委员会编：《日照市志》，齐鲁书社 1994 年版。

哈尔滨市地方志编纂委员会编：《哈尔滨市志·民政　侨务》，黑龙江人民出版社 1994 年版。

淄博市志编纂委员会编：《淄博市志》，中华书局 1995 年版。

沈祖炜、杜恂诚主编：《国难中的中国企业家》，上海社会科学院出版社 1996 年版。

寿充一等编：《近代中国工商人物志》第一册，中国文史出版社 1996 年版。

马英庆编：《土地改革与解放战争》，1996 年内部印行。

济南市史志编纂委员会编：《济南市志》第三册，中华书局 1997 年版。

王凤华编：《北戴河海滨旧闻录》，中国城市出版社 1997 年版。

山东省沂南县地方史志编纂委员会编：《沂南县志》，齐鲁书社 1997 年版。

《中国煤炭志》编纂委员会编：《中国煤炭志·山东卷》，煤炭工业出版社 1997 年版。

黄晓晨：《青岛人家》，青岛出版社 1998 年版。

中国人民政治协商会议天津市委员会文史资料委员会编：《近代天津十大实业家》，天津人民出版社 1999 年版。

王胜利主编：《大连近百年史人物》，辽宁人民出版社 1999 年版。

吴广义等：《中国民族资本家列传》，广东人民出版社 1999 年版。

济南柴油机厂编：《风雨八十年——济南柴油机厂 80 年厂庆》，2000 年内部印行。

于宗先、孙震、陈希沼：《山东人在台湾·工商篇》，台湾吉星福张振芳伉俪基金会2000年版。

庄维民：《近代山东市场经济的变迁》，中华书局2000年版。

青岛市史志办公室编：《青岛市志·大事记》，五洲传播出版社2000年版。

政协青岛市文史资料委员会编：《青岛文物与名胜保护纪实》，青岛出版社2000年版。

丁言模：《齐鲁商雄》，广东经济出版社2002年版。

魏世仪、鲁海：《百年海韵·青岛中山路》，解放军文艺出版社2002年版。

《民国山东通志》编辑委员会编：《民国山东通志》第五册，台湾山东文献杂志社2002年版。

山东省红十字会编著：《山东红十字事业九十年》，山东友谊出版社2002年版。

济南市档案馆编：《毋忘国耻——济南“五三”惨案档案文献选辑》，济南出版社2003年版。

王翔：《老商标的故事》，民主与建设出版社2004年版。

贵州省文史研究馆点校：《贵州通志·宦迹志》，贵州人民出版社2004年版。

《山东省图书馆志》编纂委员会编：《山东省图书馆志》，中华书局2004年版。

朱玉湘：《中国近现代史论丛》，山东大学出版社2005年版。

东泊子村志编纂委员会：《东泊子村志》，方志出版社2005年版。

苑继平主编：《枣庄煤史》，青岛出版社2006年版。

顾廷龙、戴逸主编：《李鸿章全集》，安徽教育出版社2008年版。

王志民主编：《山东重要历史人物》，山东人民出版社2009版。

余同元、王来刚：《关东鲁商》，齐鲁书社2009年版。

山东商报社编：《鲁商——山东商帮财富之道》，山西人民出版社2011年版。

裴根：《青岛八大关历史文化街区研究》，中国海洋大学出版社2012版。

朱承山主编：《济宁历史纪年》，中国社会出版社2012年版。

期　刊

艾鲁川：《济南裕兴化工厂从建厂到公私合营简史》，载《济南工商史料》第3辑。

阙名：《尹致中先生小史》，载《国货月报》第1卷第4期。

尹致中：《后方石棉工业概述》，载《西南实业通讯》1943年第4期。

尹致中：《成都物产展览会巡礼》，载《西南实业通讯》1943年第5期。

杨永：《烟台啤酒厂在腾飞》，载《中外消费》1988年第5期。

丁进军选编：《清末海外华商设立商会史料》，载《历史档案》1995年第1期。

刘殿庆：《中式商业会计的典型——瑞蚨祥》，载《会计之友》1998年第2期。

曲培林：《牟平的减租减息运动》，载《烟台党史通讯》1988年第2期。

陈来幸：《通过中华总商会网络论日本大正时期的阪神华侨与中日关系》，载《华人华侨历史研究》2000年第4期。

华强：《刘锡三与盛锡福帽庄》，载《中国经贸导刊》2001年第5期。

韩同文：《机械工业开拓者滕虎忱》，载《山东文献》第28卷第4期，2003年3月。

唐焕暖、段文君：《人格救国——冯玉祥与潍县中华基督教自立会》，载《中国宗教》2003年第8期。

王翔：《中国外贸格局的转换与手工行业的变形（1840—1894）》，载《江西师范大学学报（哲学社会科学版）》2004年第5期。

李玉琏：《宋棐卿和东亚公司的慈善义举》，载《慈善》2006年第2期。

王静：《义利结合、诚信经营——以天津盛锡福为例》，载《商场现代化》2007年5月（下旬刊）。

支春明：《冠冕群伦　驰名中外——访中华老字号北京盛锡福帽业有限责任公司董事长李家祺》，载《中国品牌与防伪》2007年第6期。

隽桂德、王培良：《山东民族工业创始人刘恩驻家世考》，载《春秋》2011年第4期。